人民法院办案参考丛书

人民法院
办理土地案件
实用手册

人民法院出版社 编

人民法院出版社

图书在版编目（CIP）数据

人民法院办理土地案件实用手册 / 人民法院出版社编. -- 北京 : 人民法院出版社, 2024. 12. -- ISBN 978-7-5109-4424-6

Ⅰ. D922.309

中国国家版本馆CIP数据核字第2024G3L352号

人民法院办理土地案件实用手册

人民法院出版社　编

责任编辑　尹立霞
执行编辑　叶　白
出版发行　人民法院出版社
地　　址　北京市东城区东交民巷27号（100745）
电　　话　（010）67550635（责任编辑）　67550558（发行部查询）
　　　　　　65223677（读者服务部）
客服QQ　2092078039
网　　址　http://www.courtbook.com.cn
E - mail　courtpress@sohu.com
印　　刷　三河市国英印务有限公司
经　　销　新华书店

开　　本　710毫米×1000毫米　1/16
字　　数　473千字
印　　张　21.75
版　　次　2024年12月第1版　2024年12月第1次印刷
书　　号　ISBN 978-7-5109-4424-6
定　　价　69.00元

编写说明

长期以来，婚姻家庭与继承、劳动争议、民间借贷、买卖合同、建设工程等领域案件，在人民法院受理的民事案件中占据较大比重，而要办理相关案件，离不开一本设计简明、内容丰富、查阅便捷的实用手册。为满足人民法院办案需要，切实提高人民法院审判质效，我们编写了本套“人民法院办案实用手册”。本丛书针对人民法院收案量较大的民事领域分门别类汇编成册，分为婚姻家庭继承、劳动争议、民间借贷、买卖合同、建设工程、道路交通、房屋、土地8册，每册包含法律法规、司法解释、司法指导性文件、指导案例、人民法院案例库参考案例等，内容全面、编排细致、实用性强。将法律条文与权威案例相结合，将理论与实践相融合，帮助读者准确理解与适用法律条文，助力人民法院统一法律适用。

本丛书具有以下特点：

第一，内容权威、收录全面。本书较为全面的收录了土地及相关领域现行有效的法律规范，包括法律法规、部门规章、司法解释、司法指导性文件等。紧密联系司法实务，精选收录最高人民法院指导性案例、人民法院案例库参考案例，所有文件均为现行有效的文本，文件及案例均来源于最高人民法院权威版本。

第二，体例简明科学，实用性强。本书以土地及相关法律为基本框架，分为：综合；土地权属与登记；土地使用权；农村土地管理；林地与草地管理五类相关领域。立足法律规范的实用性，按照文件效力和发布时间综合编排，一体呈现，读者一册在手，即能按图索骥，查疑解惑。

第三，专题展现指导案例及案例库参考案例。“一个案例胜过一沓文件”，本书收录相关领域的最高人民法院指导性案件和人民法院案例库参考案例，精选裁判要点及案例要旨，为读者提供权威、专业、全面的办案参考。本书收录的案例截至2024年12月。

本书内容丰富，设计简明，实用性强，但疏漏之处在所难免，欢迎广大读者提出批评和改进意见，以便为读者提供更好的法律服务。

人民法院出版社

二〇二四年十二月

目　录

一、法律规范

（一）综　合

（二）土地权属与登记

（三）土地使用权

（四）农村土地管理

（五）林地与草地管理

二、最高人民法院指导性案例与人民法院案例库参考案例

（一）最高人民法院指导性案例

（二）人民法院案例库参考案例

5. 其 他

一、法律规范

（一）综　合

中华人民共和国民法典（节录）

（2020年5月28日第十三届全国人民代表大会第三次会议通过
2020年5月28日中华人民共和国主席令第四十五号公布
自2021年1月1日起施行）

第二编　物　权

第一分编　通　则

第一章　一般规定

第二百零五条　本编调整因物的归属和利用产生的民事关系。

第二百零六条　国家坚持和完善公有制为主体、多种所有制经济共同发展，按劳分配为主体、多种分配方式并存，社会主义市场经济体制等社会主义基本经济制度。

国家巩固和发展公有制经济，鼓励、支持和引导非公有制经济的发展。

国家实行社会主义市场经济，保障一切市场主体的平等法律地位和发展权利。

第二百零七条　国家、集体、私人的物权和其他权利人的物权受法律平等保护，任何组织或者个人不得侵犯。

第二百零八条　不动产物权的设立、变更、转让和消灭，应当依照法律规定登记。动产物权的设立和转让，应当依照法律规定交付。

第三章　物权的保护

第二百三十三条　物权受到侵害的，权利人可以通过和解、调解、仲裁、诉讼等途径解决。

第二百三十四条　因物权的归属、

内容发生争议的，利害关系人可以请求确认权利。

第二百三十五条 无权占有不动产或者动产的，权利人可以请求返还原物。

第二百三十六条 妨害物权或者可能妨害物权的，权利人可以请求排除妨害或者消除危险。

第二百三十七条 造成不动产或者动产毁损的，权利人可以依法请求修理、重作、更换或者恢复原状。

第二百三十八条 侵害物权，造成权利人损害的，权利人可以依法请求损害赔偿，也可以依法请求承担其他民事责任。

第二百三十九条 本章规定的物权保护方式，可以单独适用，也可以根据权利被侵害的情形合并适用。

第二分编　所有权

第四章　一般规定

第二百四十条 所有权人对自己的不动产或者动产，依法享有占有、使用、收益和处分的权利。

第二百四十一条 所有权人有权在自己的不动产或者动产上设立用益物权和担保物权。用益物权人、担保物权人行使权利，不得损害所有权人的权益。

第二百四十二条 法律规定专属于国家所有的不动产和动产，任何组织或者个人不能取得所有权。

第二百四十三条 为了公共利益的需要，依照法律规定的权限和程序可以征收集体所有的土地和组织、个人的房屋以及其他不动产。

征收集体所有的土地，应当依法及时足额支付土地补偿费、安置补助费以及农村村民住宅、其他地上附着物和青苗等的补偿费用，并安排被征地农民的社会保障费用，保障被征地农民的生活，维护被征地农民的合法权益。

征收组织、个人的房屋以及其他不动产，应当依法给予征收补偿，维护被征收人的合法权益；征收个人住宅的，还应当保障被征收人的居住条件。

任何组织或者个人不得贪污、挪用、私分、截留、拖欠征收补偿费等费用。

第二百四十四条 国家对耕地实行特殊保护，严格限制农用地转为建设用地，控制建设用地总量。不得违反法律规定的权限和程序征收集体所有的土地。

第二百四十五条 因抢险救灾、疫情防控等紧急需要，依照法律规定的权限和程序可以征用组织、个人的不动产或者动产。被征用的不动产或者动产使用后，应当返还被征用人。组织、个人的不动产或者动产被征用或者征用后毁损、灭失的，应当给予补偿。

第五章　国家所有权和集体所有权、私人所有权

第二百四十六条 法律规定属于国家所有的财产，属于国家所有即全民所有。

国有财产由国务院代表国家行使所有权。法律另有规定的，依照其规定。

第二百四十七条 矿藏、水流、海域属于国家所有。

第二百四十八条 无居民海岛属于国家所有，国务院代表国家行使无居民海岛所有权。

第二百四十九条 城市的土地，属于国家所有。法律规定属于国家所有的农村和城市郊区的土地，属于国家所有。

第二百五十条 森林、山岭、草原、荒地、滩涂等自然资源，属于国家

所有，但是法律规定属于集体所有的除外。

第二百五十一条 法律规定属于国家所有的野生动植物资源，属于国家所有。

第二百五十二条 无线电频谱资源属于国家所有。

第二百五十三条 法律规定属于国家所有的文物，属于国家所有。

第二百五十四条 国防资产属于国家所有。

铁路、公路、电力设施、电信设施和油气管道等基础设施，依照法律规定为国家所有的，属于国家所有。

第二百五十五条 国家机关对其直接支配的不动产和动产，享有占有、使用以及依照法律和国务院的有关规定处分的权利。

第二百五十六条 国家举办的事业单位对其直接支配的不动产和动产，享有占有、使用以及依照法律和国务院的有关规定收益、处分的权利。

第二百五十七条 国家出资的企业，由国务院、地方人民政府依照法律、行政法规规定分别代表国家履行出资人职责，享有出资人权益。

第二百五十八条 国家所有的财产受法律保护，禁止任何组织或者个人侵占、哄抢、私分、截留、破坏。

第二百五十九条 履行国有财产管理、监督职责的机构及其工作人员，应当依法加强对国有财产的管理、监督，促进国有财产保值增值，防止国有财产损失；滥用职权，玩忽职守，造成国有财产损失的，应当依法承担法律责任。

违反国有财产管理规定，在企业改制、合并分立、关联交易等过程中，低价转让、合谋私分、擅自担保或者以其他方式造成国有财产损失的，应当依法承担法律责任。

第二百六十条 集体所有的不动产和动产包括：

（一）法律规定属于集体所有的土地和森林、山岭、草原、荒地、滩涂；

（二）集体所有的建筑物、生产设施、农田水利设施；

（三）集体所有的教育、科学、文化、卫生、体育等设施；

（四）集体所有的其他不动产和动产。

第二百六十一条 农民集体所有的不动产和动产，属于本集体成员集体所有。

下列事项应当依照法定程序经本集体成员决定：

（一）土地承包方案以及将土地发包给本集体以外的组织或者个人承包；

（二）个别土地承包经营权人之间承包地的调整；

（三）土地补偿费等费用的使用、分配办法；

（四）集体出资的企业的所有权变动等事项；

（五）法律规定的其他事项。

第二百六十二条 对于集体所有的土地和森林、山岭、草原、荒地、滩涂等，依照下列规定行使所有权：

（一）属于村农民集体所有的，由村集体经济组织或者村民委员会依法代表集体行使所有权；

（二）分别属于村内两个以上农民集体所有的，由村内各该集体经济组织或者村民小组依法代表集体行使所有权；

（三）属于乡镇农民集体所有的，由乡镇集体经济组织代表集体行使所有权。

第二百六十三条 城镇集体所有的不动产和动产，依照法律、行政法规的规定由本集体享有占有、使用、收益和处分的权利。

第二百六十四条 农村集体经济组织或者村民委员会、村民小组应当依照法律、行政法规以及章程、村规民约向本集体成员公布集体财产的状况。集体成员有权查阅、复制相关资料。

第二百六十五条 集体所有的财产受法律保护，禁止任何组织或者个人侵占、哄抢、私分、破坏。

农村集体经济组织、村民委员会或者其负责人作出的决定侵害集体成员合法权益的，受侵害的集体成员可以请求人民法院予以撤销。

第二百六十六条 私人对其合法的收入、房屋、生活用品、生产工具、原材料等不动产和动产享有所有权。

第二百六十七条 私人的合法财产受法律保护，禁止任何组织或者个人侵占、哄抢、破坏。

第二百六十八条 国家、集体和私人依法可以出资设立有限责任公司、股份有限公司或者其他企业。国家、集体和私人所有的不动产或者动产投到企业的，由出资人按照约定或者出资比例享有资产收益、重大决策以及选择经营管理者等权利并履行义务。

第二百六十九条 营利法人对其不动产和动产依照法律、行政法规以及章程享有占有、使用、收益和处分的权利。

营利法人以外的法人，对其不动产和动产的权利，适用有关法律、行政法规以及章程的规定。

第二百七十条 社会团体法人、捐助法人依法所有的不动产和动产，受法律保护。

第三分编 用益物权

第十章 一般规定

第三百二十三条 用益物权人对他人所有的不动产或者动产，依法享有占有、使用和收益的权利。

第三百二十四条 国家所有或者国家所有由集体使用以及法律规定属于集体所有的自然资源，组织、个人依法可以占有、使用和收益。

第三百二十五条 国家实行自然资源有偿使用制度，但是法律另有规定的除外。

第三百二十六条 用益物权人行使权利，应当遵守法律有关保护和合理开发利用资源、保护生态环境的规定。所有权人不得干涉用益物权人行使权利。

第三百二十七条 因不动产或者动产被征收、征用致使用益物权消灭或者影响用益物权行使的，用益物权人有权依据本法第二百四十三条、第二百四十五条的规定获得相应补偿。

第三百二十八条 依法取得的海域使用权受法律保护。

第三百二十九条 依法取得的探矿权、采矿权、取水权和使用水域、滩涂从事养殖、捕捞的权利受法律保护。

第十一章 土地承包经营权

第三百三十条 农村集体经济组织实行家庭承包经营为基础、统分结合的双层经营体制。

农民集体所有和国家所有由农民集体使用的耕地、林地、草地以及其他用于农业的土地，依法实行土地承包经营制度。

第三百三十一条 土地承包经营权人依法对其承包经营的耕地、林地、草地等享有占有、使用和收益的权利，有权从事种植业、林业、畜牧业等农业生产。

第三百三十二条 耕地的承包期为三十年。草地的承包期为三十年至五十年。林地的承包期为三十年至七十年。

前款规定的承包期限届满，由土地承包经营权人依照农村土地承包的法律规定继续承包。

第三百三十三条 土地承包经营权自土地承包经营权合同生效时设立。

登记机构应当向土地承包经营权人发放土地承包经营权证、林权证等证书，并登记造册，确认土地承包经营权。

第三百三十四条 土地承包经营权人依照法律规定，有权将土地承包经营权互换、转让。未经依法批准，不得将承包地用于非农建设。

第三百三十五条 土地承包经营权互换、转让的，当事人可以向登记机构申请登记；未经登记，不得对抗善意第三人。

第三百三十六条 承包期内发包人不得调整承包地。

因自然灾害严重毁损承包地等特殊情形，需要适当调整承包的耕地和草地的，应当依照农村土地承包的法律规定办理。

第三百三十七条 承包期内发包人不得收回承包地。法律另有规定的，依照其规定。

第三百三十八条 承包地被征收的，土地承包经营权人有权依据本法第二百四十三条的规定获得相应补偿。

第三百三十九条 土地承包经营权人可以自主决定依法采取出租、入股或者其他方式向他人流转土地经营权。

第三百四十条 土地经营权人有权在合同约定的期限内占有农村土地，自主开展农业生产经营并取得收益。

第三百四十一条 流转期限为五年以上的土地经营权，自流转合同生效时设立。当事人可以向登记机构申请土地经营权登记；未经登记，不得对抗善意第三人。

第三百四十二条 通过招标、拍卖、公开协商等方式承包农村土地，经依法登记取得权属证书的，可以依法采取出租、入股、抵押或者其他方式流转土地经营权。

第三百四十三条 国家所有的农用地实行承包经营的，参照适用本编的有关规定。

第十二章 建设用地使用权

第三百四十四条 建设用地使用权人依法对国家所有的土地享有占有、使用和收益的权利，有权利用该土地建造建筑物、构筑物及其附属设施。

第三百四十五条 建设用地使用权可以在土地的地表、地上或者地下分别设立。

第三百四十六条 设立建设用地使用权，应当符合节约资源、保护生态环境的要求，遵守法律、行政法规关于土地用途的规定，不得损害已经设立的用益物权。

第三百四十七条 设立建设用地使用权，可以采取出让或者划拨等方式。

工业、商业、旅游、娱乐和商品住宅等经营性用地以及同一土地有两个以上意向用地者的，应当采取招标、拍卖等公开竞价的方式出让。

严格限制以划拨方式设立建设用地使用权。

第三百四十八条 通过招标、拍卖、协议等出让方式设立建设用地使用权的，当事人应当采用书面形式订立建设用地使用权出让合同。

建设用地使用权出让合同一般包括下列条款：

（一）当事人的名称和住所；

（二）土地界址、面积等；

（三）建筑物、构筑物及其附属设施占用的空间；

（四）土地用途、规划条件；
（五）建设用地使用权期限；
（六）出让金等费用及其支付方式；
（七）解决争议的方法。

第三百四十九条 设立建设用地使用权的，应当向登记机构申请建设用地使用权登记。建设用地使用权自登记时设立。登记机构应当向建设用地使用权人发放权属证书。

第三百五十条 建设用地使用权人应当合理利用土地，不得改变土地用途；需要改变土地用途的，应当依法经有关行政主管部门批准。

第三百五十一条 建设用地使用权人应当依照法律规定以及合同约定支付出让金等费用。

第三百五十二条 建设用地使用权人建造的建筑物、构筑物及其附属设施的所有权属于建设用地使用权人，但是有相反证据证明的除外。

第三百五十三条 建设用地使用权人有权将建设用地使用权转让、互换、出资、赠与或者抵押，但是法律另有规定的除外。

第三百五十四条 建设用地使用权转让、互换、出资、赠与或者抵押的，当事人应当采用书面形式订立相应的合同。使用期限由当事人约定，但是不得超过建设用地使用权的剩余期限。

第三百五十五条 建设用地使用权转让、互换、出资或者赠与的，应当向登记机构申请变更登记。

第三百五十六条 建设用地使用权转让、互换、出资或者赠与的，附着于该土地上的建筑物、构筑物及其附属设施一并处分。

第三百五十七条 建筑物、构筑物及其附属设施转让、互换、出资或者赠与的，该建筑物、构筑物及其附属设施占用范围内的建设用地使用权一并处分。

第三百五十八条 建设用地使用权期限届满前，因公共利益需要提前收回该土地的，应当依据本法第二百四十三条的规定对该土地上的房屋以及其他不动产给予补偿，并退还相应的出让金。

第三百五十九条 住宅建设用地使用权期限届满的，自动续期。续期费用的缴纳或者减免，依照法律、行政法规的规定办理。

非住宅建设用地使用权期限届满后的续期，依照法律规定办理。该土地上的房屋以及其他不动产的归属，有约定的，按照约定；没有约定或者约定不明确的，依照法律、行政法规的规定办理。

第三百六十条 建设用地使用权消灭的，出让人应当及时办理注销登记。登记机构应当收回权属证书。

第三百六十一条 集体所有的土地作为建设用地的，应当依照土地管理的法律规定办理。

第十三章　宅基地使用权

第三百六十二条 宅基地使用权人依法对集体所有的土地享有占有和使用的权利，有权依法利用该土地建造住宅及其附属设施。

第三百六十三条 宅基地使用权的取得、行使和转让，适用土地管理的法律和国家有关规定。

第三百六十四条 宅基地因自然灾害等原因灭失的，宅基地使用权消灭。对失去宅基地的村民，应当依法重新分配宅基地。

第三百六十五条 已经登记的宅基地使用权转让或者消灭的，应当及时办理变更登记或者注销登记。

第三编　合　同

第一分编　通　则

第一章　一般规定

第四百六十三条　本编调整因合同产生的民事关系。

第四百六十四条　合同是民事主体之间设立、变更、终止民事法律关系的协议。

婚姻、收养、监护等有关身份关系的协议，适用有关该身份关系的法律规定；没有规定的，可以根据其性质参照适用本编规定。

第四百六十五条　依法成立的合同，受法律保护。

依法成立的合同，仅对当事人具有法律约束力，但是法律另有规定的除外。

第四百六十六条　当事人对合同条款的理解有争议的，应当依据本法第一百四十二条第一款的规定，确定争议条款的含义。

合同文本采用两种以上文字订立并约定具有同等效力的，对各文本使用的词句推定具有相同含义。各文本使用的词句不一致的，应当根据合同的相关条款、性质、目的以及诚信原则等予以解释。

第四百六十七条　本法或者其他法律没有明文规定的合同，适用本编通则的规定，并可以参照适用本编或者其他法律最相类似合同的规定。

在中华人民共和国境内履行的中外合资经营企业合同、中外合作经营企业合同、中外合作勘探开发自然资源合同，适用中华人民共和国法律。

第四百六十八条　非因合同产生的债权债务关系，适用有关该债权债务关系的法律规定；没有规定的，适用本编通则的有关规定，但是根据其性质不能适用的除外。

第二章　合同的订立

第四百六十九条　当事人订立合同，可以采用书面形式、口头形式或者其他形式。

书面形式是合同书、信件、电报、电传、传真等可以有形地表现所载内容的形式。

以电子数据交换、电子邮件等方式能够有形地表现所载内容，并可以随时调取查用的数据电文，视为书面形式。

第四百七十条　合同的内容由当事人约定，一般包括下列条款：

（一）当事人的姓名或者名称和住所；

（二）标的；

（三）数量；

（四）质量；

（五）价款或者报酬；

（六）履行期限、地点和方式；

（七）违约责任；

（八）解决争议的方法。

当事人可以参照各类合同的示范文本订立合同。

第四百七十一条　当事人订立合同，可以采取要约、承诺方式或者其他方式。

第四百七十二条　要约是希望与他人订立合同的意思表示，该意思表示应当符合下列条件：

（一）内容具体确定；

（二）表明经受要约人承诺，要约人即受该意思表示约束。

第四百七十三条　要约邀请是希望他人向自己发出要约的表示。拍卖公告、招标公告、招股说明书、债券募集办法、基金招募说明书、商业广告和宣传、寄送的价目表等为要约邀请。

商业广告和宣传的内容符合要约条件的，构成要约。

第四百七十四条 要约生效的时间适用本法第一百三十七条的规定。

第四百七十五条 要约可以撤回。要约的撤回适用本法第一百四十一条的规定。

第四百七十六条 要约可以撤销，但是有下列情形之一的除外：

（一）要约人以确定承诺期限或者其他形式明示要约不可撤销；

（二）受要约人有理由认为要约是不可撤销的，并已经为履行合同做了合理准备工作。

第四百七十七条 撤销要约的意思表示以对话方式作出的，该意思表示的内容应当在受要约人作出承诺之前为受要约人所知道；撤销要约的意思表示以非对话方式作出的，应当在受要约人作出承诺之前到达受要约人。

第四百七十八条 有下列情形之一的，要约失效：

（一）要约被拒绝；

（二）要约被依法撤销；

（三）承诺期限届满，受要约人未作出承诺；

（四）受要约人对要约的内容作出实质性变更。

第四百七十九条 承诺是受要约人同意要约的意思表示。

第四百八十条 承诺应当以通知的方式作出；但是，根据交易习惯或者要约表明可以通过行为作出承诺的除外。

第四百八十一条 承诺应当在要约确定的期限内到达要约人。

要约没有确定承诺期限的，承诺应当依照下列规定到达：

（一）要约以对话方式作出的，应当即时作出承诺；

（二）要约以非对话方式作出的，承诺应当在合理期限内到达。

第四百八十二条 要约以信件或者电报作出的，承诺期限自信件载明的日期或者电报交发之日开始计算。信件未载明日期的，自投寄该信件的邮戳日期开始计算。要约以电话、传真、电子邮件等快速通讯方式作出的，承诺期限自要约到达受要约人时开始计算。

第四百八十三条 承诺生效时合同成立，但是法律另有规定或者当事人另有约定的除外。

第四百八十四条 以通知方式作出的承诺，生效的时间适用本法第一百三十七条的规定。

承诺不需要通知的，根据交易习惯或者要约的要求作出承诺的行为时生效。

第四百八十五条 承诺可以撤回。承诺的撤回适用本法第一百四十一条的规定。

第四百八十六条 受要约人超过承诺期限发出承诺，或者在承诺期限内发出承诺，按照通常情形不能及时到达要约人的，为新要约；但是，要约人及时通知受要约人该承诺有效的除外。

第四百八十七条 受要约人在承诺期限内发出承诺，按照通常情形能够及时到达要约人，但是因其他原因致使承诺到达要约人时超过承诺期限的，除要约人及时通知受要约人因承诺超过期限不接受该承诺外，该承诺有效。

第四百八十八条 承诺的内容应当与要约的内容一致。受要约人对要约的内容作出实质性变更的，为新要约。有关合同标的、数量、质量、价款或者报酬、履行期限、履行地点和方式、违约责任和解决争议方法等的变更，是对要约内容的实质性变更。

第四百八十九条 承诺对要约的内容作出非实质性变更的，除要约人及时表示反对或者要约表明承诺不得对要约的内容作出任何变更外，该承诺有效，合同的内容以承诺的内容为准。

第四百九十条 当事人采用合同书形式订立合同的，自当事人均签名、盖章或者按指印时合同成立。在签名、盖章或者按指印之前，当事人一方已经履行主要义务，对方接受时，该合同成立。

法律、行政法规规定或者当事人约定合同应当采用书面形式订立，当事人未采用书面形式但是一方已经履行主要义务，对方接受时，该合同成立。

第四百九十一条 当事人采用信件、数据电文等形式订立合同要求签订确认书的，签订确认书时合同成立。

当事人一方通过互联网等信息网络发布的商品或者服务信息符合要约条件的，对方选择该商品或者服务并提交订单成功时合同成立，但是当事人另有约定的除外。

第四百九十二条 承诺生效的地点为合同成立的地点。

采用数据电文形式订立合同的，收件人的主营业地为合同成立的地点；没有主营业地的，其住所地为合同成立的地点。当事人另有约定的，按照其约定。

第四百九十三条 当事人采用合同书形式订立合同的，最后签名、盖章或者按指印的地点为合同成立的地点，但是当事人另有约定的除外。

第四百九十四条 国家根据抢险救灾、疫情防控或者其他需要下达国家订货任务、指令性任务的，有关民事主体之间应当依照有关法律、行政法规规定的权利和义务订立合同。

依照法律、行政法规的规定负有发出要约义务的当事人，应当及时发出合理的要约。

依照法律、行政法规的规定负有作出承诺义务的当事人，不得拒绝对方合理的订立合同要求。

第四百九十五条 当事人约定在将来一定期限内订立合同的认购书、订购书、预订书等，构成预约合同。

当事人一方不履行预约合同约定的订立合同义务的，对方可以请求其承担预约合同的违约责任。

第四百九十六条 格式条款是当事人为了重复使用而预先拟定，并在订立合同时未与对方协商的条款。

采用格式条款订立合同的，提供格式条款的一方应当遵循公平原则确定当事人之间的权利和义务，并采取合理的方式提示对方注意免除或者减轻其责任等与对方有重大利害关系的条款，按照对方的要求，对该条款予以说明。提供格式条款的一方未履行提示或者说明义务，致使对方没有注意或者理解与其有重大利害关系的条款的，对方可以主张该条款不成为合同的内容。

第四百九十七条 有下列情形之一的，该格式条款无效：

（一）具有本法第一编第六章第三节和本法第五百零六条规定的无效情形；

（二）提供格式条款一方不合理地免除或者减轻其责任、加重对方责任、限制对方主要权利；

（三）提供格式条款一方排除对方主要权利。

第四百九十八条 对格式条款的理解发生争议的，应当按照通常理解予以解释。对格式条款有两种以上解释的，应当作出不利于提供格式条款一方的解释。格式条款和非格式条款不一致的，应当采用非格式条款。

第四百九十九条 悬赏人以公开方式声明对完成特定行为的人支付报酬的，完成该行为的人可以请求其支付。

第五百条 当事人在订立合同过程中有下列情形之一，造成对方损失的，应当承担赔偿责任：

（一）假借订立合同，恶意进行磋商；

（二）故意隐瞒与订立合同有关的重要事实或者提供虚假情况；

（三）有其他违背诚信原则的行为。

第五百零一条 当事人在订立合同过程中知悉的商业秘密或者其他应当保密的信息，无论合同是否成立，不得泄露或者不正当地使用；泄露、不正当地使用该商业秘密或者信息，造成对方损失的，应当承担赔偿责任。

第三章 合同的效力

第五百零二条 依法成立的合同，自成立时生效，但是法律另有规定或者当事人另有约定的除外。

依照法律、行政法规的规定，合同应当办理批准等手续的，依照其规定。未办理批准等手续影响合同生效的，不影响合同中履行报批等义务条款以及相关条款的效力。应当办理申请批准等手续的当事人未履行义务的，对方可以请求其承担违反该义务的责任。

依照法律、行政法规的规定，合同的变更、转让、解除等情形应当办理批准等手续的，适用前款规定。

第五百零三条 无权代理人以被代理人的名义订立合同，被代理人已经开始履行合同义务或者接受相对人履行的，视为对合同的追认。

第五百零四条 法人的法定代表人或者非法人组织的负责人超越权限订立的合同，除相对人知道或者应当知道其超越权限外，该代表行为有效，订立的合同对法人或者非法人组织发生效力。

第五百零五条 当事人超越经营范围订立的合同的效力，应当依照本法第一编第六章第三节和本编的有关规定确定，不得仅以超越经营范围确认合同无效。

第五百零六条 合同中的下列免责条款无效：

（一）造成对方人身损害的；

（二）因故意或者重大过失造成对方财产损失的。

第五百零七条 合同不生效、无效、被撤销或者终止的，不影响合同中有关解决争议方法的条款的效力。

第五百零八条 本编对合同的效力没有规定的，适用本法第一编第六章的有关规定。

第四章 合同的履行

第五百零九条 当事人应当按照约定全面履行自己的义务。

当事人应当遵循诚信原则，根据合同的性质、目的和交易习惯履行通知、协助、保密等义务。

当事人在履行合同过程中，应当避免浪费资源、污染环境和破坏生态。

第五百一十条 合同生效后，当事人就质量、价款或者报酬、履行地点等内容没有约定或者约定不明确的，可以协议补充；不能达成补充协议的，按照合同相关条款或者交易习惯确定。

第五百一十一条 当事人就有关合同内容约定不明确，依据前条规定仍不能确定的，适用下列规定：

（一）质量要求不明确的，按照强制性国家标准履行；没有强制性国家标准的，按照推荐性国家标准履行；没有推荐性国家标准的，按照行业标准履行；没有国家标准、行业标准的，按照通常标准或者符合合同目的的特定标准履行。

（二）价款或者报酬不明确的，按照订立合同时履行地的市场价格履行；依法应当执行政府定价或者政府指导价的，依照规定履行。

（三）履行地点不明确，给付货币的，在接受货币一方所在地履行；交付不动产的，在不动产所在地履行；其他标的，在履行义务一方所在地履行。

（四）履行期限不明确的，债务人可以随时履行，债权人也可以随时请求履行，但是应当给对方必要的准备时间。

（五）履行方式不明确的，按照有利于实现合同目的的方式履行。

（六）履行费用的负担不明确的，由履行义务一方负担；因债权人原因增加的履行费用，由债权人负担。

第五百一十二条　通过互联网等信息网络订立的电子合同的标的为交付商品并采用快递物流方式交付的，收货人的签收时间为交付时间。电子合同的标的为提供服务的，生成的电子凭证或者实物凭证中载明的时间为提供服务时间；前述凭证没有载明时间或者载明时间与实际提供服务时间不一致的，以实际提供服务的时间为准。

电子合同的标的物为采用在线传输方式交付的，合同标的物进入对方当事人指定的特定系统且能够检索识别的时间为交付时间。

电子合同当事人对交付商品或者提供服务的方式、时间另有约定的，按照其约定。

第五百一十三条　执行政府定价或者政府指导价的，在合同约定的交付期限内政府价格调整时，按照交付时的价格计价。逾期交付标的物的，遇价格上涨时，按照原价格执行；价格下降时，按照新价格执行。逾期提取标的物或者逾期付款的，遇价格上涨时，按照新价格执行；价格下降时，按照原价格执行。

第五百一十四条　以支付金钱为内容的债，除法律另有规定或者当事人另有约定外，债权人可以请求债务人以实际履行地的法定货币履行。

第五百一十五条　标的有多项而债务人只需履行其中一项的，债务人享有选择权；但是，法律另有规定、当事人另有约定或者另有交易习惯的除外。

享有选择权的当事人在约定期限内或者履行期限届满未作选择，经催告后在合理期限内仍未选择的，选择权转移至对方。

第五百一十六条　当事人行使选择权应当及时通知对方，通知到达对方时，标的确定。标的确定后不得变更，但是经对方同意的除外。

可选择的标的发生不能履行情形的，享有选择权的当事人不得选择不能履行的标的，但是该不能履行的情形是由对方造成的除外。

第五百一十七条　债权人为二人以上，标的可分，按照份额各自享有债权的，为按份债权；债务人为二人以上，标的可分，按照份额各自负担债务的，为按份债务。

按份债权人或者按份债务人的份额难以确定的，视为份额相同。

第五百一十八条　债权人为二人以上，部分或者全部债权人均可以请求债务人履行债务的，为连带债权；债务人为二人以上，债权人可以请求部分或者全部债务人履行全部债务的，为连带债务。

连带债权或者连带债务，由法律规定或者当事人约定。

第五百一十九条　连带债务人之间的份额难以确定的，视为份额相同。

实际承担债务超过自己份额的连带债务人，有权就超出部分在其他连带债务人未履行的份额范围内向其追偿，并相应地享有债权人的权利，但是不得损害债权人的利益。其他连带债务人对债权人的抗辩，可以向该债务人主张。

被追偿的连带债务人不能履行其应分担份额的，其他连带债务人应当在相应范围内按比例分担。

第五百二十条 部分连带债务人履行、抵销债务或者提存标的物的，其他债务人对债权人的债务在相应范围内消灭；该债务人可以依据前条规定向其他债务人追偿。

部分连带债务人的债务被债权人免除的，在该连带债务人应当承担的份额范围内，其他债务人对债权人的债务消灭。

部分连带债务人的债务与债权人的债权同归于一人的，在扣除该债务人应当承担的份额后，债权人对其他债务人的债权继续存在。

债权人对部分连带债务人的给付受领迟延的，对其他连带债务人发生效力。

第五百二十一条 连带债权人之间的份额难以确定的，视为份额相同。

实际受领债权的连带债权人，应当按比例向其他连带债权人返还。

连带债权参照适用本章连带债务的有关规定。

第五百二十二条 当事人约定由债务人向第三人履行债务，债务人未向第三人履行债务或者履行债务不符合约定的，应当向债权人承担违约责任。

法律规定或者当事人约定第三人可以直接请求债务人向其履行债务，第三人未在合理期限内明确拒绝，债务人未向第三人履行债务或者履行债务不符合约定的，第三人可以请求债务人承担违约责任；债务人对债权人的抗辩，可以向第三人主张。

第五百二十三条 当事人约定由第三人向债权人履行债务，第三人不履行债务或者履行债务不符合约定的，债务人应当向债权人承担违约责任。

第五百二十四条 债务人不履行债务，第三人对履行该债务具有合法利益的，第三人有权向债权人代为履行；但是，根据债务性质、按照当事人约定或者依照法律规定只能由债务人履行的除外。

债权人接受第三人履行后，其对债务人的债权转让给第三人，但是债务人和第三人另有约定的除外。

第五百二十五条 当事人互负债务，没有先后履行顺序的，应当同时履行。一方在对方履行之前有权拒绝其履行请求。一方在对方履行债务不符合约定时，有权拒绝其相应的履行请求。

第五百二十六条 当事人互负债务，有先后履行顺序，应当先履行债务一方未履行的，后履行一方有权拒绝其履行请求。先履行一方履行债务不符合约定的，后履行一方有权拒绝其相应的履行请求。

第五百二十七条 应当先履行债务的当事人，有确切证据证明对方有下列情形之一的，可以中止履行：

（一）经营状况严重恶化；

（二）转移财产、抽逃资金，以逃避债务；

（三）丧失商业信誉；

（四）有丧失或者可能丧失履行债务能力的其他情形。

当事人没有确切证据中止履行的，应当承担违约责任。

第五百二十八条 当事人依据前条规定中止履行的，应当及时通知对方。对方提供适当担保的，应当恢复履行。

中止履行后，对方在合理期限内未恢复履行能力且未提供适当担保的，视为以自己的行为表明不履行主要债务，中止履行的一方可以解除合同并可以请求对方承担违约责任。

第五百二十九条 债权人分立、合并或者变更住所没有通知债务人，致使履行债务发生困难的，债务人可以中止履行或者将标的物提存。

第五百三十条 债权人可以拒绝债务人提前履行债务，但是提前履行不损害债权人利益的除外。

债务人提前履行债务给债权人增加的费用，由债务人负担。

第五百三十一条 债权人可以拒绝债务人部分履行债务，但是部分履行不损害债权人利益的除外。

债务人部分履行债务给债权人增加的费用，由债务人负担。

第五百三十二条 合同生效后，当事人不得因姓名、名称的变更或者法定代表人、负责人、承办人的变动而不履行合同义务。

第五百三十三条 合同成立后，合同的基础条件发生了当事人在订立合同时无法预见的、不属于商业风险的重大变化，继续履行合同对于当事人一方明显不公平的，受不利影响的当事人可以与对方重新协商；在合理期限内协商不成的，当事人可以请求人民法院或者仲裁机构变更或者解除合同。

人民法院或者仲裁机构应当结合案件的实际情况，根据公平原则变更或者解除合同。

第五百三十四条 对当事人利用合同实施危害国家利益、社会公共利益行为的，市场监督管理和其他有关行政主管部门依照法律、行政法规的规定负责监督处理。

第五章 合同的保全

第五百三十五条 因债务人怠于行使其债权或者与该债权有关的从权利，影响债权人的到期债权实现的，债权人可以向人民法院请求以自己的名义代位行使债务人对相对人的权利，但是该权利专属于债务人自身的除外。

代位权的行使范围以债权人的到期债权为限。债权人行使代位权的必要费用，由债务人负担。

相对人对债务人的抗辩，可以向债权人主张。

第五百三十六条 债权人的债权到期前，债务人的债权或者与该债权有关的从权利存在诉讼时效期间即将届满或者未及时申报破产债权等情形，影响债权人的债权实现的，债权人可以代位向债务人的相对人请求其向债务人履行、向破产管理人申报或者作出其他必要的行为。

第五百三十七条 人民法院认定代位权成立的，由债务人的相对人向债权人履行义务，债权人接受履行后，债权人与债务人、债务人与相对人之间相应的权利义务终止。债务人对相对人的债权或者与该债权有关的从权利被采取保全、执行措施，或者债务人破产的，依照相关法律的规定处理。

第五百三十八条 债务人以放弃其债权、放弃债权担保、无偿转让财产等方式无偿处分财产权益，或者恶意延长其到期债权的履行期限，影响债权人的债权实现的，债权人可以请求人民法院撤销债务人的行为。

第五百三十九条 债务人以明显不合理的低价转让财产、以明显不合理的高价受让他人财产或者为他人的债务提供担保，影响债权人的债权实现，债务人的相对人知道或者应当知道该情形的，债权人可以请求人民法院撤销债务人的行为。

第五百四十条 撤销权的行使范围以债权人的债权为限。债权人行使撤销权的必要费用，由债务人负担。

第五百四十一条 撤销权自债权人知道或者应当知道撤销事由之日起一年内行使。自债务人的行为发生之日起五年内没有行使撤销权的，该撤销权消灭。

第五百四十二条 债务人影响债权人的债权实现的行为被撤销的，自始没有法律约束力。

第六章 合同的变更和转让

第五百四十三条 当事人协商一致，可以变更合同。

第五百四十四条 当事人对合同变更的内容约定不明确的，推定为未变更。

第五百四十五条 债权人可以将债权的全部或者部分转让给第三人，但是有下列情形之一的除外：

（一）根据债权性质不得转让；

（二）按照当事人约定不得转让；

（三）依照法律规定不得转让。

当事人约定非金钱债权不得转让的，不得对抗善意第三人。当事人约定金钱债权不得转让的，不得对抗第三人。

第五百四十六条 债权人转让债权，未通知债务人的，该转让对债务人不发生效力。

债权转让的通知不得撤销，但是经受让人同意的除外。

第五百四十七条 债权人转让债权的，受让人取得与债权有关的从权利，但是该从权利专属于债权人自身的除外。

受让人取得从权利不因该从权利未办理转移登记手续或者未转移占有而受到影响。

第五百四十八条 债务人接到债权转让通知后，债务人对让与人的抗辩，可以向受让人主张。

第五百四十九条 有下列情形之一的，债务人可以向受让人主张抵销：

（一）债务人接到债权转让通知时，债务人对让与人享有债权，且债务人的债权先于转让的债权到期或者同时到期；

（二）债务人的债权与转让的债权是基于同一合同产生。

第五百五十条 因债权转让增加的履行费用，由让与人负担。

第五百五十一条 债务人将债务的全部或者部分转移给第三人的，应当经债权人同意。

债务人或者第三人可以催告债权人在合理期限内予以同意，债权人未作表示的，视为不同意。

第五百五十二条 第三人与债务人约定加入债务并通知债权人，或者第三人向债权人表示愿意加入债务，债权人未在合理期限内明确拒绝的，债权人可以请求第三人在其愿意承担的债务范围内和债务人承担连带债务。

第五百五十三条 债务人转移债务的，新债务人可以主张原债务人对债权人的抗辩；原债务人对债权人享有债权的，新债务人不得向债权人主张抵销。

第五百五十四条 债务人转移债务的，新债务人应当承担与主债务有关的从债务，但是该从债务专属于原债务人自身的除外。

第五百五十五条 当事人一方经对方同意，可以将自己在合同中的权利和义务一并转让给第三人。

第五百五十六条 合同的权利和义务一并转让的，适用债权转让、债务转移的有关规定。

第七章　合同的权利义务终止

第五百五十七条　有下列情形之一的，债权债务终止：

（一）债务已经履行；

（二）债务相互抵销；

（三）债务人依法将标的物提存；

（四）债权人免除债务；

（五）债权债务同归于一人；

（六）法律规定或者当事人约定终止的其他情形。

合同解除的，该合同的权利义务关系终止。

第五百五十八条　债权债务终止后，当事人应当遵循诚信等原则，根据交易习惯履行通知、协助、保密、旧物回收等义务。

第五百五十九条　债权债务终止时，债权的从权利同时消灭，但是法律另有规定或者当事人另有约定的除外。

第五百六十条　债务人对同一债权人负担的数项债务种类相同，债务人的给付不足以清偿全部债务的，除当事人另有约定外，由债务人在清偿时指定其履行的债务。

债务人未作指定的，应当优先履行已经到期的债务；数项债务均到期的，优先履行对债权人缺乏担保或者担保最少的债务；均无担保或者担保相等的，优先履行债务人负担较重的债务；负担相同的，按照债务到期的先后顺序履行；到期时间相同的，按照债务比例履行。

第五百六十一条　债务人在履行主债务外还应当支付利息和实现债权的有关费用，其给付不足以清偿全部债务的，除当事人另有约定外，应当按照下列顺序履行：

（一）实现债权的有关费用；

（二）利息；

（三）主债务。

第五百六十二条　当事人协商一致，可以解除合同。

当事人可以约定一方解除合同的事由。解除合同的事由发生时，解除权人可以解除合同。

第五百六十三条　有下列情形之一的，当事人可以解除合同：

（一）因不可抗力致使不能实现合同目的；

（二）在履行期限届满前，当事人一方明确表示或者以自己的行为表明不履行主要债务；

（三）当事人一方迟延履行主要债务，经催告后在合理期限内仍未履行；

（四）当事人一方迟延履行债务或者有其他违约行为致使不能实现合同目的；

（五）法律规定的其他情形。

以持续履行的债务为内容的不定期合同，当事人可以随时解除合同，但是应当在合理期限之前通知对方。

第五百六十四条　法律规定或者当事人约定解除权行使期限，期限届满当事人不行使的，该权利消灭。

法律没有规定或者当事人没有约定解除权行使期限，自解除权人知道或者应当知道解除事由之日起一年内不行使，或者经对方催告后在合理期限内不行使的，该权利消灭。

第五百六十五条　当事人一方依法主张解除合同的，应当通知对方。合同自通知到达对方时解除；通知载明债务人在一定期限内不履行债务则合同自动解除，债务人在该期限内未履行债务的，合同自通知载明的期限届满时解除。对方对解除合同有异议的，任何一方当事人均可以请求人民法院或者仲裁机构确认解除行为的效力。

当事人一方未通知对方，直接以提起诉讼或者申请仲裁的方式依法主张解除合同，人民法院或者仲裁机构确认该主张的，合同自起诉状副本或者仲裁申请书副本送达对方时解除。

第五百六十六条　合同解除后，尚未履行的，终止履行；已经履行的，根据履行情况和合同性质，当事人可以请求恢复原状或者采取其他补救措施，并有权请求赔偿损失。

合同因违约解除的，解除权人可以请求违约方承担违约责任，但是当事人另有约定的除外。

主合同解除后，担保人对债务人应当承担的民事责任仍应当承担担保责任，但是担保合同另有约定的除外。

第五百六十七条　合同的权利义务关系终止，不影响合同中结算和清理条款的效力。

第五百六十八条　当事人互负债务，该债务的标的物种类、品质相同的，任何一方可以将自己的债务与对方的到期债务抵销；但是，根据债务性质、按照当事人约定或者依照法律规定不得抵销的除外。

当事人主张抵销的，应当通知对方。通知自到达对方时生效。抵销不得附条件或者附期限。

第五百六十九条　当事人互负债务，标的物种类、品质不相同的，经协商一致，也可以抵销。

第五百七十条　有下列情形之一，难以履行债务的，债务人可以将标的物提存：

（一）债权人无正当理由拒绝受领；

（二）债权人下落不明；

（三）债权人死亡未确定继承人、遗产管理人，或者丧失民事行为能力未确定监护人；

（四）法律规定的其他情形。

标的物不适于提存或者提存费用过高的，债务人依法可以拍卖或者变卖标的物，提存所得的价款。

第五百七十一条　债务人将标的物或者将标的物依法拍卖、变卖所得价款交付提存部门时，提存成立。

提存成立的，视为债务人在其提存范围内已经交付标的物。

第五百七十二条　标的物提存后，债务人应当及时通知债权人或者债权人的继承人、遗产管理人、监护人、财产代管人。

第五百七十三条　标的物提存后，毁损、灭失的风险由债权人承担。提存期间，标的物的孳息归债权人所有。提存费用由债权人负担。

第五百七十四条　债权人可以随时领取提存物。但是，债权人对债务人负有到期债务的，在债权人未履行债务或者提供担保之前，提存部门根据债务人的要求应当拒绝其领取提存物。

债权人领取提存物的权利，自提存之日起五年内不行使而消灭，提存物扣除提存费用后归国家所有。但是，债权人未履行对债务人的到期债务，或者债权人向提存部门书面表示放弃领取提存物权利的，债务人负担提存费用后有权取回提存物。

第五百七十五条　债权人免除债务人部分或者全部债务的，债权债务部分或者全部终止，但是债务人在合理期限内拒绝的除外。

第五百七十六条　债权和债务同归于一人的，债权债务终止，但是损害第三人利益的除外。

第八章　违约责任

第五百七十七条　当事人一方不履行合同义务或者履行合同义务不符合约定的，应当承担继续履行、采取补救措施或者赔偿损失等违约责任。

第五百七十八条 当事人一方明确表示或者以自己的行为表明不履行合同义务的，对方可以在履行期限届满前请求其承担违约责任。

第五百七十九条 当事人一方未支付价款、报酬、租金、利息，或者不履行其他金钱债务的，对方可以请求其支付。

第五百八十条 当事人一方不履行非金钱债务或者履行非金钱债务不符合约定的，对方可以请求履行，但是有下列情形之一的除外：

（一）法律上或者事实上不能履行；

（二）债务的标的不适于强制履行或者履行费用过高；

（三）债权人在合理期限内未请求履行。

有前款规定的除外情形之一，致使不能实现合同目的的，人民法院或者仲裁机构可以根据当事人的请求终止合同权利义务关系，但是不影响违约责任的承担。

第五百八十一条 当事人一方不履行债务或者履行债务不符合约定，根据债务的性质不得强制履行的，对方可以请求其负担由第三人替代履行的费用。

第五百八十二条 履行不符合约定的，应当按照当事人的约定承担违约责任。对违约责任没有约定或者约定不明确，依据本法第五百一十条的规定仍不能确定的，受损害方根据标的的性质以及损失的大小，可以合理选择请求对方承担修理、重作、更换、退货、减少价款或者报酬等违约责任。

第五百八十三条 当事人一方不履行合同义务或者履行合同义务不符合约定的，在履行义务或者采取补救措施后，对方还有其他损失的，应当赔偿损失。

第五百八十四条 当事人一方不履行合同义务或者履行合同义务不符合约定，造成对方损失的，损失赔偿额应当相当于因违约所造成的损失，包括合同履行后可以获得的利益；但是，不得超过违约一方订立合同时预见到或者应当预见到的因违约可能造成的损失。

第五百八十五条 当事人可以约定一方违约时应当根据违约情况向对方支付一定数额的违约金，也可以约定因违约产生的损失赔偿额的计算方法。

约定的违约金低于造成的损失的，人民法院或者仲裁机构可以根据当事人的请求予以增加；约定的违约金过分高于造成的损失的，人民法院或者仲裁机构可以根据当事人的请求予以适当减少。

当事人就迟延履行约定违约金的，违约方支付违约金后，还应当履行债务。

第五百八十六条 当事人可以约定一方向对方给付定金作为债权的担保。定金合同自实际交付定金时成立。

定金的数额由当事人约定；但是，不得超过主合同标的额的百分之二十，超过部分不产生定金的效力。实际交付的定金数额多于或者少于约定数额的，视为变更约定的定金数额。

第五百八十七条 债务人履行债务的，定金应当抵作价款或者收回。给付定金的一方不履行债务或者履行债务不符合约定，致使不能实现合同目的的，无权请求返还定金；收受定金的一方不履行债务或者履行债务不符合约定，致使不能实现合同目的的，应当双倍返还定金。

第五百八十八条 当事人既约定违约金，又约定定金的，一方违约时，对方可以选择适用违约金或者定金条款。

定金不足以弥补一方违约造成的损

失的，对方可以请求赔偿超过定金数额的损失。

第五百八十九条 债务人按照约定履行债务，债权人无正当理由拒绝受领的，债务人可以请求债权人赔偿增加的费用。

在债权人受领迟延期间，债务人无须支付利息。

第五百九十条 当事人一方因不可抗力不能履行合同的，根据不可抗力的影响，部分或者全部免除责任，但是法律另有规定的除外。因不可抗力不能履行合同的，应当及时通知对方，以减轻可能给对方造成的损失，并应当在合理期限内提供证明。

当事人迟延履行后发生不可抗力的，不免除其违约责任。

第五百九十一条 当事人一方违约后，对方应当采取适当措施防止损失的扩大；没有采取适当措施致使损失扩大的，不得就扩大的损失请求赔偿。

当事人因防止损失扩大而支出的合理费用，由违约方负担。

第五百九十二条 当事人都违反合同的，应当各自承担相应的责任。

当事人一方违约造成对方损失，对方对损失的发生有过错的，可以减少相应的损失赔偿额。

第五百九十三条 当事人一方因第三人的原因造成违约的，应当依法向对方承担违约责任。当事人一方和第三人之间的纠纷，依照法律规定或者按照约定处理。

第五百九十四条 因国际货物买卖合同和技术进出口合同争议提起诉讼或者申请仲裁的时效期间为四年。

中华人民共和国农村土地承包经营纠纷调解仲裁法

（2009年6月27日第十一届全国人民代表大会常务委员会第九次会议通过
2009年6月27日中华人民共和国主席令第十四号公布
自2010年1月1日起施行）

目　录

第一章　总　则

第一条 为了公正、及时解决农村土地承包经营纠纷，维护当事人的合法权益，促进农村经济发展和社会稳定，制定本法。

第二条 农村土地承包经营纠纷调解和仲裁，适用本法。

农村土地承包经营纠纷包括：

（一）因订立、履行、变更、解除和终止农村土地承包合同发生的纠纷；

（二）因农村土地承包经营权转包、

出租、互换、转让、入股等流转发生的纠纷；

（三）因收回、调整承包地发生的纠纷；

（四）因确认农村土地承包经营权发生的纠纷；

（五）因侵害农村土地承包经营权发生的纠纷；

（六）法律、法规规定的其他农村土地承包经营纠纷。

因征收集体所有的土地及其补偿发生的纠纷，不属于农村土地承包仲裁委员会的受理范围，可以通过行政复议或者诉讼等方式解决。

第三条 发生农村土地承包经营纠纷的，当事人可以自行和解，也可以请求村民委员会、乡（镇）人民政府等调解。

第四条 当事人和解、调解不成或者不愿和解、调解的，可以向农村土地承包仲裁委员会申请仲裁，也可以直接向人民法院起诉。

第五条 农村土地承包经营纠纷调解和仲裁，应当公开、公平、公正，便民高效，根据事实，符合法律，尊重社会公德。

第六条 县级以上人民政府应当加强对农村土地承包经营纠纷调解和仲裁工作的指导。

县级以上人民政府农村土地承包管理部门及其他有关部门应当依照职责分工，支持有关调解组织和农村土地承包仲裁委员会依法开展工作。

第二章 调 解

第七条 村民委员会、乡（镇）人民政府应当加强农村土地承包经营纠纷的调解工作，帮助当事人达成协议解决纠纷。

第八条 当事人申请农村土地承包经营纠纷调解可以书面申请，也可以口头申请。口头申请的，由村民委员会或者乡（镇）人民政府当场记录申请人的基本情况、申请调解的纠纷事项、理由和时间。

第九条 调解农村土地承包经营纠纷，村民委员会或者乡（镇）人民政府应当充分听取当事人对事实和理由的陈述，讲解有关法律以及国家政策，耐心疏导，帮助当事人达成协议。

第十条 经调解达成协议的，村民委员会或者乡（镇）人民政府应当制作调解协议书。

调解协议书由双方当事人签名、盖章或者按指印，经调解人员签名并加盖调解组织印章后生效。

第十一条 仲裁庭对农村土地承包经营纠纷应当进行调解。调解达成协议的，仲裁庭应当制作调解书；调解不成的，应当及时作出裁决。

调解书应当写明仲裁请求和当事人协议的结果。调解书由仲裁员签名，加盖农村土地承包仲裁委员会印章，送达双方当事人。

调解书经双方当事人签收后，即发生法律效力。在调解书签收前当事人反悔的，仲裁庭应当及时作出裁决。

第三章 仲 裁

第一节 仲裁委员会和仲裁员

第十二条 农村土地承包仲裁委员会，根据解决农村土地承包经营纠纷的实际需要设立。农村土地承包仲裁委员会可以在县和不设区的市设立，也可以在设区的市或者其市辖区设立。

农村土地承包仲裁委员会在当地人民政府指导下设立。设立农村土地承包仲裁委员会的，其日常工作由当地农村土地承包管理部门承担。

第十三条 农村土地承包仲裁委员

会由当地人民政府及其有关部门代表、有关人民团体代表、农村集体经济组织代表、农民代表和法律、经济等相关专业人员兼任组成，其中农民代表和法律、经济等相关专业人员不得少于组成人员的二分之一。

农村土地承包仲裁委员会设主任一人、副主任一至二人和委员若干人。主任、副主任由全体组成人员选举产生。

第十四条 农村土地承包仲裁委员会依法履行下列职责：

（一）聘任、解聘仲裁员；

（二）受理仲裁申请；

（三）监督仲裁活动。

农村土地承包仲裁委员会应当依照本法制定章程，对其组成人员的产生方式及任期、议事规则等作出规定。

第十五条 农村土地承包仲裁委员会应当从公道正派的人员中聘任仲裁员。

仲裁员应当符合下列条件之一：

（一）从事农村土地承包管理工作满五年；

（二）从事法律工作或者人民调解工作满五年；

（三）在当地威信较高，并熟悉农村土地承包法律以及国家政策的居民。

第十六条 农村土地承包仲裁委员会应当对仲裁员进行农村土地承包法律以及国家政策的培训。

省、自治区、直辖市人民政府农村土地承包管理部门应当制定仲裁员培训计划，加强对仲裁员培训工作的组织和指导。

第十七条 农村土地承包仲裁委员会组成人员、仲裁员应当依法履行职责，遵守农村土地承包仲裁委员会章程和仲裁规则，不得索贿受贿、徇私舞弊，不得侵害当事人的合法权益。

仲裁员有索贿受贿、徇私舞弊、枉法裁决以及接受当事人请客送礼等违法违纪行为的，农村土地承包仲裁委员会应当将其除名；构成犯罪的，依法追究刑事责任。

县级以上地方人民政府及有关部门应当受理对农村土地承包仲裁委员会组成人员、仲裁员违法违纪行为的投诉和举报，并依法组织查处。

第二节　申请和受理

第十八条 农村土地承包经营纠纷申请仲裁的时效期间为二年，自当事人知道或者应当知道其权利被侵害之日起计算。

第十九条 农村土地承包经营纠纷仲裁的申请人、被申请人为当事人。家庭承包的，可以由农户代表人参加仲裁。当事人一方人数众多的，可以推选代表人参加仲裁。

与案件处理结果有利害关系的，可以申请作为第三人参加仲裁，或者由农村土地承包仲裁委员会通知其参加仲裁。

当事人、第三人可以委托代理人参加仲裁。

第二十条 申请农村土地承包经营纠纷仲裁应当符合下列条件：

（一）申请人与纠纷有直接的利害关系；

（二）有明确的被申请人；

（三）有具体的仲裁请求和事实、理由；

（四）属于农村土地承包仲裁委员会的受理范围。

第二十一条 当事人申请仲裁，应当向纠纷涉及的土地所在地的农村土地承包仲裁委员会递交仲裁申请书。仲裁申请书可以邮寄或者委托他人代交。仲裁申请书应当载明申请人和被申请人的基本情况，仲裁请求和所根据的事实、理由，并提供相应的证据和证据来源。

书面申请确有困难的，可以口头申请，由农村土地承包仲裁委员会记入笔录，经申请人核实后由其签名、盖章或者按指印。

第二十二条 农村土地承包仲裁委员会应当对仲裁申请予以审查，认为符合本法第二十条规定的，应当受理。有下列情形之一的，不予受理；已受理的，终止仲裁程序：

（一）不符合申请条件；

（二）人民法院已受理该纠纷；

（三）法律规定该纠纷应当由其他机构处理；

（四）对该纠纷已有生效的判决、裁定、仲裁裁决、行政处理决定等。

第二十三条 农村土地承包仲裁委员会决定受理的，应当自收到仲裁申请之日起五个工作日内，将受理通知书、仲裁规则和仲裁员名册送达申请人；决定不予受理或者终止仲裁程序的，应当自收到仲裁申请或者发现终止仲裁程序情形之日起五个工作日内书面通知申请人，并说明理由。

第二十四条 农村土地承包仲裁委员会应当自受理仲裁申请之日起五个工作日内，将受理通知书、仲裁申请书副本、仲裁规则和仲裁员名册送达被申请人。

第二十五条 被申请人应当自收到仲裁申请书副本之日起十日内向农村土地承包仲裁委员会提交答辩书；书面答辩确有困难的，可以口头答辩，由农村土地承包仲裁委员会记入笔录，经被申请人核实后由其签名、盖章或者按指印。农村土地承包仲裁委员会应当自收到答辩书之日起五个工作日内将答辩书副本送达申请人。被申请人未答辩的，不影响仲裁程序的进行。

第二十六条 一方当事人因另一方当事人的行为或者其他原因，可能使裁决不能执行或者难以执行的，可以申请财产保全。

当事人申请财产保全的，农村土地承包仲裁委员会应当将当事人的申请提交被申请人住所地或者财产所在地的基层人民法院。

申请有错误的，申请人应当赔偿被申请人因财产保全所遭受的损失。

第三节 仲裁庭的组成

第二十七条 仲裁庭由三名仲裁员组成，首席仲裁员由当事人共同选定，其他二名仲裁员由当事人各自选定；当事人不能选定的，由农村土地承包仲裁委员会主任指定。

事实清楚、权利义务关系明确、争议不大的农村土地承包经营纠纷，经双方当事人同意，可以由一名仲裁员仲裁。仲裁员由当事人共同选定或者由农村土地承包仲裁委员会主任指定。

农村土地承包仲裁委员会应当自仲裁庭组成之日起二个工作日内将仲裁庭组成情况通知当事人。

第二十八条 仲裁员有下列情形之一的，必须回避，当事人也有权以口头或者书面方式申请其回避：

（一）是本案当事人或者当事人、代理人的近亲属；

（二）与本案有利害关系；

（三）与本案当事人、代理人有其他关系，可能影响公正仲裁；

（四）私自会见当事人、代理人，或者接受当事人、代理人的请客送礼。

当事人提出回避申请，应当说明理由，在首次开庭前提出。回避事由在首次开庭后知道的，可以在最后一次开庭终结前提出。

第二十九条 农村土地承包仲裁委员会对回避申请应当及时作出决定，以口头或者书面方式通知当事人，并说明理由。

仲裁员是否回避，由农村土地承包仲裁委员会主任决定；农村土地承包仲裁委员会主任担任仲裁员时，由农村土地承包仲裁委员会集体决定。

仲裁员因回避或者其他原因不能履行职责的，应当依照本法规定重新选定或者指定仲裁员。

第四节　开庭和裁决

第三十条　农村土地承包经营纠纷仲裁应当开庭进行。

开庭可以在纠纷涉及的土地所在地的乡（镇）或者村进行，也可以在农村土地承包仲裁委员会所在地进行。当事人双方要求在乡（镇）或者村开庭的，应当在该乡（镇）或者村开庭。

开庭应当公开，但涉及国家秘密、商业秘密和个人隐私以及当事人约定不公开的除外。

第三十一条　仲裁庭应当在开庭五个工作日前将开庭的时间、地点通知当事人和其他仲裁参与人。

当事人有正当理由的，可以向仲裁庭请求变更开庭的时间、地点。是否变更，由仲裁庭决定。

第三十二条　当事人申请仲裁后，可以自行和解。达成和解协议的，可以请求仲裁庭根据和解协议作出裁决书，也可以撤回仲裁申请。

第三十三条　申请人可以放弃或者变更仲裁请求。被申请人可以承认或者反驳仲裁请求，有权提出反请求。

第三十四条　仲裁庭作出裁决前，申请人撤回仲裁申请的，除被申请人提出反请求的外，仲裁庭应当终止仲裁。

第三十五条　申请人经书面通知，无正当理由不到庭或者未经仲裁庭许可中途退庭的，可以视为撤回仲裁申请。

被申请人经书面通知，无正当理由不到庭或者未经仲裁庭许可中途退庭的，可以缺席裁决。

第三十六条　当事人在开庭过程中有权发表意见、陈述事实和理由、提供证据、进行质证和辩论。对不通晓当地通用语言文字的当事人，农村土地承包仲裁委员会应当为其提供翻译。

第三十七条　当事人应当对自己的主张提供证据。与纠纷有关的证据由作为当事人一方的发包方等掌握管理的，该当事人应当在仲裁庭指定的期限内提供，逾期不提供的，应当承担不利后果。

第三十八条　仲裁庭认为有必要收集的证据，可以自行收集。

第三十九条　仲裁庭对专门性问题认为需要鉴定的，可以交由当事人约定的鉴定机构鉴定；当事人没有约定的，由仲裁庭指定的鉴定机构鉴定。

根据当事人的请求或者仲裁庭的要求，鉴定机构应当派鉴定人参加开庭。当事人经仲裁庭许可，可以向鉴定人提问。

第四十条　证据应当在开庭时出示，但涉及国家秘密、商业秘密和个人隐私的证据不得在公开开庭时出示。

仲裁庭应当依照仲裁规则的规定开庭，给予双方当事人平等陈述、辩论的机会，并组织当事人进行质证。

经仲裁庭查证属实的证据，应当作为认定事实的根据。

第四十一条　在证据可能灭失或者以后难以取得的情况下，当事人可以申请证据保全。当事人申请证据保全的，农村土地承包仲裁委员会应当将当事人的申请提交证据所在地的基层人民法院。

第四十二条　对权利义务关系明确的纠纷，经当事人申请，仲裁庭可以先行裁定维持现状、恢复农业生产以及停止取土、占地等行为。

一方当事人不履行先行裁定的，另

一方当事人可以向人民法院申请执行，但应当提供相应的担保。

第四十三条 仲裁庭应当将开庭情况记入笔录，由仲裁员、记录人员、当事人和其他仲裁参与人签名、盖章或者按指印。

当事人和其他仲裁参与人认为对自己陈述的记录有遗漏或者差错的，有权申请补正。如果不予补正，应当记录该申请。

第四十四条 仲裁庭应当根据认定的事实和法律以及国家政策作出裁决并制作裁决书。

裁决应当按照多数仲裁员的意见作出，少数仲裁员的不同意见可以记入笔录。仲裁庭不能形成多数意见时，裁决应当按照首席仲裁员的意见作出。

第四十五条 裁决书应当写明仲裁请求、争议事实、裁决理由、裁决结果、裁决日期以及当事人不服仲裁裁决的起诉权利、期限，由仲裁员签名，加盖农村土地承包仲裁委员会印章。

农村土地承包仲裁委员会应当在裁决作出之日起三个工作日内将裁决书送达当事人，并告知当事人不服仲裁裁决的起诉权利、期限。

第四十六条 仲裁庭依法独立履行职责，不受行政机关、社会团体和个人的干涉。

第四十七条 仲裁农村土地承包经营纠纷，应当自受理仲裁申请之日起六十日内结束；案情复杂需要延长的，经农村土地承包仲裁委员会主任批准可以延长，并书面通知当事人，但延长期限不得超过三十日。

第四十八条 当事人不服仲裁裁决的，可以自收到裁决书之日起三十日内向人民法院起诉。逾期不起诉的，裁决书即发生法律效力。

第四十九条 当事人对发生法律效力的调解书、裁决书，应当依照规定的期限履行。一方当事人逾期不履行的，另一方当事人可以向被申请人住所地或者财产所在地的基层人民法院申请执行。受理申请的人民法院应当依法执行。

第四章 附 则

第五十条 本法所称农村土地，是指农民集体所有和国家所有依法由农民集体使用的耕地、林地、草地，以及其他依法用于农业的土地。

第五十一条 农村土地承包经营纠纷仲裁规则和农村土地承包仲裁委员会示范章程，由国务院农业、林业行政主管部门依照本法规定共同制定。

第五十二条 农村土地承包经营纠纷仲裁不得向当事人收取费用，仲裁工作经费纳入财政预算予以保障。

第五十三条 本法自 2010 年 1 月 1 日起施行。

中华人民共和国农村土地承包法

（2002 年 8 月 29 日第九届全国人民代表大会常务委员会第二十九次会议通过　2002 年 8 月 29 日中华人民共和国主席令第七十三号公布　根据 2009 年 8 月 27 日第十一届全国人民代表大会常务委员会第十次会议《关于修改部分法律的决定》第一次修正　根据 2018 年 12 月 29 日第十三届全国人民代表大会常务委员会第七次会议《关于修改〈中华人民共和国农村土地承包法〉的决定》第二次修正）

目　录

第一章　总　则

第一条　为了巩固和完善以家庭承包经营为基础、统分结合的双层经营体制，保持农村土地承包关系稳定并长久不变，维护农村土地承包经营当事人的合法权益，促进农业、农村经济发展和农村社会和谐稳定，根据宪法，制定本法。

第二条　本法所称农村土地，是指农民集体所有和国家所有依法由农民集体使用的耕地、林地、草地，以及其他依法用于农业的土地。

第三条　国家实行农村土地承包经营制度。

农村土地承包采取农村集体经济组织内部的家庭承包方式，不宜采取家庭承包方式的荒山、荒沟、荒丘、荒滩等农村土地，可以采取招标、拍卖、公开协商等方式承包。

第四条　农村土地承包后，土地的所有权性质不变。承包地不得买卖。

第五条　农村集体经济组织成员有权依法承包由本集体经济组织发包的农村土地。

任何组织和个人不得剥夺和非法限制农村集体经济组织成员承包土地的权利。

第六条　农村土地承包，妇女与男子享有平等的权利。承包中应当保护妇女的合法权益，任何组织和个人不得剥夺、侵害妇女应当享有的土地承包经营权。

第七条　农村土地承包应当坚持公开、公平、公正的原则，正确处理国家、集体、个人三者的利益关系。

第八条　国家保护集体土地所有者的合法权益，保护承包方的土地承包经营权，任何组织和个人不得侵犯。

第九条　承包方承包土地后，享有土地承包经营权，可以自己经营，也可以保留土地承包权，流转其承包地的土地经营权，由他人经营。

第十条 国家保护承包方依法、自愿、有偿流转土地经营权，保护土地经营权人的合法权益，任何组织和个人不得侵犯。

第十一条 农村土地承包经营应当遵守法律、法规，保护土地资源的合理开发和可持续利用。未经依法批准不得将承包地用于非农建设。

国家鼓励增加对土地的投入，培肥地力，提高农业生产能力。

第十二条 国务院农业农村、林业和草原主管部门分别依照国务院规定的职责负责全国农村土地承包经营及承包经营合同管理的指导。

县级以上地方人民政府农业农村、林业和草原等主管部门分别依照各自职责，负责本行政区域内农村土地承包经营及承包经营合同管理。

乡（镇）人民政府负责本行政区域内农村土地承包经营及承包经营合同管理。

第二章 家庭承包

第一节 发包方和承包方的权利和义务

第十三条 农民集体所有的土地依法属于村农民集体所有的，由村集体经济组织或者村民委员会发包；已经分别属于村内两个以上农村集体经济组织的农民集体所有的，由村内各该农村集体经济组织或者村民小组发包。村集体经济组织或者村民委员会发包的，不得改变村内各集体经济组织农民集体所有的土地的所有权。

国家所有依法由农民集体使用的农村土地，由使用该土地的农村集体经济组织、村民委员会或者村民小组发包。

第十四条 发包方享有下列权利：

（一）发包本集体所有的或者国家所有依法由本集体使用的农村土地；

（二）监督承包方依照承包合同约定的用途合理利用和保护土地；

（三）制止承包方损害承包地和农业资源的行为；

（四）法律、行政法规规定的其他权利。

第十五条 发包方承担下列义务：

（一）维护承包方的土地承包经营权，不得非法变更、解除承包合同；

（二）尊重承包方的生产经营自主权，不得干涉承包方依法进行正常的生产经营活动；

（三）依照承包合同约定为承包方提供生产、技术、信息等服务；

（四）执行县、乡（镇）土地利用总体规划，组织本集体经济组织内的农业基础设施建设；

（五）法律、行政法规规定的其他义务。

第十六条 家庭承包的承包方是本集体经济组织的农户。

农户内家庭成员依法平等享有承包土地的各项权益。

第十七条 承包方享有下列权利：

（一）依法享有承包地使用、收益的权利，有权自主组织生产经营和处置产品；

（二）依法互换、转让土地承包经营权；

（三）依法流转土地经营权；

（四）承包地被依法征收、征用、占用的，有权依法获得相应的补偿；

（五）法律、行政法规规定的其他权利。

第十八条 承包方承担下列义务：

（一）维持土地的农业用途，未经依法批准不得用于非农建设；

（二）依法保护和合理利用土地，不得给土地造成永久性损害；

（三）法律、行政法规规定的其他义务。

第二节　承包的原则和程序

第十九条　土地承包应当遵循以下原则：

（一）按照规定统一组织承包时，本集体经济组织成员依法平等地行使承包土地的权利，也可以自愿放弃承包土地的权利；

（二）民主协商，公平合理；

（三）承包方案应当按照本法第十三条的规定，依法经本集体经济组织成员的村民会议三分之二以上成员或者三分之二以上村民代表的同意；

（四）承包程序合法。

第二十条　土地承包应当按照以下程序进行：

（一）本集体经济组织成员的村民会议选举产生承包工作小组；

（二）承包工作小组依照法律、法规的规定拟订并公布承包方案；

（三）依法召开本集体经济组织成员的村民会议，讨论通过承包方案；

（四）公开组织实施承包方案；

（五）签订承包合同。

第三节　承包期限和承包合同

第二十一条　耕地的承包期为三十年。草地的承包期为三十年至五十年。林地的承包期为三十年至七十年。

前款规定的耕地承包期届满后再延长三十年，草地、林地承包期届满后依照前款规定相应延长。

第二十二条　发包方应当与承包方签订书面承包合同。

承包合同一般包括以下条款：

（一）发包方、承包方的名称，发包方负责人和承包方代表的姓名、住所；

（二）承包土地的名称、坐落、面积、质量等级；

（三）承包期限和起止日期；

（四）承包土地的用途；

（五）发包方和承包方的权利和义务；

（六）违约责任。

第二十三条　承包合同自成立之日起生效。承包方自承包合同生效时取得土地承包经营权。

第二十四条　国家对耕地、林地和草地等实行统一登记，登记机构应当向承包方颁发土地承包经营权证或者林权证等证书，并登记造册，确认土地承包经营权。

土地承包经营权证或者林权证等证书应当将具有土地承包经营权的全部家庭成员列入。

登记机构除按规定收取证书工本费外，不得收取其他费用。

第二十五条　承包合同生效后，发包方不得因承办人或者负责人的变动而变更或者解除，也不得因集体经济组织的分立或者合并而变更或者解除。

第二十六条　国家机关及其工作人员不得利用职权干涉农村土地承包或者变更、解除承包合同。

第四节　土地承包经营权的保护和互换、转让

第二十七条　承包期内，发包方不得收回承包地。

国家保护进城农户的土地承包经营权。不得以退出土地承包经营权作为农户进城落户的条件。

承包期内，承包农户进城落户的，引导支持其按照自愿有偿原则依法在本集体经济组织内转让土地承包经营权或者将承包地交回发包方，也可以鼓励其流转土地经营权。

承包期内，承包方交回承包地或者发包方依法收回承包地时，承包方对其在承包地上投入而提高土地生产能力

的，有权获得相应的补偿。

第二十八条 承包期内，发包方不得调整承包地。

承包期内，因自然灾害严重毁损承包地等特殊情形对个别农户之间承包的耕地和草地需要适当调整的，必须经本集体经济组织成员的村民会议三分之二以上成员或者三分之二以上村民代表的同意，并报乡（镇）人民政府和县级人民政府农业农村、林业和草原等主管部门批准。承包合同中约定不得调整的，按照其约定。

第二十九条 下列土地应当用于调整承包土地或者承包给新增人口：

（一）集体经济组织依法预留的机动地；

（二）通过依法开垦等方式增加的；

（三）发包方依法收回和承包方依法、自愿交回的。

第三十条 承包期内，承包方可以自愿将承包地交回发包方。承包方自愿交回承包地的，可以获得合理补偿，但是应当提前半年以书面形式通知发包方。承包方在承包期内交回承包地的，在承包期内不得再要求承包土地。

第三十一条 承包期内，妇女结婚，在新居住地未取得承包地的，发包方不得收回其原承包地；妇女离婚或者丧偶，仍在原居住地生活或者不在原居住地生活但在新居住地未取得承包地的，发包方不得收回其原承包地。

第三十二条 承包人应得的承包收益，依照继承法的规定继承。

林地承包的承包人死亡，其继承人可以在承包期内继续承包。

第三十三条 承包方之间为方便耕种或者各自需要，可以对属于同一集体经济组织的土地的土地承包经营权进行互换，并向发包方备案。

第三十四条 经发包方同意，承包方可以将全部或者部分的土地承包经营权转让给本集体经济组织的其他农户，由该农户同发包方确立新的承包关系，原承包方与发包方在该土地上的承包关系即行终止。

第三十五条 土地承包经营权互换、转让的，当事人可以向登记机构申请登记。未经登记，不得对抗善意第三人。

第五节 土地经营权

第三十六条 承包方可以自主决定依法采取出租（转包）、入股或者其他方式向他人流转土地经营权，并向发包方备案。

第三十七条 土地经营权人有权在合同约定的期限内占有农村土地，自主开展农业生产经营并取得收益。

第三十八条 土地经营权流转应当遵循以下原则：

（一）依法、自愿、有偿，任何组织和个人不得强迫或者阻碍土地经营权流转；

（二）不得改变土地所有权的性质和土地的农业用途，不得破坏农业综合生产能力和农业生态环境；

（三）流转期限不得超过承包期的剩余期限；

（四）受让方须有农业经营能力或者资质；

（五）在同等条件下，本集体经济组织成员享有优先权。

第三十九条 土地经营权流转的价款，应当由当事人双方协商确定。流转的收益归承包方所有，任何组织和个人不得擅自截留、扣缴。

第四十条 土地经营权流转，当事人双方应当签订书面流转合同。

土地经营权流转合同一般包括以下条款：

（一）双方当事人的姓名、住所；

（二）流转土地的名称、坐落、面积、质量等级；

（三）流转期限和起止日期；

（四）流转土地的用途；

（五）双方当事人的权利和义务；

（六）流转价款及支付方式；

（七）土地被依法征收、征用、占用时有关补偿费的归属；

（八）违约责任。

承包方将土地交由他人代耕不超过一年的，可以不签订书面合同。

第四十一条 土地经营权流转期限为五年以上的，当事人可以向登记机构申请土地经营权登记。未经登记，不得对抗善意第三人。

第四十二条 承包方不得单方解除土地经营权流转合同，但受让方有下列情形之一的除外：

（一）擅自改变土地的农业用途；

（二）弃耕抛荒连续两年以上；

（三）给土地造成严重损害或者严重破坏土地生态环境；

（四）其他严重违约行为。

第四十三条 经承包方同意，受让方可以依法投资改良土壤，建设农业生产附属、配套设施，并按照合同约定对其投资部分获得合理补偿。

第四十四条 承包方流转土地经营权的，其与发包方的承包关系不变。

第四十五条 县级以上地方人民政府应当建立工商企业等社会资本通过流转取得土地经营权的资格审查、项目审核和风险防范制度。

工商企业等社会资本通过流转取得土地经营权的，本集体经济组织可以收取适量管理费用。

具体办法由国务院农业农村、林业和草原主管部门规定。

第四十六条 经承包方书面同意，并向本集体经济组织备案，受让方可以再流转土地经营权。

第四十七条 承包方可以用承包地的土地经营权向金融机构融资担保，并向发包方备案。受让方通过流转取得的土地经营权，经承包方书面同意并向发包方备案，可以向金融机构融资担保。

担保物权自融资担保合同生效时设立。当事人可以向登记机构申请登记；未经登记，不得对抗善意第三人。

实现担保物权时，担保物权人有权就土地经营权优先受偿。

土地经营权融资担保办法由国务院有关部门规定。

第三章 其他方式的承包

第四十八条 不宜采取家庭承包方式的荒山、荒沟、荒丘、荒滩等农村土地，通过招标、拍卖、公开协商等方式承包的，适用本章规定。

第四十九条 以其他方式承包农村土地的，应当签订承包合同，承包方取得土地经营权。当事人的权利和义务、承包期限等，由双方协商确定。以招标、拍卖方式承包的，承包费通过公开竞标、竞价确定；以公开协商等方式承包的，承包费由双方议定。

第五十条 荒山、荒沟、荒丘、荒滩等可以直接通过招标、拍卖、公开协商等方式实行承包经营，也可以将土地经营权折股分给本集体经济组织成员后，再实行承包经营或者股份合作经营。

承包荒山、荒沟、荒丘、荒滩的，应当遵守有关法律、行政法规的规定，防止水土流失，保护生态环境。

第五十一条 以其他方式承包农村土地，在同等条件下，本集体经济组织成员有权优先承包。

第五十二条 发包方将农村土地发

包给本集体经济组织以外的单位或者个人承包，应当事先经本集体经济组织成员的村民会议三分之二以上成员或者三分之二以上村民代表的同意，并报乡（镇）人民政府批准。

由本集体经济组织以外的单位或者个人承包的，应当对承包方的资信情况和经营能力进行审查后，再签订承包合同。

第五十三条 通过招标、拍卖、公开协商等方式承包农村土地，经依法登记取得权属证书的，可以依法采取出租、入股、抵押或者其他方式流转土地经营权。

第五十四条 依照本章规定通过招标、拍卖、公开协商等方式取得土地经营权的，该承包人死亡，其应得的承包收益，依照继承法的规定继承；在承包期内，其继承人可以继续承包。

第四章 争议的解决和法律责任

第五十五条 因土地承包经营发生纠纷的，双方当事人可以通过协商解决，也可以请求村民委员会、乡（镇）人民政府等调解解决。

当事人不愿协商、调解或者协商、调解不成的，可以向农村土地承包仲裁机构申请仲裁，也可以直接向人民法院起诉。

第五十六条 任何组织和个人侵害土地承包经营权、土地经营权的，应当承担民事责任。

第五十七条 发包方有下列行为之一的，应当承担停止侵害、排除妨碍、消除危险、返还财产、恢复原状、赔偿损失等民事责任：

（一）干涉承包方依法享有的生产经营自主权；

（二）违反本法规定收回、调整承包地；

（三）强迫或者阻碍承包方进行土地承包经营权的互换、转让或者土地经营权流转；

（四）假借少数服从多数强迫承包方放弃或者变更土地承包经营权；

（五）以划分“口粮田”和“责任田”等为由收回承包地搞招标承包；

（六）将承包地收回抵顶欠款；

（七）剥夺、侵害妇女依法享有的土地承包经营权；

（八）其他侵害土地承包经营权的行为。

第五十八条 承包合同中违背承包方意愿或者违反法律、行政法规有关不得收回、调整承包地等强制性规定的约定无效。

第五十九条 当事人一方不履行合同义务或者履行义务不符合约定的，应当依法承担违约责任。

第六十条 任何组织和个人强迫进行土地承包经营权互换、转让或者土地经营权流转的，该互换、转让或者流转无效。

第六十一条 任何组织和个人擅自截留、扣缴土地承包经营权互换、转让或者土地经营权流转收益的，应当退还。

第六十二条 违反土地管理法规，非法征收、征用、占用土地或者贪污、挪用土地征收、征用补偿费用，构成犯罪的，依法追究刑事责任；造成他人损害的，应当承担损害赔偿等责任。

第六十三条 承包方、土地经营权人违法将承包地用于非农建设的，由县级以上地方人民政府有关主管部门依法予以处罚。

承包方给承包地造成永久性损害的，发包方有权制止，并有权要求赔偿由此造成的损失。

第六十四条 土地经营权人擅自改变土地的农业用途、弃耕抛荒连续两年以上、给土地造成严重损害或者严重破坏土地生态环境，承包方在合理期限内不解除土地经营权流转合同的，发包方有权要求终止土地经营权流转合同。土地经营权人对土地和土地生态环境造成的损害应当予以赔偿。

第六十五条 国家机关及其工作人员有利用职权干涉农村土地承包经营，变更、解除承包经营合同，干涉承包经营当事人依法享有的生产经营自主权，强迫、阻碍承包经营当事人进行土地承包经营权互换、转让或者土地经营权流转等侵害土地承包经营权、土地经营权的行为，给承包经营当事人造成损失的，应当承担损害赔偿等责任；情节严重的，由上级机关或者所在单位给予直接责任人员处分；构成犯罪的，依法追究刑事责任。

第五章 附 则

第六十六条 本法实施前已经按照国家有关农村土地承包的规定承包，包括承包期限长于本法规定的，本法实施后继续有效，不得重新承包土地。未向承包方颁发土地承包经营权证或者林权证等证书的，应当补发证书。

第六十七条 本法实施前已经预留机动地的，机动地面积不得超过本集体经济组织耕地总面积的百分之五。不足百分之五的，不得再增加机动地。

本法实施前未留机动地的，本法实施后不得再留机动地。

第六十八条 各省、自治区、直辖市人民代表大会常务委员会可以根据本法，结合本行政区域的实际情况，制定实施办法。

第六十九条 确认农村集体经济组织成员身份的原则、程序等，由法律、法规规定。

第七十条 本法自 2003 年 3 月 1 日起施行。

中华人民共和国土地管理法

（1986 年 6 月 25 日第六届全国人民代表大会常务委员会第十六次会议通过
根据 1988 年 12 月 29 日第七届全国人民代表大会常务委员会第五次会议
《关于修改〈中华人民共和国土地管理法〉的决定》第一次修正
1998 年 8 月 29 日第九届全国人民代表大会常务委员会第四次会议修订
根据 2004 年 8 月 28 日第十届全国人民代表大会常务委员会第十一次会议
《关于修改〈中华人民共和国土地管理法〉的决定》第二次修正
根据 2019 年 8 月 26 日第十三届全国人民代表大会常务委员会第十二次会议
《关于修改〈中华人民共和国土地管理法〉〈中华人民共和国城市
房地产管理法〉的决定》第三次修正）

目 录

第一章　总　则

第一条　为了加强土地管理，维护土地的社会主义公有制，保护、开发土地资源，合理利用土地，切实保护耕地，促进社会经济的可持续发展，根据宪法，制定本法。

第二条　中华人民共和国实行土地的社会主义公有制，即全民所有制和劳动群众集体所有制。

全民所有，即国家所有土地的所有权由国务院代表国家行使。

任何单位和个人不得侵占、买卖或者以其他形式非法转让土地。土地使用权可以依法转让。

国家为了公共利益的需要，可以依法对土地实行征收或者征用并给予补偿。

国家依法实行国有土地有偿使用制度。但是，国家在法律规定的范围内划拨国有土地使用权的除外。

第三条　十分珍惜、合理利用土地和切实保护耕地是我国的基本国策。各级人民政府应当采取措施，全面规划，严格管理，保护、开发土地资源，制止非法占用土地的行为。

第四条　国家实行土地用途管制制度。

国家编制土地利用总体规划，规定土地用途，将土地分为农用地、建设用地和未利用地。严格限制农用地转为建设用地，控制建设用地总量，对耕地实行特殊保护。

前款所称农用地是指直接用于农业生产的土地，包括耕地、林地、草地、农田水利用地、养殖水面等；建设用地是指建造建筑物、构筑物的土地，包括城乡住宅和公共设施用地、工矿用地、交通水利设施用地、旅游用地、军事设施用地等；未利用地是指农用地和建设用地以外的土地。

使用土地的单位和个人必须严格按照土地利用总体规划确定的用途使用土地。

第五条　国务院自然资源主管部门统一负责全国土地的管理和监督工作。

县级以上地方人民政府自然资源主管部门的设置及其职责，由省、自治区、直辖市人民政府根据国务院有关规定确定。

第六条　国务院授权的机构对省、自治区、直辖市人民政府以及国务院确定的城市人民政府土地利用和土地管理情况进行督察。

第七条　任何单位和个人都有遵守土地管理法律、法规的义务，并有权对违反土地管理法律、法规的行为提出检举和控告。

第八条　在保护和开发土地资源、合理利用土地以及进行有关的科学研究等方面成绩显著的单位和个人，由人民政府给予奖励。

第二章　土地的所有权和使用权

第九条　城市市区的土地属于国家所有。

农村和城市郊区的土地，除由法律规定属于国家所有的以外，属于农民集体所有；宅基地和自留地、自留山，属于农民集体所有。

第十条　国有土地和农民集体所有的土地，可以依法确定给单位或者个人使用。使用土地的单位和个人，有保护、管理和合理利用土地的义务。

第十一条　农民集体所有的土地依法属于村农民集体所有的，由村集体经济组织或者村民委员会经营、管理；已经分别属于村内两个以上农村集体经济组织的农民集体所有的，由村内各该农村集体经济组织或者村民小组经营、管理；已经属于乡（镇）农民集体所有的，由乡（镇）农村集体经济组织经营、管理。

第十二条 土地的所有权和使用权的登记，依照有关不动产登记的法律、行政法规执行。

依法登记的土地的所有权和使用权受法律保护，任何单位和个人不得侵犯。

第十三条 农民集体所有和国家所有依法由农民集体使用的耕地、林地、草地，以及其他依法用于农业的土地，采取农村集体经济组织内部的家庭承包方式承包，不宜采取家庭承包方式的荒山、荒沟、荒丘、荒滩等，可以采取招标、拍卖、公开协商等方式承包，从事种植业、林业、畜牧业、渔业生产。家庭承包的耕地的承包期为三十年，草地的承包期为三十年至五十年，林地的承包期为三十年至七十年；耕地承包期届满后再延长三十年，草地、林地承包期届满后依法相应延长。

国家所有依法用于农业的土地可以由单位或者个人承包经营，从事种植业、林业、畜牧业、渔业生产。

发包方和承包方应当依法订立承包合同，约定双方的权利和义务。承包经营土地的单位和个人，有保护和按照承包合同约定的用途合理利用土地的义务。

第十四条 土地所有权和使用权争议，由当事人协商解决；协商不成的，由人民政府处理。

单位之间的争议，由县级以上人民政府处理；个人之间、个人与单位之间的争议，由乡级人民政府或者县级以上人民政府处理。

当事人对有关人民政府的处理决定不服的，可以自接到处理决定通知之日起三十日内，向人民法院起诉。

在土地所有权和使用权争议解决前，任何一方不得改变土地利用现状。

第三章 土地利用总体规划

第十五条 各级人民政府应当依据国民经济和社会发展规划、国土整治和资源环境保护的要求、土地供给能力以及各项建设对土地的需求，组织编制土地利用总体规划。

土地利用总体规划的规划期限由国务院规定。

第十六条 下级土地利用总体规划应当依据上一级土地利用总体规划编制。

地方各级人民政府编制的土地利用总体规划中的建设用地总量不得超过上一级土地利用总体规划确定的控制指标，耕地保有量不得低于上一级土地利用总体规划确定的控制指标。

省、自治区、直辖市人民政府编制的土地利用总体规划，应当确保本行政区域内耕地总量不减少。

第十七条 土地利用总体规划按照下列原则编制：

（一）落实国土空间开发保护要求，严格土地用途管制；

（二）严格保护永久基本农田，严格控制非农业建设占用农用地；

（三）提高土地节约集约利用水平；

（四）统筹安排城乡生产、生活、生态用地，满足乡村产业和基础设施用地合理需求，促进城乡融合发展；

（五）保护和改善生态环境，保障土地的可持续利用；

（六）占用耕地与开发复垦耕地数量平衡、质量相当。

第十八条 国家建立国土空间规划体系。编制国土空间规划应当坚持生态优先，绿色、可持续发展，科学有序统筹安排生态、农业、城镇等功能空间，优化国土空间结构和布局，提升国土空间开发、保护的质量和效率。

经依法批准的国土空间规划是各类开发、保护、建设活动的基本依据。已经编制国土空间规划的，不再编制土地利用总体规划和城乡规划。

第十九条 县级土地利用总体规划应当划分土地利用区，明确土地用途。

乡（镇）土地利用总体规划应当划分土地利用区，根据土地使用条件，确定每一块土地的用途，并予以公告。

第二十条 土地利用总体规划实行分级审批。

省、自治区、直辖市的土地利用总体规划，报国务院批准。

省、自治区人民政府所在地的市、人口在一百万以上的城市以及国务院指定的城市的土地利用总体规划，经省、自治区人民政府审查同意后，报国务院批准。

本条第二款、第三款规定以外的土地利用总体规划，逐级上报省、自治区、直辖市人民政府批准；其中，乡（镇）土地利用总体规划可以由省级人民政府授权的设区的市、自治州人民政府批准。

土地利用总体规划一经批准，必须严格执行。

第二十一条 城市建设用地规模应当符合国家规定的标准，充分利用现有建设用地，不占或者尽量少占农用地。

城市总体规划、村庄和集镇规划，应当与土地利用总体规划相衔接，城市总体规划、村庄和集镇规划中建设用地规模不得超过土地利用总体规划确定的城市和村庄、集镇建设用地规模。

在城市规划区内、村庄和集镇规划区内，城市和村庄、集镇建设用地应当符合城市规划、村庄和集镇规划。

第二十二条 江河、湖泊综合治理和开发利用规划，应当与土地利用总体规划相衔接。在江河、湖泊、水库的管理和保护范围以及蓄洪滞洪区内，土地利用应当符合江河、湖泊综合治理和开发利用规划，符合河道、湖泊行洪、蓄洪和输水的要求。

第二十三条 各级人民政府应当加强土地利用计划管理，实行建设用地总量控制。

土地利用年度计划，根据国民经济和社会发展计划、国家产业政策、土地利用总体规划以及建设用地和土地利用的实际状况编制。土地利用年度计划应当对本法第六十三条规定的集体经营性建设用地作出合理安排。土地利用年度计划的编制审批程序与土地利用总体规划的编制审批程序相同，一经审批下达，必须严格执行。

第二十四条 省、自治区、直辖市人民政府应当将土地利用年度计划的执行情况列为国民经济和社会发展计划执行情况的内容，向同级人民代表大会报告。

第二十五条 经批准的土地利用总体规划的修改，须经原批准机关批准；未经批准，不得改变土地利用总体规划确定的土地用途。

经国务院批准的大型能源、交通、水利等基础设施建设用地，需要改变土地利用总体规划的，根据国务院的批准文件修改土地利用总体规划。

经省、自治区、直辖市人民政府批准的能源、交通、水利等基础设施建设用地，需要改变土地利用总体规划的，属于省级人民政府土地利用总体规划批准权限内的，根据省级人民政府的批准文件修改土地利用总体规划。

第二十六条 国家建立土地调查

制度。

县级以上人民政府自然资源主管部门会同同级有关部门进行土地调查。土地所有者或者使用者应当配合调查，并提供有关资料。

第二十七条 县级以上人民政府自然资源主管部门会同同级有关部门根据土地调查成果、规划土地用途和国家制定的统一标准，评定土地等级。

第二十八条 国家建立土地统计制度。

县级以上人民政府统计机构和自然资源主管部门依法进行土地统计调查，定期发布土地统计资料。土地所有者或者使用者应当提供有关资料，不得拒报、迟报，不得提供不真实、不完整的资料。

统计机构和自然资源主管部门共同发布的土地面积统计资料是各级人民政府编制土地利用总体规划的依据。

第二十九条 国家建立全国土地管理信息系统，对土地利用状况进行动态监测。

第四章 耕地保护

第三十条 国家保护耕地，严格控制耕地转为非耕地。

国家实行占用耕地补偿制度。非农业建设经批准占用耕地的，按照“占多少，垦多少”的原则，由占用耕地的单位负责开垦与所占用耕地的数量和质量相当的耕地；没有条件开垦或者开垦的耕地不符合要求的，应当按照省、自治区、直辖市的规定缴纳耕地开垦费，专款用于开垦新的耕地。

省、自治区、直辖市人民政府应当制定开垦耕地计划，监督占用耕地的单位按照计划开垦耕地或者按照计划组织开垦耕地，并进行验收。

第三十一条 县级以上地方人民政府可以要求占用耕地的单位将所占用耕地耕作层的土壤用于新开垦耕地、劣质地或者其他耕地的土壤改良。

第三十二条 省、自治区、直辖市人民政府应当严格执行土地利用总体规划和土地利用年度计划，采取措施，确保本行政区域内耕地总量不减少、质量不降低。耕地总量减少的，由国务院责令在规定期限内组织开垦与所减少耕地的数量与质量相当的耕地；耕地质量降低的，由国务院责令在规定期限内组织整治。新开垦和整治的耕地由国务院自然资源主管部门会同农业农村主管部门验收。

个别省、直辖市确因土地后备资源匮乏，新增建设用地后，新开垦耕地的数量不足以补偿所占用耕地的数量的，必须报经国务院批准减免本行政区域内开垦耕地的数量，易地开垦数量和质量相当的耕地。

第三十三条 国家实行永久基本农田保护制度。下列耕地应当根据土地利用总体规划划为永久基本农田，实行严格保护：

（一）经国务院农业农村主管部门或者县级以上地方人民政府批准确定的粮、棉、油、糖等重要农产品生产基地内的耕地；

（二）有良好的水利与水土保持设施的耕地，正在实施改造计划以及可以改造的中、低产田和已建成的高标准农田；

（三）蔬菜生产基地；

（四）农业科研、教学试验田；

（五）国务院规定应当划为永久基本农田的其他耕地。

各省、自治区、直辖市划定的永久基本农田一般应当占本行政区域内耕地的百分之八十以上，具体比例由国务院根据各省、自治区、直辖市耕地实际情况规定。

第三十四条 永久基本农田划定以乡（镇）为单位进行，由县级人民政府自然资源主管部门会同同级农业农村主管部门组织实施。永久基本农田应当落实到地块，纳入国家永久基本农田数据库严格管理。

乡（镇）人民政府应当将永久基本农田的位置、范围向社会公告，并设立保护标志。

第三十五条 永久基本农田经依法划定后，任何单位和个人不得擅自占用或者改变其用途。国家能源、交通、水利、军事设施等重点建设项目选址确实难以避让永久基本农田，涉及农用地转用或者土地征收的，必须经国务院批准。

禁止通过擅自调整县级土地利用总体规划、乡（镇）土地利用总体规划等方式规避永久基本农田农用地转用或者土地征收的审批。

第三十六条 各级人民政府应当采取措施，引导因地制宜轮作休耕，改良土壤，提高地力，维护排灌工程设施，防止土地荒漠化、盐渍化、水土流失和土壤污染。

第三十七条 非农业建设必须节约使用土地，可以利用荒地的，不得占用耕地；可以利用劣地的，不得占用好地。

禁止占用耕地建窑、建坟或者擅自在耕地上建房、挖砂、采石、采矿、取土等。

禁止占用永久基本农田发展林果业和挖塘养鱼。

第三十八条 禁止任何单位和个人闲置、荒芜耕地。已经办理审批手续的非农业建设占用耕地，一年内不用而又可以耕种并收获的，应当由原耕种该幅耕地的集体或者个人恢复耕种，也可以由用地单位组织耕种；一年以上未动工建设的，应当按照省、自治区、直辖市的规定缴纳闲置费；连续二年未使用的，经原批准机关批准，由县级以上人民政府无偿收回用地单位的土地使用权；该幅土地原为农民集体所有的，应当交由原农村集体经济组织恢复耕种。

在城市规划区范围内，以出让方式取得土地使用权进行房地产开发的闲置土地，依照《中华人民共和国城市房地产管理法》的有关规定办理。

第三十九条 国家鼓励单位和个人按照土地利用总体规划，在保护和改善生态环境、防止水土流失和土地荒漠化的前提下，开发未利用的土地；适宜开发为农用地的，应当优先开发成农用地。

国家依法保护开发者的合法权益。

第四十条 开垦未利用的土地，必须经过科学论证和评估，在土地利用总体规划划定的可开垦的区域内，经依法批准后进行。禁止毁坏森林、草原开垦耕地，禁止围湖造田和侵占江河滩地。

根据土地利用总体规划，对破坏生态环境开垦、围垦的土地，有计划有步骤地退耕还林、还牧、还湖。

第四十一条 开发未确定使用权的国有荒山、荒地、荒滩从事种植业、林业、畜牧业、渔业生产的，经县级以上人民政府依法批准，可以确定给开发单位或者个人长期使用。

第四十二条 国家鼓励土地整理。县、乡（镇）人民政府应当组织农村集体经济组织，按照土地利用总体规划，对田、水、路、林、村综合整治，提高耕地质量，增加有效耕地面积，改善农业生产条件和生态环境。

地方各级人民政府应当采取措施，改造中、低产田，整治闲散地和废弃地。

第四十三条 因挖损、塌陷、压占等造成土地破坏，用地单位和个人应当按照国家有关规定负责复垦；没有条件复垦或者复垦不符合要求的，应当缴纳土地复垦费，专项用于土地复垦。复垦的土地应当优先用于农业。

第五章 建设用地

第四十四条 建设占用土地，涉及农用地转为建设用地的，应当办理农用地转用审批手续。

永久基本农田转为建设用地的，由国务院批准。

在土地利用总体规划确定的城市和村庄、集镇建设用地规模范围内，为实施该规划而将永久基本农田以外的农用地转为建设用地的，按土地利用年度计划分批次按照国务院规定由原批准土地利用总体规划的机关或者其授权的机关批准。在已批准的农用地转用范围内，具体建设项目用地可以由市、县人民政府批准。

在土地利用总体规划确定的城市和村庄、集镇建设用地规模范围外，将永久基本农田以外的农用地转为建设用地的，由国务院或者国务院授权的省、自治区、直辖市人民政府批准。

第四十五条 为了公共利益的需要，有下列情形之一，确需征收农民集体所有的土地的，可以依法实施征收：

（一）军事和外交需要用地的；

（二）由政府组织实施的能源、交通、水利、通信、邮政等基础设施建设需要用地的；

（三）由政府组织实施的科技、教育、文化、卫生、体育、生态环境和资源保护、防灾减灾、文物保护、社区综合服务、社会福利、市政公用、优抚安置、英烈保护等公共事业需要用地的；

（四）由政府组织实施的扶贫搬迁、保障性安居工程建设需要用地的；

（五）在土地利用总体规划确定的城镇建设用地范围内，经省级以上人民政府批准由县级以上地方人民政府组织实施的成片开发建设需要用地的；

（六）法律规定为公共利益需要可以征收农民集体所有的土地的其他情形。

前款规定的建设活动，应当符合国民经济和社会发展规划、土地利用总体规划、城乡规划和专项规划；第（四）项、第（五）项规定的建设活动，还应当纳入国民经济和社会发展年度计划；第（五）项规定的成片开发并应当符合国务院自然资源主管部门规定的标准。

第四十六条 征收下列土地的，由国务院批准：

（一）永久基本农田；

（二）永久基本农田以外的耕地超过三十五公顷的；

（三）其他土地超过七十公顷的。

征收前款规定以外的土地的，由省、自治区、直辖市人民政府批准。

征收农用地的，应当依照本法第四十四条的规定先行办理农用地转用审批。其中，经国务院批准农用地转用的，同时办理征地审批手续，不再另行办理征地审批；经省、自治区、直辖市人民政府在征地批准权限内批准农用地转用的，同时办理征地审批手续，不再另行办理征地审批，超过征地批准权限的，应当依照本条第一款的规定另行办理征地审批。

第四十七条 国家征收土地的，依照法定程序批准后，由县级以上地方人民政府予以公告并组织实施。

县级以上地方人民政府拟申请征收土地的，应当开展拟征收土地现状调查和社会稳定风险评估，并将征收范围、土地现状、征收目的、补偿标准、安置方式和社会保障等在拟征收土地所在的乡（镇）和村、村民小组范围内公告至少三十日，听取被征地的农村集体经济组织及其成员、村民委员会和其他利害关系人的意见。

多数被征地的农村集体经济组织成员认为征地补偿安置方案不符合法律、法规规定的，县级以上地方人民政府应当组织召开听证会，并根据法律、法规的规定和听证会情况修改方案。

拟征收土地的所有权人、使用权人应当在公告规定期限内，持不动产权属证明材料办理补偿登记。县级以上地方人民政府应当组织有关部门测算并落实有关费用，保证足额到位，与拟征收土地的所有权人、使用权人就补偿、安置等签订协议；个别确实难以达成协议的，应当在申请征收土地时如实说明。

相关前期工作完成后，县级以上地方人民政府方可申请征收土地。

第四十八条 征收土地应当给予公平、合理的补偿，保障被征地农民原有生活水平不降低、长远生计有保障。

征收土地应当依法及时足额支付土地补偿费、安置补助费以及农村村民住宅、其他地上附着物和青苗等的补偿费用，并安排被征地农民的社会保障费用。

征收农用地的土地补偿费、安置补助费标准由省、自治区、直辖市通过制定公布区片综合地价确定。制定区片综合地价应当综合考虑土地原用途、土地资源条件、土地产值、土地区位、土地供求关系、人口以及经济社会发展水平等因素，并至少每三年调整或者重新公布一次。

征收农用地以外的其他土地、地上附着物和青苗等的补偿标准，由省、自治区、直辖市制定。对其中的农村村民住宅，应当按照先补偿后搬迁、居住条件有改善的原则，尊重农村村民意愿，采取重新安排宅基地建房、提供安置房或者货币补偿等方式给予公平、合理的补偿，并对因征收造成的搬迁、临时安置等费用予以补偿，保障农村村民居住的权利和合法的住房财产权益。

县级以上地方人民政府应当将被征地农民纳入相应的养老等社会保障体系。被征地农民的社会保障费用主要用于符合条件的被征地农民的养老保险等社会保险缴费补贴。被征地农民社会保障费用的筹集、管理和使用办法，由省、自治区、直辖市制定。

第四十九条 被征地的农村集体经济组织应当将征收土地的补偿费用的收支状况向本集体经济组织的成员公布，接受监督。

禁止侵占、挪用被征收土地单位的征地补偿费用和其他有关费用。

第五十条 地方各级人民政府应当支持被征地的农村集体经济组织和农民从事开发经营，兴办企业。

第五十一条 大中型水利、水电工程建设征收土地的补偿费标准和移民安置办法，由国务院另行规定。

第五十二条 建设项目可行性研究论证时，自然资源主管部门可以根据土地利用总体规划、土地利用年度计划和建设用地标准，对建设用地有关事项进行审查，并提出意见。

第五十三条 经批准的建设项目需要使用国有建设用地的，建设单位应当持法律、行政法规规定的有关文件，向有批准权的县级以上人民政府自然资源主管部门提出建设用地申请，经自然资源主管部门审查，报本级人民政府批准。

第五十四条 建设单位使用国有土地，应当以出让等有偿使用方式取得；但是，下列建设用地，经县级以上人民政府依法批准，可以以划拨方式取得：

（一）国家机关用地和军事用地；

（二）城市基础设施用地和公益事业用地；

（三）国家重点扶持的能源、交通、水利等基础设施用地；

（四）法律、行政法规规定的其他用地。

第五十五条 以出让等有偿使用方式取得国有土地使用权的建设单位，按照国务院规定的标准和办法，缴纳土地使用权出让金等土地有偿使用费和其他费用后，方可使用土地。

自本法施行之日起，新增建设用地的土地有偿使用费，百分之三十上缴中央财政，百分之七十留给有关地方人民政府。具体使用管理办法由国务院财政部门会同有关部门制定，并报国务院批准。

第五十六条 建设单位使用国有土地的，应当按照土地使用权出让等有偿使用合同的约定或者土地使用权划拨批准文件的规定使用土地；确需改变该幅土地建设用途的，应当经有关人民政府自然资源主管部门同意，报原批准用地的人民政府批准。其中，在城市规划区内改变土地用途的，在报批前，应当先经有关城市规划行政主管部门同意。

第五十七条 建设项目施工和地质勘查需要临时使用国有土地或者农民集体所有的土地的，由县级以上人民政府自然资源主管部门批准。其中，在城市规划区内的临时用地，在报批前，应当先经有关城市规划行政主管部门同意。土地使用者应当根据土地权属，与有关自然资源主管部门或者农村集体经济组织、村民委员会签订临时使用土地合同，并按照合同的约定支付临时使用土地补偿费。

临时使用土地的使用者应当按照临时使用土地合同约定的用途使用土地，并不得修建永久性建筑物。

临时使用土地期限一般不超过二年。

第五十八条 有下列情形之一的，由有关人民政府自然资源主管部门报经原批准用地的人民政府或者有批准权的人民政府批准，可以收回国有土地使用权：

（一）为实施城市规划进行旧城区改建以及其他公共利益需要，确需使用土地的；

（二）土地出让等有偿使用合同约定的使用期限届满，土地使用者未申请续期或者申请续期未获批准的；

（三）因单位撤销、迁移等原因，停止使用原划拨的国有土地的；

（四）公路、铁路、机场、矿场等经核准报废的。

依照前款第（一）项的规定收回国有土地使用权的，对土地使用权人应当给予适当补偿。

第五十九条 乡镇企业、乡（镇）村公共设施、公益事业、农村村民住宅等乡（镇）村建设，应当按照村庄和集镇规划，合理布局，综合开发，配套建设；建设用地，应当符合乡（镇）土地利用总体规划和土地利用年度计划，并依照本法第四十四条、第六十条、第六十一条、第六十二条的规定办理审批手续。

第六十条 农村集体经济组织使用乡（镇）土地利用总体规划确定的建设用地兴办企业或者与其他单位、个人以土地使用权入股、联营等形式共同举办企业的，应当持有关批准文件，向县级以上地方人民政府自然资源主管部门提出申请，按照省、自治区、直辖市规定的批准权限，由县级以上地方人民政府批准；其中，涉及占用农用地的，依照本法第四十四条的规定办理审批手续。

按照前款规定兴办企业的建设用地，必须严格控制。省、自治区、直辖市可以按照乡镇企业的不同行业和经营规模，分别规定用地标准。

第六十一条 乡（镇）村公共设施、公益事业建设，需要使用土地的，经乡（镇）人民政府审核，向县级以上地方人民政府自然资源主管部门提出申请，按照省、自治区、直辖市规定的批准权限，由县级以上地方人民政府批准；其中，涉及占用农用地的，依照本法第四十四条的规定办理审批手续。

第六十二条 农村村民一户只能拥有一处宅基地，其宅基地的面积不得超过省、自治区、直辖市规定的标准。

人均土地少、不能保障一户拥有一处宅基地的地区，县级人民政府在充分尊重农村村民意愿的基础上，可以采取措施，按照省、自治区、直辖市规定的标准保障农村村民实现户有所居。

农村村民建住宅，应当符合乡（镇）土地利用总体规划、村庄规划，不得占用永久基本农田，并尽量使用原有的宅基地和村内空闲地。编制乡（镇）土地利用总体规划、村庄规划应当统筹并合理安排宅基地用地，改善农村村民居住环境和条件。

农村村民住宅用地，由乡（镇）人民政府审核批准；其中，涉及占用农用地的，依照本法第四十四条的规定办理审批手续。

农村村民出卖、出租、赠与住宅后，再申请宅基地的，不予批准。

国家允许进城落户的农村村民依法自愿有偿退出宅基地，鼓励农村集体经济组织及其成员盘活利用闲置宅基地和闲置住宅。

国务院农业农村主管部门负责全国农村宅基地改革和管理有关工作。

第六十三条 土地利用总体规划、城乡规划确定为工业、商业等经营性用途，并经依法登记的集体经营性建设用地，土地所有权人可以通过出让、出租等方式交由单位或者个人使用，并应当签订书面合同，载明土地界址、面积、动工期限、使用期限、土地用途、规划条件和双方其他权利义务。

前款规定的集体经营性建设用地出让、出租等，应当经本集体经济组织成员的村民会议三分之二以上成员或者三分之二以上村民代表的同意。

通过出让等方式取得的集体经营性建设用地使用权可以转让、互换、出资、赠与或者抵押，但法律、行政法规另有规定或者土地所有权人、土地使用权人签订的书面合同另有约定的除外。

集体经营性建设用地的出租，集体建设用地使用权的出让及其最高年限、转让、互换、出资、赠与、抵押等，参照同类用途的国有建设用地执行。具体办法由国务院制定。

第六十四条 集体建设用地的使用者应当严格按照土地利用总体规划、城乡规划确定的用途使用土地。

第六十五条 在土地利用总体规划制定前已建的不符合土地利用总体规划确定的用途的建筑物、构筑物，不得重建、扩建。

第六十六条 有下列情形之一的，农村集体经济组织报经原批准用地的人民政府批准，可以收回土地使用权：

（一）为乡（镇）村公共设施和公益事业建设，需要使用土地的；

（二）不按照批准的用途使用土地的；

（三）因撤销、迁移等原因而停止使用土地的。

依照前款第（一）项规定收回农民集体所有的土地的，对土地使用权人应当给予适当补偿。

收回集体经营性建设用地使用权，依照双方签订的书面合同办理，法律、行政法规另有规定的除外。

第六章　监督检查

第六十七条　县级以上人民政府自然资源主管部门对违反土地管理法律、法规的行为进行监督检查。

县级以上人民政府农业农村主管部门对违反农村宅基地管理法律、法规的行为进行监督检查的，适用本法关于自然资源主管部门监督检查的规定。

土地管理监督检查人员应当熟悉土地管理法律、法规，忠于职守、秉公执法。

第六十八条　县级以上人民政府自然资源主管部门履行监督检查职责时，有权采取下列措施：

（一）要求被检查的单位或者个人提供有关土地权利的文件和资料，进行查阅或者予以复制；

（二）要求被检查的单位或者个人就有关土地权利的问题作出说明；

（三）进入被检查单位或者个人非法占用的土地现场进行勘测；

（四）责令非法占用土地的单位或者个人停止违反土地管理法律、法规的行为。

第六十九条　土地管理监督检查人员履行职责，需要进入现场进行勘测、要求有关单位或者个人提供文件、资料和作出说明的，应当出示土地管理监督检查证件。

第七十条　有关单位和个人对县级以上人民政府自然资源主管部门就土地违法行为进行的监督检查应当支持与配合，并提供工作方便，不得拒绝与阻碍土地管理监督检查人员依法执行职务。

第七十一条　县级以上人民政府自然资源主管部门在监督检查工作中发现国家工作人员的违法行为，依法应当给予处分的，应当依法予以处理；自己无权处理的，应当依法移送监察机关或者有关机关处理。

第七十二条　县级以上人民政府自然资源主管部门在监督检查工作中发现土地违法行为构成犯罪的，应当将案件移送有关机关，依法追究刑事责任；尚不构成犯罪的，应当依法给予行政处罚。

第七十三条　依照本法规定应当给予行政处罚，而有关自然资源主管部门不给予行政处罚的，上级人民政府自然资源主管部门有权责令有关自然资源主管部门作出行政处罚决定或者直接给予行政处罚，并给予有关自然资源主管部门的负责人处分。

第七章　法律责任

第七十四条　买卖或者以其他形式非法转让土地的，由县级以上人民政府自然资源主管部门没收违法所得；对违反土地利用总体规划擅自将农用地改为建设用地的，限期拆除在非法转让的土地上新建的建筑物和其他设施，恢复土地原状，对符合土地利用总体规划的，没收在非法转让的土地上新建的建筑物和其他设施；可以并处罚款；对直接负责的主管人员和其他直接责任人员，依法给予处分；构成犯罪的，依法追究刑事责任。

第七十五条　违反本法规定，占用耕地建窑、建坟或者擅自在耕地上建房、挖砂、采石、采矿、取土等，破坏种植条件的，或者因开发土地造成土地荒漠化、盐渍化的，由县级以上人民政府自然资源主管部门、农业农村主管部门等按照职责责令限期改正或者治理，可以并处罚款；构成犯罪的，依法追究刑事责任。

第七十六条 违反本法规定，拒不履行土地复垦义务的，由县级以上人民政府自然资源主管部门责令限期改正；逾期不改正的，责令缴纳复垦费，专项用于土地复垦，可以处以罚款。

第七十七条 未经批准或者采取欺骗手段骗取批准，非法占用土地的，由县级以上人民政府自然资源主管部门责令退还非法占用的土地，对违反土地利用总体规划擅自将农用地改为建设用地的，限期拆除在非法占用的土地上新建的建筑物和其他设施，恢复土地原状，对符合土地利用总体规划的，没收在非法占用的土地上新建的建筑物和其他设施，可以并处罚款；对非法占用土地单位的直接负责的主管人员和其他直接责任人员，依法给予处分；构成犯罪的，依法追究刑事责任。

超过批准的数量占用土地，多占的土地以非法占用土地论处。

第七十八条 农村村民未经批准或者采取欺骗手段骗取批准，非法占用土地建住宅的，由县级以上人民政府农业农村主管部门责令退还非法占用的土地，限期拆除在非法占用的土地上新建的房屋。

超过省、自治区、直辖市规定的标准，多占的土地以非法占用土地论处。

第七十九条 无权批准征收、使用土地的单位或者个人非法批准占用土地的，超越批准权限非法批准占用土地的，不按照土地利用总体规划确定的用途批准用地的，或者违反法律规定的程序批准占用、征收土地的，其批准文件无效，对非法批准征收、使用土地的直接负责的主管人员和其他直接责任人员，依法给予处分；构成犯罪的，依法追究刑事责任。非法批准、使用的土地应当收回，有关当事人拒不归还的，以非法占用土地论处。

非法批准征收、使用土地，对当事人造成损失的，依法应当承担赔偿责任。

第八十条 侵占、挪用被征收土地单位的征地补偿费用和其他有关费用，构成犯罪的，依法追究刑事责任；尚不构成犯罪的，依法给予处分。

第八十一条 依法收回国有土地使用权当事人拒不交出土地的，临时使用土地期满拒不归还的，或者不按照批准的用途使用国有土地的，由县级以上人民政府自然资源主管部门责令交还土地，处以罚款。

第八十二条 擅自将农民集体所有的土地通过出让、转让使用权或者出租等方式用于非农业建设，或者违反本法规定，将集体经营性建设用地通过出让、出租等方式交由单位或者个人使用的，由县级以上人民政府自然资源主管部门责令限期改正，没收违法所得，并处罚款。

第八十三条 依照本法规定，责令限期拆除在非法占用的土地上新建的建筑物和其他设施的，建设单位或者个人必须立即停止施工，自行拆除；对继续施工的，作出处罚决定的机关有权制止。建设单位或者个人对责令限期拆除的行政处罚决定不服的，可以在接到责令限期拆除决定之日起十五日内，向人民法院起诉；期满不起诉又不自行拆除的，由作出处罚决定的机关依法申请人民法院强制执行，费用由违法者承担。

第八十四条 自然资源主管部门、农业农村主管部门的工作人员玩忽职守、滥用职权、徇私舞弊，构成犯罪的，依法追究刑事责任；尚不构成犯罪的，依法给予处分。

第八章 附 则

第八十五条 外商投资企业使用土地的，适用本法；法律另有规定的，从其规定。

第八十六条 在根据本法第十八条的规定编制国土空间规划前，经依法批准的土地利用总体规划和城乡规划继续执行。

第八十七条 本法自 1999 年 1 月 1 日起施行。

中华人民共和国城市房地产管理法（节录）

（1994 年 7 月 5 日第八届全国人民代表大会常务委员会第八次会议通过 根据 2007 年 8 月 30 日第十届全国人民代表大会常务委员会第二十九次会议《关于修改〈中华人民共和国城市房地产管理法〉的决定》第一次修正 根据 2009 年 8 月 27 日第十一届全国人民代表大会常务委员会第十次会议《关于修改部分法律的决定》第二次修正 根据 2019 年 8 月 26 日第十三届全国人民代表大会常务委员会第十二次会议《关于修改〈中华人民共和国土地管理法〉、〈中华人民共和国城市房地产管理法〉的决定》第三次修正）

目 录

第二章 房地产开发用地

第一节 土地使用权出让

第八条 土地使用权出让，是指国家将国有土地使用权（以下简称土地使用权）在一定年限内出让给土地使用者，由土地使用者向国家支付土地使用权出让金的行为。

第九条 城市规划区内的集体所有的土地，经依法征收转为国有土地后，该幅国有土地的使用权方可有偿出让，但法律另有规定的除外。

第十条 土地使用权出让，必须符合土地利用总体规划、城市规划和年度建设用地计划。

第十一条 县级以上地方人民政府出让土地使用权用于房地产开发的，须根据省级以上人民政府下达的控制指标拟订年度出让土地使用权总面积方案，按照国务院规定，报国务院或者省级人民政府批准。

第十二条 土地使用权出让，由市、县人民政府有计划、有步骤地进行。出让的每幅地块、用途、年限和其他条件，由市、县人民政府土地管理部门会同城市规划、建设、房产管理部门共同拟定方案，按照国务院规定，报经有批准权的人民政府批准后，由市、县人民政府土地管理部门实施。

直辖市的县人民政府及其有关部门行使前款规定的权限，由直辖市人民政府规定。

第十三条 土地使用权出让，可以采取拍卖、招标或者双方协议的方式。

商业、旅游、娱乐和豪华住宅用地，有条件的，必须采取拍卖、招标方式；没有条件，不能采取拍卖、招标方式的，可以采取双方协议的方式。

采取双方协议方式出让土地使用权的出让金不得低于按国家规定所确定的最低价。

第十四条 土地使用权出让最高年限由国务院规定。

第十五条 土地使用权出让，应当签订书面出让合同。

土地使用权出让合同由市、县人民政府土地管理部门与土地使用者签订。

第十六条 土地使用者必须按照出让合同约定，支付土地使用权出让金；未按照出让合同约定支付土地使用权出让金的，土地管理部门有权解除合同，并可以请求违约赔偿。

第十七条 土地使用者按照出让合同约定支付土地使用权出让金的，市、县人民政府土地管理部门必须按照出让合同约定，提供出让的土地；未按照出让合同约定提供出让的土地的，土地使用者有权解除合同，由土地管理部门返还土地使用权出让金，土地使用者并可以请求违约赔偿。

第十八条 土地使用者需要改变土地使用权出让合同约定的土地用途的，必须取得出让方和市、县人民政府城市规划行政主管部门的同意，签订土地使用权出让合同变更协议或者重新签订土地使用权出让合同，相应调整土地使用权出让金。

第十九条 土地使用权出让金应当全部上缴财政，列入预算，用于城市基础设施建设和土地开发。土地使用权出让金上缴和使用的具体办法由国务院规定。

第二十条 国家对土地使用者依法取得的土地使用权，在出让合同约定的使用年限届满前不收回；在特殊情况下，根据社会公共利益的需要，可以依照法律程序提前收回，并根据土地使用者使用土地的实际年限和开发土地的实际情况给予相应的补偿。

第二十一条 土地使用权因土地灭失而终止。

第二十二条 土地使用权出让合同约定的使用年限届满，土地使用者需要继续使用土地的，应当至迟于届满前一年申请续期，除根据社会公共利益需要收回该幅土地的，应当予以批准。经批准准予续期的，应当重新签订土地使用权出让合同，依照规定支付土地使用权出让金。

土地使用权出让合同约定的使用年限届满，土地使用者未申请续期或者虽申请续期但依照前款规定未获批准的，土地使用权由国家无偿收回。

第二节 土地使用权划拨

第二十三条 土地使用权划拨，是指县级以上人民政府依法批准，在土地使用者缴纳补偿、安置等费用后将该幅土地交付其使用，或者将土地使用权无偿交付给土地使用者使用的行为。

依照本法规定以划拨方式取得土地使用权的，除法律、行政法规另有规定外，没有使用期限的限制。

第二十四条 下列建设用地的土地使用权，确属必需的，可以由县级以上人民政府依法批准划拨：

（一）国家机关用地和军事用地；

（二）城市基础设施用地和公益事业用地；

（三）国家重点扶持的能源、交通、水利等项目用地；

（四）法律、行政法规规定的其他用地。

中华人民共和国农村集体经济组织法

（2024年6月28日第十四届全国人民代表大会常务委员会第十次会议通过
2024年6月28日中华人民共和国主席令第二十六号公布
自2025年5月1日起施行）

目　　录

第一章　总　　则

第一条　为了维护农村集体经济组织及其成员的合法权益，规范农村集体经济组织及其运行管理，促进新型农村集体经济高质量发展，巩固和完善农村基本经营制度和社会主义基本经济制度，推进乡村全面振兴，加快建设农业强国，促进共同富裕，根据宪法，制定本法。

第二条　本法所称农村集体经济组织，是指以土地集体所有为基础，依法代表成员集体行使所有权，实行家庭承包经营为基础、统分结合双层经营体制的区域性经济组织，包括乡镇级农村集体经济组织、村级农村集体经济组织、组级农村集体经济组织。

第三条　农村集体经济组织是发展壮大新型农村集体经济、巩固社会主义公有制、促进共同富裕的重要主体，是健全乡村治理体系、实现乡村善治的重要力量，是提升中国共产党农村基层组织凝聚力、巩固党在农村执政根基的重要保障。

第四条　农村集体经济组织应当坚持以下原则：

（一）坚持中国共产党的领导，在乡镇党委、街道党工委和村党组织的领导下依法履职；

（二）坚持社会主义集体所有制，维护集体及其成员的合法权益；

（三）坚持民主管理，农村集体经济组织成员依照法律法规和农村集体经济组织章程平等享有权利、承担义务；

（四）坚持按劳分配为主体、多种分配方式并存，促进农村共同富裕。

第五条　农村集体经济组织依法代表成员集体行使所有权，履行下列职能：

（一）发包农村土地；

（二）办理农村宅基地申请、使用事项；

（三）合理开发利用和保护耕地、林地、草地等土地资源并进行监督；

（四）使用集体经营性建设用地或者通过出让、出租等方式交由单位、个人使用；

（五）组织开展集体财产经营、管理；

（六）决定集体出资的企业所有权变动；

（七）分配、使用集体收益；

（八）分配、使用集体土地被征收征用的土地补偿费等；

（九）为成员的生产经营提供技术、信息等服务；

（十）支持和配合村民委员会在村党组织领导下开展村民自治；

（十一）支持农村其他经济组织、社会组织依法发挥作用；

（十二）法律法规和农村集体经济组织章程规定的其他职能。

第六条 农村集体经济组织依照本法登记，取得特别法人资格，依法从事与其履行职能相适应的民事活动。

农村集体经济组织不适用有关破产法律的规定。

农村集体经济组织可以依法出资设立或者参与设立公司、农民专业合作社等市场主体，以其出资为限对其设立或者参与设立的市场主体的债务承担责任。

第七条 农村集体经济组织从事经营管理和服务活动，应当遵守法律法规，遵守社会公德、商业道德，诚实守信，承担社会责任。

第八条 国家保护农村集体经济组织及其成员的合法权益，任何组织和个人不得侵犯。

农村集体经济组织成员集体所有的财产受法律保护，任何组织和个人不得侵占、挪用、截留、哄抢、私分、破坏。

妇女享有与男子平等的权利，不得以妇女未婚、结婚、离婚、丧偶、户无男性等为由，侵害妇女在农村集体经济组织中的各项权益。

第九条 国家通过财政、税收、金融、土地、人才以及产业政策等扶持措施，促进农村集体经济组织发展，壮大新型农村集体经济。

国家鼓励和支持机关、企事业单位、社会团体等组织和个人为农村集体经济组织提供帮助和服务。

对发展农村集体经济组织事业做出突出贡献的组织和个人，按照国家规定给予表彰和奖励。

第十条 国务院农业农村主管部门负责指导全国农村集体经济组织的建设和发展。国务院其他有关部门在各自职责范围内负责有关的工作。

县级以上地方人民政府农业农村主管部门负责本行政区域内农村集体经济组织的登记管理、运行监督指导以及承包地、宅基地等集体财产管理和产权流转交易等的监督指导。县级以上地方人民政府其他有关部门在各自职责范围内负责有关的工作。

乡镇人民政府、街道办事处负责本行政区域内农村集体经济组织的监督管理等。

县级以上人民政府农业农村主管部门应当会同有关部门加强对农村集体经济组织工作的综合协调，指导、协调、扶持、推动农村集体经济组织的建设和发展。

地方各级人民政府和县级以上人民政府农业农村主管部门应当采取措施，建立健全集体财产监督管理服务体系，加强基层队伍建设，配备与集体财产监督管理工作相适应的专业人员。

第二章　成　员

第十一条　户籍在或者曾经在农村集体经济组织并与农村集体经济组织形成稳定的权利义务关系，以农村集体经济组织成员集体所有的土地等财产为基本生活保障的居民，为农村集体经济组织成员。

第十二条　农村集体经济组织通过成员大会，依据前条规定确认农村集体经济组织成员。

对因成员生育而增加的人员，农村集体经济组织应当确认为农村集体经济组织成员。对因成员结婚、收养或者因政策性移民而增加的人员，农村集体经济组织一般应当确认为农村集体经济组织成员。

确认农村集体经济组织成员，不得违反本法和其他法律法规的规定。

农村集体经济组织应当制作或者变更成员名册。成员名册应当报乡镇人民政府、街道办事处和县级人民政府农业农村主管部门备案。

省、自治区、直辖市人民代表大会及其常务委员会可以根据本法，结合本行政区域实际情况，对农村集体经济组织的成员确认作出具体规定。

第十三条　农村集体经济组织成员享有下列权利：

（一）依照法律法规和农村集体经济组织章程选举和被选举为成员代表、理事会成员、监事会成员或者监事；

（二）依照法律法规和农村集体经济组织章程参加成员大会、成员代表大会，参与表决决定农村集体经济组织重大事项和重要事务；

（三）查阅、复制农村集体经济组织财务会计报告、会议记录等资料，了解有关情况；

（四）监督农村集体经济组织的生产经营管理活动和集体收益的分配、使用，并提出意见和建议；

（五）依法承包农村集体经济组织发包的农村土地；

（六）依法申请取得宅基地使用权；

（七）参与分配集体收益；

（八）集体土地被征收征用时参与分配土地补偿费等；

（九）享受农村集体经济组织提供的服务和福利；

（十）法律法规和农村集体经济组织章程规定的其他权利。

第十四条　农村集体经济组织成员履行下列义务：

（一）遵守法律法规和农村集体经济组织章程；

（二）执行农村集体经济组织依照法律法规和农村集体经济组织章程作出的决定；

（三）维护农村集体经济组织合法权益；

（四）合理利用和保护集体土地等资源；

（五）参与、支持农村集体经济组织的生产经营管理活动和公益活动；

（六）法律法规和农村集体经济组织章程规定的其他义务。

第十五条　非农村集体经济组织成员长期在农村集体经济组织工作，对集体做出贡献的，经农村集体经济组织成员大会全体成员四分之三以上同意，可以享有本法第十三条第七项、第九项、第十项规定的权利。

第十六条　农村集体经济组织成员提出书面申请并经农村集体经济组织同意的，可以自愿退出农村集体经济组织。

农村集体经济组织成员自愿退出的，可以与农村集体经济组织协商获得适当补偿或者在一定期限内保留其已经享有的财产权益，但是不得要求分割集体财产。

第十七条 有下列情形之一的，丧失农村集体经济组织成员身份：

（一）死亡；

（二）丧失中华人民共和国国籍；

（三）已经取得其他农村集体经济组织成员身份；

（四）已经成为公务员，但是聘任制公务员除外；

（五）法律法规和农村集体经济组织章程规定的其他情形。

因前款第三项、第四项情形而丧失农村集体经济组织成员身份的，依照法律法规、国家有关规定和农村集体经济组织章程，经与农村集体经济组织协商，可以在一定期限内保留其已经享有的相关权益。

第十八条 农村集体经济组织成员不因就学、服役、务工、经商、离婚、丧偶、服刑等原因而丧失农村集体经济组织成员身份。

农村集体经济组织成员结婚，未取得其他农村集体经济组织成员身份的，原农村集体经济组织不得取消其成员身份。

第三章 组织登记

第十九条 农村集体经济组织应当具备下列条件：

（一）有符合本法规定的成员；

（二）有符合本法规定的集体财产；

（三）有符合本法规定的农村集体经济组织章程；

（四）有符合本法规定的名称和住所；

（五）有符合本法规定的组织机构。

符合前款规定条件的村一般应当设立农村集体经济组织，村民小组可以根据情况设立农村集体经济组织；乡镇确有需要的，可以设立农村集体经济组织。

设立农村集体经济组织不得改变集体土地所有权。

第二十条 农村集体经济组织章程应当载明下列事项：

（一）农村集体经济组织的名称、法定代表人、住所和财产范围；

（二）农村集体经济组织成员确认规则和程序；

（三）农村集体经济组织的机构；

（四）集体财产经营和财务管理；

（五）集体经营性财产收益权的量化与分配；

（六）农村集体经济组织的变更和注销；

（七）需要载明的其他事项。

农村集体经济组织章程应当报乡镇人民政府、街道办事处和县级人民政府农业农村主管部门备案。

国务院农业农村主管部门根据本法和其他有关法律法规制定农村集体经济组织示范章程。

第二十一条 农村集体经济组织的名称中应当标明“集体经济组织”字样，以及所在县、不设区的市、市辖区、乡、民族乡、镇、村或者组的名称。

农村集体经济组织以其主要办事机构所在地为住所。

第二十二条 农村集体经济组织成员大会表决通过本农村集体经济组织章程、确认本农村集体经济组织成员、选举本农村集体经济组织理事会成员、监事会成员或者监事后，应当及时向县级以上地方人民政府农业农村主管部门申请登记，取得农村集体经济组织登记证书。

农村集体经济组织登记办法由国务院农业农村主管部门制定。

第二十三条 农村集体经济组织合并的，应当在清产核资的基础上编制资产负债表和财产清单。

农村集体经济组织合并的，应当由各自的成员大会形成决定，经乡镇人民政府、街道办事处审核后，报县级以上地方人民政府批准。

农村集体经济组织应当在获得批准合并之日起十日内通知债权人，债权人可以要求农村集体经济组织清偿债务或者提供相应担保。

合并各方的债权债务由合并后的农村集体经济组织承继。

第二十四条 农村集体经济组织分立的，应当在清产核资的基础上分配财产、分解债权债务。

农村集体经济组织分立的，应当由成员大会形成决定，经乡镇人民政府、街道办事处审核后，报县级以上地方人民政府批准。

农村集体经济组织应当在获得批准分立之日起十日内通知债权人。

农村集体经济组织分立前的债权债务，由分立后的农村集体经济组织享有连带债权，承担连带债务，但是农村集体经济组织分立时已经与债权人或者债务人达成清偿债务的书面协议的，从其约定。

第二十五条 农村集体经济组织合并、分立或者登记事项变动的，应当办理变更登记。

农村集体经济组织因合并、分立等原因需要解散的，依法办理注销登记后终止。

第四章 组织机构

第二十六条 农村集体经济组织成员大会由具有完全民事行为能力的全体成员组成，是本农村集体经济组织的权力机构，依法行使下列职权：

（一）制定、修改农村集体经济组织章程；

（二）制定、修改农村集体经济组织内部管理制度；

（三）确认农村集体经济组织成员；

（四）选举、罢免农村集体经济组织理事会成员、监事会成员或者监事；

（五）审议农村集体经济组织理事会、监事会或者监事的工作报告；

（六）决定农村集体经济组织理事会成员、监事会成员或者监事的报酬及主要经营管理人员的聘任、解聘和报酬；

（七）批准农村集体经济组织的集体经济发展规划、业务经营计划、年度财务预决算、收益分配方案；

（八）对农村土地承包、宅基地使用和集体经营性财产收益权份额量化方案等事项作出决定；

（九）对集体经营性建设用地使用、出让、出租方案等事项作出决定；

（十）决定土地补偿费等的分配、使用办法；

（十一）决定投资等重大事项；

（十二）决定农村集体经济组织合并、分立等重大事项；

（十三）法律法规和农村集体经济组织章程规定的其他职权。

需由成员大会审议决定的重要事项，应当先经乡镇党委、街道党工委或者村党组织研究讨论。

第二十七条 农村集体经济组织召开成员大会，应当将会议召开的时间、地点和审议的事项于会议召开十日前通知全体成员，有三分之二以上具有完全民事行为能力的成员参加。成员无法在现场参加会议的，可以通过即时通讯工具在线参加会议，或者书面委托本农村集体经济组织同一户内具有完全民事行为能力的其他家庭成员代为参加会议。

成员大会每年至少召开一次，并由理事会召集，由理事长、副理事长或者理事长指定的成员主持。

成员大会实行一人一票的表决方式。成员大会作出决定，应当经本农村集体经济组织成员大会全体成员三分之二以上同意，本法或者其他法律法规、农村集体经济组织章程有更严格规定的，从其规定。

第二十八条 农村集体经济组织成员较多的，可以按照农村集体经济组织章程规定设立成员代表大会。

设立成员代表大会的，一般每五户至十五户选举代表一人，代表人数应当多于二十人，并且有适当数量的妇女代表。

成员代表的任期为五年，可以连选连任。

成员代表大会按照农村集体经济组织章程规定行使本法第二十六条第一款规定的成员大会部分职权，但是第一项、第三项、第八项、第十项、第十二项规定的职权除外。

成员代表大会实行一人一票的表决方式。成员代表大会作出决定，应当经全体成员代表三分之二以上同意。

第二十九条 农村集体经济组织设理事会，一般由三至七名单数成员组成。理事会设理事长一名，可以设副理事长。理事长、副理事长、理事的产生办法由农村集体经济组织章程规定。理事会成员之间应当实行近亲属回避。理事会成员的任期为五年，可以连选连任。

理事长是农村集体经济组织的法定代表人。

乡镇党委、街道党工委或者村党组织可以提名推荐农村集体经济组织理事会成员候选人，党组织负责人可以通过法定程序担任农村集体经济组织理事长。

第三十条 理事会对成员大会、成员代表大会负责，行使下列职权：

（一）召集、主持成员大会、成员代表大会，并向其报告工作；

（二）执行成员大会、成员代表大会的决定；

（三）起草农村集体经济组织章程修改草案；

（四）起草集体经济发展规划、业务经营计划、内部管理制度等；

（五）起草农村土地承包、宅基地使用、集体经营性财产收益权份额量化，以及集体经营性建设用地使用、出让或者出租等方案；

（六）起草投资方案；

（七）起草年度财务预决算、收益分配方案等；

（八）提出聘任、解聘主要经营管理人员及决定其报酬的建议；

（九）依照法律法规和农村集体经济组织章程管理集体财产和财务，保障集体财产安全；

（十）代表农村集体经济组织签订承包、出租、入股等合同，监督、督促承包方、承租方、被投资方等履行合同；

（十一）接受、处理有关质询、建议并作出答复；

（十二）农村集体经济组织章程规定的其他职权。

第三十一条 理事会会议应当有三分之二以上的理事会成员出席。

理事会实行一人一票的表决方式。理事会作出决定，应当经全体理事的过半数同意。

理事会的议事方式和表决程序由农村集体经济组织章程具体规定。

第三十二条 农村集体经济组织设监事会，成员较少的可以设一至二名监事，行使监督理事会执行成员大会和成员代表大会决定、监督检查集体财产经营管理情况、审核监督本农村集体经济组织财务状况等内部监督职权。必要时，监事会或者监事可以组织对本农村集体经济组织的财务进行内部审计，审计结果应当向成员大会、成员代表大会报告。

监事会或者监事的产生办法、具体职权、议事方式和表决程序等，由农村集体经济组织章程规定。

第三十三条 农村集体经济组织成员大会、成员代表大会、理事会、监事会或者监事召开会议，应当按照规定制作、保存会议记录。

第三十四条 农村集体经济组织理事会成员、监事会成员或者监事与村党组织领导班子成员、村民委员会成员可以根据情况交叉任职。

农村集体经济组织理事会成员、财务人员、会计人员及其近亲属不得担任监事会成员或者监事。

第三十五条 农村集体经济组织理事会成员、监事会成员或者监事应当遵守法律法规和农村集体经济组织章程，履行诚实信用、勤勉谨慎的义务，为农村集体经济组织及其成员的利益管理集体财产，处理农村集体经济组织事务。

农村集体经济组织理事会成员、监事会成员或者监事、主要经营管理人员不得有下列行为：

（一）侵占、挪用、截留、哄抢、私分、破坏集体财产；

（二）直接或者间接向农村集体经济组织借款；

（三）以集体财产为本人或者他人债务提供担保；

（四）违反法律法规或者国家有关规定为地方政府举借债务；

（五）以农村集体经济组织名义开展非法集资等非法金融活动；

（六）将集体财产低价折股、转让、租赁；

（七）以集体财产加入合伙企业成为普通合伙人；

（八）接受他人与农村集体经济组织交易的佣金归为己有；

（九）泄露农村集体经济组织的商业秘密；

（十）其他损害农村集体经济组织合法权益的行为。

第五章　财产经营管理和收益分配

第三十六条 集体财产主要包括：

（一）集体所有的土地和森林、山岭、草原、荒地、滩涂；

（二）集体所有的建筑物、生产设施、农田水利设施；

（三）集体所有的教育、科技、文化、卫生、体育、交通等设施和农村人居环境基础设施；

（四）集体所有的资金；

（五）集体投资兴办的企业和集体持有的其他经济组织的股权及其他投资性权利；

（六）集体所有的无形资产；

（七）集体所有的接受国家扶持、社会捐赠、减免税费等形成的财产；

（八）集体所有的其他财产。

集体财产依法由农村集体经济组织成员集体所有，由农村集体经济组织依法代表成员集体行使所有权，不得分割到成员个人。

第三十七条 集体所有和国家所有依法由农民集体使用的耕地、林地、草地以及其他依法用于农业的土地，依照农村土地承包的法律实行承包经营。

集体所有的宅基地等建设用地，依照法律、行政法规和国家有关规定取得、使用、管理。

集体所有的建筑物、生产设施、农田水利设施，由农村集体经济组织按照国家有关规定和农村集体经济组织章程使用、管理。

集体所有的教育、科技、文化、卫生、体育、交通等设施和农村人居环境基础设施，依照法律法规、国家有关规定和农村集体经济组织章程使用、管理。

第三十八条 依法应当实行家庭承包的耕地、林地、草地以外的其他农村土地，农村集体经济组织可以直接组织经营或者依法实行承包经营，也可以依法采取土地经营权出租、入股等方式经营。

第三十九条 对符合国家规定的集体经营性建设用地，农村集体经济组织应当优先用于保障乡村产业发展和乡村建设，也可以依法通过出让、出租等方式交由单位或者个人有偿使用。

第四十条 农村集体经济组织可以将集体所有的经营性财产的收益权以份额形式量化到本农村集体经济组织成员，作为其参与集体收益分配的基本依据。

集体所有的经营性财产包括本法第三十六条第一款第一项中可以依法入市、流转的财产用益物权和第二项、第四项至第七项的财产。

国务院农业农村主管部门可以根据本法制定集体经营性财产收益权量化的具体办法。

第四十一条 农村集体经济组织可以探索通过资源发包、物业出租、居间服务、经营性财产参股等多样化途径发展新型农村集体经济。

第四十二条 农村集体经济组织当年收益应当按照农村集体经济组织章程规定提取公积公益金，用于弥补亏损、扩大生产经营等，剩余的可分配收益按照量化给农村集体经济组织成员的集体经营性财产收益权份额进行分配。

第四十三条 农村集体经济组织应当加强集体财产管理，建立集体财产清查、保管、使用、处置、公开等制度，促进集体财产保值增值。

省、自治区、直辖市可以根据实际情况，制定本行政区域农村集体财产管理具体办法，实现集体财产管理制度化、规范化和信息化。

第四十四条 农村集体经济组织应当按照国务院有关部门制定的农村集体经济组织财务会计制度进行财务管理和会计核算。

农村集体经济组织应当根据会计业务的需要，设置会计机构，或者设置会计人员并指定会计主管人员，也可以按照规定委托代理记账。

集体所有的资金不得存入以个人名义开立的账户。

第四十五条 农村集体经济组织应当定期将财务情况向农村集体经济组织成员公布。集体财产使用管理情况、涉及农村集体经济组织及其成员利益的重大事项应当及时公布。农村集体经济组织理事会应当保证所公布事项的真实性。

第四十六条 农村集体经济组织应当编制年度经营报告、年度财务会计报告和收益分配方案，并于成员大会、成员代表大会召开十日前，提供给农村集体经济组织成员查阅。

第四十七条 农村集体经济组织应当依法接受审计监督。

县级以上地方人民政府农业农村主管部门和乡镇人民政府、街道办事处根据情况对农村集体经济组织开展定期审计、专项审计。审计办法由国务院农业农村主管部门制定。

审计机关依法对农村集体经济组织接受、运用财政资金的真实、合法和效益情况进行审计监督。

第四十八条 农村集体经济组织应当自觉接受有关机关和组织对集体财产使用管理情况的监督。

第六章 扶持措施

第四十九条 县级以上人民政府应当合理安排资金，支持农村集体经济组织发展新型农村集体经济、服务集体成员。

各级财政支持的农业发展和农村建设项目，依法将适宜的项目优先交由符合条件的农村集体经济组织承担。国家对欠发达地区和革命老区、民族地区、边疆地区的农村集体经济组织给予优先扶助。

县级以上人民政府有关部门应当依法加强对财政补助资金使用情况的监督。

第五十条 农村集体经济组织依法履行纳税义务，依法享受税收优惠。

农村集体经济组织开展生产经营管理活动或者因开展农村集体产权制度改革办理土地、房屋权属变更，按照国家规定享受税收优惠。

第五十一条 农村集体经济组织用于集体公益和综合服务、保障村级组织和村务运转等支出，按照国家规定计入相应成本。

第五十二条 国家鼓励政策性金融机构立足职能定位，在业务范围内采取多种形式对农村集体经济组织发展新型农村集体经济提供多渠道资金支持。

国家鼓励商业性金融机构为农村集体经济组织及其成员提供多样化金融服务，优先支持符合条件的农村集体经济发展项目，支持农村集体经济组织开展集体经营性财产股权质押贷款；鼓励融资担保机构为农村集体经济组织提供融资担保服务；鼓励保险机构为农村集体经济组织提供保险服务。

第五十三条 乡镇人民政府编制村庄规划应当根据实际需要合理安排集体经济发展各项建设用地。

土地整理新增耕地形成土地指标交易的收益，应当保障农村集体经济组织和相关权利人的合法权益。

第五十四条 县级人民政府和乡镇人民政府、街道办事处应当加强农村集体经济组织经营管理队伍建设，制定农村集体经济组织人才培养计划，完善激励机制，支持和引导各类人才服务新型农村集体经济发展。

第五十五条 各级人民政府应当在用水、用电、用气以及网络、交通等公共设施和农村人居环境基础设施配置方面为农村集体经济组织建设发展提供支持。

第七章 争议的解决和法律责任

第五十六条 对确认农村集体经济组织成员身份有异议，或者农村集体经济组织因内部管理、运行、收益分配等发生纠纷的，当事人可以请求乡镇人民政府、街道办事处或者县级人民政府农业农村主管部门调解解决；不愿调解或者调解不成的，可以向农村土地承包仲裁机构申请仲裁，也可以直接向人民法院提起诉讼。

确认农村集体经济组织成员身份时侵害妇女合法权益，导致社会公共利益受损的，检察机关可以发出检察建议或者依法提起公益诉讼。

第五十七条 农村集体经济组织成员大会、成员代表大会、理事会或者农村集体经济组织负责人作出的决定侵害农村集体经济组织成员合法权益的，受侵害的农村集体经济组织成员可以请求人民法院予以撤销。但是，农村集体经济组织按照该决定与善意相对人形成的民事法律关系不受影响。

受侵害的农村集体经济组织成员自

知道或者应当知道撤销事由之日起一年内或者自该决定作出之日起五年内未行使撤销权的，撤销权消灭。

第五十八条 农村集体经济组织理事会成员、监事会成员或者监事、主要经营管理人员有本法第三十五条第二款规定行为的，由乡镇人民政府、街道办事处或者县级人民政府农业农村主管部门责令限期改正；情节严重的，依法给予处分或者行政处罚；造成集体财产损失的，依法承担赔偿责任；构成犯罪的，依法追究刑事责任。

前款规定的人员违反本法规定，以集体财产为本人或者他人债务提供担保的，该担保无效。

第五十九条 对于侵害农村集体经济组织合法权益的行为，农村集体经济组织可以依法向人民法院提起诉讼。

第六十条 农村集体经济组织理事会成员、监事会成员或者监事、主要经营管理人员执行职务时违反法律法规或者农村集体经济组织章程的规定，给农村集体经济组织造成损失的，应当依法承担赔偿责任。

前款规定的人员有前款行为的，农村集体经济组织理事会、监事会或者监事应当向人民法院提起诉讼；未及时提起诉讼的，十名以上具有完全民事行为能力的农村集体经济组织成员可以书面请求监事会或者监事向人民法院提起诉讼。

监事会或者监事收到书面请求后拒绝提起诉讼或者自收到请求之日起十五日内未提起诉讼的，前款规定的提出书面请求的农村集体经济组织成员可以为农村集体经济组织的利益，以自己的名义向人民法院提起诉讼。

第六十一条 农村集体经济组织章程或者农村集体经济组织成员大会、成员代表大会所作的决定违反本法或者其他法律法规规定的，由乡镇人民政府、街道办事处或者县级人民政府农业农村主管部门责令限期改正。

第六十二条 地方人民政府及其有关部门非法干预农村集体经济组织经营管理和财产管理活动或者未依法履行相应监管职责的，由上级人民政府责令限期改正；情节严重的，依法追究相关责任人员的法律责任。

第六十三条 农村集体经济组织对行政机关的行政行为不服的，可以依法申请行政复议或者提起行政诉讼。

第八章　附　则

第六十四条 未设立农村集体经济组织的，村民委员会、村民小组可以依法代行农村集体经济组织的职能。

村民委员会、村民小组依法代行农村集体经济组织职能的，讨论决定有关集体财产和成员权益的事项参照适用本法的相关规定。

第六十五条 本法施行前已经按照国家规定登记的农村集体经济组织及其名称，本法施行后在法人登记证书有效期限内继续有效。

第六十六条 本法施行前农村集体经济组织开展农村集体产权制度改革时已经被确认的成员，本法施行后不需要重新确认。

第六十七条 本法自 2025 年 5 月 1 日起施行。

中华人民共和国土地管理法实施条例

（1998年12月27日中华人民共和国国务院令第256号发布
根据2011年1月8日《国务院关于废止和修改部分行政法规的决定》
第一次修订　根据2014年7月29日《国务院关于修改部分行政
法规的决定》第二次修订　2021年7月2日中华人民共和国
国务院令第743号第三次修订）

第一章　总　则

第一条　根据《中华人民共和国土地管理法》（以下简称《土地管理法》），制定本条例。

第二章　国土空间规划

第二条　国家建立国土空间规划体系。

土地开发、保护、建设活动应当坚持规划先行。经依法批准的国土空间规划是各类开发、保护、建设活动的基本依据。

已经编制国土空间规划的，不再编制土地利用总体规划和城乡规划。在编制国土空间规划前，经依法批准的土地利用总体规划和城乡规划继续执行。

第三条　国土空间规划应当细化落实国家发展规划提出的国土空间开发保护要求，统筹布局农业、生态、城镇等功能空间，划定落实永久基本农田、生态保护红线和城镇开发边界。

国土空间规划应当包括国土空间开发保护格局和规划用地布局、结构、用途管制要求等内容，明确耕地保有量、建设用地规模、禁止开垦的范围等要求，统筹基础设施和公共设施用地布局，综合利用地上地下空间，合理确定并严格控制新增建设用地规模，提高土地节约集约利用水平，保障土地的可持续利用。

第四条　土地调查应当包括下列内容：

（一）土地权属以及变化情况；

（二）土地利用现状以及变化情况；

（三）土地条件。

全国土地调查成果，报国务院批准后向社会公布。地方土地调查成果，经本级人民政府审核，报上一级人民政府批准后向社会公布。全国土地调查成果公布后，县级以上地方人民政府方可自上而下逐级依次公布本行政区域的土地调查成果。

土地调查成果是编制国土空间规划以及自然资源管理、保护和利用的重要依据。

土地调查技术规程由国务院自然资源主管部门会同有关部门制定。

第五条　国务院自然资源主管部门会同有关部门制定土地等级评定标准。

县级以上人民政府自然资源主管部门应当会同有关部门根据土地等级评定标准，对土地等级进行评定。地方土地等级评定结果经本级人民政府审核，报上一级人民政府自然资源主管部门批准后向社会公布。

根据国民经济和社会发展状况，土地等级每五年重新评定一次。

第六条 县级以上人民政府自然资源主管部门应当加强信息化建设，建立统一的国土空间基础信息平台，实行土地管理全流程信息化管理，对土地利用状况进行动态监测，与发展改革、住房和城乡建设等有关部门建立土地管理信息共享机制，依法公开土地管理信息。

第七条 县级以上人民政府自然资源主管部门应当加强地籍管理，建立健全地籍数据库。

第三章 耕地保护

第八条 国家实行占用耕地补偿制度。在国土空间规划确定的城市和村庄、集镇建设用地范围内经依法批准占用耕地，以及在国土空间规划确定的城市和村庄、集镇建设用地范围外的能源、交通、水利、矿山、军事设施等建设项目经依法批准占用耕地的，分别由县级人民政府、农村集体经济组织和建设单位负责开垦与所占用耕地的数量和质量相当的耕地；没有条件开垦或者开垦的耕地不符合要求的，应当按照省、自治区、直辖市的规定缴纳耕地开垦费，专款用于开垦新的耕地。

省、自治区、直辖市人民政府应当组织自然资源主管部门、农业农村主管部门对开垦的耕地进行验收，确保开垦的耕地落实到地块。划入永久基本农田的还应当纳入国家永久基本农田数据库严格管理。占用耕地补充情况应当按照国家有关规定向社会公布。

个别省、直辖市需要易地开垦耕地的，依照《土地管理法》第三十二条的规定执行。

第九条 禁止任何单位和个人在国土空间规划确定的禁止开垦的范围内从事土地开发活动。

按照国土空间规划，开发未确定土地使用权的国有荒山、荒地、荒滩从事种植业、林业、畜牧业、渔业生产的，应当向土地所在地的县级以上地方人民政府自然资源主管部门提出申请，按照省、自治区、直辖市规定的权限，由县级以上地方人民政府批准。

第十条 县级人民政府应当按照国土空间规划关于统筹布局农业、生态、城镇等功能空间的要求，制定土地整理方案，促进耕地保护和土地节约集约利用。

县、乡（镇）人民政府应当组织农村集体经济组织，实施土地整理方案，对闲散地和废弃地有计划地整治、改造。土地整理新增耕地，可以用作建设所占用耕地的补充。

鼓励社会主体依法参与土地整理。

第十一条 县级以上地方人民政府应当采取措施，预防和治理耕地土壤流失、污染，有计划地改造中低产田，建设高标准农田，提高耕地质量，保护黑土地等优质耕地，并依法对建设所占用耕地耕作层的土壤利用作出合理安排。

非农业建设依法占用永久基本农田的，建设单位应当按照省、自治区、直辖市的规定，将所占用耕地耕作层的土壤用于新开垦耕地、劣质地或者其他耕地的土壤改良。

县级以上地方人民政府应当加强对农业结构调整的引导和管理，防止破坏耕地耕作层；设施农业用地不再使用的，应当及时组织恢复种植条件。

第十二条 国家对耕地实行特殊保护，严守耕地保护红线，严格控制耕地转为林地、草地、园地等其他农用地，并建立耕地保护补偿制度，具体办法和耕地保护补偿实施步骤由国务院自然资源主管部门会同有关部门规定。

非农业建设必须节约使用土地，可以利用荒地的，不得占用耕地；可以利用劣地的，不得占用好地。禁止占用耕地建窑、建坟或者擅自在耕地上建房、挖砂、采石、采矿、取土等。禁止占用永久基本农田发展林果业和挖塘养鱼。

耕地应当优先用于粮食和棉、油、糖、蔬菜等农产品生产。按照国家有关规定需要将耕地转为林地、草地、园地等其他农用地的，应当优先使用难以长期稳定利用的耕地。

第十三条 省、自治区、直辖市人民政府对本行政区域耕地保护负总责，其主要负责人是本行政区域耕地保护的第一责任人。

省、自治区、直辖市人民政府应当将国务院确定的耕地保有量和永久基本农田保护任务分解下达，落实到具体地块。

国务院对省、自治区、直辖市人民政府耕地保护责任目标落实情况进行考核。

第四章 建设用地

第一节 一般规定

第十四条 建设项目需要使用土地的，应当符合国土空间规划、土地利用年度计划和用途管制以及节约资源、保护生态环境的要求，并严格执行建设用地标准，优先使用存量建设用地，提高建设用地使用效率。

从事土地开发利用活动，应当采取有效措施，防止、减少土壤污染，并确保建设用地符合土壤环境质量要求。

第十五条 各级人民政府应当依据国民经济和社会发展规划及年度计划、国土空间规划、国家产业政策以及城乡建设、土地利用的实际状况等，加强土地利用计划管理，实行建设用地总量控制，推动城乡存量建设用地开发利用，引导城镇低效用地再开发，落实建设用地标准控制制度，开展节约集约用地评价，推广应用节地技术和节地模式。

第十六条 县级以上地方人民政府自然资源主管部门应当将本级人民政府确定的年度建设用地供应总量、结构、时序、地块、用途等在政府网站上向社会公布，供社会公众查阅。

第十七条 建设单位使用国有土地，应当以有偿使用方式取得；但是，法律、行政法规规定可以以划拨方式取得的除外。

国有土地有偿使用的方式包括：

（一）国有土地使用权出让；

（二）国有土地租赁；

（三）国有土地使用权作价出资或者入股。

第十八条 国有土地使用权出让、国有土地租赁等应当依照国家有关规定通过公开的交易平台进行交易，并纳入统一的公共资源交易平台体系。除依法可以采取协议方式外，应当采取招标、拍卖、挂牌等竞争性方式确定土地使用者。

第十九条 《土地管理法》第五十五条规定的新增建设用地的土地有偿使用费，是指国家在新增建设用地中应取得的平均土地纯收益。

第二十条 建设项目施工、地质勘查需要临时使用土地的，应当尽量不占或者少占耕地。

临时用地由县级以上人民政府自然资源主管部门批准，期限一般不超过二年；建设周期较长的能源、交通、水利等基础设施建设使用的临时用地，期限不超过四年；法律、行政法规另有规定的除外。

土地使用者应当自临时用地期满之日起一年内完成土地复垦，使其达到可供利用状态，其中占用耕地的应当恢复种植条件。

第二十一条 抢险救灾、疫情防控等急需使用土地的，可以先行使用土地。其中，属于临时用地的，用后应当恢复原状并交还原土地使用者使用，不再办理用地审批手续；属于永久性建设用地的，建设单位应当在不晚于应急处置工作结束六个月内申请补办建设用地审批手续。

第二十二条 具有重要生态功能的未利用地应当依法划入生态保护红线，实施严格保护。

建设项目占用国土空间规划确定的未利用地的，按照省、自治区、直辖市的规定办理。

第二节 农用地转用

第二十三条 在国土空间规划确定的城市和村庄、集镇建设用地范围内，为实施该规划而将农用地转为建设用地的，由市、县人民政府组织自然资源等部门拟订农用地转用方案，分批次报有批准权的人民政府批准。

农用地转用方案应当重点对建设项目安排、是否符合国土空间规划和土地利用年度计划以及补充耕地情况作出说明。

农用地转用方案经批准后，由市、县人民政府组织实施。

第二十四条 建设项目确需占用国土空间规划确定的城市和村庄、集镇建设用地范围外的农用地，涉及占用永久基本农田的，由国务院批准；不涉及占用永久基本农田的，由国务院或者国务院授权的省、自治区、直辖市人民政府批准。具体按照下列规定办理：

（一）建设项目批准、核准前或者备案前后，由自然资源主管部门对建设项目用地事项进行审查，提出建设项目用地预审意见。建设项目需要申请核发选址意见书的，应当合并办理建设项目用地预审与选址意见书，核发建设项目用地预审与选址意见书。

（二）建设单位持建设项目的批准、核准或者备案文件，向市、县人民政府提出建设用地申请。市、县人民政府组织自然资源等部门拟订农用地转用方案，报有批准权的人民政府批准；依法应当由国务院批准的，由省、自治区、直辖市人民政府审核后上报。农用地转用方案应当重点对是否符合国土空间规划和土地利用年度计划以及补充耕地情况作出说明，涉及占用永久基本农田的，还应当对占用永久基本农田的必要性、合理性和补划可行性作出说明。

（三）农用地转用方案经批准后，由市、县人民政府组织实施。

第二十五条 建设项目需要使用土地的，建设单位原则上应当一次申请，办理建设用地审批手续，确需分期建设的项目，可以根据可行性研究报告确定的方案，分期申请建设用地，分期办理建设用地审批手续。建设过程中用地范围确需调整的，应当依法办理建设用地审批手续。

农用地转用涉及征收土地的，还应当依法办理征收土地手续。

第三节 土地征收

第二十六条 需要征收土地，县级以上地方人民政府认为符合《土地管理法》第四十五条规定的，应当发布征收土地预公告，并开展拟征收土地现状调查和社会稳定风险评估。

征收土地预公告应当包括征收范围、征收目的、开展土地现状调查的安排等内容。征收土地预公告应当采用有利于社会公众知晓的方式，在拟征收土地所在的乡（镇）和村、村民小组范围内发布，预公告时间不少于十个工作日。自征收土地预公告发布之日起，任何单位和个人不得在拟征收范围内抢栽抢建；违反规定抢栽抢建的，对抢栽抢建部分不予补偿。

土地现状调查应当查明土地的位

置、权属、地类、面积，以及农村村民住宅、其他地上附着物和青苗等的权属、种类、数量等情况。

社会稳定风险评估应当对征收土地的社会稳定风险状况进行综合研判，确定风险点，提出风险防范措施和处置预案。社会稳定风险评估应当有被征地的农村集体经济组织及其成员、村民委员会和其他利害关系人参加，评估结果是申请征收土地的重要依据。

第二十七条 县级以上地方人民政府应当依据社会稳定风险评估结果，结合土地现状调查情况，组织自然资源、财政、农业农村、人力资源和社会保障等有关部门拟定征地补偿安置方案。

征地补偿安置方案应当包括征收范围、土地现状、征收目的、补偿方式和标准、安置对象、安置方式、社会保障等内容。

第二十八条 征地补偿安置方案拟定后，县级以上地方人民政府应当在拟征收土地所在的乡（镇）和村、村民小组范围内公告，公告时间不少于三十日。

征地补偿安置公告应当同时载明办理补偿登记的方式和期限、异议反馈渠道等内容。

多数被征地的农村集体经济组织成员认为拟定的征地补偿安置方案不符合法律、法规规定的，县级以上地方人民政府应当组织听证。

第二十九条 县级以上地方人民政府根据法律、法规规定和听证会等情况确定征地补偿安置方案后，应当组织有关部门与拟征收土地的所有权人、使用权人签订征地补偿安置协议。征地补偿安置协议示范文本由省、自治区、直辖市人民政府制定。

对个别确实难以达成征地补偿安置协议的，县级以上地方人民政府应当在申请征收土地时如实说明。

第三十条 县级以上地方人民政府完成本条例规定的征地前期工作后，方可提出征收土地申请，依照《土地管理法》第四十六条的规定报有批准权的人民政府批准。

有批准权的人民政府应当对征收土地的必要性、合理性、是否符合《土地管理法》第四十五条规定的为了公共利益确需征收土地的情形以及是否符合法定程序进行审查。

第三十一条 征收土地申请经依法批准后，县级以上地方人民政府应当自收到批准文件之日起十五个工作日内在拟征收土地所在的乡（镇）和村、村民小组范围内发布征收土地公告，公布征收范围、征收时间等具体工作安排，对个别未达成征地补偿安置协议的应当作出征地补偿安置决定，并依法组织实施。

第三十二条 省、自治区、直辖市应当制定公布区片综合地价，确定征收农用地的土地补偿费、安置补助费标准，并制定土地补偿费、安置补助费分配办法。

地上附着物和青苗等的补偿费用，归其所有权人所有。

社会保障费用主要用于符合条件的被征地农民的养老保险等社会保险缴费补贴，按照省、自治区、直辖市的规定单独列支。

申请征收土地的县级以上地方人民政府应当及时落实土地补偿费、安置补助费、农村村民住宅以及其他地上附着物和青苗等的补偿费用、社会保障费用等，并保证足额到位，专款专用。有关费用未足额到位的，不得批准征收土地。

第四节 宅基地管理

第三十三条 农村居民点布局和建

设用地规模应当遵循节约集约、因地制宜的原则合理规划。县级以上地方人民政府应当按照国家规定安排建设用地指标，合理保障本行政区域农村村民宅基地需求。

乡（镇）、县、市国土空间规划和村庄规划应当统筹考虑农村村民生产、生活需求，突出节约集约用地导向，科学划定宅基地范围。

第三十四条 农村村民申请宅基地的，应当以户为单位向农村集体经济组织提出申请；没有设立农村集体经济组织的，应当向所在的村民小组或者村民委员会提出申请。宅基地申请依法经农村村民集体讨论通过并在本集体范围内公示后，报乡（镇）人民政府审核批准。

涉及占用农用地的，应当依法办理农用地转用审批手续。

第三十五条 国家允许进城落户的农村村民依法自愿有偿退出宅基地。乡（镇）人民政府和农村集体经济组织、村民委员会等应当将退出的宅基地优先用于保障该农村集体经济组织成员的宅基地需求。

第三十六条 依法取得的宅基地和宅基地上的农村村民住宅及其附属设施受法律保护。

禁止违背农村村民意愿强制流转宅基地，禁止违法收回农村村民依法取得的宅基地，禁止以退出宅基地作为农村村民进城落户的条件，禁止强迫农村村民搬迁退出宅基地。

第五节 集体经营性建设用地管理

第三十七条 国土空间规划应当统筹并合理安排集体经营性建设用地布局和用途，依法控制集体经营性建设用地规模，促进集体经营性建设用地的节约集约利用。

鼓励乡村重点产业和项目使用集体经营性建设用地。

第三十八条 国土空间规划确定为工业、商业等经营性用途，且已依法办理土地所有权登记的集体经营性建设用地，土地所有权人可以通过出让、出租等方式交由单位或者个人在一定年限内有偿使用。

第三十九条 土地所有权人拟出让、出租集体经营性建设用地的，市、县人民政府自然资源主管部门应当依据国土空间规划提出拟出让、出租的集体经营性建设用地的规划条件，明确土地界址、面积、用途和开发建设强度等。

市、县人民政府自然资源主管部门应当会同有关部门提出产业准入和生态环境保护要求。

第四十条 土地所有权人应当依据规划条件、产业准入和生态环境保护要求等，编制集体经营性建设用地出让、出租等方案，并依照《土地管理法》第六十三条的规定，由本集体经济组织形成书面意见，在出让、出租前不少于十个工作日报市、县人民政府。市、县人民政府认为该方案不符合规划条件或者产业准入和生态环境保护要求等的，应当在收到方案后五个工作日内提出修改意见。土地所有权人应当按照市、县人民政府的意见进行修改。

集体经营性建设用地出让、出租等方案应当载明宗地的土地界址、面积、用途、规划条件、产业准入和生态环境保护要求、使用期限、交易方式、入市价格、集体收益分配安排等内容。

第四十一条 土地所有权人应当依据集体经营性建设用地出让、出租等方案，以招标、拍卖、挂牌或者协议等方式确定土地使用者，双方应当签订书面合同，载明土地界址、面积、用途、规划条件、使用期限、交易价款支付、交地时间和开工竣工期限、产业准入和生态环境保护要求，约定提前收回的条件、补偿方式、土地使用权届满续期和地上建筑物、构筑物等附着物处理方式，以及违约责任和解决争议的方法等，并报市、县人民政府自然资源主管部门备案。未依法将规划条件、产业准入和生态环境保护要求纳入合同的，合同无效；造成损失的，依法承担民事责任。合同示范文本由国务院自然资源主管部门制定。

第四十二条 集体经营性建设用地使用者应当按照约定及时支付集体经营性建设用地价款，并依法缴纳相关税费，对集体经营性建设用地使用权以及依法利用集体经营性建设用地建造的建筑物、构筑物及其附属设施的所有权，依法申请办理不动产登记。

第四十三条 通过出让等方式取得的集体经营性建设用地使用权依法转让、互换、出资、赠与或者抵押的，双方应当签订书面合同，并书面通知土地所有权人。

集体经营性建设用地的出租，集体建设用地使用权的出让及其最高年限、转让、互换、出资、赠与、抵押等，参照同类用途的国有建设用地执行，法律、行政法规另有规定的除外。

第五章 监督检查

第四十四条 国家自然资源督察机构根据授权对省、自治区、直辖市人民政府以及国务院确定的城市人民政府下列土地利用和土地管理情况进行督察：

（一）耕地保护情况；

（二）土地节约集约利用情况；

（三）国土空间规划编制和实施情况；

（四）国家有关土地管理重大决策落实情况；

（五）土地管理法律、行政法规执行情况；

（六）其他土地利用和土地管理情况。

第四十五条 国家自然资源督察机构进行督察时，有权向有关单位和个人了解督察事项有关情况，有关单位和个人应当支持、协助督察机构工作，如实反映情况，并提供有关材料。

第四十六条 被督察的地方人民政府违反土地管理法律、行政法规，或者落实国家有关土地管理重大决策不力的，国家自然资源督察机构可以向被督察的地方人民政府下达督察意见书，地方人民政府应当认真组织整改，并及时报告整改情况；国家自然资源督察机构可以约谈被督察的地方人民政府有关负责人，并可以依法向监察机关、任免机关等有关机关提出追究相关责任人责任的建议。

第四十七条 土地管理监督检查人员应当经过培训，经考核合格，取得行政执法证件后，方可从事土地管理监督检查工作。

第四十八条 自然资源主管部门、农业农村主管部门按照职责分工进行监督检查时，可以采取下列措施：

（一）询问违法案件涉及的单位或者个人；

（二）进入被检查单位或者个人涉嫌土地违法的现场进行拍照、摄像；

（三）责令当事人停止正在进行的土地违法行为；

（四）对涉嫌土地违法的单位或者个人，在调查期间暂停办理与该违法案件相关的土地审批、登记等手续；

（五）对可能被转移、销毁、隐匿或者篡改的文件、资料予以封存，责令涉嫌土地违法的单位或者个人在调查期间不得变卖、转移与案件有关的财物；

（六）《土地管理法》第六十八条规定的其他监督检查措施。

第四十九条 依照《土地管理法》第七十三条的规定给予处分的，应当按照管理权限由责令作出行政处罚决定或者直接给予行政处罚的上级人民政府自然资源主管部门或者其他任免机关、单位作出。

第五十条 县级以上人民政府自然资源主管部门应当会同有关部门建立信用监管、动态巡查等机制，加强对建设用地供应交易和供后开发利用的监管，对建设用地市场重大失信行为依法实施惩戒，并依法公开相关信息。

第六章 法律责任

第五十一条 违反《土地管理法》第三十七条的规定，非法占用永久基本农田发展林果业或者挖塘养鱼的，由县级以上人民政府自然资源主管部门责令限期改正；逾期不改正的，按占用面积处耕地开垦费2倍以上5倍以下的罚款；破坏种植条件的，依照《土地管理法》第七十五条的规定处罚。

第五十二条 违反《土地管理法》第五十七条的规定，在临时使用的土地上修建永久性建筑物的，由县级以上人民政府自然资源主管部门责令限期拆除，按占用面积处土地复垦费5倍以上10倍以下的罚款；逾期不拆除的，由作出行政决定的机关依法申请人民法院强制执行。

第五十三条 违反《土地管理法》第六十五条的规定，对建筑物、构筑物进行重建、扩建的，由县级以上人民政府自然资源主管部门责令限期拆除；逾期不拆除的，由作出行政决定的机关依法申请人民法院强制执行。

第五十四条 依照《土地管理法》第七十四条的规定处以罚款的，罚款额为违法所得的10%以上50%以下。

第五十五条 依照《土地管理法》第七十五条的规定处以罚款的，罚款额为耕地开垦费的5倍以上10倍以下；破坏黑土地等优质耕地的，从重处罚。

第五十六条 依照《土地管理法》第七十六条的规定处以罚款的，罚款额为土地复垦费的2倍以上5倍以下。

违反本条例规定，临时用地期满之日起一年内未完成复垦或者未恢复种植条件的，由县级以上人民政府自然资源主管部门责令限期改正，依照《土地管理法》第七十六条的规定处罚，并由县级以上人民政府自然资源主管部门会同农业农村主管部门代为完成复垦或者恢复种植条件。

第五十七条 依照《土地管理法》第七十七条的规定处以罚款的，罚款额为非法占用土地每平方米100元以上1000元以下。

违反本条例规定，在国土空间规划确定的禁止开垦的范围内从事土地开发活动的，由县级以上人民政府自然资源主管部门责令限期改正，并依照《土地管理法》第七十七条的规定处罚。

第五十八条 依照《土地管理法》第七十四条、第七十七条的规定，县级以上人民政府自然资源主管部门没收在非法转让或者非法占用的土地上新建的建筑物和其他设施的，应当于九十日内交由本级人民政府或者其指定的部门依法管理和处置。

第五十九条 依照《土地管理法》第八十一条的规定处以罚款的，罚款额为非法占用土地每平方米100元以上500元以下。

第六十条 依照《土地管理法》第八十二条的规定处以罚款的，罚款额为违法所得的10%以上30%以下。

第六十一条 阻碍自然资源主管部

门、农业农村主管部门的工作人员依法执行职务，构成违反治安管理行为的，依法给予治安管理处罚。

第六十二条 违反土地管理法律、法规规定，阻挠国家建设征收土地的，由县级以上地方人民政府责令交出土地；拒不交出土地的，依法申请人民法院强制执行。

第六十三条 违反本条例规定，侵犯农村村民依法取得的宅基地权益的，责令限期改正，对有关责任单位通报批评、给予警告；造成损失的，依法承担赔偿责任；对直接负责的主管人员和其他直接责任人员，依法给予处分。

第六十四条 贪污、侵占、挪用、私分、截留、拖欠征地补偿安置费用和其他有关费用的，责令改正，追回有关款项，限期退还违法所得，对有关责任单位通报批评、给予警告；造成损失的，依法承担赔偿责任；对直接负责的主管人员和其他直接责任人员，依法给予处分。

第六十五条 各级人民政府及自然资源主管部门、农业农村主管部门工作人员玩忽职守、滥用职权、徇私舞弊的，依法给予处分。

第六十六条 违反本条例规定，构成犯罪的，依法追究刑事责任。

第七章 附 则

第六十七条 本条例自2021年9月1日起施行。

最高人民法院
关于适用《中华人民共和国民法典》合同编通则若干问题的解释

法释〔2023〕13号

（2023年5月23日最高人民法院审判委员会第1889次会议通过
2023年12月4日最高人民法院公告公布　自2023年12月5日起施行）

为正确审理合同纠纷案件以及非因合同产生的债权债务关系纠纷案件，依法保护当事人的合法权益，根据《中华人民共和国民法典》、《中华人民共和国民事诉讼法》等相关法律规定，结合审判实践，制定本解释。

一、一般规定

第一条 人民法院依据民法典第一百四十二条第一款、第四百六十六条第一款的规定解释合同条款时，应当以词句的通常含义为基础，结合相关条款、合同的性质和目的、习惯以及诚信原则，参考缔约背景、磋商过程、履行行为等因素确定争议条款的含义。

有证据证明当事人之间对合同条款有不同于词句的通常含义的其他共同理解，一方主张按照词句的通常含义理解合同条款的，人民法院不予支持。

对合同条款有两种以上解释，可能影响该条款效力的，人民法院应当选择有利于该条款有效的解释；属于无偿合同的，应当选择对债务人负担较轻的解释。

第二条 下列情形，不违反法律、行政法规的强制性规定且不违背公序良俗的，人民法院可以认定为民法典所称的“交易习惯”：

（一）当事人之间在交易活动中的惯常做法；

（二）在交易行为当地或者某一领域、某一行业通常采用并为交易对方订立合同时所知道或者应当知道的做法。

对于交易习惯，由提出主张的当事人一方承担举证责任。

二、合同的订立

第三条 当事人对合同是否成立存在争议，人民法院能够确定当事人姓名或者名称、标的和数量的，一般应当认定合同成立。但是，法律另有规定或者当事人另有约定的除外。

根据前款规定能够认定合同已经成立的，对合同欠缺的内容，人民法院应当依据民法典第五百一十条、第五百一十一条等规定予以确定。

当事人主张合同无效或者请求撤销、解除合同等，人民法院认为合同不成立的，应当依据《最高人民法院关于民事诉讼证据的若干规定》第五十三条的规定将合同是否成立作为焦点问题进行审理，并可以根据案件的具体情况重新指定举证期限。

第四条 采取招标方式订立合同，当事人请求确认合同自中标通知书到达中标人时成立的，人民法院应予支持。合同成立后，当事人拒绝签订书面合同的，人民法院应当依据招标文件、投标文件和中标通知书等确定合同内容。

采取现场拍卖、网络拍卖等公开竞价方式订立合同，当事人请求确认合同自拍卖师落槌、电子交易系统确认成交时成立的，人民法院应予支持。合同成立后，当事人拒绝签订成交确认书的，人民法院应当依据拍卖公告、竞买人的报价等确定合同内容。

产权交易所等机构主持拍卖、挂牌交易，其公布的拍卖公告、交易规则等文件公开确定了合同成立需要具备的条件，当事人请求确认合同自该条件具备时成立的，人民法院应予支持。

第五条 第三人实施欺诈、胁迫行为，使当事人在违背真实意思的情况下订立合同，受到损失的当事人请求第三人承担赔偿责任的，人民法院依法予以支持；当事人亦有违背诚信原则的行为的，人民法院应当根据各自的过错确定相应的责任。但是，法律、司法解释对当事人与第三人的民事责任另有规定的，依照其规定。

第六条 当事人以认购书、订购书、预订书等形式约定在将来一定期限内订立合同，或者为担保在将来一定期限内订立合同交付了定金，能够确定将来所要订立合同的主体、标的等内容的，人民法院应当认定预约合同成立。

当事人通过签订意向书或者备忘录等方式，仅表达交易的意向，未约定在将来一定期限内订立合同，或者虽然有约定但是难以确定将来所要订立合同的主体、标的等内容，一方主张预约合同成立的，人民法院不予支持。

当事人订立的认购书、订购书、预订书等已就合同标的、数量、价款或者报酬等主要内容达成合意，符合本解释第三条第一款规定的合同成立条件，未明确约定在将来一定期限内另行订立合同，或者虽然有约定但是当事人一方已实施履行行为且对方接受的，人民法院应当认定本约合同成立。

第七条 预约合同生效后，当事人一方拒绝订立本约合同或者在磋商订立本约合同时违背诚信原则导致未能订立本约合同的，人民法院应当认定该当事人不履行预约合同约定的义务。

人民法院认定当事人一方在磋商订立本约合同时是否违背诚信原则，应当综合考虑该当事人在磋商时提出的条件是否明显背离预约合同约定的内容以及是否已尽合理努力进行协商等因素。

第八条 预约合同生效后，当事人一方不履行订立本约合同的义务，对方请求其赔偿因此造成的损失的，人民法院依法予以支持。

前款规定的损失赔偿，当事人有约定的，按照约定；没有约定的，人民法院应当综合考虑预约合同在内容上的完备程度以及订立本约合同的条件的成就程度等因素酌定。

第九条 合同条款符合民法典第四百九十六条第一款规定的情形，当事人仅以合同系依据合同示范文本制作或者双方已经明确约定合同条款不属于格式条款为由主张该条款不是格式条款的，人民法院不予支持。

从事经营活动的当事人一方仅以未实际重复使用为由主张其预先拟定且未与对方协商的合同条款不是格式条款的，人民法院不予支持。但是，有证据证明该条款不是为了重复使用而预先拟定的除外。

第十条 提供格式条款的一方在合同订立时采用通常足以引起对方注意的文字、符号、字体等明显标识，提示对方注意免除或者减轻其责任、排除或者限制对方权利等与对方有重大利害关系的异常条款的，人民法院可以认定其已经履行民法典第四百九十六条第二款规定的提示义务。

提供格式条款的一方按照对方的要求，就与对方有重大利害关系的异常条款的概念、内容及其法律后果以书面或者口头形式向对方作出通常能够理解的解释说明的，人民法院可以认定其已经履行民法典第四百九十六条第二款规定的说明义务。

提供格式条款的一方对其已经尽到提示义务或者说明义务承担举证责任。对于通过互联网等信息网络订立的电子合同，提供格式条款的一方仅以采取了设置勾选、弹窗等方式为由主张其已经履行提示义务或者说明义务的，人民法院不予支持，但是其举证符合前两款规定的除外。

三、合同的效力

第十一条 当事人一方是自然人，根据该当事人的年龄、智力、知识、经验并结合交易的复杂程度，能够认定其对合同的性质、合同订立的法律后果或者交易中存在的特定风险缺乏应有的认知能力的，人民法院可以认定该情形构成民法典第一百五十一条规定的“缺乏判断能力”。

第十二条 合同依法成立后，负有报批义务的当事人不履行报批义务或者履行报批义务不符合合同的约定或者法律、行政法规的规定，对方请求其继续履行报批义务的，人民法院应予支持；对方主张解除合同并请求其承担违反报批义务的赔偿责任的，人民法院应予支持。

人民法院判决当事人一方履行报批义务后，其仍不履行，对方主张解除合同并参照违反合同的违约责任请求其承担赔偿责任的，人民法院应予支持。

合同获得批准前，当事人一方起诉请求对方履行合同约定的主要义务，经释明后拒绝变更诉讼请求的，人民法院应当判决驳回其诉讼请求，但是不影响其另行提起诉讼。

负有报批义务的当事人已经办理申请批准等手续或者已经履行生效判决确定的报批义务，批准机关决定不予批准，对方请求其承担赔偿责任的，人民法院不予支持。但是，因迟延履行报批义务等可归责于当事人的原因导致合同未获批准，对方请求赔偿因此受到的损失的，人民法院应当依据民法典第一百五十七条的规定处理。

第十三条 合同存在无效或者可撤销的情形，当事人以该合同已在有关行政管理部门办理备案、已经批准机关批准或者已依据该合同办理财产权利的变更登记、移转登记等为由主张合同有效的，人民法院不予支持。

第十四条 当事人之间就同一交易订立多份合同，人民法院应当认定其中以虚假意思表示订立的合同无效。当事人为规避法律、行政法规的强制性规定，以虚假意思表示隐藏真实意思表示的，人民法院应当依据民法典第一百五十三条第一款的规定认定被隐藏合同的效力；当事人为规避法律、行政法规关于合同应当办理批准等手续的规定，以虚假意思表示隐藏真实意思表示的，人民法院应当依据民法典第五百零二条第二款的规定认定被隐藏合同的效力。

依据前款规定认定被隐藏合同无效或者确定不发生效力的，人民法院应当以被隐藏合同为事实基础，依据民法典第一百五十七条的规定确定当事人的民事责任。但是，法律另有规定的除外。

当事人就同一交易订立的多份合同均系真实意思表示，且不存在其他影响合同效力情形的，人民法院应当在查明各合同成立先后顺序和实际履行情况的基础上，认定合同内容是否发生变更。法律、行政法规禁止变更合同内容的，人民法院应当认定合同的相应变更无效。

第十五条 人民法院认定当事人之间的权利义务关系，不应当拘泥于合同使用的名称，而应当根据合同约定的内容。当事人主张的权利义务关系与根据合同内容认定的权利义务关系不一致的，人民法院应当结合缔约背景、交易目的、交易结构、履行行为以及当事人是否存在虚构交易标的等事实认定当事人之间的实际民事法律关系。

第十六条 合同违反法律、行政法规的强制性规定，有下列情形之一，由行为人承担行政责任或者刑事责任能够实现强制性规定的立法目的的，人民法院可以依据民法典第一百五十三条第一款关于“该强制性规定不导致该民事法律行为无效的除外”的规定认定该合同不因违反强制性规定无效：

（一）强制性规定虽然旨在维护社会公共秩序，但是合同的实际履行对社会公共秩序造成的影响显著轻微，认定合同无效将导致案件处理结果有失公平公正；

（二）强制性规定旨在维护政府的税收、土地出让金等国家利益或者其他民事主体的合法利益而非合同当事人的民事权益，认定合同有效不会影响该规范目的的实现；

（三）强制性规定旨在要求当事人一方加强风险控制、内部管理等，对方无能力或者无义务审查合同是否违反强制性规定，认定合同无效将使其承担不利后果；

（四）当事人一方虽然在订立合同时违反强制性规定，但是在合同订立后其已经具备补正违反强制性规定的条件却违背诚信原则不予补正；

（五）法律、司法解释规定的其他情形。

法律、行政法规的强制性规定旨在规制合同订立后的履行行为，当事人以合同违反强制性规定为由请求认定合同无效的，人民法院不予支持。但是，合同履行必然导致违反强制性规定或者法律、司法解释另有规定的除外。

依据前两款认定合同有效，但是当事人的违法行为未经处理的，人民法院应当向有关行政管理部门提出司法建议。当事人的行为涉嫌犯罪的，应当将案件线索移送刑事侦查机关；属于刑事自诉案件的，应当告知当事人可以向有管辖权的人民法院另行提起诉讼。

第十七条 合同虽然不违反法律、行政法规的强制性规定，但是有下列情形之一，人民法院应当依据民法典第一百五十三条第二款的规定认定合同无效：

（一）合同影响政治安全、经济安全、军事安全等国家安全的；

（二）合同影响社会稳定、公平竞争秩序或者损害社会公共利益等违背社会公共秩序的；

（三）合同背离社会公德、家庭伦理或者有损人格尊严等违背善良风俗的。

人民法院在认定合同是否违背公序良俗时，应当以社会主义核心价值观为导向，综合考虑当事人的主观动机和交易目的、政府部门的监管强度、一定期限内当事人从事类似交易的频次、行为的社会后果等因素，并在裁判文书中充分说理。当事人确因生活需要进行交易，未给社会公共秩序造成重大影响，且不影响国家安全，也不违背善良风俗的，人民法院不应当认定合同无效。

第十八条 法律、行政法规的规定虽然有“应当”“必须”或者“不得”等表述，但是该规定旨在限制或者赋予民事权利，行为人违反该规定将构成无权处分、无权代理、越权代表等，或者导致合同相对人、第三人因此获得撤销权、解除权等民事权利的，人民法院应当依据法律、行政法规规定的关于违反该规定的民事法律后果认定合同效力。

第十九条 以转让或者设定财产权利为目的订立的合同，当事人或者真正权利人仅以让与人在订立合同时对标的物没有所有权或者处分权为由主张合同无效的，人民法院不予支持；因未取得真正权利人事后同意或者让与人事后未取得处分权导致合同不能履行，受让人主张解除合同并请求让与人承担违反合同的赔偿责任的，人民法院依法予以支持。

前款规定的合同被认定有效，且让与人已经将财产交付或者移转登记至受让人，真正权利人请求认定财产权利未发生变动或者请求返还财产的，人民法院应予支持。但是，受让人依据民法典第三百一十一条等规定善意取得财产权利的除外。

第二十条 法律、行政法规为限制法人的法定代表人或者非法人组织的负责人的代表权，规定合同所涉事项应当由法人、非法人组织的权力机构或者决策机构决议，或者应当由法人、非法人组织的执行机构决定，法定代表人、负责人未取得授权而以法人、非法人组织的名义订立合同，未尽到合理审查义务的相对人主张该合同对法人、非法人组织发生效力并由其承担违约责任的，人民法院不予支持，但是法人、非法人组织有过错的，可以参照民法典第一百五十七条的规定判决其承担相应的赔偿责任。相对人已尽到合理审查义务，构成表见代表的，人民法院应当依据民法典第五百零四条的规定处理。

合同所涉事项未超越法律、行政法规规定的法定代表人或者负责人的代表权限，但是超越法人、非法人组织的章程或者权力机构等对代表权的限制，相对人主张该合同对法人、非法人组织发生效力并由其承担违约责任的，人民法院依法予以支持。但是，法人、非法人组织举证证明相对人知道或者应当知道该限制的除外。

法人、非法人组织承担民事责任后，向有过错的法定代表人、负责人追偿因越权代表行为造成的损失的，人民法院依法予以支持。法律、司法解释对法定代表人、负责人的民事责任另有规定的，依照其规定。

第二十一条 法人、非法人组织的工作人员就超越其职权范围的事项以法人、非法人组织的名义订立合同，相对人主张该合同对法人、非法人组织发生效力并由其承担违约责任的，人民法院不予支持。但是，法人、非法人组织有过错的，人民法院可以参照民法典第一百五十七条的规定判决其承担相应的赔偿责任。前述情形，构成表见代理的，人民法院应当依据民法典第一百七十二条的规定处理。

合同所涉事项有下列情形之一的，人民法院应当认定法人、非法人组织的工作人员在订立合同时超越其职权范围：

（一）依法应当由法人、非法人组织的权力机构或者决策机构决议的事项；

（二）依法应当由法人、非法人组织的执行机构决定的事项；

（三）依法应当由法定代表人、负责人代表法人、非法人组织实施的事项；

（四）不属于通常情形下依其职权可以处理的事项。

合同所涉事项未超越依据前款确定的职权范围，但是超越法人、非法人组织对工作人员职权范围的限制，相对人主张该合同对法人、非法人组织发生效力并由其承担违约责任的，人民法院应予支持。但是，法人、非法人组织举证证明相对人知道或者应当知道该限制的除外。

法人、非法人组织承担民事责任后，向故意或者有重大过失的工作人员追偿的，人民法院依法予以支持。

第二十二条 法定代表人、负责人或者工作人员以法人、非法人组织的名义订立合同且未超越权限，法人、非法人组织仅以合同加盖的印章不是备案印章或者系伪造的印章为由主张该合同对其不发生效力的，人民法院不予支持。

合同系以法人、非法人组织的名义订立，但是仅有法定代表人、负责人或者工作人员签名或者按指印而未加盖法人、非法人组织的印章，相对人能够证明法定代表人、负责人或者工作人员在订立合同时未超越权限的，人民法院应当认定合同对法人、非法人组织发生效力。但是，当事人约定以加盖印章作为合同成立条件的除外。

合同仅加盖法人、非法人组织的印章而无人员签名或者按指印，相对人能够证明合同系法定代表人、负责人或者工作人员在其权限范围内订立的，人民法院应当认定该合同对法人、非法人组织发生效力。

在前三款规定的情形下，法定代表人、负责人或者工作人员在订立合同时虽然超越代表或者代理权限，但是依据民法典第五百零四条的规定构成表见代表，或者依据民法典第一百七十二条的规定构成表见代理的，人民法院应当认定合同对法人、非法人组织发生效力。

第二十三条 法定代表人、负责人或者代理人与相对人恶意串通，以法人、非法人组织的名义订立合同，损害法人、非法人组织的合法权益，法人、非法人组织主张不承担民事责任的，人民法院应予支持。法人、非法人组织请求法定代表人、负责人或者代理人与相对人对因此受到的损失承担连带赔偿责任的，人民法院应予支持。

根据法人、非法人组织的举证，综合考虑当事人之间的交易习惯、合同在订立时是否显失公平、相关人员是否获取了不正当利益、合同的履行情况等因素，人民法院能够认定法定代表人、负责人或者代理人与相对人存在恶意串通的高度可能性的，可以要求前述人员就合同订立、履行的过程等相关事实作出陈述或者提供相应的证据。其无正当理由拒绝作出陈述，或者所作陈述不具合理性又不能提供相应证据的，人民法院可以认定恶意串通的事实成立。

第二十四条 合同不成立、无效、被撤销或者确定不发生效力，当事人请求返还财产，经审查财产能够返还的，人民法院应当根据案件具体情况，单独或者合并适用返还占有的标的物、更正登记簿册记载等方式；经审查财产不能返还或者没有必要返还的，人民法院应当以认定合同不成立、无效、被撤销或者确定不发生效力之日该财产的市场价值或者以其他合理方式计算的价值为基准判决折价补偿。

除前款规定的情形外，当事人还请求赔偿损失的，人民法院应当结合财产返还或者折价补偿的情况，综合考虑财产增值收益和贬值损失、交易成本的支出等事实，按照双方当事人的过错程度及原因力大小，根据诚信原则和公平原则，合理确定损失赔偿额。

合同不成立、无效、被撤销或者确定不发生效力，当事人的行为涉嫌违法且未经处理，可能导致一方或者双方通过违法行为获得不当利益的，人民法院应当向有关行政管理部门提出司法建议。当事人的行为涉嫌犯罪的，应当将案件线索移送刑事侦查机关；属于刑事自诉案件的，应当告知当事人可以向有管辖权的人民法院另行提起诉讼。

第二十五条 合同不成立、无效、被撤销或者确定不发生效力，有权请求返还价款或者报酬的当事人一方请求对方支付资金占用费的，人民法院应当在当事人请求的范围内按照中国人民银行授权全国银行间同业拆借中心公布的一年期贷款市场报价利率（LPR）计算。但是，占用资金的当事人对于合同不成立、无效、被撤销或者确定不发生效力没有过错的，应当以中国人民银行公布的同期同类存款基准利率计算。

双方互负返还义务，当事人主张同时履行的，人民法院应予支持；占有标的物的一方对标的物存在使用或者依法可以使用的情形，对方请求将其应支付的资金占用费与应收取的标的物使用费相互抵销的，人民法院应予支持，但是法律另有规定的除外。

四、合同的履行

第二十六条 当事人一方未根据法律规定或者合同约定履行开具发票、提供证明文件等非主要债务，对方请求继续履行该债务并赔偿因怠于履行该债务造成的损失的，人民法院依法予以支持；对方请求解除合同的，人民法院不予支持，但是不履行该债务致使不能实现合同目的或者当事人另有约定的除外。

第二十七条 债务人或者第三人与债权人在债务履行期限届满后达成以物抵债协议，不存在影响合同效力情形的，人民法院应当认定该协议自当事人意思表示一致时生效。

债务人或者第三人履行以物抵债协议后，人民法院应当认定相应的原债务同时消灭；债务人或者第三人未按照约定履行以物抵债协议，经催告后在合理期限内仍不履行，债权人选择请求履行原债务或者以物抵债协议的，人民法院应予支持，但是法律另有规定或者当事人另有约定的除外。

前款规定的以物抵债协议经人民法院确认或者人民法院根据当事人达成的以物抵债协议制作成调解书，债权人主张财产权利自确认书、调解书生效时发生变动或者具有对抗善意第三人效力的，人民法院不予支持。

债务人或者第三人以自己不享有所有权或者处分权的财产权利订立以物抵债协议的，依据本解释第十九条的规定处理。

第二十八条 债务人或者第三人与债权人在债务履行期限届满前达成以物抵债协议的，人民法院应当在审理债权债务关系的基础上认定该协议的效力。

当事人约定债务人到期没有清偿债务，债权人可以对抵债财产拍卖、变卖、折价以实现债权的，人民法院应当认定该约定有效。当事人约定债务人到期没有清偿债务，抵债财产归债权人所有的，人民法院应当认定该约定无效，但是不影响其他部分的效力；债权人请求对抵债财产拍卖、变卖、折价以实现债权的，人民法院应予支持。

当事人订立前款规定的以物抵债协议后，债务人或者第三人未将财产权利转移至债权人名下，债权人主张优先受偿的，人民法院不予支持；债务人或者第三人已将财产权利转移至债权人名下的，依据《最高人民法院关于适用〈中华人民共和国民法典〉有关担保制度的解释》第六十八条的规定处理。

第二十九条 民法典第五百二十二条第二款规定的第三人请求债务人向自己履行债务的，人民法院应予支持；请求行使撤销权、解除权等民事权利的，人民法院不予支持，但是法律另有规定的除外。

合同依法被撤销或者被解除，债务人请求债权人返还财产的，人民法院应予支持。

债务人按照约定向第三人履行债务，第三人拒绝受领，债权人请求债务人向自己履行债务的，人民法院应予支持，但是债务人已经采取提存等方式消灭债务的除外。第三人拒绝受领或者受领迟延，债务人请求债权人赔偿因此造成的损失的，人民法院依法予以支持。

第三十条 下列民事主体，人民法院可以认定为民法典第五百二十四条第一款规定的对履行债务具有合法利益的第三人：

（一）保证人或者提供物的担保的第三人；

（二）担保财产的受让人、用益物权人、合法占有人；

（三）担保财产上的后顺位担保权人；

（四）对债务人的财产享有合法权益且该权益将因财产被强制执行而丧失的第三人；

（五）债务人为法人或者非法人组织的，其出资人或者设立人；

（六）债务人为自然人的，其近亲属；

（七）其他对履行债务具有合法利益的第三人。

第三人在其已经代为履行的范围内取得对债务人的债权，但是不得损害债权人的利益。

担保人代为履行债务取得债权后，向其他担保人主张担保权利的，依据《最高人民法院关于适用〈中华人民共和国民法典〉有关担保制度的解释》第十三条、第十四条、第十八条第二款等规定处理。

第三十一条 当事人互负债务，一方以对方没有履行非主要债务为由拒绝履行自己的主要债务的，人民法院不予支持。但是，对方不履行非主要债务致使不能实现合同目的或者当事人另有约定的除外。

当事人一方起诉请求对方履行债务，被告依据民法典第五百二十五条的规定主张双方同时履行的抗辩且抗辩成立，被告未提起反诉的，人民法院应当判决被告在原告履行债务的同时履行自己的债务，并在判项中明确原告申请强制执行的，人民法院应当在原告履行自己的债务后对被告采取执行行为；被告提起反诉的，人民法院应当判决双方同时履行自己的债务，并在判项中明确任何一方申请强制执行的，人民法院应当在该当事人履行自己的债务后对对方采取执行行为。

当事人一方起诉请求对方履行债务，被告依据民法典第五百二十六条的规定主张原告应先履行的抗辩且抗辩成立的，人民法院应当驳回原告的诉讼请求，但是不影响原告履行债务后另行提起诉讼。

第三十二条 合同成立后，因政策调整或者市场供求关系异常变动等原因导致价格发生当事人在订立合同时无法预见的、不属于商业风险的涨跌，继续履行合同对于当事人一方明显不公平的，人民法院应当认定合同的基础条件发生了民法典第五百三十三条第一款规定的“重大变化”。但是，合同涉及市场属性活跃、长期以来价格波动较大的大宗商品以及股票、期货等风险投资型金融产品的除外。

合同的基础条件发生了民法典第五百三十三条第一款规定的重大变化，当事人请求变更合同的，人民法院不得解除合同；当事人一方请求变更合同，对方请求解除合同的，或者当事人一方请求解除合同，对方请求变更合同的，人民法院应当结合案件的实际情况，根据公平原则判决变更或者解除合同。

人民法院依据民法典第五百三十三条的规定判决变更或者解除合同的，应当综合考虑合同基础条件发生重大变化的时间、当事人重新协商的情况以及因合同变更或者解除给当事人造成的损失等因素，在判项中明确合同变更或者解除的时间。

当事人事先约定排除民法典第五百三十三条适用的，人民法院应当认定该约定无效。

五、合同的保全

第三十三条 债务人不履行其对债权人的到期债务，又不以诉讼或者仲裁方式向相对人主张其享有的债权或者与该债权有关的从权利，致使债权人的到期债权未能实现的，人民法院可以认定为民法典第五百三十五条规定的“债务人怠于行使其债权或者与该债权有关的从权利，影响债权人的到期债权实现”。

第三十四条 下列权利，人民法院可以认定为民法典第五百三十五条第一款规定的专属于债务人自身的权利：

（一）抚养费、赡养费或者扶养费请求权；

（二）人身损害赔偿请求权；

（三）劳动报酬请求权，但是超过债务人及其所扶养家属的生活必需费用的部分除外；

（四）请求支付基本养老保险金、失业保险金、最低生活保障金等保障当事人基本生活的权利；

（五）其他专属于债务人自身的权利。

第三十五条 债权人依据民法典第五百三十五条的规定对债务人的相对人提起代位权诉讼的，由被告住所地人民法院管辖，但是依法应当适用专属管辖规定的除外。

债务人或者相对人以双方之间的债权债务关系订有管辖协议为由提出异议的，人民法院不予支持。

第三十六条 债权人提起代位权诉讼后，债务人或者相对人以双方之间的债权债务关系订有仲裁协议为由对法院主管提出异议的，人民法院不予支持。但是，债务人或者相对人在首次开庭前就债务人与相对人之间的债权债务关系申请仲裁的，人民法院可以依法中止代位权诉讼。

第三十七条 债权人以债务人的相对人为被告向人民法院提起代位权诉讼，未将债务人列为第三人的，人民法院应当追加债务人为第三人。

两个以上债权人以债务人的同一相对人为被告提起代位权诉讼的，人民法院可以合并审理。债务人对相对人享有的债权不足以清偿其对两个以上债权人负担的债务的，人民法院应当按照债权人享有的债权比例确定相对人的履行份额，但是法律另有规定的除外。

第三十八条 债权人向人民法院起诉债务人后，又向同一人民法院对债务人的相对人提起代位权诉讼，属于该人民法院管辖的，可以合并审理。不属于该人民法院管辖的，应当告知其向有管辖权的人民法院另行起诉；在起诉债务人的诉讼终结前，代位权诉讼应当中止。

第三十九条 在代位权诉讼中，债务人对超过债权人代位请求数额的债权部分起诉相对人，属于同一人民法院管辖的，可以合并审理。不属于同一人民法院管辖的，应当告知其向有管辖权的人民法院另行起诉；在代位权诉讼终结前，债务人对相对人的诉讼应当中止。

第四十条 代位权诉讼中，人民法院经审理认为债权人的主张不符合代位权行使条件的，应当驳回诉讼请求，但是不影响债权人根据新的事实再次起诉。

债务人的相对人仅以债权人提起代位权诉讼时债权人与债务人之间的债权债务关系未经生效法律文书确认为由，主张债权人提起的诉讼不符合代位权行使条件的，人民法院不予支持。

第四十一条 债权人提起代位权诉讼后，债务人无正当理由减免相对人的债务或者延长相对人的履行期限，相对人以此向债权人抗辩的，人民法院不予支持。

第四十二条 对于民法典第五百三十九条规定的"明显不合理"的低价或者高价，人民法院应当按照交易当地一般经营者的判断，并参考交易时交易地的市场交易价或者物价部门指导价予以认定。

转让价格未达到交易时交易地的市场交易价或者指导价百分之七十的，一般可以认定为"明显不合理的低价"；受让价格高于交易时交易地的市场交易价或者指导价百分之三十的，一般可以认定为"明显不合理的高价"。

债务人与相对人存在亲属关系、关联关系的，不受前款规定的百分之七十、百分之三十的限制。

第四十三条 债务人以明显不合理的价格，实施互易财产、以物抵债、出租或者承租财产、知识产权许可使用等行为，影响债权人的债权实现，债务人的相对人知道或者应当知道该情形，债权人请求撤销债务人的行为的，人民法院应当依据民法典第五百三十九条的规定予以支持。

第四十四条 债权人依据民法典第五百三十八条、第五百三十九条的规定提起撤销权诉讼的，应当以债务人和债务人的相对人为共同被告，由债务人或者相对人的住所地人民法院管辖，但是依法应当适用专属管辖规定的除外。

两个以上债权人就债务人的同一行为提起撤销权诉讼的，人民法院可以合并审理。

第四十五条 在债权人撤销权诉讼中，被撤销行为的标的可分，当事人主张在受影响的债权范围内撤销债务人的行为的，人民法院应予支持；被撤销行为的标的不可分，债权人主张将债务人的行为全部撤销的，人民法院应予支持。

债权人行使撤销权所支付的合理的律师代理费、差旅费等费用，可以认定为民法典第五百四十条规定的“必要费用”。

第四十六条 债权人在撤销权诉讼中同时请求债务人的相对人向债务人承担返还财产、折价补偿、履行到期债务等法律后果的，人民法院依法予以支持。

债权人请求受理撤销权诉讼的人民法院一并审理其与债务人之间的债权债务关系，属于该人民法院管辖的，可以合并审理。不属于该人民法院管辖的，应当告知其向有管辖权的人民法院另行起诉。

债权人依据其与债务人的诉讼、撤销权诉讼产生的生效法律文书申请强制执行的，人民法院可以就债务人对相对人享有的权利采取强制执行措施以实现债权人的债权。债权人在撤销权诉讼中，申请对相对人的财产采取保全措施的，人民法院依法予以准许。

六、合同的变更和转让

第四十七条 债权转让后，债务人向受让人主张其对让与人的抗辩的，人民法院可以追加让与人为第三人。

债务转移后，新债务人主张原债务人对债权人的抗辩的，人民法院可以追加原债务人为第三人。

当事人一方将合同权利义务一并转让后，对方就合同权利义务向受让人主张抗辩或者受让人就合同权利义务向对方主张抗辩的，人民法院可以追加让与人为第三人。

第四十八条 债务人在接到债权转让通知前已经向让与人履行，受让人请求债务人履行的，人民法院不予支持；债务人接到债权转让通知后仍然向让与人履行，受让人请求债务人履行的，人民法院应予支持。

让与人未通知债务人，受让人直接起诉债务人请求履行债务，人民法院经审理确认债权转让事实的，应当认定债权转让自起诉状副本送达时对债务人发生效力。债务人主张因未通知而给其增加的费用或者造成的损失从认定的债权数额中扣除的，人民法院依法予以支持。

第四十九条 债务人接到债权转让通知后，让与人以债权转让合同不成立、无效、被撤销或者确定不发生效力为由请求债务人向其履行的，人民法院不予支持。但是，该债权转让通知被依法撤销的除外。

受让人基于债务人对债权真实存在的确认受让债权后，债务人又以该债权不存在为由拒绝向受让人履行的，人民法院不予支持。但是，受让人知道或者应当知道该债权不存在的除外。

第五十条 让与人将同一债权转让给两个以上受让人，债务人以已经向最先通知的受让人履行为由主张其不再履行债务的，人民法院应予支持。债务人明知接受履行的受让人不是最先通知的受让人，最先通知的受让人请求债务人继续履行债务或者依据债权转让协议请求让与人承担违约责任的，人民法院应予支持；最先通知的受让人请求接受履行的受让人返还其接受的财产的，人民法院不予支持，但是接受履行的受让人明知该债权在其受让前已经转让给其他受让人的除外。

前款所称最先通知的受让人，是指最先到达债务人的转让通知中载明的受让人。当事人之间对通知到达时间有争议的，人民法院应当结合通知的方式等因素综合判断，而不能仅根据债务人认可的通知时间或者通知记载的时间予以认定。当事人采用邮寄、通讯电子系统等方式发出通知的，人民法院应当以邮戳时间或者通讯电子系统记载的时间等作为认定通知到达时间的依据。

第五十一条 第三人加入债务并与债务人约定了追偿权，其履行债务后主张向债务人追偿的，人民法院应予支持；没有约定追偿权，第三人依照民法典关于不当得利等的规定，在其已经向债权人履行债务的范围内请求债务人向其履行的，人民法院应予支持，但是第三人知道或者应当知道加入债务会损害债务人利益的除外。

债务人就其对债权人享有的抗辩向加入债务的第三人主张的，人民法院应予支持。

七、合同的权利义务终止

第五十二条 当事人就解除合同协商一致时未对合同解除后的违约责任、结算和清理等问题作出处理，一方主张合同已经解除的，人民法院应予支持。但是，当事人另有约定的除外。

有下列情形之一的，除当事人一方另有意思表示外，人民法院可以认定合同解除：

（一）当事人一方主张行使法律规定或者合同约定的解除权，经审理认为不符合解除权行使条件但是对方同意解除；

（二）双方当事人均不符合解除权行使的条件但是均主张解除合同。

前两款情形下的违约责任、结算和清理等问题，人民法院应当依据民法典第五百六十六条、第五百六十七条和有关违约责任的规定处理。

第五十三条 当事人一方以通知方式解除合同，并以对方未在约定的异议期限或者其他合理期限内提出异议为由主张合同已经解除的，人民法院应当对其是否享有法律规定或者合同约定的解除权进行审查。经审查，享有解除权的，合同自通知到达对方时解除；不享有解除权的，不发生合同解除的效力。

第五十四条 当事人一方未通知对方，直接以提起诉讼的方式主张解除合同，撤诉后再次起诉主张解除合同，人民法院经审理支持该主张的，合同自再次起诉的起诉状副本送达对方时解除。但是，当事人一方撤诉后又通知对方解除合同且该通知已经到达对方的除外。

第五十五条 当事人一方依据民法典第五百六十八条的规定主张抵销，人民法院经审理认为抵销权成立的，应当认定通知到达对方时双方互负的主债务、利息、违约金或者损害赔偿金等债务在同等数额内消灭。

第五十六条 行使抵销权的一方负担的数项债务种类相同，但是享有的债权不足以抵销全部债务，当事人因抵销的顺序发生争议的，人民法院可以参照民法典第五百六十条的规定处理。

行使抵销权的一方享有的债权不足以抵销其负担的包括主债务、利息、实现债权的有关费用在内的全部债务，当事人因抵销的顺序发生争议的，人民法院可以参照民法典第五百六十一条的规定处理。

第五十七条 因侵害自然人人身权益，或者故意、重大过失侵害他人财产权益产生的损害赔偿债务，侵权人主张抵销的，人民法院不予支持。

第五十八条 当事人互负债务，一方以其诉讼时效期间已经届满的债权通知对方主张抵销，对方提出诉讼时效抗辩的，人民法院对该抗辩应予支持。一方的债权诉讼时效期间已经届满，对方主张抵销的，人民法院应予支持。

八、违约责任

第五十九条 当事人一方依据民法典第五百八十条第二款的规定请求终止合同权利义务关系的，人民法院一般应当以起诉状副本送达对方的时间作为合同权利义务关系终止的时间。根据案件的具体情况，以其他时间作为合同权利义务关系终止的时间更加符合公平原则和诚信原则的，人民法院可以以该时间作为合同权利义务关系终止的时间，但是应当在裁判文书中充分说明理由。

第六十条 人民法院依据民法典第五百八十四条的规定确定合同履行后可以获得的利益时，可以在扣除非违约方为订立、履行合同支出的费用等合理成本后，按照非违约方能够获得的生产利润、经营利润或者转售利润等计算。

非违约方依法行使合同解除权并实施了替代交易，主张按照替代交易价格与合同价格的差额确定合同履行后可以获得的利益的，人民法院依法予以支持；替代交易价格明显偏离替代交易发生时当地的市场价格，违约方主张按照市场价格与合同价格的差额确定合同履行后可以获得的利益的，人民法院应予支持。

非违约方依法行使合同解除权但是未实施替代交易，主张按照违约行为发生后合理期间内合同履行地的市场价格与合同价格的差额确定合同履行后可以获得的利益的，人民法院应予支持。

第六十一条 在以持续履行的债务为内容的定期合同中，一方不履行支付价款、租金等金钱债务，对方请求解除合同，人民法院经审理认为合同应当依法解除的，可以根据当事人的主张，参考合同主体、交易类型、市场价格变化、剩余履行期限等因素确定非违约方寻找替代交易的合理期限，并按照该期限对应的价款、租金等扣除非违约方应当支付的相应履约成本确定合同履行后可以获得的利益。

非违约方主张按照合同解除后剩余履行期限相应的价款、租金等扣除履约成本确定合同履行后可以获得的利益的，人民法院不予支持。但是，剩余履行期限少于寻找替代交易的合理期限的除外。

第六十二条 非违约方在合同履行后可以获得的利益难以根据本解释第六十条、第六十一条的规定予以确定的，人民法院可以综合考虑违约方因违约获得的利益、违约方的过错程度、其他违约情节等因素，遵循公平原则和诚信原则确定。

第六十三条 在认定民法典第五百八十四条规定的“违约一方订立合同时预见到或者应当预见到的因违约可能造成的损失”时，人民法院应当根据当事人订立合同的目的，综合考虑合同主体、合同内容、交易类型、交易习惯、磋商过程等因素，按照与违约方处于相同或者类似情况的民事主体在订立合同时预见到或者应当预见到的损失予以确定。

除合同履行后可以获得的利益外，非违约方主张还有其向第三人承担违约责任应当支出的额外费用等其他因违约所造成的损失，并请求违约方赔偿，经审理认为该损失系违约一方订立合同时预见到或者应当预见到的，人民法院应予支持。

在确定违约损失赔偿额时，违约方主张扣除非违约方未采取适当措施导致的扩大损失、非违约方也有过错造成的相应损失、非违约方因违约获得的额外利益或者减少的必要支出的，人民法院依法予以支持。

第六十四条 当事人一方通过反诉

或者抗辩的方式，请求调整违约金的，人民法院依法予以支持。

违约方主张约定的违约金过分高于违约造成的损失，请求予以适当减少的，应当承担举证责任。非违约方主张约定的违约金合理的，也应当提供相应的证据。

当事人仅以合同约定不得对违约金进行调整为由主张不予调整违约金的，人民法院不予支持。

第六十五条 当事人主张约定的违约金过分高于违约造成的损失，请求予以适当减少的，人民法院应当以民法典第五百八十四条规定的损失为基础，兼顾合同主体、交易类型、合同的履行情况、当事人的过错程度、履约背景等因素，遵循公平原则和诚信原则进行衡量，并作出裁判。

约定的违约金超过造成损失的百分之三十的，人民法院一般可以认定为过分高于造成的损失。

恶意违约的当事人一方请求减少违约金的，人民法院一般不予支持。

第六十六条 当事人一方请求对方支付违约金，对方以合同不成立、无效、被撤销、确定不发生效力、不构成违约或者非违约方不存在损失等为由抗辩，未主张调整过高的违约金的，人民法院应当就若不支持该抗辩，当事人是否请求调整违约金进行释明。第一审人民法院认为抗辩成立且未予释明，第二审人民法院认为应当判决支付违约金的，可以直接释明，并根据当事人的请求，在当事人就是否应当调整违约金充分举证、质证、辩论后，依法判决适当减少违约金。

被告因客观原因在第一审程序中未到庭参加诉讼，但是在第二审程序中到庭参加诉讼并请求减少违约金的，第二审人民法院可以在当事人就是否应当调整违约金充分举证、质证、辩论后，依法判决适当减少违约金。

第六十七条 当事人交付留置金、担保金、保证金、订约金、押金或者订金等，但是没有约定定金性质，一方主张适用民法典第五百八十七条规定的定金罚则的，人民法院不予支持。当事人约定了定金性质，但是未约定定金类型或者约定不明，一方主张为违约定金的，人民法院应予支持。

当事人约定以交付定金作为订立合同的担保，一方拒绝订立合同或者在磋商订立合同时违背诚信原则导致未能订立合同，对方主张适用民法典第五百八十七条规定的定金罚则的，人民法院应予支持。

当事人约定以交付定金作为合同成立或者生效条件，应当交付定金的一方未交付定金，但是合同主要义务已经履行完毕并为对方所接受的，人民法院应当认定合同在对方接受履行时已经成立或者生效。

当事人约定定金性质为解约定金，交付定金的一方主张以丧失定金为代价解除合同的，或者收受定金的一方主张以双倍返还定金为代价解除合同的，人民法院应予支持。

第六十八条 双方当事人均具有致使不能实现合同目的的违约行为，其中一方请求适用定金罚则的，人民法院不予支持。当事人一方仅有轻微违约，对方具有致使不能实现合同目的的违约行为，轻微违约方主张适用定金罚则，对方以轻微违约方也构成违约为由抗辩的，人民法院对该抗辩不予支持。

当事人一方已经部分履行合同，对方接受并主张按照未履行部分所占比例适用定金罚则的，人民法院应予支持。对方主张按照合同整体适用定金罚则的，人民法院不予支持，但是部分未履行致使不能实现合同目的的除外。

因不可抗力致使合同不能履行，非违约方主张适用定金罚则的，人民法院不予支持。

九、附　则

第六十九条　本解释自2023年12月5日起施行。

民法典施行后的法律事实引起的民事案件，本解释施行后尚未终审的，适用本解释；本解释施行前已经终审，当事人申请再审或者按照审判监督程序决定再审的，不适用本解释。

（二）土地权属与登记

不动产登记暂行条例

（2014年11月24日中华人民共和国国务院令第656号公布
根据2019年3月24日《国务院关于修改部分行政法规的决定》第一次修订
根据2024年3月10日《国务院关于修改和废止部分行政法规的决定》第二次修订）

目　　录

第一章　总　则

第一条　为整合不动产登记职责，规范登记行为，方便群众申请登记，保护权利人合法权益，根据《中华人民共和国民法典》等法律，制定本条例。

第二条　本条例所称不动产登记，是指不动产登记机构依法将不动产权利归属和其他法定事项记载于不动产登记簿的行为。

本条例所称不动产，是指土地、海域以及房屋、林木等定着物。

第三条　不动产首次登记、变更登记、转移登记、注销登记、更正登记、异议登记、预告登记、查封登记等，适用本条例。

第四条　国家实行不动产统一登记制度。

不动产登记遵循严格管理、稳定连续、方便群众的原则。

不动产权利人已经依法享有的不动产权利，不因登记机构和登记程序的改变而受到影响。

第五条　下列不动产权利，依照本条例的规定办理登记：

（一）集体土地所有权；

（二）房屋等建筑物、构筑物所有权；

（三）森林、林木所有权；

（四）耕地、林地、草地等土地承

包经营权；

（五）建设用地使用权；

（六）宅基地使用权；

（七）海域使用权；

（八）地役权；

（九）抵押权；

（十）法律规定需要登记的其他不动产权利。

第六条 国务院自然资源主管部门负责指导、监督全国不动产登记工作。

县级以上地方人民政府应当确定一个部门为本行政区域的不动产登记机构，负责不动产登记工作，并接受上级人民政府不动产登记主管部门的指导、监督。

第七条 不动产登记由不动产所在地的县级人民政府不动产登记机构办理；直辖市、设区的市人民政府可以确定本级不动产登记机构统一办理所属各区的不动产登记。

跨县级行政区域的不动产登记，由所跨县级行政区域的不动产登记机构分别办理。不能分别办理的，由所跨县级行政区域的不动产登记机构协商办理；协商不成的，由共同的上一级人民政府不动产登记主管部门指定办理。

国务院确定的重点国有林区的森林、林木和林地，国务院批准项目用海、用岛，中央国家机关使用的国有土地等不动产登记，由国务院自然资源主管部门会同有关部门规定。

第二章 不动产登记簿

第八条 不动产以不动产单元为基本单位进行登记。不动产单元具有唯一编码。

不动产登记机构应当按照国务院自然资源主管部门的规定设立统一的不动产登记簿。

不动产登记簿应当记载以下事项：

（一）不动产的坐落、界址、空间界限、面积、用途等自然状况；

（二）不动产权利的主体、类型、内容、来源、期限、权利变化等权属状况；

（三）涉及不动产权利限制、提示的事项；

（四）其他相关事项。

第九条 不动产登记簿应当采用电子介质，暂不具备条件的，可以采用纸质介质。不动产登记机构应当明确不动产登记簿唯一、合法的介质形式。

不动产登记簿采用电子介质的，应当定期进行异地备份，并具有唯一、确定的纸质转化形式。

第十条 不动产登记机构应当依法将各类登记事项准确、完整、清晰地记载于不动产登记簿。任何人不得损毁不动产登记簿，除依法予以更正外不得修改登记事项。

第十一条 不动产登记工作人员应当具备与不动产登记工作相适应的专业知识和业务能力。

不动产登记机构应当加强对不动产登记工作人员的管理和专业技术培训。

第十二条 不动产登记机构应当指定专人负责不动产登记簿的保管，并建立健全相应的安全责任制度。

采用纸质介质不动产登记簿的，应当配备必要的防盗、防火、防渍、防有害生物等安全保护设施。

采用电子介质不动产登记簿的，应当配备专门的存储设施，并采取信息网络安全防护措施。

第十三条 不动产登记簿由不动产登记机构永久保存。不动产登记簿损毁、灭失的，不动产登记机构应当依据原有登记资料予以重建。

行政区域变更或者不动产登记机构职能调整的，应当及时将不动产登记簿移交相应的不动产登记机构。

第三章 登记程序

第十四条 因买卖、设定抵押权等申请不动产登记的，应当由当事人双方共同申请。

属于下列情形之一的，可以由当事人单方申请：

（一）尚未登记的不动产首次申请登记的；

（二）继承、接受遗赠取得不动产权利的；

（三）人民法院、仲裁委员会生效的法律文书或者人民政府生效的决定等设立、变更、转让、消灭不动产权利的；

（四）权利人姓名、名称或者自然状况发生变化，申请变更登记的；

（五）不动产灭失或者权利人放弃不动产权利，申请注销登记的；

（六）申请更正登记或者异议登记的；

（七）法律、行政法规规定可以由当事人单方申请的其他情形。

第十五条 当事人或者其代理人应当向不动产登记机构申请不动产登记。

不动产登记机构将申请登记事项记载于不动产登记簿前，申请人可以撤回登记申请。

第十六条 申请人应当提交下列材料，并对申请材料的真实性负责：

（一）登记申请书；

（二）申请人、代理人身份证明材料、授权委托书；

（三）相关的不动产权属来源证明材料、登记原因证明文件、不动产权属证书；

（四）不动产界址、空间界限、面积等材料；

（五）与他人利害关系的说明材料；

（六）法律、行政法规以及本条例实施细则规定的其他材料。

不动产登记机构应当在办公场所和门户网站公开申请登记所需材料目录和示范文本等信息。

第十七条 不动产登记机构收到不动产登记申请材料，应当分别按照下列情况办理：

（一）属于登记职责范围，申请材料齐全、符合法定形式，或者申请人按照要求提交全部补正申请材料的，应当受理并书面告知申请人；

（二）申请材料存在可以当场更正的错误的，应当告知申请人当场更正，申请人当场更正后，应当受理并书面告知申请人；

（三）申请材料不齐全或者不符合法定形式的，应当当场书面告知申请人不予受理并一次性告知需要补正的全部内容；

（四）申请登记的不动产不属于本机构登记范围的，应当当场书面告知申请人不予受理并告知申请人向有登记权的机构申请。

不动产登记机构未当场书面告知申请人不予受理的，视为受理。

第十八条 不动产登记机构受理不动产登记申请的，应当按照下列要求进行查验：

（一）不动产界址、空间界限、面积等材料与申请登记的不动产状况是否一致；

（二）有关证明材料、文件与申请登记的内容是否一致；

（三）登记申请是否违反法律、行政法规规定。

第十九条 属于下列情形之一的，不动产登记机构可以对申请登记的不动产进行实地查看：

（一）房屋等建筑物、构筑物所有

权首次登记；

（二）在建建筑物抵押权登记；

（三）因不动产灭失导致的注销登记；

（四）不动产登记机构认为需要实地查看的其他情形。

对可能存在权属争议，或者可能涉及他人利害关系的登记申请，不动产登记机构可以向申请人、利害关系人或者有关单位进行调查。

不动产登记机构进行实地查看或者调查时，申请人、被调查人应当予以配合。

第二十条 不动产登记机构应当自受理登记申请之日起30个工作日内办结不动产登记手续，法律另有规定的除外。

第二十一条 登记事项自记载于不动产登记簿时完成登记。

不动产登记机构完成登记，应当依法向申请人核发不动产权属证书或者登记证明。

第二十二条 登记申请有下列情形之一的，不动产登记机构应当不予登记，并书面告知申请人：

（一）违反法律、行政法规规定的；

（二）存在尚未解决的权属争议的；

（三）申请登记的不动产权利超过规定期限的；

（四）法律、行政法规规定不予登记的其他情形。

第四章 登记信息共享与保护

第二十三条 国务院自然资源主管部门应当会同有关部门建立统一的不动产登记信息管理基础平台。

各级不动产登记机构登记的信息应当纳入统一的不动产登记信息管理基础平台，确保国家、省、市、县四级登记信息的实时共享。

第二十四条 不动产登记有关信息与住房城乡建设、农业农村、林业草原等部门审批信息、交易信息等应当实时互通共享。

不动产登记机构能够通过实时互通共享取得的信息，不得要求不动产登记申请人重复提交。

第二十五条 自然资源、公安、民政、财政、税务、市场监管、金融、审计、统计等部门应当加强不动产登记有关信息互通共享。

第二十六条 不动产登记机构、不动产登记信息共享单位及其工作人员应当对不动产登记信息保密；涉及国家秘密的不动产登记信息，应当依法采取必要的安全保密措施。

第二十七条 权利人、利害关系人可以依法查询、复制不动产登记资料，不动产登记机构应当提供。

有关国家机关可以依照法律、行政法规的规定查询、复制与调查处理事项有关的不动产登记资料。

第二十八条 查询不动产登记资料的单位、个人应当向不动产登记机构说明查询目的，不得将查询获得的不动产登记资料用于其他目的；未经权利人同意，不得泄露查询获得的不动产登记资料。

第五章 法律责任

第二十九条 不动产登记机构登记错误给他人造成损害，或者当事人提供虚假材料申请登记给他人造成损害的，依照《中华人民共和国民法典》的规定承担赔偿责任。

第三十条 不动产登记机构工作人员进行虚假登记，损毁、伪造不动产登记簿，擅自修改登记事项，或者有其他滥用职权、玩忽职守行为的，依法给予处分；给他人造成损害的，依法承担赔偿责任；构成犯罪的，依法追究刑事责任。

第三十一条 伪造、变造不动产权属证书、不动产登记证明，或者买卖、使用伪造、变造的不动产权属证书、不动产登记证明的，由不动产登记机构或者公安机关依法予以收缴；有违法所得的，没收违法所得；给他人造成损害的，依法承担赔偿责任；构成违反治安管理行为的，依法给予治安管理处罚；构成犯罪的，依法追究刑事责任。

第三十二条 不动产登记机构、不动产登记信息共享单位及其工作人员，查询不动产登记资料的单位或者个人违反国家规定，泄露不动产登记资料、登记信息，或者利用不动产登记资料、登记信息进行不正当活动，给他人造成损害的，依法承担赔偿责任；对有关责任人员依法给予处分；有关责任人员构成犯罪的，依法追究刑事责任。

第六章 附 则

第三十三条 本条例施行前依法颁发的各类不动产权属证书和制作的不动产登记簿继续有效。

不动产统一登记过渡期内，农村土地承包经营权的登记按照国家有关规定执行。

第三十四条 本条例实施细则由国务院自然资源主管部门会同有关部门制定。

第三十五条 本条例自2015年3月1日起施行。本条例施行前公布的行政法规有关不动产登记的规定与本条例规定不一致的，以本条例规定为准。

不动产登记暂行条例实施细则

（2016年1月1日国土资源部令第63号公布 根据2019年7月16日自然资源部第2次部务会议《自然资源部关于第一批废止和修改的部门规章的决定》第一次修正 根据2024年5月9日自然资源部第2次部务会议《自然资源部关于第六批修改的部门规章的决定》第二次修正）

目 录

第一章　总　则

第一条　为规范不动产登记行为，细化不动产统一登记制度，方便人民群众办理不动产登记，保护权利人合法权益，根据《不动产登记暂行条例》（以下简称《条例》），制定本实施细则。

第二条　不动产登记应当依照当事人的申请进行，但法律、行政法规以及本实施细则另有规定的除外。

房屋等建筑物、构筑物和森林、林木等定着物应当与其所依附的土地、海域一并登记，保持权利主体一致。

第三条　不动产登记机构依照《条例》第七条第二款的规定，协商办理或者接受指定办理跨县级行政区域不动产登记的，应当在登记完毕后将不动产登记簿记载的不动产权利人以及不动产坐落、界址、面积、用途、权利类型等登记结果告知不动产所跨区域的其他不动产登记机构。

第四条　国务院确定的重点国有林区的森林、林木和林地，由自然资源部受理并会同有关部门办理，依法向权利人核发不动产权属证书。

国务院批准的项目用海、用岛的登记，由自然资源部受理，依法向权利人核发不动产权属证书。

第二章　不动产登记簿

第五条　《条例》第八条规定的不动产单元，是指权属界线封闭且具有独立使用价值的空间。

没有房屋等建筑物、构筑物以及森林、林木定着物的，以土地、海域权属界线封闭的空间为不动产单元。

有房屋等建筑物、构筑物以及森林、林木定着物的，以该房屋等建筑物、构筑物以及森林、林木定着物与土地、海域权属界线封闭的空间为不动产单元。

前款所称房屋，包括独立成幢、权属界线封闭的空间，以及区分套、层、间等可以独立使用、权属界线封闭的空间。

第六条　不动产登记簿以宗地或者宗海为单位编成，一宗地或者一宗海范围内的全部不动产单元编入一个不动产登记簿。

第七条　不动产登记机构应当配备专门的不动产登记电子存储设施，采取信息网络安全防护措施，保证电子数据安全。

任何单位和个人不得擅自复制或者篡改不动产登记簿信息。

第八条　承担不动产登记审核、登簿的不动产登记工作人员应当熟悉相关法律法规，具备与其岗位相适应的不动产登记等方面的专业知识。

自然资源部会同有关部门组织开展对承担不动产登记审核、登簿的不动产登记工作人员的考核培训。

第三章　登记程序

第九条　申请不动产登记的，申请人应当填写登记申请书，并提交身份证明以及相关申请材料。

申请材料应当提供原件。因特殊情况不能提供原件的，可以提供复印件，复印件应当与原件保持一致。

通过互联网在线申请不动产登记的，应当通过符合国家规定的身份认证系统进行实名认证。申请人提交电子材料的，不再提交纸质材料。

第十条　处分共有不动产申请登记

的，应当经占份额三分之二以上的按份共有人或者全体共同共有人共同申请，但共有人另有约定的除外。

按份共有人转让其享有的不动产份额，应当与受让人共同申请转移登记。

建筑区划内依法属于全体业主共有的不动产申请登记，依照本实施细则第三十六条的规定办理。

第十一条 无民事行为能力人、限制民事行为能力人申请不动产登记的，应当由其监护人代为申请。

监护人代为申请登记的，应当提供监护人与被监护人的身份证或者户口簿、有关监护关系等材料；因处分不动产而申请登记的，还应当提供为被监护人利益的书面保证。

父母之外的监护人处分未成年人不动产的，有关监护关系材料可以是人民法院指定监护的法律文书、经过公证的对被监护人享有监护权的材料或者其他材料。

第十二条 当事人可以委托他人代为申请不动产登记。

代理申请不动产登记的，代理人应当向不动产登记机构提供被代理人签字或者盖章的授权委托书。

自然人处分不动产，委托代理人申请登记的，应当与代理人共同到不动产登记机构现场签订授权委托书，但授权委托书经公证的除外。

境外申请人委托他人办理处分不动产登记的，其授权委托书应当按照国家有关规定办理认证或者公证；我国缔结或者参加的国际条约有不同规定的，适用该国际条约的规定，但我国声明保留的条款除外。

第十三条 申请登记的事项记载于不动产登记簿前，全体申请人提出撤回登记申请的，登记机构应当将登记申请书以及相关材料退还申请人。

第十四条 因继承、受遗赠取得不动产，当事人申请登记的，应当提交死亡证明材料、遗嘱或者全部法定继承人关于不动产分配的协议以及与被继承人的亲属关系材料等，也可以提交经公证的材料或者生效的法律文书。

第十五条 不动产登记机构受理不动产登记申请后，还应当对下列内容进行查验：

（一）申请人、委托代理人身份证明材料以及授权委托书与申请主体是否一致；

（二）权属来源材料或者登记原因文件与申请登记的内容是否一致；

（三）不动产界址、空间界限、面积等权籍调查成果是否完备，权属是否清楚、界址是否清晰、面积是否准确；

（四）法律、行政法规规定的完税或者缴费凭证是否齐全。

第十六条 不动产登记机构进行实地查看，重点查看下列情况：

（一）房屋等建筑物、构筑物所有权首次登记，查看房屋坐落及其建造完成等情况；

（二）在建建筑物抵押权登记，查看抵押的在建建筑物坐落及其建造等情况；

（三）因不动产灭失导致的注销登记，查看不动产灭失等情况。

第十七条 有下列情形之一的，不动产登记机构应当在登记事项记载于登记簿前进行公告，但涉及国家秘密的除外：

（一）政府组织的集体土地所有权登记；

（二）宅基地使用权及房屋所有权，集体建设用地使用权及建筑物、构筑物所有权，土地承包经营权等不动产权利的首次登记；

（三）依职权更正登记；

（四）依职权注销登记；

（五）法律、行政法规规定的其他情形。

公告应当在不动产登记机构门户网站以及不动产所在地等指定场所进行，公告期不少于15个工作日。公告所需时间不计算在登记办理期限内。公告期满无异议或者异议不成立的，应当及时记载于不动产登记簿。

第十八条 不动产登记公告的主要内容包括：

（一）拟予登记的不动产权利人的姓名或者名称；

（二）拟予登记的不动产坐落、面积、用途、权利类型等；

（三）提出异议的期限、方式和受理机构；

（四）需要公告的其他事项。

第十九条 当事人可以持人民法院、仲裁委员会的生效法律文书或者人民政府的生效决定单方申请不动产登记。

有下列情形之一的，不动产登记机构直接办理不动产登记：

（一）人民法院持生效法律文书和协助执行通知书要求不动产登记机构办理登记的；

（二）人民检察院、公安机关依据法律规定持协助查封通知书要求办理查封登记的；

（三）人民政府依法做出征收或者收回不动产权利决定生效后，要求不动产登记机构办理注销登记的；

（四）法律、行政法规规定的其他情形。

不动产登记机构认为登记事项存在异议的，应当依法向有关机关提出审查建议。

第二十条 不动产登记机构应当根据不动产登记簿，填写并核发不动产权属证书或者不动产登记证明。电子证书证明与纸质证书证明具有同等法律效力。

除办理抵押权登记、地役权登记和预告登记、异议登记，向申请人核发不动产登记证明外，不动产登记机构应当依法向权利人核发不动产权属证书。

不动产权属证书和不动产登记证明，应当加盖不动产登记机构登记专用章。

不动产权属证书和不动产登记证明样式，由自然资源部统一规定。

第二十一条 申请共有不动产登记的，不动产登记机构向全体共有人合并发放一本不动产权属证书；共有人申请分别持证的，可以为共有人分别发放不动产权属证书。

共有不动产权属证书应当注明共有情况，并列明全体共有人。

第二十二条 不动产权属证书或者不动产登记证明污损、破损的，当事人可以向不动产登记机构申请换发。符合换发条件的，不动产登记机构应当予以换发，并收回原不动产权属证书或者不动产登记证明。

不动产权属证书或者不动产登记证明遗失、灭失，不动产权利人申请补发的，由不动产登记机构在其门户网站上刊发不动产权利人的遗失、灭失声明后，即予以补发。

不动产登记机构补发不动产权属证书或者不动产登记证明的，应当将补发不动产权属证书或者不动产登记证明的事项记载于不动产登记簿，并在不动产权属证书或者不动产登记证明上注明“补发”字样。

第二十三条 因不动产权利灭失等情形，不动产登记机构需要收回不动产权属证书或者不动产登记证明的，应当在不动产登记簿上将收回不动产权属证书或者不动产登记证明的事项予以注明；确实无法收回的，应当在不动产登记机构门户网站或者当地公开发行的报刊上公告作废。

第四章　不动产权利登记

第一节　一般规定

第二十四条　不动产首次登记，是指不动产权利第一次登记。

未办理不动产首次登记的，不得办理不动产其他类型登记，但法律、行政法规另有规定的除外。

第二十五条　市、县人民政府可以根据情况对本行政区域内未登记的不动产，组织开展集体土地所有权、宅基地使用权、集体建设用地使用权、土地承包经营权的首次登记。

依照前款规定办理首次登记所需的权属来源、调查等登记材料，由人民政府有关部门组织获取。

第二十六条　下列情形之一的，不动产权利人可以向不动产登记机构申请变更登记：

（一）权利人的姓名、名称、身份证明类型或者身份证明号码发生变更的；

（二）不动产的坐落、界址、用途、面积等状况变更的；

（三）不动产权利期限、来源等状况发生变化的；

（四）同一权利人分割或者合并不动产的；

（五）抵押担保的范围、主债权数额、债务履行期限、抵押权顺位发生变化的；

（六）最高额抵押担保的债权范围、最高债权额、债权确定期间等发生变化的；

（七）地役权的利用目的、方法等发生变化的；

（八）共有性质发生变更的；

（九）法律、行政法规规定的其他不涉及不动产权利转移的变更情形。

第二十七条　因下列情形导致不动产权利转移的，当事人可以向不动产登记机构申请转移登记：

（一）买卖、互换、赠与不动产的；

（二）以不动产作价出资（入股）的；

（三）法人或者其他组织因合并、分立等原因致使不动产权利发生转移的；

（四）不动产分割、合并导致权利发生转移的；

（五）继承、受遗赠导致权利发生转移的；

（六）共有人增加或者减少以及共有不动产份额变化的；

（七）因人民法院、仲裁委员会的生效法律文书导致不动产权利发生转移的；

（八）因主债权转移引起不动产抵押权转移的；

（九）因需役地不动产权利转移引起地役权转移的；

（十）法律、行政法规规定的其他不动产权利转移情形。

第二十八条　有下列情形之一的，当事人可以申请办理注销登记：

（一）不动产灭失的；

（二）权利人放弃不动产权利的；

（三）不动产被依法没收、征收或者收回的；

（四）人民法院、仲裁委员会的生效法律文书导致不动产权利消灭的；

（五）法律、行政法规规定的其他情形。

不动产上已经设立抵押权、地役权或者已经办理预告登记，所有权人、使用权人因放弃权利申请注销登记的，申请人应当提供抵押权人、地役权人、预告登记权利人同意的书面材料。

第二节　集体土地所有权登记

第二十九条　集体土地所有权登记，依照下列规定提出申请：

（一）土地属于村农民集体所有的，由村集体经济组织代为申请，没有集体经济组织的，由村民委员会代为申请；

（二）土地分别属于村内两个以上农民集体所有的，由村内各集体经济组织代为申请，没有集体经济组织的，由村民小组代为申请；

（三）土地属于乡（镇）农民集体所有的，由乡（镇）集体经济组织代为申请。

第三十条　申请集体土地所有权首次登记的，应当提交下列材料：

（一）土地权属来源材料；

（二）权籍调查表、宗地图以及宗地界址点坐标；

（三）其他必要材料。

第三十一条　农民集体因互换、土地调整等原因导致集体土地所有权转移，申请集体土地所有权转移登记的，应当提交下列材料：

（一）不动产权属证书；

（二）互换、调整协议等集体土地所有权转移的材料；

（三）本集体经济组织三分之二以上成员或者三分之二以上村民代表同意的材料；

（四）其他必要材料。

第三十二条　申请集体土地所有权变更、注销登记的，应当提交下列材料：

（一）不动产权属证书；

（二）集体土地所有权变更、消灭的材料；

（三）其他必要材料。

第三节　国有建设用地使用权及房屋所有权登记

第三十三条　依法取得国有建设用地使用权，可以单独申请国有建设用地使用权登记。

依法利用国有建设用地建造房屋的，可以申请国有建设用地使用权及房屋所有权登记。

第三十四条　申请国有建设用地使用权首次登记，应当提交下列材料：

（一）土地权属来源材料；

（二）权籍调查表、宗地图以及宗地界址点坐标；

（三）土地出让价款、土地租金、相关税费等缴纳凭证；

（四）其他必要材料。

前款规定的土地权属来源材料，根据权利取得方式的不同，包括国有建设用地划拨决定书、国有建设用地使用权出让合同、国有建设用地使用权租赁合同以及国有建设用地使用权作价出资（入股）、授权经营批准文件。

申请在地上或者地下单独设立国有建设用地使用权登记的，按照本条规定办理。

第三十五条　申请国有建设用地使用权及房屋所有权首次登记的，应当提交下列材料：

（一）不动产权属证书或者土地权属来源材料；

（二）建设工程符合规划的材料；

（三）房屋已经竣工的材料；

（四）房地产调查或者测绘报告；

（五）相关税费缴纳凭证；

（六）其他必要材料。

第三十六条　办理房屋所有权首次登记时，申请人应当将建筑区划内依法属于业主共有的道路、绿地、其他公共场所、公用设施和物业服务用房及其占用范围内的建设用地使用权一并申请登记为业主共有。业主转让房屋所有权的，其对共有部分享有的权利依法一并转让。

第三十七条 申请国有建设用地使用权及房屋所有权变更登记的，应当根据不同情况，提交下列材料：

（一）不动产权属证书；

（二）发生变更的材料；

（三）有批准权的人民政府或者主管部门的批准文件；

（四）国有建设用地使用权出让合同或者补充协议；

（五）国有建设用地使用权出让价款、税费等缴纳凭证；

（六）其他必要材料。

第三十八条 申请国有建设用地使用权及房屋所有权转移登记的，应当根据不同情况，提交下列材料：

（一）不动产权属证书；

（二）买卖、互换、赠与合同；

（三）继承或者受遗赠的材料；

（四）分割、合并协议；

（五）人民法院或者仲裁委员会生效的法律文书；

（六）有批准权的人民政府或者主管部门的批准文件；

（七）相关税费缴纳凭证；

（八）其他必要材料。

不动产买卖合同依法应当备案的，申请人申请登记时须提交经备案的买卖合同。

第三十九条 具有独立利用价值的特定空间以及码头、油库等其他建筑物、构筑物所有权的登记，按照本实施细则中房屋所有权登记有关规定办理。

第四节 宅基地使用权及房屋所有权登记

第四十条 依法取得宅基地使用权，可以单独申请宅基地使用权登记。

依法利用宅基地建造住房及其附属设施的，可以申请宅基地使用权及房屋所有权登记。

第四十一条 申请宅基地使用权及房屋所有权首次登记的，应当根据不同情况，提交下列材料：

（一）申请人身份证和户口簿；

（二）不动产权属证书或者有批准权的人民政府批准用地的文件等权属来源材料；

（三）房屋符合规划或者建设的相关材料；

（四）权籍调查表、宗地图、房屋平面图以及宗地界址点坐标等有关不动产界址、面积等材料；

（五）其他必要材料。

第四十二条 因依法继承、分家析产、集体经济组织内部互换房屋等导致宅基地使用权及房屋所有权发生转移申请登记的，申请人应当根据不同情况，提交下列材料：

（一）不动产权属证书或者其他权属来源材料；

（二）依法继承的材料；

（三）分家析产的协议或者材料；

（四）集体经济组织内部互换房屋的协议；

（五）其他必要材料。

第四十三条 申请宅基地等集体土地上的建筑物区分所有权登记的，参照国有建设用地使用权及建筑物区分所有权的规定办理登记。

第五节 集体建设用地使用权及建筑物、构筑物所有权登记

第四十四条 依法取得集体建设用地使用权，可以单独申请集体建设用地使用权登记。

依法利用集体建设用地兴办企业，建设公共设施，从事公益事业等的，可以申请集体建设用地使用权及地上建筑物、构筑物所有权登记。

第四十五条 申请集体建设用地使用权及建筑物、构筑物所有权首次登记的，申请人应当根据不同情况，提交下列材料：

（一）有批准权的人民政府批准用地的文件等土地权属来源材料；

（二）建设工程符合规划的材料；

（三）权籍调查表、宗地图、房屋平面图以及宗地界址点坐标等有关不动产界址、面积等材料；

（四）建设工程已竣工的材料；

（五）其他必要材料。

集体建设用地使用权首次登记完成后，申请人申请建筑物、构筑物所有权首次登记的，应当提交享有集体建设用地使用权的不动产权属证书。

第四十六条 申请集体建设用地使用权及建筑物、构筑物所有权变更登记、转移登记、注销登记的，申请人应当根据不同情况，提交下列材料：

（一）不动产权属证书；

（二）集体建设用地使用权及建筑物、构筑物所有权变更、转移、消灭的材料；

（三）其他必要材料。

因企业兼并、破产等原因致使集体建设用地使用权及建筑物、构筑物所有权发生转移的，申请人应当持相关协议及有关部门的批准文件等相关材料，申请不动产转移登记。

第六节 土地承包经营权登记

第四十七条 承包农民集体所有的耕地、林地、草地、水域、滩涂以及荒山、荒沟、荒丘、荒滩等农用地，或者国家所有依法由农民集体使用的农用地从事种植业、林业、畜牧业、渔业等农业生产的，可以申请土地承包经营权登记；地上有森林、林木的，应当在申请土地承包经营权登记时一并申请登记。

第四十八条 依法以承包方式在土地上从事种植业或者养殖业生产活动的，可以申请土地承包经营权的首次登记。

以家庭承包方式取得的土地承包经营权的首次登记，由发包方持土地承包经营合同等材料申请。

以招标、拍卖、公开协商等方式承包农村土地的，由承包方持土地承包经营合同申请土地承包经营权首次登记。

第四十九条 已经登记的土地承包经营权有下列情形之一的，承包方应当持原不动产权属证书以及其他证实发生变更事实的材料，申请土地承包经营权变更登记：

（一）权利人的姓名或者名称等事项发生变化的；

（二）承包土地的坐落、名称、面积发生变化的；

（三）承包期限依法变更的；

（四）承包期限届满，土地承包经营权人按照国家有关规定继续承包的；

（五）退耕还林、退耕还湖、退耕还草导致土地用途改变的；

（六）森林、林木的种类等发生变化的；

（七）法律、行政法规规定的其他情形。

第五十条 已经登记的土地承包经营权发生下列情形之一的，当事人双方应当持互换协议、转让合同等材料，申请土地承包经营权的转移登记：

（一）互换；

（二）转让；

（三）因家庭关系、婚姻关系变化等原因导致土地承包经营权分割或者合并的；

（四）依法导致土地承包经营权转移的其他情形。

以家庭承包方式取得的土地承包经营权，采取转让方式流转的，还应当提供发包方同意的材料。

第五十一条 已经登记的土地承包经营权发生下列情形之一的，承包方应当持不动产权属证书、证实灭失的材料等，申请注销登记：

（一）承包经营的土地灭失的；

（二）承包经营的土地被依法转为建设用地的；

（三）承包经营权人丧失承包经营资格或者放弃承包经营权的；

（四）法律、行政法规规定的其他情形。

第五十二条 以承包经营以外的合法方式使用国有农用地的国有农场、草场，以及使用国家所有的水域、滩涂等农用地进行农业生产，申请国有农用地的使用权登记的，参照本实施细则有关规定办理。

国有农场、草场申请国有未利用地登记的，依照前款规定办理。

第五十三条 国有林地使用权登记，应当提交有批准权的人民政府或者主管部门的批准文件，地上森林、林木一并登记。

第七节　海域使用权登记

第五十四条 依法取得海域使用权，可以单独申请海域使用权登记。

依法使用海域，在海域上建造建筑物、构筑物的，应当申请海域使用权及建筑物、构筑物所有权登记。

申请无居民海岛登记的，参照海域使用权登记有关规定办理。

第五十五条 申请海域使用权首次登记的，应当提交下列材料：

（一）项目用海批准文件或者海域使用权出让合同；

（二）宗海图以及界址点坐标；

（三）海域使用金缴纳或者减免凭证；

（四）其他必要材料。

第五十六条 有下列情形之一的，申请人应当持不动产权属证书、海域使用权变更的文件等材料，申请海域使用权变更登记：

（一）海域使用权人姓名或者名称改变的；

（二）海域坐落、名称发生变化的；

（三）改变海域使用位置、面积或者期限的；

（四）海域使用权续期的；

（五）共有性质变更的；

（六）法律、行政法规规定的其他情形。

第五十七条 有下列情形之一的，申请人可以申请海域使用权转移登记：

（一）因企业合并、分立或者与他人合资、合作经营、作价入股导致海域使用权转移的；

（二）依法转让、赠与、继承、受遗赠海域使用权的；

（三）因人民法院、仲裁委员会生效法律文书导致海域使用权转移的；

（四）法律、行政法规规定的其他情形。

第五十八条 申请海域使用权转移登记的，申请人应当提交下列材料：

（一）不动产权属证书；

（二）海域使用权转让合同、继承材料、生效法律文书等材料；

（三）转让批准取得的海域使用权，应当提交原批准用海的海洋行政主管部门批准转让的文件；

（四）依法需要补交海域使用金的，应当提交海域使用金缴纳的凭证；

（五）其他必要材料。

第五十九条 申请海域使用权注销登记的，申请人应当提交下列材料：

（一）原不动产权属证书；

（二）海域使用权消灭的材料；

（三）其他必要材料。

因围填海造地等导致海域灭失的，申请人应当在围填海造地等工程竣工后，依照本实施细则规定申请国有土地使用权登记，并办理海域使用权注销登记。

第八节　地役权登记

第六十条　按照约定设定地役权，当事人可以持需役地和供役地的不动产权属证书、地役权合同以及其他必要文件，申请地役权首次登记。

第六十一条　经依法登记的地役权发生下列情形之一的，当事人应当持地役权合同、不动产登记证明和证实变更的材料等必要材料，申请地役权变更登记：

（一）地役权当事人的姓名或者名称等发生变化；

（二）共有性质变更的；

（三）需役地或者供役地自然状况发生变化；

（四）地役权内容变更的；

（五）法律、行政法规规定的其他情形。

供役地分割转让办理登记，转让部分涉及地役权的，应当由受让人与地役权人一并申请地役权变更登记。

第六十二条　已经登记的地役权因土地承包经营权、建设用地使用权转让发生转移的，当事人应当持不动产登记证明、地役权转移合同等必要材料，申请地役权转移登记。

申请需役地转移登记的，或者需役地分割转让，转让部分涉及已登记的地役权的，当事人应当一并申请地役权转移登记，但当事人另有约定的除外。当事人拒绝一并申请地役权转移登记的，应当出具书面材料。不动产登记机构办理转移登记时，应当同时办理地役权注销登记。

第六十三条　已经登记的地役权，有下列情形之一的，当事人可以持不动产登记证明、证实地役权发生消灭的材料等必要材料，申请地役权注销登记：

（一）地役权期限届满；

（二）供役地、需役地归于同一人；

（三）供役地或者需役地灭失；

（四）人民法院、仲裁委员会的生效法律文书导致地役权消灭；

（五）依法解除地役权合同；

（六）其他导致地役权消灭的事由。

第六十四条　地役权登记，不动产登记机构应当将登记事项分别记载于需役地和供役地登记簿。

供役地、需役地分属不同不动产登记机构管辖的，当事人应当向供役地所在地的不动产登记机构申请地役权登记。供役地所在地不动产登记机构完成登记后，应当将相关事项通知需役地所在地不动产登记机构，并由其记载于需役地登记簿。

地役权设立后，办理首次登记前发生变更、转移的，当事人应当提交相关材料，就已经变更或者转移的地役权，直接申请首次登记。

第九节　抵押权登记

第六十五条　对下列财产进行抵押的，可以申请办理不动产抵押登记：

（一）建设用地使用权；

（二）建筑物和其他土地附着物；

（三）海域使用权；

（四）以招标、拍卖、公开协商等方式取得的荒地等土地承包经营权；

（五）正在建造的建筑物；

（六）法律、行政法规未禁止抵押的其他不动产。

以建设用地使用权、海域使用权抵押的，该土地、海域上的建筑物、构筑物一并抵押；以建筑物、构筑物抵押的，该建筑物、构筑物占用范围内的建设用地使用权、海域使用权一并抵押。

第六十六条 自然人、法人或者其他组织为保障其债权的实现，依法以不动产设定抵押的，可以由当事人持不动产权属证书、抵押合同与主债权合同等必要材料，共同申请办理抵押登记。

抵押合同可以是单独订立的书面合同，也可以是主债权合同中的抵押条款。

第六十七条 同一不动产上设立多个抵押权的，不动产登记机构应当按照受理时间的先后顺序依次办理登记，并记载于不动产登记簿。当事人对抵押权顺位另有约定的，从其规定办理登记。

第六十八条 有下列情形之一的，当事人应当持不动产权属证书、不动产登记证明、抵押权变更等必要材料，申请抵押权变更登记：

（一）抵押人、抵押权人的姓名或者名称变更的；

（二）被担保的主债权数额变更的；

（三）债务履行期限变更的；

（四）抵押权顺位变更的；

（五）法律、行政法规规定的其他情形。

因被担保债权主债权的种类及数额、担保范围、债务履行期限、抵押权顺位发生变更申请抵押权变更登记时，如果该抵押权的变更将对其他抵押权人产生不利影响的，还应当提交其他抵押权人书面同意的材料与身份证或者户口簿等材料。

第六十九条 因主债权转让导致抵押权转让的，当事人可以持不动产权属证书、不动产登记证明、被担保主债权的转让协议、债权人已经通知债务人的材料等相关材料，申请抵押权的转移登记。

第七十条 有下列情形之一的，当事人可以持不动产登记证明、抵押权消灭的材料等必要材料，申请抵押权注销登记：

（一）主债权消灭；

（二）抵押权已经实现；

（三）抵押权人放弃抵押权；

（四）法律、行政法规规定抵押权消灭的其他情形。

第七十一条 设立最高额抵押权的，当事人应当持不动产权属证书、最高额抵押合同与一定期间内将要连续发生的债权的合同或者其他登记原因材料等必要材料，申请最高额抵押权首次登记。

当事人申请最高额抵押权首次登记时，同意将最高额抵押权设立前已经存在的债权转入最高额抵押担保的债权范围的，还应当提交已存在债权的合同以及当事人同意将该债权纳入最高额抵押权担保范围的书面材料。

第七十二条 有下列情形之一的，当事人应当持不动产登记证明、最高额抵押权发生变更的材料等必要材料，申请最高额抵押权变更登记：

（一）抵押人、抵押权人的姓名或者名称变更的；

（二）债权范围变更的；

（三）最高债权额变更的；

（四）债权确定的期间变更的；

（五）抵押权顺位变更的；

（六）法律、行政法规规定的其他情形。

因最高债权额、债权范围、债务履行期限、债权确定的期间发生变更申请最高额抵押权变更登记时，如果该变更将对其他抵押权人产生不利影响的，当事人还应当提交其他抵押权人的书面同意文件与身份证或者户口簿等。

第七十三条 当发生导致最高额抵押权担保的债权被确定的事由，从而使最高额抵押权转变为一般抵押权时，当事人应当持不动产登记证明、最高额抵押权担保的债权已确定的材料等必要材料，申请办理确定最高额抵押权的登记。

第七十四条 最高额抵押权发生转移的，应当持不动产登记证明、部分债权转移的材料、当事人约定最高额抵押权随同部分债权的转让而转移的材料等必要材料，申请办理最高额抵押权转移登记。

债权人转让部分债权，当事人约定最高额抵押权随同部分债权的转让而转移的，应当分别申请下列登记：

（一）当事人约定原抵押权人与受让人共同享有最高额抵押权的，应当申请最高额抵押权的转移登记；

（二）当事人约定受让人享有一般抵押权、原抵押权人就扣减已转移的债权数额后继续享有最高额抵押权的，应当申请一般抵押权的首次登记以及最高额抵押权的变更登记；

（三）当事人约定原抵押权人不再享有最高额抵押权的，应当一并申请最高额抵押权确定登记以及一般抵押权转移登记。

最高额抵押权担保的债权确定前，债权人转让部分债权的，除当事人另有约定外，不动产登记机构不得办理最高额抵押权转移登记。

第七十五条 以建设用地使用权以及全部或者部分在建建筑物设定抵押的，应当一并申请建设用地使用权以及在建建筑物抵押权的首次登记。

当事人申请在建建筑物抵押权首次登记时，抵押财产不包括已经办理预告登记的预购商品房和已经办理预售备案的商品房。

前款规定的在建建筑物，是指正在建造、尚未办理所有权首次登记的房屋等建筑物。

第七十六条 申请在建建筑物抵押权首次登记的，当事人应当提交下列材料：

（一）抵押合同与主债权合同；

（二）享有建设用地使用权的不动产权属证书；

（三）建设工程规划许可证；

（四）其他必要材料。

第七十七条 在建建筑物抵押权变更、转移或者消灭的，当事人应当提交下列材料，申请变更登记、转移登记、注销登记：

（一）不动产登记证明；

（二）在建建筑物抵押权发生变更、转移或者消灭的材料；

（三）其他必要材料。

在建建筑物竣工，办理建筑物所有权首次登记时，当事人应当申请将在建建筑物抵押权登记转为建筑物抵押权登记。

第七十八条 申请预购商品房抵押登记，应当提交下列材料：

（一）抵押合同与主债权合同；

（二）预购商品房预告登记材料；

（三）其他必要材料。

预购商品房办理房屋所有权登记后，当事人应当申请将预购商品房抵押预告登记转为商品房抵押权首次登记。

第五章 其他登记

第一节 更正登记

第七十九条 权利人、利害关系人认为不动产登记簿记载的事项有错误，可以申请更正登记。

权利人申请更正登记的，应当提交下列材料：

（一）不动产权属证书；

（二）证实登记确有错误的材料；

（三）其他必要材料。

利害关系人申请更正登记的，应当提交利害关系材料、证实不动产登记簿记载错误的材料以及其他必要材料。

第八十条 不动产权利人或者利害关系人申请更正登记，不动产登记机构认为不动产登记簿记载确有错误的，应当予以更正；但在错误登记之后已经办理了涉及不动产权利处分的登记、预告登记和查封登记的除外。

不动产权属证书或者不动产登记证明填制错误以及不动产登记机构在办理更正登记中，需要更正不动产权属证书或者不动产登记证明内容的，应当书面通知权利人换发，并把换发不动产权属证书或者不动产登记证明的事项记载于登记簿。

不动产登记簿记载无误的，不动产登记机构不予更正，并书面通知申请人。

第八十一条 不动产登记机构发现不动产登记簿记载的事项错误，应当通知当事人在30个工作日内办理更正登记。当事人逾期不办理的，不动产登记机构应当在公告15个工作日后，依法予以更正；但在错误登记之后已经办理了涉及不动产权利处分的登记、预告登记和查封登记的除外。

第二节 异议登记

第八十二条 利害关系人认为不动产登记簿记载的事项错误，权利人不同意更正的，利害关系人可以申请异议登记。

利害关系人申请异议登记的，应当提交下列材料：

（一）证实对登记的不动产权利有利害关系的材料；

（二）证实不动产登记簿记载的事项错误的材料；

（三）其他必要材料。

第八十三条 不动产登记机构受理异议登记申请的，应当将异议事项记载于不动产登记簿，并向申请人出具异议登记证明。

异议登记申请人应当在异议登记之日起15日内，提交人民法院受理通知书、仲裁委员会受理通知书等提起诉讼、申请仲裁的材料；逾期不提交的，异议登记失效。

异议登记失效后，申请人就同一事项以同一理由再次申请异议登记的，不动产登记机构不予受理。

第八十四条 异议登记期间，不动产登记簿上记载的权利人以及第三人因处分权利申请登记的，不动产登记机构应当书面告知申请人该权利已经存在异议登记的有关事项。申请人申请继续办理的，应当予以办理，但申请人应当提供知悉异议登记存在并自担风险的书面承诺。

第三节 预告登记

第八十五条 有下列情形之一的，当事人可以按照约定申请不动产预告登记：

（一）商品房等不动产预售的；

（二）不动产买卖、抵押的；

（三）以预购商品房设定抵押权的；

（四）法律、行政法规规定的其他情形。

预告登记生效期间，未经预告登记的权利人书面同意，处分该不动产权利申请登记的，不动产登记机构应当不予办理。

预告登记后，债权未消灭且自能够进行相应的不动产登记之日起3个月内，当事人申请不动产登记的，不动产登记机构应当按照预告登记事项办理相应的登记。

第八十六条 申请预购商品房的预告登记，应当提交下列材料：

（一）已备案的商品房预售合同；

（二）当事人关于预告登记的约定；

（三）其他必要材料。

预售人和预购人订立商品房买卖合同后，预售人未按照约定与预购人申请预告登记，预购人可以单方申请预告登记。

预购人单方申请预购商品房预告登记，预售人与预购人在商品房预售合同中对预告登记附有条件和期限的，预购人应当提交相应材料。

申请预告登记的商品房已经办理在建建筑物抵押权首次登记的，当事人应当一并申请在建建筑物抵押权注销登记，并提交不动产权属转移材料、不动产登记证明。不动产登记机构应当先办理在建建筑物抵押权注销登记，再办理预告登记。

第八十七条 申请不动产转移预告登记的，当事人应当提交下列材料：

（一）不动产转让合同；

（二）转让方的不动产权属证书；

（三）当事人关于预告登记的约定；

（四）其他必要材料。

第八十八条 抵押不动产，申请预告登记的，当事人应当提交下列材料：

（一）抵押合同与主债权合同；

（二）不动产权属证书；

（三）当事人关于预告登记的约定；

（四）其他必要材料。

第八十九条 预告登记未到期，有下列情形之一的，当事人可以持不动产登记证明、债权消灭或者权利人放弃预告登记的材料，以及法律、行政法规规定的其他必要材料申请注销预告登记：

（一）预告登记的权利人放弃预告登记的；

（二）债权消灭的；

（三）法律、行政法规规定的其他情形。

第四节 查封登记

第九十条 人民法院要求不动产登记机构办理查封登记的，应当提交下列材料：

（一）人民法院工作人员的工作证；

（二）协助执行通知书；

（三）其他必要材料。

第九十一条 两个以上人民法院查封同一不动产的，不动产登记机构应当为先送达协助执行通知书的人民法院办理查封登记，对后送达协助执行通知书的人民法院办理轮候查封登记。

轮候查封登记的顺序按照人民法院协助执行通知书送达不动产登记机构的时间先后进行排列。

第九十二条 查封期间，人民法院解除查封的，不动产登记机构应当及时根据人民法院协助执行通知书注销查封登记。

不动产查封期限届满，人民法院未续封的，查封登记失效。

第九十三条 人民检察院等其他国家有权机关依法要求不动产登记机构办理查封登记的，参照本节规定办理。

第六章 不动产登记资料的查询、保护和利用

第九十四条 不动产登记资料包括：

（一）不动产登记簿等不动产登记结果；

（二）不动产登记原始资料，包括不动产登记申请书、申请人身份材料、不动产权属来源、登记原因、不动产权籍调查成果等材料以及不动产登记机构审核材料。

不动产登记资料由不动产登记机构管理。不动产登记机构应当建立不动产登记资料管理制度以及信息安全保密制度，建设符合不动产登记资料安全保护标准的不动产登记资料存放场所。

不动产登记资料中属于归档范围的，按照相关法律、行政法规的规定进行归档管理，具体办法由自然资源部会

同国家档案主管部门另行制定。

第九十五条 不动产登记机构应当加强不动产登记信息化建设，按照统一的不动产登记信息管理基础平台建设要求和技术标准，做好数据整合、系统建设和信息服务等工作，加强不动产登记信息产品开发和技术创新，提高不动产登记的社会综合效益。

各级不动产登记机构应当采取措施保障不动产登记信息安全。任何单位和个人不得泄露不动产登记信息。

第九十六条 不动产登记机构、不动产交易机构建立不动产登记信息与交易信息互联共享机制，确保不动产登记与交易有序衔接。

不动产交易机构应当将不动产交易信息及时提供给不动产登记机构。不动产登记机构完成登记后，应当将登记信息及时提供给不动产交易机构。

第九十七条 国家实行不动产登记资料依法查询制度。

权利人、利害关系人按照《条例》第二十七条规定依法查询、复制不动产登记资料的，应当到具体办理不动产登记的不动产登记机构申请。

权利人可以查询、复制其不动产登记资料。

因不动产交易、继承、诉讼等涉及的利害关系人可以查询、复制不动产自然状况、权利人及其不动产查封、抵押、预告登记、异议登记等状况。

人民法院、人民检察院、国家安全机关、监察机关等可以依法查询、复制与调查和处理事项有关的不动产登记资料。

其他有关国家机关执行公务依法查询、复制不动产登记资料的，依照本条规定办理。

涉及国家秘密的不动产登记资料的查询，按照保守国家秘密法的有关规定执行。

第九十八条 权利人、利害关系人申请查询、复制不动产登记资料应当提交下列材料：

（一）查询申请书；

（二）查询目的的说明；

（三）申请人的身份材料；

（四）利害关系人查询的，提交证实存在利害关系的材料。

权利人、利害关系人委托他人代为查询的，还应当提交代理人的身份证明材料、授权委托书。权利人查询其不动产登记资料无需提供查询目的的说明。

有关国家机关查询的，应当提供本单位出具的协助查询材料、工作人员的工作证。

第九十九条 有下列情形之一的，不动产登记机构不予查询，并书面告知理由：

（一）申请查询的不动产不属于不动产登记机构管辖范围的；

（二）查询人提交的申请材料不符合规定的；

（三）申请查询的主体或者查询事项不符合规定的；

（四）申请查询的目的不合法的；

（五）法律、行政法规规定的其他情形。

第一百条 对符合本实施细则规定的查询申请，不动产登记机构应当当场提供查询；因情况特殊，不能当场提供查询的，应当在5个工作日内提供查询。

第一百零一条 查询人查询不动产登记资料，应当在不动产登记机构设定的场所进行。

不动产登记原始资料不得带离设定的场所。

查询人在查询时应当保持不动产登记资料的完好，严禁遗失、拆散、调换、抽取、污损登记资料，也不得损坏查询设备。

第一百零二条 查询人可以查阅、抄录不动产登记资料。查询人要求复制不动产登记资料的，不动产登记机构应当提供复制。

查询人要求出具查询结果证明的，不动产登记机构应当出具查询结果证明。查询结果证明应注明查询目的及日期，并加盖不动产登记机构查询专用章。

第七章 法律责任

第一百零三条 不动产登记机构工作人员违反本实施细则规定，有下列行为之一，依法给予处分；构成犯罪的，依法追究刑事责任：

（一）对符合登记条件的登记申请不予登记，对不符合登记条件的登记申请予以登记；

（二）擅自复制、篡改、毁损、伪造不动产登记簿；

（三）泄露不动产登记资料、登记信息；

（四）无正当理由拒绝申请人查询、复制登记资料；

（五）强制要求权利人更换新的权属证书。

第一百零四条 当事人违反本实施细则规定，有下列行为之一，构成违反治安管理行为的，依法给予治安管理处罚；给他人造成损失的，依法承担赔偿责任；构成犯罪的，依法追究刑事责任：

（一）采用提供虚假材料等欺骗手段申请登记；

（二）采用欺骗手段申请查询、复制登记资料；

（三）违反国家规定，泄露不动产登记资料、登记信息；

（四）查询人遗失、拆散、调换、抽取、污损登记资料的；

（五）擅自将不动产登记资料带离查询场所、损坏查询设备的。

第八章 附 则

第一百零五条 本实施细则施行前，依法核发的各类不动产权属证书继续有效。不动产权利未发生变更、转移的，不动产登记机构不得强制要求不动产权利人更换不动产权属证书。

不动产登记过渡期内，农业部会同自然资源部等部门负责指导农村土地承包经营权的统一登记工作，按照农业部有关规定办理耕地的土地承包经营权登记。不动产登记过渡期后，由自然资源部负责指导农村土地承包经营权登记工作。

第一百零六条 不动产信托依法需要登记的，由自然资源部会同有关部门另行规定。

第一百零七条 军队不动产登记，其申请材料经军队不动产主管部门审核后，按照本实施细则规定办理。

第一百零八条 自然资源部委托北京市规划和自然资源委员会直接办理在京中央国家机关的不动产登记。

在京中央国家机关申请不动产登记时，应当提交《不动产登记暂行条例》及本实施细则规定的材料和有关机关事务管理局出具的不动产登记审核意见。不动产权属资料不齐全的，还应当提交由有关机关事务管理局确认盖章的不动产权属来源说明函。不动产权籍调查由有关机关事务管理局会同北京市规划和自然资源委员会组织进行的，还应当提交申请登记不动产单元的不动产权籍调查资料。

北京市规划和自然资源委员会办理在京中央国家机关不动产登记时，应当使用自然资源部制发的“自然资源部不动产登记专用章”。

第一百零九条 本实施细则自公布之日起施行。

土地权属争议调查处理办法

（2003年1月3日中华人民共和国国土资源部令第17号公布
根据2010年11月30日《国土资源部关于修改部分规章的决定》修正）

第一条 为依法、公正、及时地做好土地权属争议的调查处理工作，保护当事人的合法权益，维护土地的社会主义公有制，根据《中华人民共和国土地管理法》，制定本办法。

第二条 本办法所称土地权属争议，是指土地所有权或者使用权归属争议。

第三条 调查处理土地权属争议，应当以法律、法规和土地管理规章为依据。从实际出发，尊重历史，面对现实。

第四条 县级以上国土资源行政主管部门负责土地权属争议案件（以下简称争议案件）的调查和调解工作；对需要依法作出处理决定的，拟定处理意见，报同级人民政府作出处理决定。

县级以上国土资源行政主管部门可以指定专门机构或者人员负责办理争议案件有关事宜。

第五条 个人之间、个人与单位之间、单位与单位之间发生的争议案件，由争议土地所在地的县级国土资源行政主管部门调查处理。

前款规定的个人之间、个人与单位之间发生的争议案件，可以根据当事人的申请，由乡级人民政府受理和处理。

第六条 设区的市、自治州国土资源行政主管部门调查处理下列争议案件：

（一）跨县级行政区域的；

（二）同级人民政府、上级国土资源行政主管部门交办或者有关部门转送的。

第七条 省、自治区、直辖市国土资源行政主管部门调查处理下列争议案件：

（一）跨设区的市、自治州行政区域的；

（二）争议一方为中央国家机关或者其直属单位，且涉及土地面积较大的；

（三）争议一方为军队，且涉及土地面积较大的；

（四）在本行政区域内有较大影响的；

（五）同级人民政府、国土资源部交办或者有关部门转送的。

第八条 国土资源部调查处理下列争议案件：

（一）国务院交办的；

（二）在全国范围内有重大影响的。

第九条 当事人发生土地权属争议，经协商不能解决的，可以依法向县级以上人民政府或者乡级人民政府提出处理申请，也可以依照本办法第五、六、七、八条的规定，向有关的国土资源行政主管部门提出调查处理申请。

第十条 申请调查处理土地权属争议的，应当符合下列条件：

（一）申请人与争议的土地有直接利害关系；

（二）有明确的请求处理对象、具体的处理请求和事实根据。

第十一条 当事人申请调查处理土地权属争议，应当提交书面申请书和有关证据材料，并按照被申请人数提交副本。

申请书应当载明以下事项：

（一）申请人和被申请人的姓名或者名称、地址、邮政编码、法定代表人姓名和职务；

（二）请求的事项、事实和理由；

（三）证人的姓名、工作单位、住址、邮政编码。

第十二条 当事人可以委托代理人代为申请土地权属争议的调查处理。委托代理人申请的，应当提交授权委托书。授权委托书应当写明委托事项和权限。

第十三条 对申请人提出的土地权属争议调查处理的申请，国土资源行政主管部门应当依照本办法第十条的规定进行审查，并在收到申请书之日起7个工作日内提出是否受理的意见。

认为应当受理的，在决定受理之日起5个工作日内将申请书副本发送被申请人。被申请人应当在接到申请书副本之日起30日内提交答辩书和有关证据材料。逾期不提交答辩书的，不影响案件的处理。

认为不应当受理的，应当及时拟定不予受理建议书，报同级人民政府作出不予受理决定。

当事人对不予受理决定不服的，可以依法申请行政复议或者提起行政诉讼。

同级人民政府、上级国土资源行政主管部门交办或者有关部门转办的争议案件，按照本条有关规定审查处理。

第十四条 下列案件不作为争议案件受理：

（一）土地侵权案件；

（二）行政区域边界争议案件；

（三）土地违法案件；

（四）农村土地承包经营权争议案件；

（五）其他不作为土地权属争议的案件。

第十五条 国土资源行政主管部门决定受理后，应当及时指定承办人，对当事人争议的事实情况进行调查。

第十六条 承办人与争议案件有利害关系的，应当申请回避；当事人认为承办人与争议案件有利害关系的，有权请求该承办人回避。承办人是否回避，由受理案件的国土资源行政主管部门决定。

第十七条 承办人在调查处理土地权属争议过程中，可以向有关单位或者个人调查取证。被调查的单位或者个人应当协助，并如实提供有关证明材料。

第十八条 在调查处理土地权属争议过程中，国土资源行政主管部门认为有必要对争议的土地进行实地调查的，应当通知当事人及有关人员到现场。必要时，可以邀请有关部门派人协助调查。

第十九条 土地权属争议双方当事人对各自提出的事实和理由负有举证责任，应当及时向负责调查处理的国土资源行政主管部门提供有关证据材料。

第二十条 国土资源行政主管部门在调查处理争议案件时，应当审查双方当事人提供的下列证据材料：

（一）人民政府颁发的确定土地权属的凭证；

（二）人民政府或者主管部门批准

征收、划拨、出让土地或者以其他方式批准使用土地的文件；

（三）争议双方当事人依法达成的书面协议；

（四）人民政府或者司法机关处理争议的文件或者附图；

（五）其他有关证明文件。

第二十一条 对当事人提供的证据材料，国土资源行政主管部门应当查证属实，方可作为认定事实的根据。

第二十二条 在土地所有权和使用权争议解决之前，任何一方不得改变土地利用的现状。

第二十三条 国土资源行政主管部门对受理的争议案件，应当在查清事实、分清权属关系的基础上先行调解，促使当事人以协商方式达成协议。调解应当坚持自愿、合法的原则。

第二十四条 调解达成协议的，应当制作调解书。调解书应当载明以下内容：

（一）当事人的姓名或者名称、法定代表人姓名、职务；

（二）争议的主要事实；

（三）协议内容及其他有关事项。

第二十五条 调解书经双方当事人签名或者盖章，由承办人署名并加盖国土资源行政主管部门的印章后生效。

生效的调解书具有法律效力，是土地登记的依据。

第二十六条 国土资源行政主管部门应当在调解书生效之日起 15 日内，依照民事诉讼法的有关规定，将调解书送达当事人，并同时抄报上一级国土资源行政主管部门。

第二十七条 调解未达成协议的，国土资源行政主管部门应当及时提出调查处理意见，报同级人民政府作出处理决定。

第二十八条 国土资源行政主管部门应当自受理土地权属争议之日起 6 个月内提出调查处理意见。因情况复杂，在规定时间内不能提出调查处理意见的，经该国土资源行政主管部门的主要负责人批准，可以适当延长。

第二十九条 调查处理意见应当包括以下内容：

（一）当事人的姓名或者名称、地址、法定代表人的姓名、职务；

（二）争议的事实、理由和要求；

（三）认定的事实和适用的法律、法规等依据；

（四）拟定的处理结论。

第三十条 国土资源行政主管部门提出调查处理意见后，应当在 5 个工作日内报送同级人民政府，由人民政府下达处理决定。

国土资源行政主管部门的调查处理意见在报同级人民政府的同时，抄报上一级国土资源行政主管部门。

第三十一条 当事人对人民政府作出的处理决定不服的，可以依法申请行政复议或者提起行政诉讼。

在规定的时间内，当事人既不申请行政复议，也不提起行政诉讼，处理决定即发生法律效力。

生效的处理决定是土地登记的依据。

第三十二条 在土地权属争议调查处理过程中，国土资源行政主管部门的工作人员玩忽职守、滥用职权、徇私舞弊，构成犯罪的，依法追究刑事责任；不构成犯罪的，由其所在单位或者其上级机关依法给予行政处分。

第三十三条 乡级人民政府处理土地权属争议，参照本办法执行。

第三十四条 调查处理争议案件的文书格式，由国土资源部统一制定。

第三十五条 调查处理争议案件的费用，依照国家有关规定执行。

第三十六条 本办法自2003年3月1日起施行。1995年12月18日原国家土地管理局发布的《土地权属争议处理暂行办法》同时废止。

国家土地管理局
关于印发《确定土地所有权和使用权的若干规定》的通知

1995年3月11日　　[1995] 国土 [籍] 字第26号

各省、自治区、直辖市土地（国土）管理局（厅）：

国家土地管理局《关于确定土地权属问题的若干意见》（[1989] 国土 [籍] 字第73号，以下简称《意见》）印发五年多来，对于贯彻《土地管理法》，解决土地权属争议，促进土地登记工作起到了重要作用。随着土地使用制度改革的深化和发展，需要对《意见》加以充实和完善。为此，我局在研究、总结了各地确权实践及各方面意见和建议的基础上，根据有关法律、法规和政策，将《意见》修订为《确定土地所有权和使用权的若干规定》。现印发给你们，请遵照执行，原《意见》同时废止。

附：

确定土地所有权和使用权的若干规定

第一章　总　则

第一条 为了确定土地所有权和使用权，依法进行土地登记，根据有关的法律、法规和政策，制订本规定。

第二条 土地所有权和使用权由县级以上人民政府确定，土地管理部门具体承办。

土地权属争议，由土地管理部门提出处理意见，报人民政府下达处理决定或报人民政府批准后由土地管理部门下达处理决定。

第二章　国家土地所有权

第三条 城市市区范围内的土地属于国家所有。

第四条 依据一九五〇年《中华人民共和国土地改革法》及有关规定，凡当时没有将土地所有权分配给农民的土地属于国家所有；实施一九六二年《农村人民公社工作条例修正草案》（以下简称《六十条》）未划入农民集体范围内的土地属于国家所有。

第五条 国家建设征用的土地，属于国家所有。

第六条 开发利用国有土地，开发利用者依法享有土地使用权，土地所有权仍属国家。

第七条 国有铁路线路、车站、货场用地以及依法留用的其他铁路用地属于国家所有。土改时已分配给农民所有的原铁路用地和新建铁路两侧未经征用的农民集体所有土地属于农民集体所有。

第八条 县级以上（含县级）公路线路用地属于国家所有。公路两侧保护用地和公路其他用地凡未经征用的农民集体所有的土地仍属于农民集体所有。

第九条 国有电力、通讯设施用地属于国家所有。但国有电力通讯杆塔占用农民集体所有的土地，未办理征用手续的，土地仍属于农民集体所有，对电力通讯经营单位可确定为他项权利。

第十条 军队接收的敌伪地产及解放后经人民政府批准征用、划拨的军事用地属于国家所有。

第十一条 河道堤防内的土地和堤防外的护堤地，无堤防河道历史最高洪水位或者设计洪水位以下的土地，除土改时已将所有权分配给农民，国家未征用，且迄今仍归农民集体使用的外，属于国家所有。

第十二条 县级以上（含县级）水利部门直接管理的水库、渠道等水利工程用地属于国家所有。水利工程管理和保护范围内未经征用的农民集体土地仍属于农民集体所有。

第十三条 国家建设对农民集体全部进行移民安置并调剂土地后，迁移农民集体原有土地转为国家所有。但移民后原集体仍继续使用的集体所有土地，国家未进行征用的，其所有权不变。

第十四条 因国家建设征用土地，农民集体建制被撤销或其人口全部转为非农业人口，其未经征用的土地，归国家所有。继续使用原有土地的原农民集体及其成员享有国有土地使用权。

第十五条 全民所有制单位和城镇集体所有制单位兼并农民集体企业的，办理有关手续后，被兼并的原农民集体企业使用的集体所有土地转为国家所有。乡（镇）企业依照国家建设征用土地的审批程序和补偿标准使用的非本乡（镇）村农民集体所有的土地，转为国家所有。

第十六条 一九六二年九月《六十条》公布以前，全民所有制单位，城市集体所有制单位和集体所有制的华侨农场使用的原农民集体所有的土地（含合作化之前的个人土地），迄今没有退给农民集体的，属于国家所有。

《六十条》公布时起至一九八二年五月《国家建设征用土地条例》公布时止，全民所有制单位、城市集体所有制单位使用的原农民集体所有的土地，有下列情形之一的，属于国家所有：

1. 签订过土地转移等有关协议的；
2. 经县级以上人民政府批准使用的；
3. 进行过一定补偿或安置劳动力的；
4. 接受农民集体馈赠的；
5. 已购买原集体所有的建筑物的；
6. 农民集体所有制企事业单位转为全民所有制或者城市集体所有制单位的。

一九八二年五月《国家建设征用土地条例》公布时起至一九八七年《土地管理法》开始施行时止，全民所有制单位、城市集体所有制单位违反规定使用的农民集体土地，依照有关规定进行了清查处理后仍由全民所有制单位、城市集体所有制单位使用的，确定为国家所有。

凡属上述情况以外未办理征地手续使用的农民集体土地，由县级以上地方人民政府根据具体情况，按当时规定补办征地手续，或退还农民集体。一九八七年《土地管理法》施行后违法占用的农民集体土地，必须依法处理后，再确定土地所有权。

第十七条 一九八六年三月中共中

央、国务院《关于加强土地管理、制止乱占耕地的通知》发布之前，全民所有制单位、城市集体所有制单位租用农民集体所有的土地，按照有关规定处理后，能够恢复耕种的，退还农民集体耕种，所有权仍属于农民集体；已建成永久性建筑物的，由用地单位按租用时的规定，补办手续，土地归国家所有。凡已经按照有关规定处理了的，可按处理决定确定所有权和使用权。

第十八条 土地所有权有争议，不能依法证明争议土地属于农民集体所有的，属于国家所有。

第三章 集体土地所有权

第十九条 土地改革时分给农民并颁发了土地所有证的土地，属于农民集体所有；实施《六十条》时确定为集体所有的土地，属农民集体所有。依照第二章规定属于国家所有的除外。

第二十条 村农民集体所有的土地，按目前该村农民集体实际使用的本集体土地所有权界线确定所有权。

根据《六十条》确定的农民集体土地所有权，由于下列原因发生变更的，按变更后的现状确定集体土地所有权。

（一）由于村、队、社、场合并或分割等管理体制的变化引起土地所有权变更的；

（二）由于土地开发、国家征地、集体兴办企事业或者自然灾害等原因进行过土地调整的；

（三）由于农田基本建设和行政区划变动等原因重新划定土地所有权界线的。行政区划变动未涉及土地权属变更的，原土地权属不变。

第二十一条 农民集体连续使用其他农民集体所有的土地已满二十年的，应视为现使用者所有；连续使用不满二十年，或者虽满二十年但在二十年期满之前所有者曾向现使用者或有关部门提出归还的，由县级以上人民政府根据具体情况确定土地所有权。

第二十二条 乡（镇）或村在集体所有的土地上修建并管理的道路、水利设施用地，分别属于乡（镇）或村农民集体所有。

第二十三条 乡（镇）或村办企事业单位使用的集体土地，《六十条》公布以前使用的，分别属于该乡（镇）或村农民集体所有；《六十条》公布时起至一九八二年国务院《村镇建房用地管理条例》发布时止使用的，有下列情况之一的，分别属于该乡（镇）或村农民集体所有：

1. 签订过用地协议的（不含租借）；

2. 经县、乡（公社）、村（大队）批准或同意，并进行了适当的土地调整或者经过一定补偿的；

3. 通过购买房屋取得的；

4. 原集体企事业单位体制经批准变更的。

一九八二年国务院《村镇建房用地管理条例》发布时起至一九八七年《土地管理法》开始施行时止，乡（镇）、村办企事业单位违反规定使用的集体土地按照有关规定清查处理后，乡（镇）、村集体单位继续使用的，可确定为该乡（镇）或村集体所有。

乡（镇）、村办企事业单位采用上述以外的方式占用的集体土地，或虽采用上述方式，但目前土地利用不合理的，如荒废、闲置等，应将其全部或部分土地退还原村或乡农民集体，或按有关规定进行处理。一九八七年《土地管理法》施行后违法占用的土地，须依法处理后再确定所有权。

第二十四条 乡（镇）企业使用本乡（镇）、村集体所有的土地，依照有关规定进行补偿和安置的，土地所有权转为乡（镇）农民集体所有。经依法批准的乡（镇）、村公共设施、公益事业使用的农民集体土地，分别属于乡（镇）、村农民集体所有。

第二十五条 农民集体经依法批准以土地使用权作为联营条件与其他单位或个人举办联营企业的，或者农民集体经依法批准以集体所有的土地的使用权作价入股，举办外商投资企业和内联乡镇企业的，集体土地所有权不变。

第四章 国有土地使用权

第二十六条 土地使用权确定给直接使用土地的具有法人资格的单位或个人。但法律、法规、政策和本规定另有规定的除外。

第二十七条 土地使用者经国家依法划拨、出让或解放初期接收、沿用，或通过依法转让、继承、接受地上建筑物等方式使用国有土地的，可确定其国有土地使用权。

第二十八条 土地公有制之前，通过购买房屋或土地及租赁土地方式使用私有的土地，土地转为国有后迄今仍继续使用的，可确定现使用者国有土地使用权。

第二十九条 因原房屋拆除、改建或自然坍塌等原因，已经变更了实际土地使用者的，经依法审核批准，可将土地使用权确定给实际土地使用者；空地及房屋坍塌或拆除后两年以上仍未恢复使用的土地，由当地县级以上人民政府收回土地使用权。

第三十条 原宗教团体、寺观教堂宗教活动用地，被其他单位占用，原使用单位因恢复宗教活动需要退还使用的，应按有关规定予以退还。确属无法退还或土地使用权有争议的，经协商、处理后确定土地使用权。

第三十一条 军事设施用地（含靶场、试验场、训练场）依照解放初土地接收文件和人民政府批准征用或划拨土地的文件确定土地使用权。土地使用权有争议的，按照国务院、中央军委有关文件规定处理后，再确定土地使用权。

国家确定的保留或地方代管的军事设施用地的土地使用权确定给军队，现由其他单位使用的，可依照有关规定确定为他项权利。

经国家批准撤销的军事设施，其土地使用权依照有关规定由当地县级以上人民政府收回并重新确定使用权。

第三十二条 依法接收、征用、划拨的铁路线路用地及其他铁路设施用地，现仍由铁路单位使用的，其使用权确定给铁路单位。铁路线路路基两侧依法取得使用权的保护用地，使用权确定给铁路单位。

第三十三条 国家水利、公路设施用地依照征用、划拨文件和有关法律、法规划定用地界线。

第三十四条 驻机关、企事业单位内的行政管理和服务性单位，经政府批准使用的土地，可以由土地管理部门商被驻单位规定土地的用途和其他限制条件后分别确定实际土地使用者的土地使用权。但租用房屋的除外。

第三十五条 原由铁路、公路、水利、电力、军队及其他单位和个人使用的土地，一九八二年五月《国家建设征用土地条例》公布之前，已经转由其他单位或个人使用的，除按照国家法律和政策应当退还的外，其国有土地使用权可确定给实际土地使用者，但严重影响上述部门的设施安全和正常使用的，暂不确定土地使用权，按照有关规定处理后，再确定土地使用权。一九八二年五月以后非法转让的，经依法处理后再确定使用权。

第三十六条 农民集体使用的国有

土地，其使用权按县级以上人民政府主管部门审批、划拨文件确定；没有审批、划拨文件的，依照当时规定补办手续后，按使用现状确定；过去未明确划定使用界线的，由县级以上人民政府参照土地实际使用情况确定。

第三十七条 未按规定用途使用的国有土地，由县级以上人民政府收回重新安排使用，或者按有关规定处理后确定使用权。

第三十八条 一九八七年一月《土地管理法》施行之前重复划拨或重复征用的土地，可按目前实际使用情况或者根据最后一次划拨或征用文件确定使用权。

第三十九条 以土地使用权为条件与其他单位或个人合建房屋的，根据批准文件、合建协议或者投资数额确定土地使用权，但一九八二年《国家建设征用土地条例》公布后合建的，应依法办理土地转让手续后再确定土地使用权。

第四十条 以出让方式取得的土地使用权或以划拨方式取得的土地使用权补办出让手续后作为资产入股的，土地使用权确定给股份制企业。

国家以土地使用权作价入股的，土地使用权确定给股份制企业。

国家将土地使用权租赁给股份制企业的，土地使用权确定给股份制企业。企业以出让方式取得的土地使用权或以划拨方式取得的土地使用权补办出让手续后，出租给股份制企业的，土地使用权不变。

第四十一条 企业以出让方式取得的土地使用权，企业破产后，经依法处置，确定给新的受让人；企业通过划拨方式取得的土地使用权，企业破产时，其土地使用权由县级上人民政府收回后，根据有关规定进行处置。

第四十二条 法人之间合并，依法属于应当以有偿方式取得土地使用权的，原土地使用权应当办理有关手续，有偿取得土地使用权；依法可以以划拨形式取得土地使用权的，可以办理划拨土地权属变更登记，取得土地使用权。

第五章 集体土地建设用地使用权

第四十三条 乡（镇）村办企业事业单位和个人依法使用农民集体土地进行非农业建设的，可依法确定使用者集体土地建设用地使用权。对多占少用、占而不用的，其闲置部分不予确定使用权，并退还农民集体，另行安排使用。

第四十四条 依照本规定第二十五条规定的农民集体土地，集体土地建设用地使用权确定给联营或股份企业。

第四十五条 一九八二年二月国务院发布《村镇建房用地管理条例》之前农村居民建房占用的宅基地，超过当地政府规定的面积，在《村镇建房用地管理条例》施行后未经拆迁、改建、翻建的，可以暂按现有实际使用面积确定集体土地建设用地使用权。

第四十六条 一九八二年二月《村镇建房用地管理条例》发布时起至一九八七年一月《土地管理法》开始施行时止，农村居民建房占用的宅基地，其面积超过当地政府规定标准的，超过部分按一九八六年三月中共中央、国务院《关于加强土地管理、制止乱占耕地的通知》及地方人民政府的有关规定处理后，按处理后实际使用面积确定集体土地建设用地使用权。

第四十七条 符合当地政府分户建房规定而尚未分户的农村居民，其现有的宅基地没有超过分户建房用地合计面积标准的，可按现有宅基地面积确定集体土地建设用地使用权。

第四十八条 非农业户口居民（含华侨）原在农村的宅基地，房屋产权没有变化的，可依法确定其集体土地建设用地使用权。房屋拆除后没有批准重建的，土地使用权由集体收回。

第四十九条 接受转让、购买房屋取得的宅基地，与原有宅基地合计面积超过当地政府规定标准，按照有关规定处理后允许继续使用的，可暂确定其集体土地建设用地使用权。继承房屋取得的宅基地，可确定集体土地建设用地使用权。

第五十条 农村专业户宅基地以外的非农业建设用地与宅基地分别确定集体土地建设用地使用权。

第五十一条 按照本规定第四十五条至第四十九条的规定确定农村居民宅基地集体土地建设用地使用权时，其面积超过当地政府规定标准的，可在土地登记卡和土地证书内注明超过标准面积的数量。以后分户建房或现有房屋拆迁、改建、翻建或政府依法实施规划重新建设时，按当地政府规定的面积标准重新确定使用权，其超过部分退还集体。

第五十二条 空闲或房屋坍塌、拆除两年以上未恢复使用的宅基地，不确定土地使用权。已经确定使用权的，由集体报经县级人民政府批准，注销其土地登记，土地由集体收回。

第六章 附 则

第五十三条 一宗地由两个以上单位或个人共同使用的，可确定为共有土地使用权。共有土地使用权面积可以在共有使用人之间分摊。

第五十四条 地面与空中、地面与地下立体交叉使用土地的（楼房除外），土地使用权确定给地面使用者，空中和地下可确定为他项权利。

平面交叉使用土地的，可以确定为共有土地使用权；也可以将土地使用权确定给主要用途或优先使用单位，次要和服从使用单位可确定为他项权利。

上述两款中的交叉用地，如属合法批准征用、划拨的，可按批准文件确定使用权，其他用地单位确定为他项权利。

第五十五条 依法划定的铁路、公路、河道、水利工程、军事设施、危险品生产和储存地、风景区等区域的管理和保护范围内的土地，其土地的所有权和使用权依照土地管理有关法规确定。但对上述范围内的土地的用途，可以根据有关的规定增加适当的限制条件。

第五十六条 土地所有权或使用权证明文件上的四至界线与实地一致，但实地面积与批准面积不一致的，按实地四至界线计算土地面积，确定土地的所有权或使用权。

第五十七条 他项权利依照法律或当事人约定设定。他项权利可以与土地所有权或使用权同时确定，也可在土地所有权或使用权确定之后增设。

第五十八条 各级人民政府或人民法院已依法处理的土地权属争议，按处理决定确定土地所有权或使用权。

第五十九条 本规定由国家土地管理局负责解释。

第六十条 本规定自一九九五年五月一日起施行。一九八九年七月五日国家土地管理局印发的《关于确定土地权属问题的若干意见》同时停止执行。

编者注：本规定已于 2010 年 12 月 3 日被《国土资源部关于修改部分规范性文件的决定》（国土资发〔2010〕190 号）修改，将文件中的“征用”修改为“征收”。

不动产登记操作规范（试行）

（2021 年 6 月 7 日）

总　则

1　一般规定

1.1　总体要求

1.1.1　为规范不动产登记行为，保护不动产权利人合法权益，根据《不动产登记暂行条例》（简称《条例》）《不动产登记暂行条例实施细则》（简称《实施细则》），制定本规范。

1.1.2　不动产登记机构应严格贯彻落实《民法典》《条例》以及《实施细则》的规定，依法确定申请人申请登记所需材料的种类和范围，并将所需材料目录在不动产登记机构办公场所和门户网站公布。不动产登记机构不得随意扩大登记申请材料的种类和范围，法律、行政法规以及《实施细则》没有规定的材料，不得作为登记申请材料。

1.1.3　申请人的申请材料应当依法提供原件，不动产登记机构可以依据实时互通共享取得的信息，对申请材料进行核对。能够通过部门间实时共享取得相关材料原件的，不得要求申请人重复提交。

1.1.4　不动产登记机构应严格按照法律、行政法规要求，规范不动产登记申请、受理、审核、登簿、发证等环节，严禁随意拆分登记职责，确保不动产登记流程和登记职责的完整性。

没有法律、行政法规以及《实施细则》依据而设置的前置条件，不动产登记机构不得将其纳入不动产登记的业务流程。

1.1.5　土地承包经营权登记、国有农用地的使用权登记和森林、林木所有权登记，按照《条例》《实施细则》的有关规定办理。

1.2　登记原则

1.2.1　依申请登记原则

不动产登记应当依照当事人的申请进行，但下列情形除外：

1　不动产登记机构依据人民法院、人民检察院等国家有权机关依法作出的嘱托文件直接办理登记的；

2　不动产登记机构依据法律、行政法规或者《实施细则》的规定依职权直接登记的。

1.2.2　一体登记原则

房屋等建筑物、构筑物所有权和森林、林木等定着物所有权登记应当与其所附着的土地、海域一并登记，保持权利主体一致。

土地使用权、海域使用权首次登记、转移登记、抵押登记、查封登记的，该土地、海域范围内符合登记条件的房屋等建筑物、构筑物所有权和森林、林木等定着物所有权应当一并登记。

房屋等建筑物、构筑物所有权和森林、林木等定着物所有权首次登记、转移登记、抵押登记、查封登记的，该房屋等建筑物、构筑物和森林、林木等定着物占用范围内的土地使用权、海域使用权应当一并登记。

1.2.3　连续登记原则

未办理不动产首次登记的，不得办

理不动产其他类型登记，但下列情形除外：

1 预购商品房预告登记、预购商品房抵押预告登记的；

2 在建建筑物抵押权登记的；

3 预查封登记的；

4 法律、行政法规规定的其他情形。

1.2.4 属地登记原则

1 不动产登记由不动产所在地的县级人民政府不动产登记机构办理，直辖市、设区的市人民政府可以确定本级不动产登记机构统一办理所属各区的不动产登记。

跨行政区域的不动产登记，由所跨行政区域的不动产登记机构分别办理。

不动产单元跨行政区域且无法分别办理的，由所跨行政区域的不动产登记机构协商办理；协商不成的，由先受理登记申请的不动产登记机构向共同的上一级人民政府不动产登记主管部门提出指定办理申请。

不动产登记机构经协商确定或者依指定办理跨行政区域不动产登记的，应当在登记完毕后将不动产登记簿记载的不动产权利人以及不动产坐落、界址、总面积、跨区域面积、用途、权利类型等登记结果书面告知不动产所跨区域的其他不动产登记机构；

2 国务院确定的重点国有林区的森林、林木和林地的登记，由自然资源部受理并会同有关部门办理，依法向权利人核发不动产权属证书。

3 国务院批准的项目用海、用岛的登记，由自然资源部受理，依法向权利人核发不动产权属证书。

4 在京中央国家机关使用的国有土地等不动产登记，依照自然资源部《在京中央和国家机关不动产登记办法》等规定办理。

1.3 不动产单元

1.3.1 不动产单元

不动产登记应当以不动产单元为基本单位进行登记。不动产单元是指权属界线封闭且具有独立使用价值的空间。独立使用价值的空间应当足以实现相应的用途，并可以独立利用。

1 没有房屋等建筑物、构筑物以及森林、林木定着物的，以土地、海域权属界线封闭的空间为不动产单元。

2 有房屋等建筑物以及森林、林木定着物的，以该房屋等建筑物以及森林、林木定着物与土地、海域权属界线封闭的空间为不动产单元。

3 有地下车库、商铺等具有独立使用价值的特定空间或者码头、油库、隧道、桥梁等构筑物的，以该特定空间或者构筑物与土地、海域权属界线封闭的空间为不动产单元。

1.3.2 不动产单元编码

不动产单元应当按照《不动产单元设定与代码编制规则》（试行）的规定进行设定与编码。不动产登记机构（自然资源主管部门）负责本辖区范围内的不动产单元代码编制、变更与管理工作，确保不动产单元编码的唯一性。

1.4 不动产权籍调查

1.4.1 不动产登记申请前，需要进行不动产权籍调查的，应当依据不动产权籍调查相关技术规定开展不动产权籍调查。不动产权籍调查包括不动产权属调查和不动产测量。

1 申请人申请不动产首次登记前，应当以宗地、宗海为基础，以不动产单元为基本单位，开展不动产权籍调查。其中，政府组织开展的集体土地所有权、宅基地使用权、集体建设用地使用权、土地承包经营权的首次登记所需的不动产权籍调查成果，由人民政府有关部门组织获取。

2 申请人申请不动产变更、转移等登记，不动产界址未发生变化的，可以沿用原不动产权籍调查成果；不动产界址发生变化，或界址无变化但未进行过权籍调查或无法提供不动产权籍调查成果的，应当补充或重新开展不动产权籍调查。

3 前期行业管理中已经产生或部分产生，并经行业主管部门或其授权机构确认的，符合不动产登记要求的不动产权籍调查成果，可继续沿用。

1.4.2 不动产登记机构（自然资源主管部门）应当加强不动产权籍调查成果确认工作，结合日常登记实时更新权籍调查数据库，确保不动产权籍调查数据的现势、有效和安全。

1.5 不动产登记簿

1.5.1 不动产登记簿介质

不动产登记簿应当采取电子介质，并具有唯一、确定的纸质转化形式。暂不具备条件的，可以采用纸质介质。

不动产登记机构应当配备专门的不动产登记电子存储设施，采取信息网络安全防护措施，保证电子数据安全，并定期进行异地备份。

1.5.2 建立不动产登记簿

不动产登记簿由不动产登记机构建立。不动产登记簿应当以宗地、宗海为单位编制，一宗地或者一宗海范围内的全部不动产编入一个不动产登记簿。宗地或宗海权属界线发生变化的，应当重新建簿，并实现与原不动产登记簿关联。

1 一个不动产单元有两个以上不动产权利或事项的，在不动产登记簿中分别按照一个权利类型或事项设置一个登记簿页；

2 一个登记簿页按登簿时间的先后依次记载该权利或事项的相关内容。

1.5.3 更正不动产登记簿

不动产登记机构应当依法对不动产登记簿进行记载、保存和重建，不得随意更改。有证据证实不动产登记簿记载的事项确实存在错误的，应当依法进行更正登记。

1.5.4 管理和保存不动产登记簿

不动产登记簿由不动产登记机构负责管理，并永久保存。

1.6 不动产权证书和不动产登记证明

1.6.1 不动产权证书和不动产登记证明的格式

不动产权证书和不动产登记证明由自然资源部统一制定样式、统一监制、统一编号规则。不动产权证书和不动产登记证明的印制、发行、管理和质量监督工作由省级自然资源主管部门负责。

不动产权证书和不动产登记证明应当一证一号，更换证书和证明应当更换号码。

有条件的地区，不动产登记机构可以采用印制二维码等防伪手段。

1.6.2 不动产权证书的版式

不动产权证书分单一版和集成版两个版式。不动产登记原则上按一个不动产单元核发一本不动产权证书，采用单一版版本。农村集体经济组织拥有多个建设用地使用权或一户拥有多个土地承包经营权的，可以将其集中记载在一本集成版的不动产权证书，一本证书可以记载一个权利人在同一登记辖区内享有的多个不动产单元上的不动产权利。

1.6.3 不动产权证书和不动产登记证明的换发、补发、注销

不动产权证书和不动产登记证明换发、补发、注销的，原证号废止。换发、补发的新不动产权证书或不动产登记证明应当更换号码，并在不动产权证书或者不动产登记证明上注明“换发”“补发”字样。

1.6.3.1　不动产权证书或者不动产登记证明破损、污损、填制错误的，当事人可以向不动产登记机构申请换发。符合换发条件的，不动产登记机构应当收回并注销原不动产权证书或者不动产登记证明，并将有关事项记载于不动产登记簿后，向申请人换发新的不动产权证书或者不动产登记证明，并注明“换发”字样。

1.6.3.2　不动产权证书或者不动产登记证明遗失、灭失，不动产权利人申请补发的，由不动产登记机构在其门户网站上刊发不动产权利人的遗失、灭失声明，15 个工作日后，打印一份遗失、灭失声明页面存档，并将有关事项记载于不动产登记簿，向申请人补发新的不动产权证书或者不动产登记证明，并注明“补发”字样。

1.6.3.3　不动产被查封、抵押或存在异议登记、预告登记的，不影响不动产权证书和不动产登记证明的换发或补发。

1.6.4　不动产权证书和不动产登记证明的生效

不动产权证书和不动产登记证明应当按照不动产登记簿缮写，在加盖不动产登记机构不动产登记专用章后生效。

1.6.5　不动产权证书和不动产登记证明的管理

不动产登记机构应当加强对不动产权证书和不动产登记证明的管理，建立不动产权证书和不动产登记证明管理台账，采取有效措施防止空白、作废的不动产权证书和不动产登记证明外流、遗失。

1.7　登记的一般程序

1.7.1　依申请登记程序

依申请的不动产登记应当按下列程序进行：

（一）申请；

（二）受理；

（三）审核；

（四）登簿。

不动产登记机构完成登记后，应当依据法律、行政法规规定向申请人发放不动产权证书或者不动产登记证明。

1.7.2　依嘱托登记程序

依据人民法院、人民检察院等国家有权机关出具的相关嘱托文件办理不动产登记的，按下列程序进行：

（一）嘱托；

（二）接受嘱托；

（三）审核；

（四）登簿。

1.7.3　依职权登记程序

不动产登记机构依职权办理不动产登记事项的，按下列程序进行：

（一）启动；

（二）审核；

（三）登簿。

1.8　登记申请材料的一般要求

1.8.1　申请材料应当齐全，符合要求，申请人应当对申请材料的真实性负责，并做出书面承诺。

1.8.2　申请材料格式

1.8.2.1　申请材料应当提供原件。因特殊情况不能提供原件的，可以提交该材料的出具机构或职权继受机构确认与原件一致的复印件。

不动产登记机构留存复印件的，应经不动产登记机构工作人员比对后，由不动产登记机构工作人员签字并加盖原件相符章。

1.8.2.2　申请材料形式应当为纸质介质，申请书纸张和尺寸宜符合下列规定：

1　采用韧性大、耐久性强、可长期保存的纸质介质；

2　幅面尺寸为国际标准 297MM×210MM（A4 纸）。

1.8.2.3　填写申请材料应使用黑色钢笔或签字笔，不得使用圆珠笔、铅笔。因申请人填写错误确需涂改的，需由申请人在涂改处签字（或盖章）确认。

1.8.2.4　申请材料所使用文字应符合下列规定：

1　申请材料应使用汉字文本。少数民族自治区域内，可选用本民族或本自治区域内通用文字；

2　少数民族文字文本的申请材料在非少数民族聚居或者多民族共同居住地区使用，应同时附汉字文本；

3　外文文本的申请材料应当翻译成汉字译本，当事人应签字确认，并对汉字译本的真实性负责。

1.8.2.5　申请材料中的申请人（代理人）姓名或名称应符合下列规定：

1　申请人（代理人）应使用身份证明材料上的汉字姓名或名称。

2　当使用汉字译名时，应在申请材料中附记其身份证明记载的姓名或名称。

1.8.2.6　申请材料中涉及数量、日期、编号的，宜使用阿拉伯数字。涉及数量有计量单位的，应当填写与计量单位口径一致的数值。

1.8.2.7　当申请材料超过一页时，应按1、2、3……顺序排序，并宜在每页标注页码。

1.8.2.8　申请材料传递过程中，可将其合于左上角封牢。补充申请材料应按同种方式另行排序封卷，不得拆开此前已封卷的资料直接添加。

1.8.3　不动产登记申请书

1.8.3.1　申请人申请不动产登记，应当如实、准确填写不动产登记机构制定的不动产登记申请书。申请人为自然人的，申请人应当在不动产登记申请书上签字；申请人为法人或非法人组织的，申请人应当在不动产登记申请书上盖章。自然人委托他人申请不动产登记的，代理人应在不动产登记申请书上签字；法人或非法人组织委托他人申请不动产登记的，代理人应在不动产登记申请书上签字，并加盖法人或非法人组织的公章。

1.8.3.2　共有的不动产，申请人应当在不动产登记申请书中注明共有性质。按份共有不动产的，应明确相应具体份额，共有份额宜采取分数或百分数表示。

1.8.3.3　申请不动产登记的，申请人或者其代理人应当向不动产登记机构提供有效的联系方式。申请人或者其代理人的联系方式发生变动的，应当书面告知不动产登记机构。

1.8.4　身份证明材料

1.8.4.1　申请人申请不动产登记，提交下列相应的身份证明材料：

1　境内自然人：提交居民身份证或军官证、士官证；身份证遗失的，应提交临时身份证。未成年人可以提交居民身份证或户口簿；

2　香港、澳门特别行政区自然人：提交香港、澳门特别行政区居民身份证、护照，或者来往内地通行证；

3　台湾地区自然人：提交台湾居民来往大陆通行证；

4　华侨：提交中华人民共和国护照和国外长期居留身份证件；

5　外籍自然人：中国政府主管机关签发的居留证件，或者其所在国护照；

6　境内法人或非法人组织：营业执照，或者组织机构代码证，或者其他身份登记证明；

7　香港特别行政区、澳门特别行政区、台湾地区的法人或非法人组织：提交其在境内设立分支机构或代表机构的批准文件和注册证明；

8　境外法人或非法人组织：提交其在境内设立分支机构或代表机构的批准文件和注册证明。

1.8.4.2　已经登记的不动产，因其权利人的名称、身份证明类型或者身份证明号码等内容发生变更的，申请人申请办理该不动产的登记事项时，应当提供能够证实其身份变更的材料。

1.8.5　法律文书

1.8.5.1　申请人提交的人民法院裁判文书、仲裁委员会裁决书应当为已生效的法律文书。提交一审人民法院裁判文书的，应当同时提交人民法院出具的裁判文书已经生效的证明文件等相关材料，即时生效的裁定书、经双方当事人签字的调解书除外。

1.8.5.2　香港特别行政区、澳门特别行政区、台湾地区形成的司法文书，应经境内不动产所在地中级人民法院裁定予以承认或执行。香港特别行政区形成的具有债权款项支付的民商事案件除外。

1.8.5.3　外国司法文书应经境内不动产所在地中级人民法院按国际司法协助的方式裁定予以承认或执行。

1.8.5.4　需要协助执行的生效法律文书应当由该法律文书作出机关的工作人员送达，送达时应当提供工作证件和执行公务的证明文件。人民法院直接送达法律文书有困难的，可以委托其他法院代为送达。

香港特别行政区、澳门特别行政区、台湾地区的公证文书以及与我国有外交关系的国家出具的公证文书按照司法部等国家有关规定进行认证与转递。

1.8.6　继承、受遗赠的不动产登记

因继承、受遗赠取得不动产申请登记的，申请人提交经公证的材料或者生效的法律文书的，按《条例》《实施细则》的相关规定办理登记。申请人不提交经公证的材料或者生效的法律文书，可以按照下列程序办理：

1.8.6.1　申请人提交的申请材料包括：

1　所有继承人或受遗赠人的身份证、户口簿或其它身份证明；

2　被继承人或遗赠人的死亡证明，包括医疗机构出具的死亡证明；公安机关出具的死亡证明或者注明了死亡日期的注销户口证明；人民法院宣告死亡的判决书；其他能够证明被继承人或受遗赠人死亡的材料等；

3　所有继承人或受遗赠人与被继承人或遗赠人之间的亲属关系证明，包括户口簿、婚姻证明、收养证明、出生医学证明，公安机关以及村委会、居委会、被继承人或继承人单位出具的证明材料，其他能够证明相关亲属关系的材料等；

4 放弃继承的，应当在不动产登记机构办公场所，在不动产登记机构人员的见证下，签署放弃继承权的声明；

5　继承人已死亡的，代位继承人或转继承人可参照上述材料提供；

6　被继承人或遗赠人享有不动产权利的材料；

7　被继承人或遗赠人生前有遗嘱或者遗赠扶养协议的，提交其全部遗嘱或者 遗赠扶养协议；

8　被继承人或遗赠人生前与配偶有夫妻财产约定的，提交书面约定协议。

1.8.6.2　受理登记前应由全部法定继承人或受遗赠人共同到不动产所在地的不动产登记机构进行继承材料查验。不动产登记机构应重点查验当事人的身份是否属实、当事人与被继承人或遗赠人的亲属关系是否属实、被继承人或遗赠人有无其他继承人、被继承人或遗赠人和已经死亡的继承人或受遗赠人的死亡事实是否属实、被继承人或遗赠人生前有无遗嘱或者遗赠扶养协议、申请继承的遗产是否属于被继承人或遗赠人个人所有等，并要求申请人签署继承（受遗赠）不动产登记具结书。不动产登记机构可以就继承人或受遗赠人是否齐全、是否愿意接受或放弃继承、就不动产继承协议或遗嘱内容及真实性是否有异议、所提交的资料是否真实等内容进行询问，并做好记录，由全部相关人员签字确认。

1.8.6.3 经查验或询问，符合本规范3.5.1规定的受理条件的，不动产登记机构应当予以受理。

1.8.6.4 受理后，不动产登记机构应按照本规范第4章的审核规则进行审核。认为需要进一步核实情况的，可以发函给出具证明材料的单位、被继承人或遗赠人原所在单位或居住地的村委会、居委会核实相关情况。

1.8.6.5 对拟登记的不动产登记事项在不动产登记机构门户网站进行公示，公示期不少于15个工作日。公示期满无异议的，将申请登记事项记载于不动产登记簿。

1.9 代 理

1.9.1 受托人代为申请

申请人委托代理人申请不动产登记的，代理人应当向不动产登记机构提交申请人身份证明、授权委托书及代理人的身份证明。授权委托书中应当载明代理人的姓名或者名称、代理事项、权限和期间，并由委托人签名或者盖章。

1 自然人处分不动产的，可以提交经公证的授权委托书；授权委托书未经公证的，申请人应当在申请登记时，与代理人共同到不动产登记机构现场签订授权委托书；

2 境外申请人处分不动产的，其授权委托书应当经公证或者认证；

3 代理人为两人或者两人以上，代为处分不动产的，全部代理人应当共同代为申请，但另有授权的除外。

1.9.2 监护人代为申请

无民事行为能力人、限制民事行为能力人申请不动产登记的，应当由其监护人代为申请。监护人应当向不动产登记机构提交申请人身份证明、监护关系证明及监护人的身份证明，以及被监护人为无民事行为能力人、限制民事行为能力人的证明材料。处分被监护人不动产申请登记的，还应当出具为被监护人利益而处分不动产的书面保证。

监护关系证明材料可以是户口簿、监护关系公证书、出生医学证明，或民政部门、居民委员会、村民委员会或人民法院指定监护人的证明材料，或者遗嘱指定监护、协议确定监护、意定监护的材料。父母之外的监护人处分未成年人不动产的，有关监护关系材料可以是人民法院指定监护的法律文书、监护人对被监护人享有监护权的公证材料或者其他材料。

1.10 其 他

1.10.1 一并申请

符合以下情形之一的，申请人可以一并申请。申请人一并申请的，不动产登记机构应当一并受理，就不同的登记事项依次分别记载于不动产登记簿的相应簿页。

1 预购商品房预告登记与预购商品房抵押预告登记；

2 预购商品房预告登记转房屋所有权登记与预购商品房抵押预告登记转抵押权登记；

3 建筑物所有权首次登记与在建建筑物抵押权登记转建筑物抵押权登记；

4 不动产变更登记导致抵押权变更的，不动产变更登记与抵押权变更登记；

5 不动产变更、转移登记致使地役权变更、转移的，不动产变更登记、转移登记与地役权变更、转移登记；

6 不动产坐落位置等自然状况发生变化的，可以与前述情形发生后申请办理的登记一并办理；

7 本规范规定以及不动产登记机构认为可以合并办理的其他情形。

已办理首次登记的不动产，申请人因继承、受遗赠，或者人民法院、仲裁委员会的生效法律文书取得该不动产但尚未办理转移登记，又因继承、受遗赠，或者人民法院、仲裁委员会的生效法律文书导致不动产权利转移的，不动产登记机构办理后续登记时，应当将之前转移登记的事实在不动产登记簿的附记栏中记载。

1.10.2 撤回申请

申请登记事项在记载于不动产登记簿之前，全体登记申请人可共同申请撤回登记申请；部分登记申请人申请撤回登记申请的，不动产登记机构不予受理。

1.10.2.1 申请人申请撤回登记申请，应当向不动产登记机构提交下列材料：

1 不动产登记申请书；

2 申请人身份证明；

3 原登记申请受理凭证。

1.10.2.2 不动产登记机构应当在收到撤回申请时查阅不动产登记簿，当事人申请撤回的登记事项已经在不动产登记簿记载的，不予撤回；未在不动产登记簿上记载的，应当准予撤回，原登记申请材料在作出准予撤回的3个工作日内通知当事人取回申请材料。

1.10.3 申请材料退回

1 不动产登记机构准予撤回登记申请的，申请人应及时取回原登记申请材料，取回材料的清单应当由申请人签字确认。撤回登记申请的材料、取回材料的清单应一并归档保留。

2 不动产登记机构决定不予登记的，不动产登记机构应当制作不予登记告知书、退回登记申请材料清单，由申请人签字确认后，将登记申请材料退还申请人。不动产登记机构应当留存申请材料复印件、退回登记申请材料清单、相关告知书的签收文件。

申请人应当自接到不予登记书面告知之日起30个工作日内取回申请材料。取回申请材料自申请人收到上述书面告知之日起，最长不得超过6个月。在取回申请材料期限内，不动产登记机构应当妥善保管该申请材料；逾期不取回的，不动产登记机构不负保管义务。

1.10.4 不动产登记机构内部管理机制

不动产登记机构应当建立与不动产登记风险相适宜的内部管理机制。

1.10.4.1 不动产登记机构应当依据登记程序和管理需要合理设置登记岗位。

1 不动产登记的审核、登簿应当由与其岗位相适应的不动产登记工作人员负责。

2 不动产登记机构宜建立不动产登记风险管理制度，设置登记质量管理岗位负责登记质量检查、监督和登记风险评估、控制工作。

1.10.4.2 不动产登记机构可以建立不动产登记会审制度，会审管辖范围内的不动产登记重大疑难事项。

1.10.4.3 不动产登记机构宜根据相关业务规则，通过信息化手段对相互冲突的业务进行限制或者提醒，以降低登记风险。

1.10.4.4 不动产登记机构宜通过以下方式对登记业务中发现的已失效的查封登记和异议登记进行有效管理：采用电子登记簿的，查封登记或者异议登记失效后，宜在信息系统中及时解除相应的控制或者提醒，注明相应的法律依据；采用纸质登记簿的，查封登记或者异议登记失效后，宜在不动产登记簿附记中注明相应的法律依据。

2 申请

2.1.1 申请是指申请人根据不同的申请登记事项，向不动产登记机构提交登记申请材料办理不动产登记的行为。

2.1.2 单方申请

属于下列情形之一的，可以由当事人单方申请：

1 尚未登记的不动产申请首次登记的；

2 继承、受遗赠取得不动产权利的；

3 人民法院、仲裁委员会生效的法律文书或者人民政府生效的决定等设立、变更、转让、消灭不动产权利的；

4 下列不涉及不动产权利归属的变更登记：

（1）不动产权利人姓名、名称、身份证明类型或者身份证明号码发生变更的；

（2）不动产坐落、界址、用途、面积等状况发生变化的；

（3）同一权利人分割或者合并不动产的；

（4）土地、海域使用权期限变更的。

5 不动产灭失、不动产权利消灭或者权利人放弃不动产权利，权利人申请注销登记的；

6 异议登记；

7 更正登记；

8 预售人未按约定与预购人申请预购商品房预告登记，预购人申请预告登记的；

9 法律、行政法规规定的其他情形。

2.1.3 共同申请

共有不动产的登记，应当由全体共有人共同申请。

按份共有人转让、抵押其享有的不动产份额，应当与受让人或者抵押权人共同申请。受让人是共有人以外的人的，还应当提交其他共有人同意的书面材料。

属于下列情形之一的，可以由部分共有人申请：

1 处分按份共有的不动产，可以由占份额三分之二以上的按份共有人共同申请，但不动产登记簿记载共有人另有约定的除外；

2 共有的不动产因共有人姓名、名称发生变化申请变更登记的，可以由姓名、名称发生变化的权利人申请；

3 不动产的坐落、界址、用途、面积等自然状况发生变化的，可以由共有人中的一人或多人申请。

2.1.4 业主共有的不动产

建筑区划内依法属于业主共有的道路、绿地、其他公共场所、公用设施和物业服务用房及其占用范围内的建设用地使用权，在办理国有建设用地使用权及房屋所有权首次登记时由登记申请人一并申请登记为业主共有。

2.1.5 到场申请

申请不动产登记，申请人本人或者其代理人应当到不动产登记机构办公场所提交申请材料并接受不动产登记机构工作人员的询问。

具备技术条件的不动产登记机构，应当留存当事人到场申请的照片；具备条件的，也可以按照当事人申请留存当事人指纹或设定密码。

3　受　理

受理是指不动产登记机构依法查验申请主体、申请材料，询问登记事项、录入相关信息、出具受理结果等工作的过程。

3.1　查验登记范围

不动产登记机构应查验申请登记的不动产是否属于本不动产登记机构的管辖范围；不动产权利是否属于《条例》《实施细则》规定的不动产权利；申请登记的类型是否属于《条例》《实施细则》规定的登记类型。

3.2　查验申请主体

3.2.1　不动产登记机构应当查验申请事项应当由双方共同申请还是可以单方申请，应当由全体共有人申请还是可以由部分共有人申请。

3.2.2　查验身份证明

申请人与其提交的身份证明指向的主体是否一致：

1　通过身份证识别器查验身份证是否真实；

2　护照、港澳通行证、台湾居民来往大陆通行证等其他身份证明类型是否符合要求；

3　非自然人申请材料上的名称、印章是否与身份证明材料上的名称、印章一致。

3.2.3　查验申请材料形式

3.2.3.1　不动产登记机构应当查验申请人的身份证明材料规格是否符合本规范第1.7节的要求；

3.2.3.2　自然人处分不动产，委托代理人代为申请登记，其授权委托书未经公证的，不动产登记机构工作人员应当按下列要求进行见证：

1　授权委托书的内容是否明确，本登记事项是否在其委托范围内；

2　按本规范3.2.2的要求核验当事人双方的身份证明；

3　由委托人在授权委托书上签字；

4　不动产登记机构工作人员在授权委托书上签字见证。

具备技术条件的不动产登记机构应当留存见证过程的照片。

3.3　查验书面申请材料

3.3.1　查验申请材料是否齐全

不动产登记机构应当查验当事人提交的申请材料是否齐全，相互之间是否一致；不齐全或不一致的，应当要求申请人进一步提交材料。

3.3.2　查验申请材料是否符合法定形式

3.3.2.1　不动产登记机构应当查验申请人的其他申请材料规格是否符合本规范第1.8节的要求；有关材料是否由有权部门出具，是否在规定的有效期限内，签字和盖章是否符合规定。

3.3.2.2　不动产登记机构应当查验不动产权证书或者不动产登记证明是否真实、有效。对提交伪造、变造、无效的不动产权证书或不动产登记证明的，不动产登记机构应当依法予以收缴。属于伪造、变造的，不动产登记机构还应及时通知公安部门。

3.3.3　申请材料确认

申请人应当采取下列方式对不动产登记申请书、询问记录及有关申请材料进行确认：

1　自然人签名或摁留指纹。无民事行为能力人或者限制民事行为能力人由监护人签名或摁留指纹；没有听写能力的，摁留指纹确认。

2　法人或者非法人组织加盖法人或者非法人组织的印章。

3.4　询　问

3.4.1　询问内容

不动产登记机构工作人员应根据不同的申请登记事项询问申请人以下内容，并制作询问记录，以进一步了解有关情况：

1　申请登记的事项是否是申请人的真实意思表示；

2　申请登记的不动产是否存在共有人；

3　存在异议登记的，申请人是否知悉存在异议登记的情况；

4　不动产登记机构需要了解的其他与登记有关的内容。

3.4.2　询问记录

询问记录应当由询问人、被询问人签名确认。

1　因处分不动产申请登记且存在异议登记的，受让方应当签署已知悉存在异议登记并自行承担风险的书面承诺；

2　不动产登记机构应当核对询问记录与申请人提交的申请登记材料、申请登记事项之间是否一致。

3.5　受理结果

3.5.1　受理条件

经查验或询问，符合下列条件的，不动产登记机构应当予以受理：

1　申请登记事项在本不动产登记机构的登记职责范围内；

2　申请材料形式符合要求；

3　申请人与依法应当提交的申请材料记载的主体一致；

4　申请登记的不动产权利与登记原因文件记载的不动产权利一致；

5　申请内容与询问记录不冲突；

6　法律、行政法规等规定的其他条件。

不动产登记机构对不符合受理条件的，应当当场书面告知不予受理的理由，并将申请材料退回申请人。

3.5.2　受理凭证

不动产登记机构予以受理的，应当即时制作受理凭证，并交予申请人作为领取不动产权证书或不动产登记证明的凭据。受理凭证上记载的日期为登记申请受理日。

不符合受理条件的，不动产登记机构应当当场向申请人出具不予受理告知书。告知书一式二份，一份交申请人，一份由不动产登记机构留存。

3.5.3　材料补正

申请人提交的申请材料不齐全或者不符合法定形式的，不动产登记机构应当当场书面告知申请人不予受理并一次性告知需要补正的全部内容。告知书一式二份，经申请人签字确认后一份交当事人，一份由不动产登记机构留存。

4　审　核

4.1　适　用

4.1.1　审核是指不动产登记机构受理申请人的申请后，根据申请登记事项，按照有关法律、行政法规对申请事项及申请材料做进一步审查，并决定是否予以登记的过程。

4.1.2　不动产登记机构应进一步审核上述受理环节是否按照本规范的要求对相关事项进行了查验、询问等。对于在登记审核中发现需要进一步补充材料的，不动产登记机构应当要求申请人补全材料，补全材料所需时间不计算在登记办理期限内。

4.2　书面材料审核

4.2.1　进一步审核申请材料，必要时应当要求申请人进一步提交佐证材料或向有关部门核查有关情况。

1　申请人提交的人民法院、仲裁委员会的法律文书，具备条件的，不动产登记机构可以通过相关技术手段查验法律文书编号、人民法院以及仲裁委员会的名称等是否一致，查询结果需打印、签字及存档；不一致或无法核查的，可进一步向出具法律文书的人民法院或者仲裁委员会进行核实或要求申请人提交其他具有法定证明力的文件。

2　对已实现信息共享的其他申请材料，不动产登记机构可根据共享信息对申请材料进行核验；尚未实现信息共享的，应当审核其内容和形式是否符合要求。必要时，可进一步向相关机关或机构进行核实，或要求申请人提交其他具有法定证明力的文件。

4.2.2　法律、行政法规规定的完税或者缴费凭证是否齐全。对已实现信息共享的，不动产登记机构应当通过相关方式对完税或者缴费凭证进行核验。必要时，可进一步向税务机关或者出具缴费凭证的相关机关进行核实，或者要求申请人提交其他具有法定证明力的文件。

4.2.3　不动产登记机构应当查验不动产界址、空间界限、面积等不动产权籍调查成果是否完备，权属是否清楚、界址是否清晰、面积是否准确。

4.2.4　不动产存在异议登记或者设有抵押权、地役权或被查封的，因权利人姓名或名称、身份证明类型及号码、不动产坐落发生变化而申请的变更登记，可以办理。因通过协议改变不动产的面积、用途、权利期限等内容申请变更登记，对抵押权人、地役权人产生不利影响的，应当出具抵押权人、地役权人同意变更的书面材料。

4.3　查阅不动产登记簿

除尚未登记的不动产首次申请登记的，不动产登记机构应当通过查阅不动产登记簿的记载信息，审核申请登记事项与不动产登记簿记载的内容是否一致。

1　申请人与不动产登记簿记载的权利人是否一致；

2　申请人提交的登记原因文件与登记事项是否一致；

3　申请人申请登记的不动产与不动产登记簿的记载是否一致；

4　申请登记事项与不动产登记簿记载的内容是否一致；

5　不动产是否存在抵押、异议登记、预告登记、预查封、查封等情形。

不动产登记簿采用电子介质的，查阅不动产登记簿时以已经形成的电子登记簿为依据。

4.4　查阅登记原始资料

经查阅不动产登记簿，不动产登记机构认为仍然需要查阅原始资料确认申请登记事项的，应当查阅不动产登记原始资料，并决定是否予以继续办理。

4.5　实地查看

4.5.1　适用情形和查看内容

属于下列情形之一的，不动产登记机构可以对申请登记的不动产进行实地查看：

1　房屋等建筑物、构筑物所有权首次登记，查看房屋坐落及其建造完成等情况；

2　在建建筑物抵押权登记，查看抵押的在建建筑物坐落及其建造等情况；

3　因不动产灭失申请的注销登记，查看不动产灭失等情况；

4　不动产登记机构认为需要实地查看的其他情形。

4.5.2　查看要求

实地查看应由不动产登记机构工作人员参加，查看人员应对查看对象拍照，填写实地查看记录。现场照片及查看记录应归档。

4.6　调　查

对可能存在权属争议，或者可能涉及他人利害关系的登记申请，不动产登记机构可以向申请人、利害关系人或者有关单位进行调查。不动产登记机构进行调查时，申请人、被调查人应当予以配合。

4.7　公　告

4.7.1　不动产首次登记公告

4.7.1.1　除涉及国家秘密外，政

府组织的集体土地所有权登记，以及宅基地使用权及房屋所有权，集体建设用地使用权及建筑物、构筑物所有权，土地承包经营权等不动产权利的首次登记，不动产登记机构应当在记载于不动产登记簿前进行公告。公告主要内容包括：申请人的姓名或者名称；不动产坐落、面积、用途、权利类型等；提出异议的期限、方式和受理机构；需要公告的其他事项。

4.7.1.2　不动产首次登记公告由不动产登记机构在其门户网站以及不动产所在地等指定场所进行，公告期不少于15个工作日。

4.7.1.3　公告期满无异议的，不动产登记机构应当将登记事项及时记载于不动产登记簿。公告期间，当事人对公告有异议的，应当在提出异议的期限内以书面方式到不动产登记机构的办公场所提出异议，并提供相关材料，不动产登记机构应当按下列程序处理：

（一）根据现有材料异议不成立的，不动产登记机构应当将登记事项及时记载于不动产登记簿。

（二）异议人有明确的权利主张，提供了相应的证据材料，不动产登记机构应当不予登记，并告知当事人通过诉讼、仲裁等解决权属争议。

4.7.2　依职权登记公告

不动产登记机构依职权办理登记的，不动产登记机构应当在记载于不动产登记簿前在其门户网站以及不动产所在地等指定场所进行公告，公告期不少于15个工作日。公告期满无异议或者异议不成立的，不动产登记机构应当将登记事项及时记载于不动产登记簿。

4.7.3　不动产权证书或者不动产登记证明作废公告

因不动产权利灭失等情形，无法收回不动产权证书或者不动产登记证明的，在登记完成后，不动产登记机构应当在其门户网站或者当地公开发行的报刊上公告作废。

4.8　审核结果

4.8.1　审核后，审核人员应当做出予以登记或不予登记的明确意见。

4.8.2　经审核，符合登记条件的，不动产登记机构应当予以登记。有下列情形之一的，不动产登记机构不予登记并书面通知申请人：

1　申请人未按照不动产登记机构要求进一步补充材料的；

2　申请人、委托代理人身份证明材料以及授权委托书与申请人不一致的；

3　申请登记的不动产不符合不动产单元设定条件的；

4　申请登记的事项与权属来源材料或者登记原因文件不一致的；

5　申请登记的事项与不动产登记簿的记载相冲突的；

6　不动产存在权属争议的，但申请异议登记除外；

7　未依法缴纳土地出让价款、土地租金、海域使用金或者相关税费的；

8　申请登记的不动产权利超过规定期限的；

9　不动产被依法查封期间，权利人处分该不动产申请登记的；

10　未经预告登记权利人书面同意，当事人处分该不动产申请登记的；

11　法律、行政法规规定的其他情形。

5　登　簿

5.1.1　经审核符合登记条件的，应当将申请登记事项记载于不动产登记簿。

1　记载于不动产登记簿的时点应当按下列方式确定：使用电子登记簿的，以登簿人员将登记事项在不动产登记簿上记载完成之时为准；使用纸质登记簿的，应当以登簿人员将登记事项在不动产登记簿上记载完毕并签名（章）之时为准；

2　不动产登记簿已建册的，登簿完成后应当归册。

5.1.2　不动产登记机构合并受理的，应将合并受理的登记事项依次分别记载于不动产登记簿的相应簿页。

6　核发不动产权证书或者不动产登记证明

6.1.1　登记事项记载于不动产登记簿后，不动产登记机构应当根据不动产登记簿，如实、准确填写并核发不动产权证书或者不动产登记证明，属本规范第6.1.2条规定情形的除外。

1　集体土地所有权，房屋等建筑物、构筑物所有权，森林、林木所有权，土地承包经营权，建设用地使用权，宅基地使用权，海域使用权等不动产权利登记，核发不动产权证书；

2　抵押权登记、地役权登记和预告登记、异议登记，核发不动产登记证明。

已经发放的不动产权证书或者不动产登记证明记载事项与不动产登记簿不一致的，除有证据证实不动产登记簿确有错误外，以不动产登记簿为准。

6.1.2　属以下情形的，登记事项只记载于不动产登记簿，不核发不动产权证书或者不动产登记证明：

1　建筑区划内依法属于业主共有的道路、绿地、其他公共场所、公用设施和物业服务用房等及其占用范围内的建设用地使用权；

2　查封登记、预查封登记。

6.1.3　共有的不动产，不动产登记机构向全体共有人合并发放一本不动产权证书；共有人申请分别持证的，可以为共有人分别发放不动产权证书。共有不动产权证书应当注明共有情况，并列明全体共有人。

6.1.4　发放不动产权证书或不动产登记证明时，不动产登记机构应当核对申请人（代理人）的身份证明，收回受理凭证。

6.1.5　发放不动产权证书或不动产登记证明后，不动产登记机构应当按规范将登记资料归档。

分　则

7　集体土地所有权登记

7.1　首次登记

7.1.1　适用

尚未登记的集体土地所有权，权利人可以申请集体土地所有权首次登记。

7.1.2　申请主体

集体土地所有权首次登记，依照下列规定提出申请：

1　土地属于村农民集体所有的，由村集体经济组织代为申请，没有集体经济组织的，由村民委员会代为申请；

2　土地分别属于村内两个以上农民集体所有的，由村内各集体经济组织代为申请，没有集体经济组织的，由村民小组代为申请；

3　土地属于乡（镇）农民集体所有的，由乡（镇）集体经济组织代为申请。

7.1.3　申请材料

申请集体土地所有权首次登记，提交的材料包括：

1　不动产登记申请书；

2　申请人身份证明；

3　土地权属来源材料；

4　不动产权籍调查表、宗地图以及宗地界址点坐标；

5　法律、行政法规以及《实施细则》规定的其他材料。

7.1.4　审查要点

不动产登记机构在审核过程中应注意以下要点：

1　申请集体土地所有权首次登记的土地权属来源材料是否齐全、规范；

2　不动产登记申请书、权属来源材料等记载的主体是否一致；

3　不动产权籍调查成果资料是否齐全、规范，权籍调查表记载的权利人、权利类型及其性质等是否准确，宗地图、界址坐标、面积等是否符合要求；

4　权属来源材料与申请登记的内容是否一致；

5　公告是否无异议；

6　本规范第4章要求的其他审查事项。

不存在本规范第4.8.2条不予登记情形的，不动产登记机构在记载不动产登记簿后，向申请人核发不动产权属证书。

7.2　变更登记

7.2.1　适用

已经登记的集体土地所有权，因下列情形发生变更的，当事人可以申请变更登记：

1　农民集体名称发生变化的；

2　土地坐落、界址、面积等状况发生变化的；

3　法律、行政法规规定的其他情形。

7.2.2　申请主体

按本规范第7.1.2条的规定，由相关集体经济组织、村民委员会或村民小组代为申请。

7.2.3　申请材料

申请集体土地所有权变更登记，提交的材料包括：

1　不动产登记申请书；

2　申请人身份证明；

3　不动产权属证书；

4　集体土地所有权变更的材料；

5　法律、行政法规以及《实施细则》规定的其他材料。

7.2.4　审查要点

不动产登记机构在审核过程中应注意以下要点：

1　申请材料上的权利主体是否与不动产登记簿记载的农民集体一致；

2　集体土地所有权变更的材料是否齐全、有效；

3　申请变更事项与变更登记材料记载的变更事实是否一致；

4　土地面积、界址范围变更的，不动产权籍调查表、宗地图、宗地界址点坐标等是否齐全、规范，申请材料与不动产权籍调查成果是否一致；

5　申请登记事项是否与不动产登记簿的记载冲突；

6　本规范第4章要求的其他审查事项。

不存在本规范第4.8.2条不予登记情形的，将登记事项记载于不动产登记簿。

7.3　转移登记

7.3.1　适用

已经登记的集体土地所有权，因下列情形导致权属发生转移的，当事人可以申请转移登记：

1　农民集体之间互换土地的；

2　土地调整的；

3　法律、行政法规规定的其他情形。

7.3.2　申请主体

按本规范第7.1.2条的规定，由转让方和受让方所在的集体经济组织、村民委员会或村民小组代为申请。

7.3.3　申请材料

申请集体土地所有权转移登记，提交的材料包括：

1　不动产登记申请书；

2　申请人身份证明；

3　不动产权属证书；

4　集体土地所有权转移的材料，除应提交本集体经济组织三分之二以上成员或者三分之二以上村民代表同意的材料外，还应提交：

（1）农民集体互换土地的，提交互换土地的协议；

（2）集体土地调整的，提交土地调整文件；

（3）依法需要批准的，提交有关批准文件；

5　法律、行政法规以及《实施细则》规定的其他材料。

7.3.4　审查要点

不动产登记机构在审核过程中应注意以下要点：

1　转让方是否与不动产登记簿记载的农民集体一致；受让方是否为农民集体；

2　申请事项是否属于因农民集体互换、土地调整等原因导致权属转移；

3　集体土地所有权转移的登记原因文件是否齐全、有效；

4　申请登记事项是否与不动产登记簿的记载冲突；

5　有异议登记的，受让方是否已签署知悉存在异议登记并自担风险的书面承诺；

6　本规范第4章要求的其他审查事项。

不存在本规范第4.8.2条不予登记情形的，将登记事项记载于不动产登记簿，并向权利人核发不动产权属证书。

7.4　注销登记

7.4.1　适用

已经登记的集体土地所有权，有下列情形之一的，当事人可以申请办理注销登记：

1　集体土地灭失的；

2　集体土地被依法征收的；

3　法律、行政法规规定的其他情形。

7.4.2　申请主体

按本规范第7.1.2条的规定，由相关集体经济组织、村民委员会或村民小组代为申请。

7.4.3　申请材料

申请集体土地所有权注销登记，提交的材料包括：

1　不动产登记申请书；

2　申请人身份证明；

3　不动产权属证书；

4　集体土地所有权消灭的材料，包括：

（1）集体土地灭失的，提交证实土地灭失的材料；

（2）依法征收集体土地的，提交有批准权的人民政府征收决定书；

5　法律、行政法规以及《实施细则》规定的其他材料。

7.4.4　审查要点

不动产登记机构在审核过程中应注意以下要点：

1　申请材料上的权利主体是否与不动产登记簿记载的农民集体相一致；

2　集体土地所有权消灭的材料是否齐全、有效；

3　土地灭失的，是否已按规定进行实地查看；

4　申请登记事项是否与不动产登记簿的记载冲突；

5　本规范第4章要求的其他审查事项。

不存在本规范第4.8.2条不予登记情形的，将登记事项以及不动产权属证明或者不动产登记证明收回、作废等内容记载于不动产登记簿。

8　国有建设用地使用权登记

8.1　首次登记

8.1.1　适用

依法取得国有建设用地使用权，可

以单独申请国有建设用地使用权首次登记。

8.1.2 申请主体

国有建设用地使用权首次登记的申请主体应当为土地权属来源材料上记载的国有建设用地使用权人。

8.1.3 申请材料

申请国有建设用地使用权首次登记，提交的材料包括：

1 不动产登记申请书；

2 申请人身份证明；

3 土地权属来源材料，包括：

（1）以出让方式取得的，应当提交出让合同和缴清土地出让价款凭证等相关材料；

（2）以划拨方式取得的，应当提交县级以上人民政府的批准用地文件和国有建设用地使用权划拨决定书等相关材料；

（3）以租赁方式取得的，应当提交土地租赁合同和土地租金缴纳凭证等相关材料；

（4）以作价出资或者入股方式取得的，应当提交作价出资或者入股批准文件和其他相关材料；

（5）以授权经营方式取得的，应当提交土地资产授权经营批准文件和其他相关材料。

4 不动产权籍调查表、宗地图、宗地界址点坐标等不动产权籍调查成果；

5 依法应当纳税的，应提交完税凭证；

6 法律、行政法规以及《实施细则》规定的其他材料。

8.1.4 审查要点

不动产登记机构在审核过程中应注意以下要点：

1 不动产登记申请书、权属来源材料等记载的主体是否一致；

2 不动产权籍调查成果资料是否齐全、规范，权籍调查表记载的权利人、权利类型及其性质等是否准确，宗地图、界址坐标、面积等是否符合要求；

3 以出让方式取得的，是否已签订出让合同，是否已提交缴清土地出让价款凭证；以划拨、作价入股、出租、授权经营等方式取得的，是否已经有权部门批准或者授权；

4 权属来源材料与申请登记的内容是否一致；

5 国有建设用地使用权被预查封，权利人与被执行人一致的，不影响办理国有建设用地使用权首次登记；

6 依法应当缴纳土地价款的，是否已缴清土地价款；依法应当纳税的，是否已完税；

7 本规范第4章要求的其他审查事项。

不存在本规范第4.8.2条不予登记情形的，记载不动产登记簿后向申请人核发不动产权属证书。

8.2 变更登记

8.2.1 适用

已经登记的国有建设用地使用权，因下列情形发生变更的，当事人可以申请变更登记：

1 权利人姓名或者名称、身份证明类型或者身份证明号码发生变化的；

2 土地坐落、界址、用途、面积等状况发生变化的；

3 国有建设用地使用权的权利期限发生变化的；

4 同一权利人分割或者合并国有建设用地的；

5 共有性质变更的；

6 法律、行政法规规定的其他情形。

8.2.2 申请主体

国有建设用地使用权变更登记的申

请主体应当为不动产登记簿记载的权利人。共有的国有建设用地使用权，因共有人的姓名、名称发生变化的，可以由发生变化的权利人申请；因土地面积、用途等自然状况发生变化的，可以由共有人一人或多人申请。

8.2.3 申请材料

申请国有建设用地使用权变更登记，提交的材料包括：

1 不动产登记申请书；

2 申请人身份证明；

3 不动产权属证书；

4 国有建设用地使用权变更材料，包括：

（1）权利人姓名或者名称、身份证明类型或者身份证明号码发生变化的，提交能够证实其身份变更的材料；

（2）土地面积、界址范围变更的，除应提交变更后的不动产权籍调查表、宗地图、宗地界址点坐标等不动产权籍调查成果外，还应提交：①以出让方式取得的，提交出让补充合同；②因自然灾害导致部分土地灭失的，提交证实土地灭失的材料；

（3）土地用途变更的，提交自然资源主管部门出具的批准文件和土地出让合同补充协议。依法需要补交土地出让价款的，还应当提交缴清土地出让价款的凭证；

（4）国有建设用地使用权的权利期限发生变化的，提交自然资源主管部门出具的批准文件、出让合同补充协议。依法需要补交土地出让价款的，还应当提交缴清土地出让价款的凭证；

（5）同一权利人分割或者合并国有建设用地的，提交自然资源主管部门同意分割或合并的批准文件以及变更后的不动产权籍调查表、宗地图以及宗地界址点坐标等不动产权籍调查成果；

（6）共有人共有性质变更的，提交共有性质变更合同书或生效法律文书。夫妻共有财产共有性质变更的，还应提交婚姻关系证明；

5 依法应当纳税的，应提交完税凭证；

6 法律、行政法规以及《实施细则》规定的其他材料。

8.2.4 审查要点

不动产登记机构在审核过程中应注意以下要点：

1 申请变更登记的国有建设用地使用权是否已经登记；

2 申请人是否为不动产登记簿记载的权利人；

3 国有建设用地使用权变更的材料是否齐全、有效；

4 申请变更事项与变更材料记载的变更事实是否一致。土地面积、界址范围变更的，不动产权籍调查表、宗地图、宗地界址点坐标等是否齐全、规范，申请材料与不动产权籍调查成果是否一致；

5 申请登记事项与不动产登记簿的记载是否冲突；

6 依法应当缴纳土地价款、纳税的，是否已缴清土地价款、已完税；

7 本规范第4章要求的其他审查事项。

不存在本规范第4.8.2条不予登记情形的，将登记事项记载于不动产登记簿。

8.3 转移登记

8.3.1 适用

已经登记的国有建设用地使用权，因下列情形导致权属发生转移的，当事人可以申请转移登记：

1 转让、互换或赠与的；

2 继承或受遗赠的；

3 作价出资（入股）的；

4 法人或非法人组织合并、分立导致权属发生转移的；

5 共有人增加或者减少导致共有份额变化的；

6 分割、合并导致权属发生转移的；

7 因人民法院、仲裁委员会的生效法律文书等导致权属发生变化的；

8 法律、行政法规规定的其他情形。

8.3.2 申请主体

国有建设用地使用权转移登记应当由双方共同申请，转让方应当为不动产登记簿记载的权利人。属本规范第8.3.1条第2、7项情形的，可以由单方申请。

8.3.3 申请材料

国有建设用地使用权转移登记，提交的材料包括：

1 不动产登记申请书；

2 申请人身份证明；

3 不动产权属证书；

4 国有建设用地使用权转移的材料，包括：

（1）买卖的，提交买卖合同；互换的，提交互换合同；赠与的，提交赠与合同；

（2）因继承、受遗赠取得的，按照本规范1.8.6条的规定提交材料；

（3）作价出资（入股）的，提交作价出资（入股）协议；

（4）法人或非法人组织合并、分立导致权属发生转移的，提交法人或非法人组织合并、分立的材料以及不动产权属转移的材料；

（5）共有人增加或者减少的，提交共有人增加或者减少的协议；共有份额变化的，提交份额转移协议；

（6）分割、合并导致权属发生转移的，提交分割或合并协议书，或者记载有关分割或合并内容的生效法律文书。实体分割或合并的，还应提交自然资源主管部门同意实体分割或合并的批准文件以及分割或合并后的不动产权籍调查表、宗地图、宗地界址点坐标等不动产权籍调查成果；

（7）因人民法院、仲裁委员会的生效法律文书等导致权属发生变化的，提交人民法院、仲裁委员会的生效法律文书等材料。

5 申请划拨取得国有建设用地使用权转移登记的，应当提交有批准权的人民政府的批准文件；

6 依法需要补交土地出让价款、缴纳税费的，应当提交缴清土地出让价款凭证、税费缴纳凭证；

7 法律、行政法规以及《实施细则》规定的其他材料。

8.3.4 审查要点

不动产登记机构在审核过程中应注意以下要点：

1 国有建设用地使用权转移的登记原因文件是否齐全；

2 申请转移的国有建设用地使用权与登记原因文件记载的是否一致；

3 国有建设用地使用权被查封的，不予办理转移登记；

4 有异议登记的，受让方是否已签署知悉存在异议登记并自担风险的书面承诺；

5 申请登记事项与不动产登记簿的记载是否冲突；

6 申请登记事项是否与土地出让合同相关条款冲突；

7 依法应当缴纳土地价款、纳税的，是否已缴清土地价款、已完税；

8 本规范第4章要求的其他审查事项。

不存在本规范第4.8.2条不予登记情形的，将登记事项记载于不动产登记簿，并向权利人核发不动产权属证书。

8.4 注销登记

8.4.1 适用

已经登记的国有建设用地使用权，有下列情形之一的，当事人可以申请办理注销登记：

1 土地灭失的；

2 权利人放弃国有建设用地使用权的；

3 依法没收、收回国有建设用地使用权的；

4 因人民法院、仲裁委员会的生效法律文书致使国有建设用地使用权消灭的；

5 法律、行政法规规定的其他情形。

8.4.2 申请主体

国有建设用地使用权注销登记的申请主体应当是不动产登记簿记载的权利人。

8.4.3 申请材料

申请国有建设用地使用权注销登记，提交的材料包括：

1 不动产登记申请书；

2 申请人身份证明；

3 不动产权属证书；

4 国有建设用地使用权消灭的材料，包括：

（1）国有建设用地灭失的，提交其灭失的材料；

（2）权利人放弃国有建设用地使用权的，提交权利人放弃国有建设用地使用权的书面文件。被放弃的国有建设用地上设有抵押权、地役权或已经办理预告登记、查封登记的，需提交抵押权人、地役权人、预告登记权利人或查封机关同意注销的书面文件；

（3）依法没收、收回国有建设用地使用权的，提交人民政府的生效决定书；

（4）因人民法院或者仲裁委员会生效法律文书导致权利消灭的，提交人民法院或者仲裁委员会生效法律文书。

5 法律、行政法规以及《实施细则》规定的其他材料。

8.4.4 审查要点

不动产登记机构在审核过程中应注意以下要点：

1 申请注销的国有建设用地使用权是否已经登记；

2 国有建设用地使用权注销的材料是否齐全、有效；

3 国有建设用地已设立抵押权、地役权或者已经办理预告登记、查封登记的，使用权人放弃权利申请注销登记的，是否已经提供抵押权人、地役权人、预告登记权利人、查封机关书面同意；

4 土地灭失的，是否已按规定进行实地查看；

5 申请登记事项与不动产登记簿的记载是否冲突；

6 本规范第4章要求的其他审查事项。

不存在本规范第4.8.2条不予登记情形的，将登记事项以及不动产权证书或者不动产登记证明收回、作废等内容记载于不动产登记簿。

9 国有建设用地使用权及房屋所有权登记

9.1 首次登记

9.1.1 适用

依法利用国有建设用地建造房屋的，可以申请国有建设用地使用权及房屋所有权首次登记。

9.1.2 申请主体

国有建设用地使用权及房屋所有权首次登记的申请主体应当为不动产登记簿或土地权属来源材料记载的国有建设用地使用权人。

9.1.3 申请材料

申请国有建设用地使用权及房屋所有权首次登记，提交的材料包括：

1 不动产登记申请书；

2 申请人身份证明；

3 不动产权属证书或者土地权属来源材料；

4 建设工程符合规划的材料；

5 房屋已经竣工的材料；

6 房地产调查或者测绘报告；

7 建筑物区分所有的，确认建筑区划内属于业主共有的道路、绿地、其他公共场所、公用设施和物业服务用房等材料；

8 相关税费缴纳凭证；

9 法律、行政法规以及《实施细则》规定的其他材料。

9.1.4 审查要点

不动产登记机构在审核过程中应注意以下要点：

1 国有建设用地使用权是否已登记。已登记的，建设工程符合规划、房屋竣工验收等材料记载的主体是否与不动产登记簿记载的权利主体一致；未登记的，建设工程符合规划、房屋竣工验收等材料记载的主体是否与土地权属来源材料记载的主体一致；

2 不动产权籍调查成果资料是否齐全、规范，权籍调查表记载的权利人、权利类型及其性质等是否准确，宗地图和房屋平面图、界址坐标、面积等是否符合要求；

3 建筑物区分所有的，申请材料是否已明确建筑区划内属于业主共有的道路、绿地、其他公共场所、公用设施和物业服务用房等的权利归属；

4 存在查封或者预查封登记的：

（1）国有建设用地使用权被查封或者预查封的，申请人与查封被执行人一致的，不影响办理国有建设用使用权及房屋所有权首次登记；

（2）商品房被预查封的，不影响办理国有建设用使用权及房屋所有权首次登记以及预购商品房预告登记转国有建设用使用权及房屋所有权转移登记。

5 是否已按规定进行实地查看；

6 本规范第4章要求的其他审查事项。

不存在本规范第4.8.2条不予登记情形的，记载不动产登记簿后向权利人核发不动产权属证书。

9.2 变更登记

9.2.1 适用

已经登记的国有建设用地使用权及房屋所有权，因下列情形发生变更的，当事人可以申请变更登记：

1 权利人姓名或者名称、身份证明类型或者身份证明号码发生变化的；

2 不动产坐落、界址、用途、面积等状况发生变化的；

3 国有建设用地使用权的权利期限发生变化的；

4 同一权利人名下的不动产分割或者合并的；

5 法律、行政法规规定的其他情形。

9.2.2 申请主体

国有建设用地使用权及房屋所有权变更登记的申请主体应当为不动产登记簿记载的权利人。因共有人的姓名、名称发生变化的，可以由发生变更的权利人申请；面积、用途等自然状况发生变化的，可以由共有人一人或多人申请。

9.2.3 申请材料

申请房屋所有权变更登记，提交的材料包括：

1 不动产登记申请书；

2 申请人身份证明；

3 不动产权属证书；

4 国有建设用地使用权及房屋所

有权变更的材料，包括：

（1）权利人姓名或者名称、身份证明类型或者身份证明号码发生变化的，提交能够证实其身份变更的材料；

（2）房屋面积、界址范围发生变化的，除应提交变更后的不动产权籍调查表、宗地图、宗地界址点坐标等不动产权籍调查成果外，还需提交：①属部分土地收回引起房屋面积、界址变更的，提交人民政府收回决定书；②改建、扩建引起房屋面积、界址变更的，提交规划验收文件和房屋竣工验收文件；③因自然灾害导致部分房屋灭失的，提交部分房屋灭失的材料；④其他面积、界址变更情形的，提交有权机关出具的批准文件。依法需要补交土地出让价款的，还应当提交土地出让合同补充协议和土地价款缴纳凭证；

（3）用途发生变化的，提交城市规划部门出具的批准文件、与自然资源主管部门签订的土地出让合同补充协议。依法需要补交土地出让价款的，还应当提交土地价款以及相关税费缴纳凭证；

（4）国有建设用地使用权的权利期限发生变化的，提交自然资源主管部门出具的批准文件和出让合同补充协议。依法需要补交土地出让价款的，还应当提交土地价款缴纳凭证；

（5）同一权利人分割或者合并不动产的，应当按有关规定提交相关部门同意分割或合并的批准文件；

（6）共有性质变更的，提交共有性质变更协议书或生效法律文书。

5　法律、行政法规以及《实施细则》规定的其他材料。

9.2.4　审查要点

不动产登记机构在审核过程中应注意以下要点：

1　国有建设用地使用权及房屋所有权的变更材料是否齐全、有效；

2　申请变更事项与变更材料记载的变更内容是否一致；

3　不动产权籍调查成果资料是否齐全、规范，权籍调查表记载的权利人、权利类型及其性质等是否准确，宗地图和房屋平面图、界址坐标、面积等是否符合要求；

4　存在预告登记的，不影响不动产登记簿记载的权利人申请补发换发不动产权属证书以及其他不涉及权属的变更登记；

5　申请登记事项与不动产登记簿的记载是否冲突；

6　依法应当补交土地价款的，是否已提交补交土地价款凭证；

7　本规范第 4 章要求的其他审查事项。

不存在本规范第 4.8.2 条不予登记情形的，将登记事项记载于不动产登记簿。

9.3　转移登记

9.3.1　适用

已经登记的国有建设用地使用权及房屋所有权，因下列情形导致权属发生转移的，当事人可以申请转移登记。国有建设用地使用权转移的，其范围内的房屋所有权一并转移；房屋所有权转移，其范围内的国有建设用地使用权一并转移。

1　买卖、互换、赠与的；

2　继承或受遗赠的；

3　作价出资（入股）的；

4　法人或非法人组织合并、分立等导致权属发生转移的；

5　共有人增加或者减少以及共有份额变化的；

6　分割、合并导致权属发生转移的；

7　因人民法院、仲裁委员会的生效法律文书等导致国有建设用地使用权及房屋所有权发生转移的；

8　法律、行政法规规定的其他情形。

9.3.2　申请主体

国有建设用地使用权及房屋所有权转移登记应当由当事人双方共同申请。属本规范第9.3.1条第2、7项情形的，可以由单方申请。

9.3.3　申请材料

国有建设用地使用权及房屋所有权转移登记，提交的材料包括：

1　不动产登记申请书；

2　申请人身份证明；

3　不动产权属证书；

4　国有建设用地使用权及房屋所有权转移的材料，包括：

（1）买卖的，提交买卖合同；互换的，提交互换协议；赠与的，提交赠与合同；

（2）因继承、受遗赠取得的，按照本规范1.8.6的规定提交材料；

（3）作价出资（入股）的，提交作价出资（入股）协议；

（4）法人或非法人组织合并、分立导致权属发生转移的，提交法人或非法人组织合并、分立的材料以及不动产权属转移的材料；

（5）共有人增加或者减少的，提交共有人增加或者减少的协议；共有份额变化的，提交份额转移协议；

（6）不动产分割、合并导致权属发生转移的，提交分割或合并协议书，或者记载有关分割或合并内容的生效法律文书。实体分割或合并的，还应提交有权部门同意实体分割或合并的批准文件以及分割或合并后的不动产权籍调查表、宗地图、宗地界址点坐标等不动产权籍调查成果；

（7）因人民法院、仲裁委员会的生效法律文书等导致权属发生变化的，提交人民法院、仲裁委员会的生效法律文书等材料；

5　已经办理预告登记的，提交不动产登记证明；

6　划拨国有建设用地使用权及房屋所有权转移的，还应当提交有批准权的人民政府的批准文件；

7　依法需要补交土地出让价款、缴纳税费的，应当提交土地出让价款缴纳凭证、税费缴纳凭证；

8　法律、行政法规以及《实施细则》规定的其他材料。

9.3.4　审查要点

不动产登记机构在审核过程中应注意以下要点：

1　国有建设用地使用权与房屋所有权转移的登记原因文件是否齐全、有效；

2　申请转移的国有建设用地使用权与房屋所有权与登记原因文件记载是否一致；

3　国有建设用地使用权与房屋所有权被查封的，不予办理转移登记；

4　涉及买卖房屋等不动产，已经办理预告登记的，受让人与预告登记权利人是否一致。

5　设有抵押权的，是否记载“是否存在禁止或者限制抵押不动产转让的约定”；

6　有异议登记的，受让方是否已签署知悉存在异议登记并自担风险的书面承诺；

7　依法应当缴纳土地价款、纳税的，是否已提交土地价款和税费缴纳凭证；

8　申请登记事项与不动产登记簿的记载是否冲突；

9　本规范第4章要求的其他审查事项。

不存在本规范第4.8.2条不予登记

情形的，将登记事项记载于不动产登记簿，并向权利人核发不动产权属证书。

9.4 注销登记

9.4.1 适用

已经登记的国有建设用地使用权及房屋所有权，有下列情形之一的，当事人可以申请办理注销登记：

1 不动产灭失的；

2 权利人放弃权利的；

3 因依法被没收、征收、收回导致不动产权利消灭的；

4 因人民法院、仲裁委员会的生效法律文书致使国有建设用地使用权及房屋所有权消灭的；

5 法律、行政法规规定的其他情形。

9.4.2 申请主体

申请国有建设用地使用权及房屋所有权注销登记的主体应当是不动产登记簿记载的权利人或者其他依法享有不动产权利的权利人。

9.4.3 申请材料

申请国有建设用地使用权及房屋所有权注销登记，提交的材料包括：

1 不动产登记申请书；

2 申请人身份证明；

3 不动产权属证书；

4 国有建设用地使用权及房屋所有权消灭的材料，包括：

（1）不动产灭失的，提交其灭失的材料；

（2）权利人放弃国有建设用地使用权及房屋所有权的，提交权利人放弃权利的书面文件。设有抵押权、地役权或已经办理预告登记、查封登记的，需提交抵押权人、地役权人、预告登记权利人、查封机关同意注销的书面材料；

（3）依法没收、征收、收回不动产的，提交人民政府生效决定书；

（4）因人民法院或者仲裁委员会生效法律文书导致国有建设用地使用权及房屋所有权消灭的，提交人民法院或者仲裁委员会生效法律文书。

5 法律、行政法规以及《实施细则》规定的其他材料。

9.4.4 审查要点

不动产登记机构在审核过程中应注意以下要点：

1 国有建设用地使用权及房屋所有权的注销材料是否齐全、有效；

2 不动产灭失的，是否已按规定进行实地查看；

3 国有建设用地及房屋已设立抵押权、地役权或者已经办理预告登记、查封登记的，权利人放弃权利申请注销登记的，是否已经提供抵押权人、地役权人、预告登记权利人、查封机关书面同意；

4 申请登记事项与不动产登记簿的记载是否冲突；

5 本规范第4章要求的其他审查事项。

不存在本规范第4.8.2条不予登记情形的，将登记事项以及不动产权属证明或者不动产登记证明收回、作废等内容记载于不动产登记簿。

10 宅基地使用权及房屋所有权登记

10.1 首次登记

10.1.1 适用

依法取得宅基地使用权，可以单独申请宅基地使用权登记。

依法利用宅基地建造住房及其附属设施的，可以申请宅基地使用权及房屋所有权登记。

10.1.2 申请主体

申请宅基地使用权登记的主体为用地批准文件记载的宅基地使用权人。

申请宅基地使用权及房屋所有权登记的主体为用地批准文件记载的宅基地

使用权人。

10.1.3 申请材料

申请宅基地使用权首次登记，提交的材料包括：

1 不动产登记申请书；

2 申请人身份证明；

3 有批准权的人民政府批准用地的文件等权属来源材料；

4 不动产权籍调查表、宗地图、宗地界址点坐标等有关不动产界址、面积等材料；

5 法律、行政法规以及《实施细则》规定的其他材料。

申请宅基地使用权及房屋所有权首次登记，提交的材料包括：

1 不动产登记申请书；

2 申请人身份证明；

3 不动产权属证书或者土地权属来源材料；

4 房屋符合规划或建设的相关材料；

5 不动产权籍调查表、宗地图、房屋平面图以及宗地界址点坐标等有关不动产界址、面积等材料；

6 法律、行政法规以及《实施细则》规定的其他材料。

10.1.4 审查要点

不动产登记机构在审核过程中应注意以下要点：

申请宅基地使用权首次登记的：

1 是否有合法权属来源材料；

2 不动产登记申请书、权属来源材料等记载的主体是否一致；

3 不动产权籍调查成果资料是否齐全、规范，权籍调查表记载的权利人、权利类型及其性质等是否准确，宗地图、界址坐标、面积等是否符合要求；

4 是否已在不动产登记机构门户网站以及宅基地所在地进行公告；

5 本规范第4章要求的其他审查事项。

申请宅基地使用权及房屋所有权首次登记的：

1 宅基地使用权是否已登记。已登记的，审核不动产登记簿记载的权利主体与房屋符合规划或者建设的相关材料等记载的权利主体是否一致；未登记的，房屋符合规划或者建设的相关材料等记载的主体是否与土地权属来源材料记载的主体一致；

2 房屋等建筑物、构筑物是否符合规划或建设的相关要求；

3 不动产权籍调查成果资料是否齐全、规范，权籍调查表记载的权利人、权利类型及其性质等是否准确，宗地图和房屋平面图、界址坐标、面积等是否符合要求；

4 是否已按规定进行实地查看；

5 是否已按规定进行公告；

6 本规范第4章要求的其他审查事项。

不存在本规范第4.8.2条不予登记情形的，记载不动产登记簿后向权利人核发不动产权属证书。

10.2 变更登记

10.2.1 适用

已经登记的宅基地使用权及房屋所有权，有下列情形之一的，当事人可以申请变更登记：

1 权利人姓名或者名称、身份证明类型或者身份证明号码发生变化的；

2 不动产坐落、界址、用途、面积等状况发生变化的；

3 法律、行政法规规定的其他情形。

10.2.2 申请主体

宅基地使用权及房屋所有权变更登记的申请主体应当为不动产登记簿记载的权利人。

10.2.3 申请材料

申请宅基地使用权及房屋所有权变

更登记，提交的材料包括：

1 不动产登记申请书；

2 申请人身份证明；

3 不动产权属证书；

4 宅基地使用权及房屋所有权变更的材料，包括：

（1）权利人姓名或者名称、身份证明类型或者身份证明号码发生变化的，提交能够证实其身份变更的材料；

（2）宅基地或房屋面积、界址范围变更的，提交有批准权的人民政府或其主管部门的批准文件以及变更后的不动产权籍调查表、宗地图、宗地界址点坐标等有关不动产界址、面积等材料。

5 法律、行政法规以及《实施细则》规定的其他材料。

10.2.4 审查要点

不动产登记机构在审核过程中应注意以下要点：

1 宅基地使用权及房屋所有权的变更材料是否齐全；

2 申请变更事项与变更登记文件记载的变更事实是否一致；

3 申请登记事项与不动产登记簿的记载是否冲突；

4 本规范第4章要求的其他审查事项。

不存在本规范第4.8.2条不予登记情形的，将登记事项记载于不动产登记簿。

10.3 转移登记

10.3.1 适用

已经登记的宅基地使用权及房屋所有权，有下列情形之一的，当事人可以申请转移登记：

1 依法继承；

2 分家析产；

3 集体经济组织内部互换房屋；

4 因人民法院、仲裁委员会的生效法律文书等导致权属发生变化的；

5 法律、行政法规规定的其他情形。

10.3.2 申请主体

宅基地使用权及房屋所有权转移登记应当由双方共同申请。因继承房屋以及人民法院、仲裁委员会生效法律文书等取得宅基地使用权及房屋所有权的，可由权利人单方申请。

10.3.3 申请材料

申请宅基地使用权及房屋所有权转移登记，提交的材料包括：

1 不动产登记申请书；

2 申请人身份证明；

3 不动产权属证书；

4 宅基地使用权及房屋所有权转移的材料，包括：

（1）依法继承的，按照本规范1.8.6的规定提交材料；

（2）分家析产的协议或者材料；

（3）集体经济组织内部互换房屋的，提交互换协议书。同时，还应提交互换双方为本集体经济组织成员的材料；

（4）因人民法院或者仲裁委员会生效法律文书导致权属发生转移的，提交人民法院或者仲裁委员会生效法律文书；

5 法律、行政法规以及《实施细则》规定的其他材料。

10.3.4 审查要点

不动产登记机构在审核过程中应注意以下要点：

1 受让方为本集体经济组织的成员且符合宅基地申请条件，但因继承房屋以及人民法院、仲裁委员会的生效法律文书等导致宅基地使用权及房屋所有权发生转移的除外；

2 宅基地使用权及房屋所有权转移材料是否齐全、有效；

3 申请转移的宅基地使用权及房

屋所有权与登记原因文件记载是否一致；

4 有异议登记的，受让方是否已签署知悉存在异议登记并自担风险的书面承诺；

5 申请登记事项与不动产登记簿的记载是否冲突；

6 本规范第4章要求的其他审查事项。

不存在本规范第4.8.2条不予登记情形的，将登记事项记载于不动产登记簿，并向权利人核发不动产权属证书。

10.3.5 已拥有一处宅基地的本集体经济组织成员、非集体经济组织成员的农村或城镇居民，因继承取得宅基地使用权及房屋所有权的，在不动产权属证书附记栏记载该权利人为本农民集体原成员住宅的合法继承人。

10.4 注销登记

10.4.1 适用

已经登记的宅基地使用权及房屋所有权，有下列情形之一的，当事人可以申请办理注销登记：

1 不动产灭失的；

2 权利人放弃宅基地使用权及房屋所有权的；

3 依法没收、征收、收回宅基地使用权及房屋所有权的；

4 因人民法院、仲裁委员会的生效法律文书导致宅基地使用权及房屋所有权消灭的；

5 法律、行政法规规定的其他情形。

10.4.2 申请主体

宅基地使用权及房屋所有权注销登记的申请主体应当为不动产登记簿记载的权利人。

10.4.3 申请材料

申请宅基地使用权及房屋所有权注销登记，提交的材料包括：

1 不动产登记申请书；

2 申请人身份证明；

3 不动产权属证书；

4 宅基地使用权及房屋所有权消灭的材料，包括：

（1）宅基地、房屋灭失的，提交其灭失的材料；

（2）权利人放弃宅基地使用权及房屋所有权的，提交权利人放弃权利的书面文件。被放弃的宅基地、房屋设有地役权的，需提交地役权人同意注销的书面材料；

（3）依法没收、征收、收回宅基地使用权或者房屋所有权的，提交人民政府做出的生效决定书；

（4）因人民法院或者仲裁委员会生效法律文书导致权利消灭的，提交人民法院或者仲裁委员会生效法律文书。

5 法律、行政法规以及《实施细则》规定的其他材料。

10.4.4 审查要点

不动产登记机构在审核过程中应注意以下要点：

1 宅基地使用权及房屋所有权的注销材料是否齐全、有效；

2 宅基地、房屋灭失的，是否已按规定进行实地查看；

3 放弃的宅基地使用权及房屋所有权是否设有地役权；设有地役权的，应经地役权人同意；

4 本规范第4章要求的其他审查事项。

不存在本规范第4.8.2条不予登记情形的，将登记事项以及不动产权属证明或者不动产登记证明收回、作废等内容记载于不动产登记簿。

11 集体建设用地使用权及建筑物、构筑物所有权登记

11.1 首次登记

11.1.1 适用

依法取得集体建设用地使用权，可

以单独申请集体建设用地使用权登记。

依法使用集体建设用地兴办企业，建设公共设施，从事公益事业等的，应当申请集体建设用地使用权及建筑物、构筑物所有权登记。

11.1.2 申请主体

申请集体建设用地使用权登记的主体为用地批准文件记载的集体建设用地使用权人。

申请集体建设用地使用权及建筑物、构筑物所有权登记的主体为用地批准文件记载的集体建设用地使用权人。

11.1.3 申请材料

申请集体建设用地使用权首次登记，提交的材料包括：

1 不动产登记申请书；

2 申请人身份证明；

3 有批准权的人民政府批准用地的文件等权属来源材料；

4 不动产权籍调查表、宗地图以及宗地界址点坐标等有关不动产界址、面积等材料；

5 法律、行政法规以及《实施细则》规定的其他材料。

申请集体建设用地使用权及建筑物、构筑物所有权首次登记，提交的材料包括：

1 不动产登记申请书；

2 申请人身份证明；

3 不动产权属证书；

4 建设工程符合规划的材料；

5 不动产权籍调查表、宗地图、房屋平面图以及宗地界址点坐标等有关不动产界址、面积等材料；

6 建设工程已竣工的材料；

7 法律、行政法规以及《实施细则》规定的其他材料。

11.1.4 审查要点

不动产登记机构在审核过程中应注意以下要点：

申请集体建设用地使用权首次登记的：

1 是否已依法取得集体建设用地使用权；

2 不动产登记申请书、权属来源材料等记载的主体是否一致；

3 不动产权籍调查成果资料是否齐全、规范，权籍调查表记载的权利人、权利类型及其性质等是否准确，宗地图、界址坐标、面积等是否符合要求；

4 是否已按规定进行公告；

5 本规范第4章要求的其他审查事项。

申请集体建设用地使用权及建筑物、构筑物所有权首次登记的：

1 集体建设用地使用权是否已登记。已登记的，不动产登记簿记载的权利主体与建设工程符合规划的材料、建设工程竣工材料等记载的权利主体是否一致；未登记的，建设工程符合规划的材料、建设工程竣工材料等记载的主体是否与土地权属来源材料记载的主体一致；

2 房屋等建筑物、构筑物是否提交了符合规划、已竣工的材料；

3 不动产权籍调查成果资料是否齐全、规范，权籍调查表记载的权利人、权利类型及其性质等是否准确，宗地图和房屋平面图、界址坐标、面积等是否符合要求；

4 集体建设用地使用权被查封，申请人与被执行人一致的，不影响集体建设用地使用权及建筑物、构筑物所有权首次登记；

5 是否已按规定进行实地查看；

6 是否已按规定进行公告；

7 本规范第4章要求的其他审查事项。

不存在本规范第4.8.2条不予登记

情形的，记载不动产登记簿后向申请人核发不动产权属证书。

11.2 变更登记

11.2.1 适用

已经登记的集体建设用地使用权及建筑物、构筑物所有权，有下列情形之一的，当事人可以申请变更登记：

1 权利人姓名或者名称、身份证明类型或者身份证明号码发生变化的；

2 不动产坐落、界址、用途、面积等状况发生变化的；

3 同一权利人名下的集体建设用地或者建筑物、构筑物分割或者合并的；

4 法律、行政法规规定的其他情形。

11.2.2 申请主体

集体建设用地使用权及建筑物、构筑物所有权变更登记的申请主体应当为不动产登记簿记载的权利人。因共有人的姓名、名称发生变化的，可以由姓名、名称发生变化的权利人申请；因土地或建筑物、构筑物自然状况变化的，可以由共有人一人或多人申请；夫妻共有财产变更的，应当由夫妻双方凭婚姻关系证明共同申请。

11.2.3 申请材料

申请集体建设用地使用权及建筑物、构筑物所有权变更登记，提交的材料包括：

1 不动产登记申请书；

2 申请人身份证明；

3 不动产权属证书；

4 集体建设用地使用权及建筑物、构筑物所有权变更的材料，包括：

（1）权利人姓名或者名称、身份证明类型或者身份证明号码发生变化的，提交能够证实其身份变更的材料；

（2）土地或建筑物、构筑物面积、界址范围变更的，提交有批准权的人民政府或其主管部门的批准文件以及变更后的不动产权籍调查表、宗地图、房屋平面图以及宗地界址点坐标等有关不动产界址、面积等材料；

（3）土地或建筑物、构筑物用途变更的，提交有批准权的人民政府或者主管部门的批准文件；

（4）同一权利人分割或者合并建筑物、构筑物的，提交有批准权限部门同意分割或者合并的批准文件以及分割或者合并后的不动产权籍调查表、宗地图、房屋平面图以及宗地界址点坐标等有关不动产界址、面积等材料；

5 法律、行政法规以及《实施细则》规定的其他材料。

11.2.4 审查要点

不动产登记机构在审核过程中应注意以下要点：

1 集体建设用地使用权及建筑物、构筑物所有权的变更材料是否齐全、有效；

2 申请变更事项与变更材料记载的变更事实是否一致；

3 申请登记事项与不动产登记簿的记载是否冲突；

4 本规范第4章要求的其他审查事项。

不存在本规范第4.8.2条不予登记情形的，将登记事项记载于不动产登记簿。

11.3 转移登记

11.3.1 适用

已经登记的集体建设用地使用权及建筑物、构筑物所有权，因下列情形之一导致权属发生转移的，当事人可以申请转移登记：

1 作价出资（入股）的；

2 因企业合并、分立、破产、兼并等情形，导致建筑物、构筑物所有权发生转移的；

3　因人民法院、仲裁委员会的生效法律文书等导致权属转移的；

4　法律、行政法规规定的其他情形。

11.3.2　申请主体

集体建设用地使用权及建筑物、构筑物所有权转移登记应当由双方共同申请。因人民法院、仲裁委员会的生效法律文书等导致权属转移的，可由单方申请。

11.3.3　申请材料

集体建设用地使用权及建筑物、构筑物所有权转移登记，提交的材料包括：

1　不动产登记申请书；

2　申请人身份证明；

3　不动产权属证书；

4　集体建设用地使用权及建筑物、构筑物所有权转移的材料，包括：

（1）作价出资（入股）的，提交作价出资（入股）协议；

（2）因企业合并、分立、兼并、破产等情形导致权属发生转移的，提交企业合并、分立、兼并、破产的材料、集体建设用地使用权及建筑物、构筑物所有权权属转移材料、有权部门的批准文件。

（3）因人民法院、仲裁委员会的生效法律文书导致权属转移的，提交人民法院、仲裁委员会的生效法律文书。

5　依法需要缴纳税费的，应当提交税费缴纳凭证；

6　本集体经济组织三分之二以上成员或者三分之二以上村民代表同意的材料；

7　法律、行政法规以及《实施细则》规定的其他材料。

11.3.4　审查要点

不动产登记机构在审核过程中应注意以下要点：

1　集体建设用地使用权及建筑物、构筑物所有权转移的登记原因文件是否齐全、有效；

2　申请转移的集体建设用地使用权及建筑物、构筑物所有权与登记原因文件记载是否一致；

3　集体建设用地使用权及建筑物、构筑物所有权被查封的，不予办理转移登记；

4　有异议登记的，受让方是否已签署知悉存在异议登记并自担风险的书面承诺；

5　申请登记事项与不动产登记簿的记载是否冲突；

6　本规范第4章要求的其他审查事项。

不存在本规范第4.8.2条不予登记情形的，将登记事项记载于不动产登记簿，并向权利人核发不动产权属证书。

11.4　注销登记

11.4.1　适用

已经登记的集体建设用地使用权及建筑物、构筑物所有权，有下列情形之一的，当事人可以申请办理注销登记：

1　不动产灭失的；

2　权利人放弃集体建设用地使用权及建筑物、构筑物所有权的；

3　依法没收、征收、收回集体建设用地使用权及建筑物、构筑物所有权的；

4　因人民法院、仲裁委员会的生效法律文书等致使集体建设用地使用权及建筑物、构筑物所有权消灭的；

5　法律、行政法规规定的其他情形。

11.4.2　申请主体

集体建设用地使用权及建筑物、构筑物所有权注销登记的申请主体应当是不动产登记簿记载的权利人。

11.4.3　申请材料

申请集体建设用地使用权及建筑

物、构筑物所有权注销登记，提交的材料包括：

1 不动产登记申请书；

2 申请人身份证明；

3 不动产权属证书；

4 集体建设用地使用权及建筑物、构筑物所有权消灭的材料，包括：

（1）土地或建筑物、构筑物灭失的，提交灭失的材料；

（2）权利人放弃集体建设用地使用权及建筑物、构筑物所有权的，提交权利人放弃权利的书面文件。设有抵押权、地役权或被查封的，需提交抵押权人、地役权人或查封机关同意注销的书面材料；

（3）依法没收、征收、收回集体建设用地使用权及建筑物、构筑物所有权的，提交人民政府的生效决定书；

（4）因人民法院或者仲裁委员会生效法律文书等导致集体建设用地使用权及建筑物、构筑物所有权消灭的，提交人民法院或者仲裁委员会生效法律文书等材料。

5 法律、行政法规以及《实施细则》规定的其他材料。

11.4.4 审查要点

不动产登记机构在审核过程中应注意以下要点：

1 集体建设用地使用权及建筑物、构筑物所有权的注销材料是否齐全、有效；

2 土地或建筑物、构筑物灭失的，是否已按规定进行实地查看；

3 集体建设用地及建筑物、构筑物已设立抵押权、地役权或者已经办理查封登记的，权利人放弃权利申请注销登记的，是否已经提供抵押权人、地役权人、查封机关书面同意的材料；

4 申请登记事项与不动产登记簿的记载是否冲突；

5 本规范第4章要求的其他审查事项。

不存在本规范第4.8.2条不予登记情形的，将登记事项以及不动产权属证明或者不动产登记证明收回、作废等内容记载于不动产登记簿。

12 海域使用权及建筑物、构筑物所有权登记

12.1 首次登记

12.1.1 适用

依法取得海域使用权，可以单独申请海域使用权登记。

依法使用海域，在海域上建造建筑物、构筑物的，应当申请海域使用权及建筑物、构筑物所有权登记。

12.1.2 申请主体

海域使用权及建筑物、构筑物所有权首次登记的申请主体应当为海域权属来源材料记载的海域使用权人。

12.1.3 申请材料

申请海域使用权首次登记，提交的材料包括：

1 不动产登记申请书；

2 申请人身份证明；

3 项目用海批准文件或者海域使用权出让合同；

4 宗海图（宗海位置图、界址图）以及界址点坐标；

5 海域使用金缴纳或者减免凭证；

6 法律、行政法规以及《实施细则》规定的其他材料。

申请海域使用权及建筑物、构筑物所有权首次登记，提交的材料包括：

1 不动产登记申请书；

2 申请人身份证明；

3 不动产权属证书或不动产权属来源材料；

4 宗海图（宗海位置图、界址图）以及界址点坐标；

5 建筑物、构筑物符合规划的

材料；

6 建筑物、构筑物已经竣工的材料；

7 海域使用金缴纳或者减免凭证；

8 法律、行政法规以及《实施细则》规定的其他材料。

12.1.4 审查要点

不动产登记机构在审核过程中应注意以下要点：

申请海域使用权首次登记的：

1 是否已依法取得海域使用权；

2 不动产登记申请书、权属来源材料等记载的主体是否一致；

3 申请材料中已有相应的调查成果，则审核调查成果资料是否齐全、规范，申请登记的项目名称、用海面积、类型、方式、期限等与批准文件或出让合同是否一致，宗海图（宗海位置图、界址图）以及界址坐标、面积等是否符合要求；

4 海域使用金是否按规定缴纳；

5 本规范第4章要求的其他审查事项。

申请海域使用权及建筑物、构筑物所有权登记的：

1 海域使用权是否已登记。已登记的，不动产登记簿记载的权利主体与建筑物、构筑物符合规划材料和建筑物、构筑物竣工材料等记载的权利主体是否一致；未登记的，建筑物、构筑物符合规划和建筑物、构筑物竣工材料等记载的主体是否与不动产权属来源材料记载的主体一致；

2 不动产权籍调查成果资料是否齐全、规范，权利人、权利类型及其性质等是否准确，宗海图（宗海位置图、界址图）及界址坐标、面积等是否符合要求；

3 是否已按规定进行实地查看；

4 本规范第4章要求的其他审查事项。

不存在本规范第4.8.2条不予登记情形的，记载不动产登记簿后向申请人核发不动产权属证书。

12.2 变更登记

12.2.1 适用

已经登记的海域使用权以及建筑物、构筑物所有权，因下列情形之一发生变更的，当事人可以申请变更登记：

1 权利人姓名或者名称、身份证明类型或者身份证明号码发生变化的；

2 海域坐落、名称发生变化的；

3 改变海域使用位置、面积或者期限的；

4 海域使用权续期的；

5 共有性质变更的；

6 法律、行政法规规定的其他情形。

12.2.2 申请主体

海域使用权以及建筑物、构筑物所有权变更登记的申请主体应当为不动产登记簿记载的权利人。因共有人的姓名、名称发生变化的，可以由发生变化的权利人申请；海域使用面积、用途等自然状况发生变化的，可以由共有人一人或多人申请。

12.2.3 申请材料

申请海域使用权以及建筑物、构筑物所有权变更登记，提交的材料包括：

1 不动产登记申请书；

2 申请人身份证明；

3 不动产权属证书；

4 海域使用权以及建筑物、构筑物所有权变更的材料，包括：

（1）权利人姓名或者名称、身份证明类型或者身份证明号码发生变化的，提交能够证实其身份变更的材料；

（2）海域或建筑物、构筑物面积、界址范围发生变化的，提交有批准权的人民政府或者主管部门的批准文件、海域使用权出让合同补充协议以及变更后的宗海图（宗海位置图、界址图）以及界址点坐标等成果。依法需要补交海域使用金的，还应当提交相关的缴纳凭证；

（3）海域或建筑物、构筑物用途发生变化的，提交有批准权的人民政府或其主管部门的批准文件、海域使用权出让合同补充协议。依法需要补交海域使用金的，还应当提交相关的缴纳凭证；

（4）海域使用期限发生变化或续期的，提交有批准权的人民政府或其主管部门的批准文件或者海域使用权出让合同补充协议。依法需要补交海域使用金的，还应当提交相关的缴纳凭证；

（5）共有性质变更的，应提交共有性质变更协议书或生效法律文书.

5 法律、行政法规以及《实施细则》规定的其他材料。

12.2.4 审查要点

不动产登记机构在审核过程中应注意以下要点：

1 申请变更登记的海域使用权以及建筑物、构筑物所有权是否已经登记；

2 海域使用权以及建筑物、构筑物所有权的变更材料是否齐全、有效；

3 申请变更事项与变更登记文件记载的变更事实是否一致；

4 依法应当缴纳海域使用金的，是否已按规定缴纳相应价款；

5 申请登记事项与不动产登记簿的记载是否冲突；

6 本规范第4章要求的其他审查事项。

不存在本规范第4.8.2条不予登记情形的，将登记事项记载于不动产登记簿。

12.3 转移登记

12.3.1 适用

已经登记的海域使用权以及建筑物、构筑物所有权，因下列情形之一导致权属发生转移的，当事人可以申请转移登记：

1 企业合并、分立或者与他人合资、合作经营、作价入股的；

2 依法转让、赠与的；

3 继承、受遗赠取得的；

4 人民法院、仲裁委员会生效法律文书导致权属转移的；

5 法律、行政法规规定的其他情形。

12.3.2 申请主体

海域使用权以及建筑物、构筑物所有权转移登记应当由双方共同申请。属本规范第12.3.1条第3、4项情形的，可由单方申请。

12.3.3 申请材料

海域使用权以及建筑物、构筑物所有权转移登记，提交的材料包括：

1 不动产登记申请书；

2 申请人身份证明；

3 不动产权属证书；

4 海域使用权以及建筑物、构筑物所有权转移的材料，包括：

（1）法人或非法人组织合并、分立或者与他人合资、合作经营，导致权属发生转移的，提交法人或非法人组织合并、分立的材料以及不动产权属转移的材料；

（2）作价出资（入股）的，提交作价出资（入股）协议；

（3）买卖的，提交买卖合同；赠与的，提交赠与合同；

（4）因继承、受遗赠取得的，按照本规范1.8.6的规定提交材料；

（5）因人民法院、仲裁委员会的生效法律文书等导致权属发生变化的，提交人民法院、仲裁委员会的生效法律文书等材料。

（6）转让批准取得的海域使用权，

提交原批准用海的海洋行政主管部门批准转让的文件。

5 依法需要补交海域使用金、缴纳税费的，应当提交缴纳海域使用金缴款凭证、税费缴纳凭证；

6 法律、行政法规以及《实施细则》规定的其他材料。

12.3.4 审查要点

不动产登记机构在审核过程中应注意以下要点：

1 海域使用权以及建筑物、构筑物所有权转移的登记原因文件是否齐全、有效；

2 申请转移的海域使用权以及建筑物、构筑物所有权与登记原因文件记载是否一致；

3 海域使用权以及建筑物、构筑物所有权被查封的，不予办理转移登记；

4 有异议登记的，受让方是否已签署知悉存在异议登记并自担风险的书面承诺；

5 申请登记事项与不动产登记簿的记载是否冲突；

6 依法应当缴纳海域使用金、纳税的，是否已缴纳海域使用金和有关税费；

7 本规范第4章要求的其他审查事项。

不存在本规范第4.8.2条不予登记情形的，将登记事项记载于不动产登记簿，并向权利人核发不动产权属证书。

12.4 注销登记

12.4.1 适用

已经登记的海域使用权以及建筑物、构筑物所有权，有下列情形之一的，当事人可以申请办理注销登记：

1 不动产灭失的；

2 权利人放弃海域使用权以及建筑物、构筑物所有权的；

3 因人民法院、仲裁委员会的生效法律文书等导致海域使用权以及建筑物、构筑物所有权消灭的；

4 法律、行政法规规定的其他情形。

12.4.2 申请主体

海域使用权以及建筑物、构筑物所有权注销登记的申请主体应当为不动产登记簿记载的权利人。

12.4.3 申请材料

申请海域使用权以及建筑物、构筑物所有权注销登记，提交的材料包括：

1 不动产登记申请书；

2 申请人身份证明；

3 不动产权属证书；

4 海域使用权以及建筑物、构筑物所有权消灭的材料，包括：

（1）不动产灭失的，提交证实灭失的材料；

（2）权利人放弃海域使用权以及建筑物、构筑物所有权的，提交权利人放弃权利的书面文件。设立抵押权、地役权或者已经办理预告登记、查封登记的，需提交抵押权人、地役权人、预告登记权利人、查封机关同意注销的书面材料；

（3）因人民法院或者仲裁委员会生效法律文书等导致海域使用权以及建筑物、构筑物所有权消灭的，提交人民法院或者仲裁委员会生效法律文书等材料；

5 法律、行政法规以及《实施细则》规定的其他材料。

12.4.4 审查要点

不动产登记机构在审核过程中应注意以下要点：

1 申请注销的海域使用权以及建筑物、构筑物所有权是否已经登记；

2 海域使用权以及建筑物、构筑物所有权的注销材料是否齐全、有效；

3 不动产灭失的，是否已实地查看；

4　海域使用权以及建筑物、构筑物所有权已设立抵押权、地役权或者已经办理预告登记、查封登记的，权利人放弃权利申请注销登记的，是否提供抵押权人、地役权人、预告登记权利人、查封机关书面同意；

5　申请登记事项与不动产登记簿的记载是否冲突；

6　本规范第 4 章要求的其他审查事项。

不存在本规范第 4.8.2 条不予登记情形的，将登记事项以及不动产权证书或者不动产登记证明收回、作废等内容记载于不动产登记簿。

申请无居民海岛登记的，参照海域使用权及建筑物、构筑物所有权登记的有关规定办理。

13　地役权登记

13.1　首次登记

13.1.1　适　用

按照约定设定地役权利用他人不动产，有下列情形之一的，当事人可以申请地役权首次登记。地役权设立后，办理首次登记前发生变更、转移的，当事人应当就已经变更或转移的地役权，申请首次登记。

1　因用水、排水、通行利用他人不动产的；

2　因铺设电线、电缆、水管、输油管线、暖气和燃气管线等利用他人不动产的；

3　因架设铁塔、基站、广告牌等利用他人不动产的；

4　因采光、通风、保持视野等限制他人不动产利用的；

5　其他为提高自己不动产效益，按照约定利用他人不动产的情形。

13.1.2　申请主体

地役权首次登记应当由地役权合同中载明的需役地权利人和供役地权利人共同申请。

13.1.3　申请材料

申请地役权首次登记，提交的材料包括：

1　不动产登记申请书；

2　申请人身份证明；

3　需役地和供役地的不动产权属证书；

4　地役权合同；

5　地役权设立后，办理首次登记前发生变更、转移的，还应提交相关材料；

6　法律、行政法规以及《实施细则》规定的其他材料。

13.1.4　审查要点

不动产登记机构在审核过程中应注意以下要点：

1　供役地、需役地是否已经登记；

2　不动产登记申请书、不动产权属证书、地役权合同等材料记载的主体是否一致；

3　是否为利用他人不动产而设定地役权；

4　当事人约定的利用方法是否属于其他物权的内容；

5　地役权内容是否违反法律、行政法规的强制性规定；

6　供役地被抵押的，是否已经抵押权人书面同意；

7　本规范第 4 章要求的其他审查事项。

不存在本规范第 4.8.2 条不予登记情形的，记载不动产登记簿后向权利人核发不动产登记证明。地役权首次登记，不动产登记机构应当将登记事项分别记载于需役地和供役地不动产登记簿。

13.2　变更登记

13.2.1　适用

已经登记的地役权，因下列变更情

形之一的，当事人应当申请变更登记：

1　需役地或者供役地权利人姓名或者名称、身份证明类型或者身份证明号码发生变化的；

2　共有性质变更的；

3　需役地或者供役地自然状况发生变化；

4　地役权内容变更的；

5　法律、行政法规规定的其他情形。

13.2.2　申请主体

地役权变更登记的申请主体应当为需役地权利人和供役地权利人。因共有人的姓名、名称发生变化的，可以由姓名、名称发生变化的权利人申请；因不动产自然状况变化申请变更登记的，可以由共有人一人或多人申请。

13.2.3　申请材料

申请地役权变更登记，提交的材料包括：

1　不动产登记申请书；

2　申请人身份证明；

3　不动产登记证明；

4　地役权变更的材料，包括：

（1）权利人姓名或者名称、身份证明类型或者身份证明号码发生变化的，提交能够证实其身份变更的材料；

（2）需役地或者供役地的面积发生变化的，提交有批准权的人民政府或其主管部门的批准文件以及变更后的权籍调查表、宗地图和宗地界址坐标等不动产权籍调查成果；

（3）共有性质变更的，提交共有性质变更协议；

（4）地役权内容发生变化的，提交地役权内容变更的协议。

5　法律、行政法规以及《实施细则》规定的其他材料。

13.2.4　审查要点

不动产登记机构在审核过程中应注意以下要点：

1　申请变更登记的地役权是否已经登记；

2　地役权的变更材料是否齐全、有效；

3　申请变更事项与变更登记文件记载的变更事实是否一致；

4　本规范第4章要求的其他审查事项。

不存在本规范第4.8.2条不予登记情形的，将登记事项记载于不动产登记簿。地役权变更登记，不动产登记机构应当将登记事项分别记载于需役地和供役地的不动产登记簿。

13.3　转移登记

13.3.1　适用

已经登记的地役权不得单独转让、抵押。因土地承包经营权、建设用地使用权等转让发生转移的，当事人应当一并申请地役权转移登记。申请需役地转移登记，需役地权利人拒绝一并申请地役权转移登记的，还应当提供相关的书面材料。

13.3.2　申请主体

地役权转移登记应当由双方共同申请。

13.3.3　申请材料

地役权转移登记与不动产转移登记合并办理，提交的材料包括：

1　不动产登记申请书；

2　申请人身份证明；

3　不动产登记证明；

4　地役权转移合同；

5　法律、行政法规以及《实施细则》规定的其他材料。

13.3.4　审查要点

不动产登记机构在审核过程中应注意以下要点：

1　申请转移登记的地役权是否已经登记；

2 地役权转移的登记原因文件是否齐全、有效；

3 地役权是否为单独转让；

4 按本规范第4章的要求的其他审查事项。

不存在本规范第4.8.2条不予登记情形的，将登记事项记载于不动产登记簿，并向权利人核发不动产登记证明。单独申请地役权转移登记的，不予办理。地役权转移登记，不动产登记机构应当将登记事项分别记载于需役地和供役地不动产登记簿。

13.4 注销登记

13.4.1 适用

已经登记的地役权，有下列情形之一的，当事人可以申请地役权注销登记：

1 地役权期限届满的；

2 供役地、需役地归于同一人的；

3 供役地或者需役地灭失的；

4 人民法院、仲裁委员会的生效法律文书等导致地役权消灭的；

5 依法解除地役权合同的；

6 其他导致地役权消灭的事由。

13.4.2 申请主体

当事人依法解除地役权合同的，应当由供役地、需役地双方共同申请，其他情形可由当事人单方申请。

13.4.3 申请材料

申请地役权注销登记，提交的材料包括：

1 不动产登记申请书；

2 申请人身份证明；

3 不动产登记证明；

4 地役权消灭的材料，包括：

（1）地役权期限届满的，提交地役权期限届满的材料；

（2）供役地、需役地归于同一人的，提交供役地、需役地归于同一人的材料；

（3）供役地或者需役地灭失的，提交供役地或者需役地灭失的材料；

（4）人民法院、仲裁委员会效法律文书等导致地役权消灭的，提交人民法院、仲裁委员会的生效法律文书等材料；

（5）依法解除地役权合同的，提交当事人解除地役权合同的协议。

5 法律、行政法规以及《实施细则》规定的其他材料。

13.4.4 审查要点

不动产登记机构在审核过程中应注意以下要点：

1 注销的地役权是否已经登记；

2 地役权消灭的材料是否齐全、有效；

3 供役地或者需役地灭失的，是否已按规定进行实地查看；

4 本规范第4章要求的其他审查事项。

不存在本规范第4.8.2条不予登记情形的，将登记事项以及不动产登记证明收回、作废等内容记载于不动产登记簿。地役权注销登记，不动产登记机构应当将登记事项分别记载于需役地和供役地不动产登记簿。

14 抵押权登记

14.1 首次登记

14.1.1 适用

在借贷、买卖等民事活动中，自然人、法人或非法人组织为保障其债权实现，依法设立不动产抵押权的，可以由抵押人和抵押权人共同申请办理不动产抵押登记。以建设用地使用权、海域使用权抵押的，该土地、海域上的建筑物、构筑物一并抵押；以建筑物、构筑物抵押的，该建筑物、构筑物占用范围内的建设用地使用权、海域使用权一并抵押。

1 为担保债务的履行，债务人或

者第三人不转移不动产的占有，将该不动产抵押给债权人的，当事人可以申请一般抵押权首次登记；

2　为担保债务的履行，债务人或者第三人对一定期间内将要连续发生的债权提供担保不动产的，当事人可以申请最高额抵押权首次登记；

3　以正在建造的建筑物设定抵押的，当事人可以申请建设用地使用权及在建建筑物抵押权首次登记。

14.1.2　抵押财产范围

以下列财产进行抵押的，可以申请办理不动产抵押登记：

1　建设用地使用权；

2　建筑物和其他土地附着物；

3　海域使用权；

4　土地经营权；

5　正在建造的建筑物；

6　法律、行政法规未禁止抵押的其他不动产。

14.1.3　不得办理抵押登记的财产范围

对于法律禁止抵押的下列财产，不动产登记机构不得办理不动产抵押登记：

1　土地所有权、海域所有权；

2　宅基地、自留地、自留山等集体所有的土地使用权，但法律规定可以抵押的除外；

3　学校、幼儿园、医疗机构、养老机构等为公益目的成立的非营利法人的教育设施、医疗卫生设施、养老设施和其他社会公益设施；

4　所有权、使用权不明或者有争议的不动产；

5　依法被查封的不动产；

6　法律、行政法规规定不得抵押的其他不动产。

14.1.4　申请主体

抵押权首次登记应当由抵押人和抵押权人共同申请。

14.1.5　申请材料

申请抵押权首次登记，提交的材料包括：

1　不动产登记申请书；

2　申请人身份证明；

3　不动产权属证书。

4　主债权合同。最高额抵押的，应当提交一定期间内将要连续发生债权的合同或者其他登记原因文件等必要材料；

5　抵押合同。主债权合同中包含抵押条款的，可以不提交单独的抵押合同书。最高额抵押的，应当提交最高额抵押合同。

6　下列情形还应当提交以下材料：

（1）同意将最高额抵押权设立前已经存在的债权转入最高额抵押担保的债权范围的，应当提交已存在债权的合同以及当事人同意将该债权纳入最高额抵押权担保范围的书面材料；

（2）在建建筑物抵押的，应当提交建设工程规划许可证；

7　法律、行政法规以及《实施细则》规定的其他材料。

14.1.6　审查要点

不动产登记机构在审核过程中应注意以下要点：

1　抵押财产是否已经办理不动产登记；

2　抵押财产是否属于法律、行政法规禁止抵押的不动产；

3　抵押合同上记载的抵押人、抵押权人、被担保主债权的数额或种类、担保范围、债务履行期限、抵押不动产是否明确；最高额抵押权登记的，最高债权额限度、债权确定的期间是否明确；

4　申请人与不动产权证书或不动产登记证明、主债权合同、抵押合同、最高额抵押合同等记载的主体是否一致；

5 在建建筑物抵押的，抵押财产不包括已经办理预告登记的预购商品房和已办理预售合同登记备案的商品房；

6 在建建筑物抵押，应当实地查看的，是否已实地查看；

7 有查封登记的，不予办理抵押登记，但在商品房抵押预告登记后办理的预查封登记，不影响商品房抵押预告登记转抵押权首次登记；

8 办理抵押预告登记转抵押权首次登记，抵押权人与抵押预告登记权利人是否一致；

9 同一不动产上设有多个抵押权的，应当按照受理时间的先后顺序依次办理登记；

10 登记申请是否违反法律、行政法规的规定；

11 本规范第 4 章要求的其他审查事项。

不存在本规范第 4.8.2 条不予登记情形的，记载不动产登记簿后向抵押权人核发不动产登记证明。

14.2 变更登记

14.2.1 适用

已经登记的抵押权，因下列情形发生变更的，当事人可以申请抵押权变更登记：

1 权利人姓名或者名称、身份证明类型或者身份证明号码发生变化的；

2 担保范围发生变化的；

3 抵押权顺位发生变更的；

4 被担保的主债权种类或者数额发生变化的；

5 债务履行期限发生变化的；

6 最高债权额发生变化的；

7 最高额抵押权债权确定的期间发生变化的；

8 法律、行政法规规定的其他情形。

14.2.2 申请主体

申请抵押权变更登记，应当由抵押人和抵押权人共同申请。因抵押人或抵押权人姓名、名称发生变化的，可由发生变化的当事人单方申请；不动产坐落、名称发生变化的，可由抵押人单方申请。

14.2.3 申请材料

申请抵押权变更登记，提交的材料包括：

1 不动产登记申请书；

2 申请人身份证明；

3 不动产权证书和不动产登记证明；

4 抵押权变更的材料，包括：

（1）抵押权人或者抵押人姓名、名称变更的，提交能够证实其身份变更的材料；

（2）担保范围、抵押权顺位、被担保债权种类或者数额、债务履行期限、最高债权额、债权确定期间等发生变更的，提交抵押人与抵押权人约定相关变更内容的协议；

5 因抵押权顺位、被担保债权数额、最高债权额、担保范围、债务履行期限发生变更等，对其他抵押权人产生不利影响的，还应当提交其他抵押权人的书面同意文件和身份证明文件；

6 法律、行政法规以及《实施细则》规定的其他材料。

14.2.4 审查要点

不动产登记机构在审核过程中应注意以下要点：

1 申请变更登记的抵押权是否已经登记；

2 抵押权变更的材料是否齐全、有效；

3 申请变更的事项与变更登记文件记载的变更事实是否一致；

4　抵押权变更影响其他抵押权人利益的，是否已经其他抵押权人书面同意；

5　本规范第4章要求的其他审查事项。

不存在本规范第4.8.2条不予登记情形的，将登记事项记载于不动产登记簿。

14.3　转移登记

14.3.1　适　用

因主债权转让导致抵押权转让的，当事人可以申请抵押权转移登记。

最高额抵押权担保的债权确定前，债权人转让部分债权的，除当事人另有约定外，不得办理最高额抵押权转移登记。债权人转让部分债权，当事人约定最高额抵押权随同部分债权的转让而转移的，应当分别申请下列登记：

1　当事人约定原抵押权人与受让人共同享有最高额抵押权的，应当申请最高额抵押权转移登记和最高额抵押权变更登记；

2　当事人约定受让人享有一般抵押权、原抵押权人就扣减已转移的债权数额后继续享有最高额抵押权的，应当一并申请一般抵押权转移登记和最高额抵押权变更登记；

3　当事人约定原抵押权人不再享有最高额抵押权的，应当一并申请最高额抵押权确定登记和一般抵押权转移登记。

14.3.2　申请主体

抵押权转移登记应当由不动产登记簿记载的抵押权人和债权受让人共同申请。

14.3.3　申请材料

申请抵押权转移登记，提交的材料包括：

1　不动产登记申请书；

2　申请人身份证明；

3　不动产权证书和不动产登记证明；

4　抵押权转移的材料，包括：

（1）申请一般抵押权转移登记的，还应当提交被担保主债权的转让协议；

（2）申请最高额抵押权转移登记的，还应当提交部分债权转移的材料、当事人约定最高额抵押权随同部分债权的转让而转移的材料；

（3）债权人已经通知债务人的材料。

5　法律、行政法规以及《实施细则》规定的其他材料。

14.3.4　审查要点

不动产登记机构在审核过程中应注意以下要点：

1　申请转移登记的抵押权是否已经登记；

2　申请转移登记的材料是否齐全、有效；

3　申请转移的抵押权与抵押权转移登记申请材料的记载是否一致；

4　本规范第4章要求的其他审查事项。

不存在本规范第4.8.2条不予登记情形的，将登记事项记载于不动产登记簿，并向权利人核发不动产登记证明。

14.4　注销登记

14.4.1　适　用

已经登记的抵押权，发生下列情形之一的，当事人可以申请抵押权注销登记：

1　主债权消灭的；

2　抵押权已经实现的；

3　抵押权人放弃抵押权的；

4　因人民法院、仲裁委员会的生效法律文书致使抵押权消灭的；

5　法律、行政法规规定抵押权消灭的其他情形。

14.4.2　申请主体

不动产登记簿记载的抵押权人与抵

押人可以共同申请抵押权的注销登记。

债权消灭或抵押权人放弃抵押权的，抵押权人可以单方申请抵押权的注销登记。

人民法院、仲裁委员会生效法律文书确认抵押权消灭的，抵押人等当事人可以单方申请抵押权的注销登记。

14.4.3 申请材料

申请抵押权注销登记，提交的材料包括：

1 不动产登记申请书；

2 申请人身份证明；

3 抵押权消灭的材料；

4 抵押权人与抵押人共同申请注销登记的，提交不动产权证书和不动产登记证明；抵押权人单方申请注销登记的，提交不动产登记证明；抵押人等当事人单方申请注销登记的，提交证实抵押权已消灭的人民法院、仲裁委员会作出的生效法律文书；

5 法律、行政法规以及《实施细则》规定的其他材料。

14.4.4 审查要点

不动产登记机构在审核过程中应注意以下要点：

1 申请注销的抵押权是否已经登记；

2 申请抵押权注销登记的材料是否齐全、有效；

3 申请注销的抵押权与抵押权注销登记申请材料的记载是否一致；

4 本规范第4章要求的其他审查事项。

不存在本规范第4.8.2条不予登记情形的，将登记事项以及不动产登记证明收回、作废等内容记载于不动产登记簿。

15 预告登记

15.1 预告登记的设立

15.1.1 适用

有下列情形之一的，当事人可以按照约定申请不动产预告登记：

1 商品房等不动产预售的；

2 不动产买卖、抵押的；

3 以预购商品房设定抵押权的；

4 法律、行政法规规定的其他情形。

15.1.2 申请主体

预告登记的申请主体应当为买卖房屋或者其他不动产物权的协议的双方当事人。预购商品房的预售人和预购人订立商品房买卖合同后，预售人未按照约定与预购人申请预告登记时，预购人可以单方申请预告登记。

15.1.3 申请材料

申请预告登记，申请人提交的材料包括：

1 不动产登记申请书；

2 申请人身份证明；

3 当事人关于预告登记的约定；

4 属于下列情形的，还应当提交下列材料：

（1）预购商品房的，提交已备案的商品房预售合同。依法应当备案的商品房预售合同，经县级以上人民政府房产管理部门或土地管理部门备案，作为登记的申请材料。

（2）以预购商品房等不动产设定抵押权的，提交不动产登记证明以及不动产抵押合同、主债权合同；

（3）不动产转移的，提交不动产权属证书、不动产转让合同；

（4）不动产抵押的，提交不动产权属证书、不动产抵押合同和主债权合同。

5 预售人与预购人在商品房预售合同中对预告登记附有条件和期限的，预购人应当提交相应材料。

6 法律、行政法规以及《实施细则》规定的其他材料。

买卖房屋或者其他不动产物权的协

议中包括预告登记的约定或对预告登记附有条件和期限的约定，可以不单独提交相应材料。

15.1.4 审查要点

不动产登记机构在审核过程中应注意以下要点：

1 申请预购商品房预告登记的，其预售合同是否已经备案；申请预购商品房抵押预告登记的，是否已经办理预购商品房预告登记；申请其他预告登记的，不动产物权是否已经登记；

2 申请人与申请材料记载的主体是否一致；

3 申请登记的内容与登记原因文件或者权属来源材料是否一致；

4 不动产买卖、抵押的，预告登记内容是否与不动产登记簿记载的有关内容冲突；

5 不动产被查封的，不予办理；

6 本规范第4章要求的其他审查事项。

不存在本规范第4.8.2条不予登记情形的，记载不动产登记簿后向申请人核发不动产登记证明。

15.2 预告登记的变更

15.2.1 适用

因当事人的姓名、名称、身份证明类型或者身份证明号码等发生变更的，当事人可申请预告登记的变更。

15.2.2 申请主体

预告登记变更可以由不动产登记簿记载的当事人单方申请。

15.2.3 申请材料

申请预告登记的变更，申请人提交的材料包括：

1 不动产登记申请书；

2 申请人身份证明；

3 预告登记内容发生变更的材料；

4 法律、行政法规以及《实施细则》规定的其他材料。

15.2.4 审查要点

不动产登记机构在审核过程中应注意以下要点：

1 申请变更登记的材料是否齐全、有效；

2 申请人与申请材料记载的主体是否一致；

3 变更登记的事项与申请变更登记的材料记载的内容是否一致；

4 申请登记事项与不动产登记簿的记载是否冲突；

5 本规范第4章要求的其他审查事项。

不存在本规范第4.8.2条不予登记情形的，将登记事项记载于不动产登记簿。

15.3 预告登记的转移

15.3.1 适 用

有下列情形之一的，当事人可申请预告登记的转移：

1 因继承、受遗赠导致不动产预告登记转移的；

2 因人民法院、仲裁委员会生效法律文书导致不动产预告登记转移的；

3 因主债权转移导致预购商品房抵押预告登记转移的；

4 因主债权转移导致不动产抵押预告登记转移的；

5 法律、行政法规规定的其他情形。

15.3.2 申请主体

预告登记转移的申请人由不动产登记簿记载的预告登记权利人和该预告登记转移的受让人共同申请。因继承、受遗赠、人民法院、仲裁委员会生效法律文书导致不动产预告登记转移的可以单方申请。

15.3.3 申请材料

申请预告登记的转移，申请人提交的材料包括：

1　不动产登记申请书；

2　申请人身份证明；

3　按照不同情形，提交下列材料：

(1) 继承、受遗赠的，按照本规范1.8.6的规定提交材料；

(2) 人民法院、仲裁委员会生效法律文书

(3) 主债权转让的合同和已经通知债务人的材料；

4　法律、行政法规以及《实施细则》规定的其他材料。

15.3.4　审查要点

不动产登记机构在审核过程中应注意以下要点：

1 预告登记转移的登记原因文件是否齐全、有效；

2 申请转移的预告登记与登记申请材料的记载是否一致；

3 申请登记事项与不动产登记簿记载的事项是否冲突；

4 本规范第4章要求的其他审查事项。

不存在本规范第4.8.2条不予登记情形的，将登记事项记载于不动产登记簿，并向权利人核发不动产登记证明。

15.4　预告登记的注销

15.4.1　适用

有下列情形之一的，当事人可申请注销预告登记：

1　买卖不动产物权的协议被认定无效、被撤销、被解除等导致债权消灭的；

2　预告登记的权利人放弃预告登记的；

3　法律、行政法规规定的其他情形。

15.4.2　申请主体

申请人为不动产登记簿记载的预告登记权利人或生效法律文书记载的当事人。预告当事人协议注销预告登记的，申请人应当为买卖房屋或者其他不动产物权的协议的双方当事人。

15.4.3　申请材料

申请注销预告登记，申请人提交的材料包括：

1　不动产登记申请书；

2　申请人身份证明；

3　不动产登记证明；

4　债权消灭或者权利人放弃预告登记的材料；

5　法律、行政法规以及《实施细则》规定的其他材料。

15.4.4　审查要点

不动产登记机构在审核过程中应注意以下要点：

1　预告登记的注销材料是否齐全、有效；

2　不动产作为预告登记权利人的财产被预查封的，不予办理；

3　本规范第4章要求的其他审查事项。

不存在本规范第4.8.2条不予登记情形的，将登记事项以及不动产登记证明收回、作废等内容记载于不动产登记簿。

16　更正登记

16.1　依申请更正登记

16.1.1　适用

权利人、利害关系人认为不动产登记簿记载的事项有错误，或者人民法院、仲裁委员会生效法律文书等确定的不动产权利归属、内容与不动产登记簿记载的权利状况不一致的，当事人可以申请更正登记。

16.1.2　申请主体

依申请更正登记的申请人应当是不动产的权利人或利害关系人。利害关系人应当与申请更正的不动产登记簿记载的事项存在利害关系。

16.1.3　申请材料

申请更正登记提交的材料包括：

1　不动产登记申请书；

2　申请人身份证明；

3　证实不动产登记簿记载事项错误的材料，但不动产登记机构书面通知相关权利人申请更正登记的除外；

4　申请人为不动产权利人的，提交不动产权属证书；申请人为利害关系人的，证实与不动产登记簿记载的不动产权利存在利害关系的材料；

5　法律、行政法规以及《实施细则》规定的其他材料。

16.1.4　审查要点

不动产登记机构在审核过程中应注意以下要点：

1　申请人是否是不动产的权利人或利害关系人；利害关系人申请更正的，利害关系材料是否能够证实申请人与被更正的不动产有利害关系；

2　申请更正的登记事项是否已在不动产登记簿记载；错误登记之后是否已经办理了该不动产转移登记，或者办理了抵押权或地役权首次登记、预告登记和查封登记且未注销的；

3　权利人同意更正的，在权利人出具的书面材料中，是否已明确同意更正的意思表示，并且申请人是否提交了证明不动产登记簿确有错误的证明材料；更正事项由人民法院、仲裁委员会法律文书等确认的，法律文书等材料是否已明确不动产权利归属，是否已经发生法律效力；

4　本规范第4章要求的其他审查事项。

不存在本规范第4.8.2条不予登记情形的，将更正事项记载不动产登记簿，涉及不动产权证书或者不动产登记证明记载内容的，向权利人换发不动产权证书或者不动产登记证明。

16.2　依职权更正登记

16.2.1　适用

不动产登记机构发现不动产登记簿记载的事项有错误，不动产登记机构应书面通知当事人在30个工作日内申请办理更正登记，当事人逾期不办理的，不动产登记机构应当在公告15个工作日后，依法予以更正；但在错误登记之后已经办理了涉及不动产权利处分的登记、预告登记和查封登记的除外。

16.2.2　登记材料

不动产登记机构依职权更正登记应当具备下列材料：

1　证实不动产登记簿记载事项错误的材料；

2　通知权利人在规定期限内办理更正登记的材料和送达凭证；

3　法律、行政法规以及《实施细则》规定的其他材料。

16.2.3　审查要点

不动产登记机构启动更正登记程序后，还应该按照以下要点进行审核：

1　不动产登记机构是否已书面通知相关权利人在规定期限内申请办理更正登记，而当事人无正当理由逾期不申请办理；

2　查阅不动产登记资料，审查登记材料或者有效的法律文件是否能证实不动产登记簿记载错误；

3　在错误登记之后是否已经办理了涉及不动产权利处分的登记、预告登记和查封登记；

4　书面通知的送达对象、期限及时间是否符合规定；

5　更正登记事项是否已按规定进行公告；

6　本规范第4章要求的其他审查事项。

17　异议登记

17.1　异议登记

17.1.1　适用

利害关系人认为不动产登记簿记载的事项有错误，权利人不同意更正的，利害关系人可以申请异议登记。

17.1.2 申请主体

异议登记申请人应当是利害关系人。

17.1.3 申请材料

申请异议登记需提交下列材料：

1 不动产登记申请书；

2 申请人身份证明；

3 证实对登记的不动产权利有利害关系的材料；

4 证实不动产登记簿记载的事项错误的材料；

5 法律、行政法规以及《实施细则》规定的其他材料。

17.1.4 审查要点

不动产登记机构在审核过程中应注意以下要点：

1 利害关系材料是否能够证实申请人与被异议的不动产权利有利害关系；

2 异议登记事项的内容是否已经记载于不动产登记簿；

3 同一申请人是否就同一异议事项提出过异议登记申请；

4 不动产被查封、抵押或设有地役权的，不影响该不动产的异议登记；

5 本规范第4章要求的其他审查事项。

不存在本规范第4.8.2条不予登记情形的，不动产登记机构应即时办理。在记载不动产登记簿后，向申请人核发不动产登记证明。

17.2 注销异议登记

17.2.1 适用

1 异议登记期间，异议登记申请人可以申请注销异议登记；

2 异议登记申请人自异议登记之日起15日内，未提交人民法院受理通知书、仲裁委员会受理通知书等提起诉讼、申请仲裁的，异议登记失效。

17.2.2 申请主体

注销异议登记申请人是异议登记申请人。

17.2.3 申请材料

申请注销异议登记提交的材料包括：

1 不动产登记申请书；

2 申请人身份证明；

3 异议登记申请人申请注销登记的，提交不动产登记证明；或者异议登记申请人的起诉被人民法院裁定不予受理或者予以驳回诉讼请求的材料；

4 法律、行政法规以及《实施细则》规定的其他材料。

17.2.4 审查要点

不动产登记机构在审核过程中应注意以下要点：

1 申请注销异议登记的材料是否齐全、有效；

2 本规范第4章要求的其他审查事项。

不存在本规范第4.8.2条不予登记情形的，不动产登记机构应即时办理，将登记事项内容记载于不动产登记簿。

18 查封登记

18.1 查封登记

18.1.1 适用

不动产登记机构依据国家有权机关的嘱托文件依法办理查封登记的，适用查封登记。

18.2 嘱托查封主体

嘱托查封的主体应当为人民法院、人民检察院或公安机关等国家有权机关。

18.2.1 嘱托材料

办理查封登记需提交下列材料：

1 人民法院、人民检察院或公安机关等国家有权机关送达人的工作证和执行公务的证明文件。委托其他法院送达的，应当提交委托送达函；

2 人民法院查封的，应提交查封或者预查封的协助执行通知书；人民检察院查封的，应提交查封函；公安等国家有权机关查封的，应提交协助查封的有关文件。

18.2.2 审查要点

不动产登记机构接收嘱托文件后，应当要求送达人签名，并审查以下内容：

1 查看嘱托机关送达人的工作证和执行公务的证明文件，并与嘱托查封单位进行核实。委托送达的，委托送达函是否已加盖委托机关公章，是否注明委托事项、受委托机关等；

2 嘱托文件是否齐全、是否符合规定；

3 嘱托文件所述查封事项是否清晰，是否已注明被查封的不动产的坐落名称、权利人及有效的不动产权属证书号。被查封不动产的内容与不动产登记簿的记载是否一致；

4 本规范第4章要求的其他审查事项。

不动产登记机构不对查封机关送达的嘱托文件进行实体审查。不动产登记机构认为登记事项存在异议的，不动产登记机构应当办理查封登记，并向嘱托机关提出审查建议。不动产登记机构审查后符合登记条件的，应即时将查封登记事项记载于不动产登记簿。

18.2.3 因两个或以上嘱托事项查封同一不动产的，不动产登记机构应当为先送达查封通知书的嘱托机关办理查封登记，对后送达的嘱托机关办理轮候查封登记。轮候查封登记的顺序按照嘱托机关嘱托文书依法送达不动产登记机构的时间先后进行排列。

不动产在预查封期间登记在被执行人名下的，预查封登记自动转为查封登记，预查封转为正式查封后，查封期限从预查封之日起计算。

18.3 注销查封登记

18.3.1 适用

1 查封期间，查封机关解除查封的，不动产登记机构应当根据其嘱托文件办理注销查封登记。

2 不动产查封、预查封期限届满，查封机关未嘱托解除查封、解除预查封或续封的，查封登记失效。

18.3.2 登记材料

办理注销查封登记需提交下列材料：

1 人民法院、人民检察院或公安机关等国家有权机关送达人的工作证和执行公务的证明文件。委托其他法院送达的，应提交委托送达函；

2 人民法院解除查封的，提交解除查封或解除预查封的协助执行通知书；公安机关等人民政府有权机关解除查封的，提交协助解除查封通知书；人民检察院解除查封的，提交解除查封函。

3 法律、行政法规以及《实施细则》规定的其他材料。

18.3.3 审查要点

不动产登记机构接收嘱托文件时，应当要求送达人签名，并审查以下内容：

1 查看嘱托机关送达人的工作证和执行公务的证明文件。委托其他法院送达的，委托送达函是否已加盖委托机关公章，是否注明委托事项、受委托机关等；

2 嘱托文件是否齐全、是否符合规定；

3 嘱托文件所述解除查封事项是否清晰，包括是否注明了解封不动产的名称、权利人及有效的不动产权属证书号。解除查封不动产的内容与不动产登记簿的记载是否一致；

4 本规范第4章要求的其他审查事项。

不动产登记机构审查后符合登记条件的，应将解除查封登记事项记载于不动产登记簿。

19 登记资料管理

19.1 一般规定

19.1.1 登记资料的范围

不动产登记资料包括：

1 不动产登记簿等不动产登记结果；

2 不动产登记原始资料，包括不动产登记申请书、申请人身份证明、不动产权属来源材料、登记原因文件、不动产权籍调查表等申请材料；不动产登记机构查验、询问、实地查看或调查、公告等形成的审核材料；其他有关机关出具的复函、意见以及不动产登记过程中产生的其他依法应当保存的材料等。

不动产登记资料应当由不动产登记机构管理。不动产登记资料中属于归档范围的，应当按照法律、行政法规的规定进行归档管理。

19.1.2 登记资料管理

不动产登记资料由不动产登记机构管理。不动产登记机构应按照以下要求确保不动产登记信息的绝对安全：

1 不动产登记簿等不动产登记结果及权籍图应当永久保存；不动产权籍图包括宗地图、宗海图（宗海位置图、界址图）和房屋平面图等；

2 不动产登记原始资料应当按照规定整理后归档保存和管理；

3 不动产登记资料应当逐步电子化，不动产登记电子登记资料应当通过统一的不动产登记信息管理基础平台进行管理、开发和利用；

4 任何单位和个人不得随意损毁登记资料、不得泄露登记信息；

5 不动产登记机构应当建立符合防火、防盗、防渍、防有害生物等安全保护要求的专门场所，存放不动产登记簿和权籍图等；

6 除法律、行政法规另有规定或者因紧急情况为避免不动产登记簿毁损、灭失外，任何单位或个人不得将不动产登记簿携出不动产登记机构。

19.2 纸质资料管理

19.2.1 保管

不动产登记机构应妥善保管登记资料，防止登记资料污损、遗失，确保登记资料齐全、完整。

19.2.2 移交

登记事项登簿后，不动产登记人员应整理登记资料，填写统一制式的移交清单，将不动产登记原始资料和具有保存价值的其他材料收集、整理，并及时、完整地移交至资料管理部门。

19.2.3 接收

资料管理部门应比对移交清单对移交材料进行检查验收，对符合要求的，资料管理部门应予接收。

19.2.4 立卷

资料立卷宜采用1件1卷的原则，即每办理1件登记所形成的材料立1个卷。资料的立卷应包括：卷内材料的排列与编号、卷内目录和备考表的编制、卷皮和资料盒或资料袋的编写工作，并应符合下列规定：

1 卷内材料应按下列顺序排列：

（1）目录；

（2）结论性审核材料；

（3）过程性审核材料；

（4）当事人提供的登记申请材料；

（5）图纸；

（6）其他；

（7）备考表。

2 卷内材料应每1页材料编写1个页号。单面书写的材料应在右上角编写页号；双面书写的材料，应在正面右上角、背面左上角编写页号。图表、照片可编在与此相应位置的空白处或其背面；卷内目录、备考表可不编页号。编写页号应使用阿拉伯数字，起始号码从“1”开始。

3 卷内目录编制应符合下列规定：

（1）顺序号应按卷内材料的排列顺序，每份材料应编1个顺序号，不得重复、遗漏；

（2）材料题名应为材料自身的标题，不得随意更改和省略。如材料没有标题，应根据材料内容拟写一个标题；

（3）页次应填写该材料所在的起始页，最后页应填起止页号；

（4）备注应填写需注明的内容。

4 备考表的编制应符合下列规定：

（1）立卷人应为负责归档材料立卷装订的人员；

（2）检查人应为负责检查归档材料立卷装订质量的人员；

（3）日期应为归档材料立卷装订完毕的日期。

5 卷皮与资料盒或资料袋项目的填写可采用计算机打印或手工填写。手工填写时应使用黑色墨水或墨汁填写，字体工整，不得涂改。

19.2.5 编号

资料编号可采用归档流水号统一制定编号规则。

19.2.6 装订

资料装订应符合下列规定：

1 材料上的金属物应全部剔除干净，操作时不得损坏材料，不得对材料进行剪裁；

2 破损的或幅面过小的材料应采用A4白衬纸托裱，1页白衬纸应托裱1张材料，不得托裱2张及以上材料；字迹扩散的应复制并与原件一起存档，原件在前，复制件在后；

3 幅面大于A4的材料，应按A4大小折叠整齐，并预留出装订边际；

4 卷内目录题名与卷内材料题名、卷皮姓名或名称与卷内材料姓名或名称应保持一致。姓名或名称不得用同音字或随意简化字代替；

5 卷内材料应向左下角对齐，装订孔中心线距材料左边际应为12.5MM；

6 应在材料左侧采用线绳装订；

7 材料折叠后过厚的，应在装订线位置加入垫片保持其平整；

8 卷内材料与卷皮装订在一起的，应整齐美观，不得压字、掉页，不得妨碍翻阅。

19.2.7 入库

纸质资料整理装订完毕，宜消毒除尘后入库。

19.2.8 上架

纸质资料入库后，宜及时上架，以备查验和利用。

19.2.9 保管

不动产登记资料保管，应符合下列规定：

1 资料库房应安装温湿度记录仪、配备空调及去湿、增湿设备，并应定期进行检修、保养；库房的温度应控制在14℃~24℃，相对湿度应控制在45%~60%；

2 资料库房应配备消防器材，并应按要求定期进行检查和更换；应安全使用电器设备，并应定期检查电器线路；库房内严禁明火装置和使用电炉及存放易燃易爆物品；库房内应安装防火及防盗自动报警装置，并应定期检查；

3 资料库房人工照明光源宜选用白炽灯，照度不宜超过100LX；当采用荧光灯时，应对紫外线进行过滤；不宜采用自然光源，当有外窗时应采取遮阳措施，资料在任何情况下均应避免阳光直射；

4 资料密集架应与地面保持80mm以上距离，其排列应便于通风降湿；

5 应检查虫霉、鼠害。当发现虫霉、鼠害时，应及时投放药剂，灭菌杀虫；

6 应配备吸尘器，加装密封门。有条件的可设置空气过滤装置。

19.3 电子资料管理

19.3.1 一般规定

电子资料的范围应包括电子资料目录、电子登记簿和纸质资料的数字化加工处理成果。

1 电子资料应以1次登记为1件，按件建立电子资料目录；

2 电子登记簿应按宗地（宗海）为单位建立并应与电子资料目录形成关联；

3 不动产登记纸质资料宜进行数字化处理。

19.3.2 纸质资料数字化处理

数字化处理基本流程应包括案卷整理、资料扫描、图像处理、图像存储、数据挂接、数据关联、数据验收、数据备份与异地保存。

数字化扫描处理应符合下列规定：

1 扫描应根据资料幅面的大小选择相应规格的扫描设备，大幅面资料可采用大幅面扫描仪，也可采用小幅面扫描后的图像拼接方式处理；

2 对页面为黑白二色且字迹清晰、不带插图的资料，可采用黑白二值模式进行扫描；对页面为黑白二色，但字迹清晰度差或带有插图的资料，以及页面为多色文字的资料，可采用灰度模式扫描；对页面中有红头、印章或插有黑白照片、彩色照片、彩色插图的资料，可采用彩色模式进行扫描；

3 当采用黑白二值、灰度、彩色等模式对资料进行扫描时，其分辨率宜选择大于或等于100DPI；在文字偏小、密集、清晰度较差等特殊情况下，可适当提高分辨率；

4 对粘贴折页，可采用大幅面扫描仪扫描，或先分部扫描后拼接；对部分字体很小、字迹密集的情况，可适当提高扫描分辨率，选择灰度扫描或彩色扫描，采用局部深化技术解决；对字迹与表格颜色深度不同的，采用局部淡化技术解决；对页面中有黑白或彩色照片的材料，可采用JPEG、TIF等格式储存，应确保照片清晰度。

数字化图像处理应符合下列规定：

1 对出现偏斜的图像应进行纠偏处理；对方向不正确的图像应进行旋转还原；

2 对图像页面中出现的影响图像质量的杂质，应进行去污处理。处理过程中应遵循在不影响可懂度的前提下展现资料原貌的原则；

3 对大幅面资料进行分区扫描形成的多幅图像，应进行拼接处理，合并为一个完整的图像；

4 彩色模式扫描的图像应进行裁边处理，去除多余的白边。

数字化图像存储应符合下列规定：

1 采用黑白二值模式扫描的图像材料，宜采用TIF格式存储；采用灰度模式和彩色模式扫描的材料，宜采用JPEG格式存储。存储时的压缩率的选择，应以保证扫描的图像清晰可读为前提。提供网络查询的扫描图像，也可存储为CEB、PDF或其他格式；

2 图像材料的命名应确保其唯一性，并应与电子资料目录形成对应。

数字化成果汇总应当符合下列规定：

资料数字化转换过程中形成的电子资料目录与数字化图像，应通过网络及时加载到数据服务器端汇总、验收，并应实现目录数据对相关联的数字图像的自动搜索，数字图像的排列顺序与纸质资料相符。

19.3.3 电子资料数据验收

电子资料数据验收应符合下列规定：

1 对录入的目录数据和不动产登记簿数据应进行抽查，抽查率不得低于10%，错误率不得高于3%；

2 对纸质材料扫描后形成的图像材料应进行清晰度、污渍、黑边、偏斜等图像质量问题的控制；

3 对图像和目录数据挂接应进行抽查，抽查率不得低于10%，错误率不得高于3%。

19.3.4 电子资料备份和异地保存

电子资料备份和异地保存应符合下列规定：

1 电子资料目录、电子登记簿以及纸质资料的数字化加工处理成果均应进行备份；

2 可选择在线增量备份、定时完全备份以及异地容灾备份的备份方式；

3 应至少每天1次做好增量数据和材料备份；

4 应至少每周1次定时做好完全备份，并应根据自身条件，应至少每年1次离线存放。存放地点应符合防火、防盗、防高温、防尘、防光、防潮、防有害气体和防有害生物的要求，还应采用专用的防磁柜存放；

5 应建立异地容灾体系，应对可能的灾害事故。异地容灾的数据存放地点与源数据存放地点距离不得小于20KM，在地震灾害频发地区，间隔距离不宜小于800KM；

6 备份数据应定期进行检验。备份数据检验的主要内容宜包括备份数据正常打开、数据信息完整、材料数量准确等；

7 数据与灾备机房的设计应符合现行国家标准《电子信息系统机房设计规范》GB50174的规定。

20 登记资料查询

20.1 查询主体

下列情形可以依法查询不动产登记资料：

1 权利人可以查询、复制其全部的不动产登记资料；

2 因不动产交易、继承、诉讼等涉及的利害关系人可以查询、复制不动产自然状况、权利人及其不动产查封、抵押、预告登记、异议登记等状况；

3 人民法院、人民检察院、国家安全机关、监察机关以及其他因执行公务需要的国家机关可以依法查询、复制与调查和处理事项有关的不动产登记资料；

4 法律、行政法规规定的其他情形。

查询不动产登记资料的单位和个人应当向不动产登记机构说明查询目的，不得将查询获得的不动产登记资料用于其他目的；未经权利人同意，不得泄露查询获得的不动产登记信息。

20.2 申请材料

申请人申请查询不动产登记资料，应当填写不动产登记机构制定的不动产登记资料查询申请书，并应当向不动产登记机构提出申请。查询不动产登记资料提交的材料包括：

1 查询申请书；

2 申请人身份证明材料。委托查询的，应当提交授权委托书和代理人的身份证明材料，境外委托人的授权委托书还需经公证或者认证；

3 利害关系人查询的，提交存在利害关系的材料；

4 人民法院、人民检察院、国家安全机关、监察机关以及其他因执行公务需要的国家机关查询的，应当提供本单位出具的协助查询材料和工作人员的工作证和执行公务的证明文件；

5 法律、行政法规规定的其他材料。

不动产登记簿上记载的权利人通过

设置在具体办理不动产登记的不动产登记机构的终端自动系统查询登记结果的，可以不提交上述材料。

20.3 查询条件

符合下列条件的，不动产登记机构应当予以查询或复制不动产登记资料：

1 查询主体到不动产登记机构来查询的；

2 查询的不动产属于本不动产登记机构的管辖范围；

3 查询申请材料齐全，且符合形式要求；

4 查询主体及其内容符合本规范第20.1条的规定；

5 查询目的明确且不违反法律、行政法规规定；

6 法律、行政法规规定的其他条件。

20.4 出具查询结果

查询人要求出具查询结果证明的，不动产登记机构应当审查申请人的查询目的是否明确，审查是否符合本规范第20.3条规定的查询条件。经审查符合查询条件的，按下列程序办理：

1 申请人签字确认申请材料，并承诺查询结果的使用目的和使用范围；

2 向申请人出具查询结果，并在查询结果或者登记资料复印材料上加盖登记资料查询专用章。

20.5 办理时限

符合查询条件的，不动产登记机构应当当场向申请人提供查询结果。因情况特殊，不能当场提供的，应当在5个工作日内向申请人提供查询结果。

自然资源部
关于印发《土地承包经营权和土地经营权登记操作规范（试行）》等文件的通知

2022年11月8日　　自然资发〔2022〕198号

各省、自治区、直辖市自然资源主管部门，新疆生产建设兵团自然资源局：

为贯彻落实《民法典》《农村土地承包法》《不动产登记暂行条例》及《不动产登记暂行条例实施细则》等法律法规规章，规范开展土地承包经营权和土地经营权登记颁证工作，部研究制定了《土地承包经营权和土地经营权登记操作规范（试行）》《土地承包经营权和土地经营权登记簿页证书样式（试行）》。现印发给你们，请认真贯彻落实。土地经营权登记需要颁发证书的，使用统一的《不动产权证书》样式。重要工作情况要及时报部登记局。

附：

土地承包经营权和土地经营权登记操作规范（试行）

一、土地承包经营权登记

（一）首次登记

1. 适用

依法以家庭承包方式承包农民集体所有或者国家所有依法由农民集体使用的耕地、水域、滩涂等农村土地从事种植业、畜牧业、渔业等农业生产的，可申请土地承包经营权首次登记。

2. 申请主体

以家庭承包方式取得的土地承包经营权首次登记，应由发包方申请。

3. 申请材料

申请土地承包经营权首次登记的材料包括：

（1）不动产登记申请书；

（2）申请人身份证明；

（3）土地承包经营权合同（土地承包合同）；

（4）地籍调查表、宗地图、宗地界址点坐标等地籍调查成果。

4. 审查要点

不动产登记机构在审核过程中应注意以下要点：

（1）土地承包经营权合同（土地承包合同）等土地权属来源材料是否齐全、有效；

（2）申请人、承包方与土地权属来源材料记载的主体是否一致；

（3）地籍调查成果资料是否齐全、规范，地籍调查表记载的权利人、权利类型及其性质等是否准确，宗地图、界址坐标、面积是否符合要求；

（4）《不动产登记操作规范（试行）》等要求的其他审查事项。

不存在《不动产登记操作规范（试行）》等规定不予登记情形的，将登记事项记载于不动产登记簿后，向承包方核发封皮标注“土地承包经营权”字样的不动产权证书。

（二）变更登记

1. 适用

已经登记的土地承包经营权，因下列情形之一发生变更的，当事人可申请土地承包经营权变更登记：

（1）承包方代表姓名或者身份证号码、家庭成员情况发生变化的；

（2）承包土地的地块名称、坐落、界址、面积等发生变化的；

（3）承包期限届满，承包方按照国家有关规定继续承包的；

（4）同一权利人分割或者合并承包土地的；

（5）法律、行政法规规定的其他情形。

2. 申请主体

土地承包经营权变更登记应由不动产登记簿上记载的权利人申请。

3. 申请材料

申请土地承包经营权变更登记的材料包括：

（1）不动产登记申请书，申请人身份证明，不动产权属证书；

（2）承包方代表姓名或者身份证号码、家庭成员情况发生变化的，提交能够证实发生变化的材料；承包方代表姓名或者身份证号码发生变化的，还应当提交变更后的土地承包经营权合同（土地承包合同）；

（3）承包土地的地块名称、坐落、界址、面积等发生变化的，提交变更后的土地承包经营权合同（土地承包合同）；涉及界址范围、面积变化的，还应当提交变更后的地籍调查表、宗地图、宗地界址点坐标等地籍调查成果；

（4）承包期限届满后延包的，提交延包后的土地承包经营权合同（土地承包合同）；

（5）同一权利人分割或者合并承包土地的，提交变更后的土地承包经营权合同（土地承包合同），以及变更后的地籍调查表、宗地图、宗地界址点坐标等地籍调查成果。

4. 审查要点

不动产登记机构在审核过程中应注意以下要点：

（1）申请变更登记的土地承包经营权是否已经登记；（2）申请土地承包经营权的变更材料是否齐全、有效；

（3）申请变更事项是否与变更材料记载的变更事实一致；

（4）申请登记事项与不动产登记簿的记载是否冲突；

（5）《不动产登记操作规范（试行）》等要求的其他审查事项。

不存在《不动产登记操作规范（试行）》等规定不予登记情形的，将登记事项记载于不动产登记簿后，向承包方核发封皮标注“土地承包经营权”字样的不动产权证书。对于延包中因土地承包合同期限变化直接顺延的，由发包方统一组织承包方申请变更登记，登记机构依据延包合同在登记簿上做相应变更，在原农村土地承包经营权证书上标注记载，加盖不动产登记专用章。家庭成员情况发生变化的，登记机构在不动产登记簿和不动产权属证书“承包方家庭成员情况”的“备注”栏中说明。

（三）转移登记

1. 适用

已经登记的土地承包经营权，因下列情形之一导致权利发生转移的，当事人可申请土地承包经营权转移登记：

（1）集体经济组织内部互换、转让；

（2）因人民法院、仲裁机构的生效法律文书导致权利发生转移的；

（3）因家庭关系、婚姻关系等变化导致土地承包经营权发生转移的；

（4）法律、行政法规规定的其他情形。

2. 申请主体

土地承包经营权转移登记应由双方当事人共同申请。符合《不动产登记暂行条例》《不动产登记操作规范（试行）》等规定情形的，可单方申请。

3. 申请材料

土地承包经营权转移登记的材料包括：

（1）不动产登记申请书，申请人身份证明，不动产权属证书；

（2）互换的，提交互换协议，以及变更后的土地承包经营权合同（土地承包合同）；

（3）转让的，提交转让协议，以及受让方同发包方新签订的土地承包经营权合同（土地承包合同）；

（4）因人民法院、仲裁机构的生效法律文书导致权利发生转移的，提交人民法院、仲裁机构的生效法律文书；

（5）因家庭关系、婚姻关系等变化导致土地承包经营权发生转移的，提交能够证实家庭关系、婚姻关系等发生变化的材料以及变更后的土地承包经营权合同（土地承包合同）；涉及分割或者合并的，还应当提交变更后的地籍调查表、宗地图、宗地界址点坐标等地籍调查成果。

4. 审查要点

不动产登记机构在审核过程中应注意以下要点：

（1）申请转移登记的土地承包经营权是否已经登记；

（2）申请转移登记的材料是否齐全、有效；

（3）申请转移的土地承包经营权与登记原因文件的记载是否一致；

（4）申请登记事项与登记簿的记载是否冲突；

（5）《不动产登记操作规范（试行）》等要求的其他审查事项。

不存在《不动产登记操作规范（试行）》等规定不予登记情形的，将登记事项记载于不动产登记簿后，向承包方核发封皮标注“土地承包经营权”字样的不动产权证书。

（四）注销登记

1. 适用

已经登记的土地承包经营权，有下列情形之一的，当事人可申请土地承包经营权注销登记：

（1）承包经营的土地灭失的；

（2）承包经营的土地被依法征收或者转为建设用地的；

（3）发包方依法收回或者承包方依法、自愿交回的；

（4）承包方放弃土地承包经营权的；

（5）农村承包经营户（承包方）消亡的；

（6）因人民法院、仲裁机构的生效法律文书导致权利消灭的；

（7）法律、行政法规规定的其他情形。

2. 申请主体

土地承包经营权注销登记应由不动产登记簿记载的权利人申请。承包经营的土地灭失、农村承包经营户（承包方）消亡的，可由发包方申请。承包经营的土地被依法征收、人民法院或者仲裁机构的生效法律文书导致权利消灭的，可依嘱托或由发包方申请。

3. 申请材料

申请土地承包经营权注销登记的材料包括：

（1）不动产登记申请书，申请人身份证明，不动产权属证书；

（2）承包经营的土地灭失的，提交证实灭失的材料；

（3）承包经营的土地被依法征收的，提交有批准权的人民政府征收决定书；承包经营的土地被依法转为建设用地的，提交证实土地被依法转为建设用地的材料；

（4）发包方依法收回或者承包方依法、自愿交回的，提交相关材料；

（5）承包方放弃土地承包经营权的，提交承包方放弃土地承包经营权的书面材料。设有地役权、土地经营权、土地经营权上设有抵押权或者已经办理查封登记的，需提交地役权人、土地经营权人、抵押权人或者查封机关同意注销的书面材料；

（6）农村承包经营户（承包方）消亡的，提交农村承包经营户（承包方）消亡的材料；

（7）因人民法院或者仲裁机构生效法律文书等导致土地承包经营权消灭的，提交人民法院或者仲裁机构生效法律文书。

4. 审查要点

不动产登记机构在审核过程中应注意以下要点：

（1）申请注销登记的土地承包经营权是否已经登记；

（2）申请土地承包经营权的注销材料是否齐全、有效；

（3）承包方放弃土地承包经营权申请注销登记的，该土地是否存在查封或者设有地役权、土地经营权等权利，存在土地经营权的是否设有抵押权；存在查封或者设有地役权、土地经营权、抵押权等权利的，应经查封机关、地役权人、土地经营权人、抵押权人同意；

（4）申请登记事项与登记簿的记载是否冲突；

（5）《不动产登记操作规范（试行）》等要求的其他审查事项。

不存在《不动产登记操作规范（试行）》等规定不予登记情形的，将登记事项以及不动产权属证书收回、作废等内容记载于不动产登记簿。

二、土地经营权登记

（一）首次登记

1. 适用

有下列情形之一的，可申请土地经营权首次登记：

（1）已经办理土地承包经营权首次登记，承包方依法采取出租（转包）、入股或者其他方式向他人流转土地经营权且土地经营权流转期限为五年以上的；

（2）不宜采取家庭承包方式的荒山、荒沟、荒丘、荒滩等农村土地，通过招标、拍卖、公开协商等方式承包的。

2. 申请主体

土地经营权首次登记，依照下列规定提出申请：

（1）已经办理土地承包经营权首次登记的，承包方依法采取出租（转包）、入股或者其他方式向他人流转土地经营权且土地经营权流转期限为五年以上的，应由土地经营权流转双方共同申请；

（2）不宜采取家庭承包方式的荒山、荒沟、荒丘、荒滩等农村土地，通过招标、拍卖、公开协商等方式承包的，应由承包方申请。

3. 申请材料

申请土地经营权首次登记的材料包括：

（1）不动产登记申请书，申请人身份证明；

（2）权属来源材料，包括：①采取出租（转包）、入股或者其他方式向他人流转土地经营权，提交不动产权属证书和土地经营权流转合同；②不宜采取家庭承包方式的荒山、荒沟、荒丘、荒滩等农村土地，通过招标、拍卖、公开协商等方式承包的，提交土地承包合同；

（3）地籍调查表、宗地图、宗地界址点坐标等地籍调查成果。

4. 审查要点

不动产登记机构在审核过程中应注意以下要点：

（1）流转的土地经营权期限是否未超过土地承包经营权的剩余期限，流转期限是否在五年以上；

（2）流转取得土地经营权的，是否已依法取得土地承包经营权并办理登记；

（3）申请土地权属来源材料是否齐全、有效；

（4）申请人与土地承包合同或者土地经营权流转合同等权属来源材料记载的主体是否一致；

（5）地籍调查成果资料是否齐全、规范，地籍调查表记载的权利人、权利类型及其性质等是否准确；

（6）《不动产登记操作规范（试行）》等要求的其他审查事项。

不存在《不动产登记操作规范（试行）》等规定不予登记情形的，将登记事项记载于不动产登记簿后，向权利人核发不动产权证书。

（二）变更登记

1. 适用

已经登记的土地经营权有下列情形

之一的，可申请土地经营权变更登记：

（1）权利人姓名或者名称、身份证明类型或者身份证明号码等事项发生变化的；

（2）土地坐落、界址、用途、面积等发生变化的；

（3）同一权利人分割或者合并土地的；

（4）土地经营权期限变更的；

（5）法律、行政法规规定的其他情形。

2. 申请主体

土地经营权变更登记应由不动产登记簿记载的权利人申请。

3. 申请材料

申请土地经营权变更登记的材料包括：

（1）不动产登记申请书，申请人身份证明，不动产权属证书；

（2）权利人姓名或者名称、身份证明类型或者身份证明号码发生变化的，提交能够证实其身份变更的材料以及变更后的土地经营权合同；

（3）土地坐落、面积、界址范围发生变化的，或者同一权利人分割或者合并土地的，提交变更后的土地经营权合同以及变更后的地籍调查表、宗地图、宗地界址点坐标等地籍调查成果；

（4）土地用途发生变化的，提交能够证实用途发生变化的材料以及变更后的土地经营权合同；

（5）土地经营权期限发生变化的，提交能够证实流转期限发生变化的协议以及变更后的土地经营权合同。

4. 审查要点

不动产登记机构在审核过程中应注意以下要点：

（1）申请变更登记的土地经营权是否已经登记；

（2）申请土地经营权的变更材料是否齐全、有效；

（3）申请变更事项是否与变更材料记载的变更事实一致；

（4）申请登记事项与不动产登记簿的记载是否冲突；

（5）《不动产登记操作规范（试行）》等要求的其他审查事项。

不存在《不动产登记操作规范（试行）》等规定不予登记情形的，将登记事项记载于不动产登记簿后，向权利人核发不动产权证书。

（三）转移登记

1. 适用

已经登记的土地经营权，因下列情形之一导致权利发生转移的，可申请土地经营权转移登记：

（1）依法采取出租（转包）、入股或者其他方式向他人流转土地经营权后，受让方再流转土地经营权的；

（2）不宜采取家庭承包方式的荒山、荒沟、荒丘、荒滩等农村土地，通过招标、拍卖、公开协商等方式承包农村土地取得土地经营权后，依法采取出租、入股或者其他方式流转土地经营权的；

（3）不宜采取家庭承包方式的荒山、荒沟、荒丘、荒滩等农村土地，通过招标、拍卖、公开协商等方式承包农村土地取得土地经营权，承包期内承包人死亡，其继承人继续承包的；

（4）因人民法院、仲裁机构的生效法律文书导致权利发生转移的；

（5）法律、行政法规规定的其他情形。

2. 申请主体

土地经营权转移登记应由双方当事人共同申请。符合《不动产登记暂行条例》《不动产登记操作规范（试行）》等规定情形的，可单方申请。

3. 申请材料

土地经营权转移登记的材料包括：

（1）不动产登记申请书，申请人身份证明，不动产权属证书；

（2）依法采取出租（转包）、入股或者其他方式向他人流转土地经营权后，受让方再流转土地经营权的，提交经承包方书面同意的材料、本集体经济组织备案的材料以及流转协议；

（3）不宜采取家庭承包方式的荒山、荒沟、荒丘、荒滩等农村土地，通过招标、拍卖、公开协商等方式承包农村土地取得土地经营权后，依法采取出租、入股或者其他方式流转土地经营权的，提交相关流转协议；

（4）因人民法院、仲裁机构的生效法律文书导致权利发生转移的，提交人民法院、仲裁机构的生效法律文书；

（5）因继承取得的，提交能够证实继承人继续依法承包的材料。

4. 审查要点

不动产登记机构在审核过程中应注意以下要点：

（1）申请转移登记的土地经营权是否已经登记；

（2）申请转移登记的材料是否齐全、有效；

（3）申请转移的土地经营权与登记原因文件的记载是否一致；

（4）申请登记事项与登记簿的记载是否冲突；

（5）流转的土地经营权期限是否超过原土地经营权的剩余期限；

（6）设有抵押权的，是否记载存在禁止或者限制抵押不动产转让的约定；

（7）通过招标、拍卖、公开协商等方式承包农村土地取得土地经营权，承包期内承包人死亡，其继承人继续承包的，审查是否在承包期内以及依法取得土地经营权；

（8）《不动产登记操作规范（试行）》等要求的其他审查事项。

不存在《不动产登记操作规范（试行）》等规定不予登记情形的，将登记事项记载于不动产登记簿后，向权利人核发不动产权证书。

（四）注销登记

1. 适用

已经登记的土地经营权，有下列情形之一的，可申请土地经营权注销登记：

（1）土地经营权期限届满的；

（2）土地被依法征收或者转为建设用地的；

（3）土地灭失的；

（4）依法解除土地经营权流转合同或者发包方依法终止土地经营权流转合同的；

（5）土地经营权人放弃土地经营权的；

（6）因人民法院、仲裁机构的生效法律文书导致权利消灭的；

（7）法律、行政法规规定的其他情形。

因流转取得的土地经营权，土地被依法征收或者转为建设用地、土地灭失、土地承包经营权消灭的，当事人应当一并申请土地承包经营权注销登记和土地经营权注销登记。

2. 申请主体

土地经营权注销登记应由不动产登记簿记载的权利人申请。土地经营权期限届满、土地灭失的，可由发包方或者土地承包经营权人申请注销。土地被依法征收、人民法院或者仲裁机构的生效法律文书导致权利消灭的，可依嘱托或由承包方申请。

3. 申请材料

申请土地经营权注销登记的材料包括：

（1）不动产登记申请书，申请人身份证明，不动产权属证书；

（2）土地被依法征收的，提交有批

准权的人民政府征收决定书；土地被依法转为建设用地的，提交土地被依法转为建设用地的材料；

（3）土地灭失的，提交能够证实灭失的材料；

（4）依法解除土地经营权流转合同或者发包方依法终止土地经营权流转合同的，提交能够证实合同依法解除或者依法终止的材料；

（5）土地经营权人放弃土地经营权的，提交土地经营权人放弃土地经营权的书面材料。土地经营权上设有抵押权、地役权或者已经办理查封登记的，还需提供抵押权人、地役权人或者查封机关同意放弃的书面材料；

（6）因人民法院或者仲裁机构生效法律文书等导致土地承包经营权消灭的，提交人民法院或者仲裁机构生效法律文书。

4. 审查要点

不动产登记机构在审核过程中应注意以下要点：

（1）申请注销登记的土地经营权是否已经登记；

（2）申请土地经营权的注销材料是否齐全、有效；

（3）放弃土地经营权申请注销登记的，该土地是否存在查封或者设有地役权、抵押权等权利；存在查封或者设有地役权、抵押权等权利的，应经查封机关、地役权人、抵押权人同意；

（4）申请登记事项与登记簿的记载是否冲突；

（5）《不动产登记操作规范（试行）》等要求的其他审查事项。

不存在《不动产登记操作规范（试行）》等规定不予登记情形的，将登记事项以及不动产权属证书收回、作废等内容记载于不动产登记簿。

三、抵押权登记（土地经营权）

（一）首次登记

1. 适用

在借贷、买卖等民事活动中，自然人（含农村承包经营户）、法人或非法人组织在土地经营权上依法设立抵押权的，可以由抵押人和抵押权人共同申请办理不动产抵押权首次登记。

（1）为担保债务的履行，债务人或者第三人不转移不动产的占有，将该土地经营权抵押给债权人的，当事人可以申请一般抵押权首次登记；

（2）为担保债务的履行，债务人或者第三人对一定期间内将要连续发生的债权提供担保不动产的，当事人可以申请最高额抵押权首次登记。

2. 申请主体

抵押权首次登记应当由抵押人和抵押权人共同申请。

3. 申请材料

申请抵押权首次登记，提交的材料包括：

（1）不动产登记申请书；

（2）申请人身份证明；

（3）不动产权属证书；

（4）主债权合同。最高额抵押的，应当提交一定期间内将要连续发生债权的合同或者其他登记原因文件等必要材料；

（5）抵押合同。主债权合同中包含抵押条款的，可以不提交单独的抵押合同书。最高额抵押的，应当提交最高额抵押合同；

（6）同意将最高额抵押权设立前已经存在的债权转入最高额抵押担保的债权范围的，应当提交已存在债权的合同以及当事人同意将该债权纳入最高额抵押权担保范围的书面材料；

（7）通过流转取得的土地经营权办理抵押登记的，还需提供承包方同意的书面材料和发包方备案材料；

（8）法律、行政法规规定的其他情形。

4. 审查要点

不动产登记机构在审核过程中应注意以下要点：

（1）抵押财产是否已经办理不动产登记；

（2）抵押财产是否属于法律、行政法规禁止抵押的不动产；

（3）抵押合同上记载的抵押人、抵押权人、被担保主债权的数额或种类、担保范围、债务履行期限、抵押不动产是否明确；最高额抵押权登记的，最高债权额、债权确定的期间是否明确；

（4）申请人与不动产权属证书、主债权合同、抵押合同、最高额抵押合同等记载的主体是否一致；

（5）有查封登记的，不予办理抵押登记；

（6）同一不动产上设有多个抵押权的，应当按照受理时间的先后顺序依次办理登记，当事人另有约定的除外；

（7）通过流转取得的土地经营权办理抵押登记的，是否经承包方书面同意并向发包方备案；

（8）登记申请是否违反法律、行政法规的规定；

（9）《不动产登记操作规范（试行）》等要求的其他审查事项。

不存在《不动产登记操作规范（试行）》等规定不予登记情形的，记载不动产登记簿后向抵押权人核发不动产登记证明。

（二）变更、转移、注销登记

按照《不动产登记操作规范（试行）》《自然资源部关于做好不动产抵押权登记工作的通知》（自然资发〔2021〕54号）等规定办理。

承包方用承包地的土地经营权进行抵押的，将土地经营权登记和抵押权登记一并办理。

原有相关土地承包经营权和土地经营权登记政策规定与本规范不一致的，以本规范为准。

（三）土地使用权

中华人民共和国城镇国有土地使用权出让和转让暂行条例

（1990年5月19日中华人民共和国国务院令第55号发布
根据2020年11月29日《国务院关于修改和
废止部分行政法规的决定》修订）

第一章　总　则

第一条　为了改革城镇国有土地使用制度，合理开发、利用、经营土地，加强土地管理，促进城市建设和经济发展，制定本条例。

第二条　国家按照所有权与使用权分离的原则，实行城镇国有土地使用权出让、转让制度，但地下资源、埋藏物和市政公用设施除外。

前款所称城镇国有土地是指市、县城、建制镇、工矿区范围内属于全民所有的土地（以下简称土地）。

第三条　中华人民共和国境内外的公司、企业、其他组织和个人，除法律另有规定者外，均可依照本条例的规定取得土地使用权，进行土地开发、利用、经营。

第四条　依照本条例的规定取得土地使用权的土地使用者，其使用权在使用年限内可以转让、出租、抵押或者用于其他经济活动，合法权益受国家法律保护。

第五条　土地使用者开发、利用、经营土地的活动，应当遵守国家法律、法规的规定，并不得损害社会公共利益。

第六条　县级以上人民政府土地管理部门依法对土地使用权的出让、转让、出租、抵押、终止进行监督检查。

第七条　土地使用权出让、转让、出租、抵押、终止及有关的地上建筑物、其他附着物的登记，由政府土地管理部门、房产管理部门依照法律和国务院的有关规定办理。

登记文件可以公开查阅。

第二章　土地使用权出让

第八条　土地使用权出让是指国家以土地所有者的身份将土地使用权在一定年限内让与土地使用者，并由土地使用者向国家支付土地使用权出让金的行为。

土地使用权出让应当签订出让合同。

第九条　土地使用权的出让，由市、县人民政府负责，有计划、有步骤地进行。

第十条 土地使用权出让的地块、用途、年限和其他条件，由市、县人民政府土地管理部门会同城市规划和建设管理部门、房产管理部门共同拟定方案，按照国务院规定的批准权限报经批准后，由土地管理部门实施。

第十一条 土地使用权出让合同应当按照平等、自愿、有偿的原则，由市、县人民政府土地管理部门（以下简称出让方）与土地使用者签订。

第十二条 土地使用权出让最高年限按下列用途确定：

（一）居住用地七十年；

（二）工业用地五十年；

（三）教育、科技、文化、卫生、体育用地五十年；

（四）商业、旅游、娱乐用地四十年；

（五）综合或者其他用地五十年。

第十三条 土地使用权出让可以采取下列方式：

（一）协议；

（二）招标；

（三）拍卖。

依照前款规定方式出让土地使用权的具体程序和步骤，由省、自治区、直辖市人民政府规定。

第十四条 土地使用者应当在签订土地使用权出让合同后六十日内，支付全部土地使用权出让金。逾期未全部支付的，出让方有权解除合同，并可请求违约赔偿。

第十五条 出让方应当按照合同规定，提供出让的土地使用权。未按合同规定提供土地使用权的，土地使用者有权解除合同，并可请求违约赔偿。

第十六条 土地使用者在支付全部土地使用权出让金后，应当依照规定办理登记，领取土地使用证，取得土地使用权。

第十七条 土地使用者应当按照土地使用权出让合同的规定和城市规划的要求，开发、利用、经营土地。

未按合同规定的期限和条件开发、利用土地的，市、县人民政府土地管理部门应当予以纠正，并根据情节可以给予警告、罚款直至无偿收回土地使用权的处罚。

第十八条 土地使用者需要改变土地使用权出让合同规定的土地用途的，应当征得出让方同意并经土地管理部门和城市规划部门批准，依照本章的有关规定重新签订土地使用权出让合同，调整土地使用权出让金，并办理登记。

第三章　土地使用权转让

第十九条 土地使用权转让是指土地使用者将土地使用权再转移的行为，包括出售、交换和赠与。

未按土地使用权出让合同规定的期限和条件投资开发、利用土地的，土地使用权不得转让。

第二十条 土地使用权转让应当签订转让合同。

第二十一条 土地使用权转让时，土地使用权出让合同和登记文件中所载明的权利、义务随之转移。

第二十二条 土地使用者通过转让方式取得的土地使用权，其使用年限为土地使用权出让合同规定的使用年限减去原土地使用者已使用年限后的剩余年限。

第二十三条 土地使用权转让时，其地上建筑物、其他附着物所有权随之转让。

第二十四条 地上建筑物、其他附着物的所有人或者共有人，享有该建筑物、附着物使用范围内的土地使用权。

土地使用者转让地上建筑物、其他附着物所有权时，其使用范围内的土地使用权随之转让，但地上建筑物、其他附着物作为动产转让的除外。

第二十五条 土地使用权和地上建筑物、其他附着物所有权转让，应当依照规定办理过户登记。

土地使用权和地上建筑物、其他附着物所有权分割转让的，应当经市、县人民政府土地管理部门和房产管理部门批准，并依照规定办理过户登记。

第二十六条 土地使用权转让价格明显低于市场价格的，市、县人民政府有优先购买权。

土地使用权转让的市场价格不合理上涨时，市、县人民政府可以采取必要的措施。

第二十七条 土地使用权转让后，需要改变土地使用权出让合同规定的土地用途的，依照本条例第十八条的规定办理。

第四章 土地使用权出租

第二十八条 土地使用权出租是指土地使用者作为出租人将土地使用权随同地上建筑物、其他附着物租赁给承租人使用，由承租人向出租人支付租金的行为。

未按土地使用权出让合同规定的期限和条件投资开发、利用土地的，土地使用权不得出租。

第二十九条 土地使用权出租，出租人与承租人应当签订租赁合同。

租赁合同不得违背国家法律、法规和土地使用权出让合同的规定。

第三十条 土地使用权出租后，出租人必须继续履行土地使用权出让合同。

第三十一条 土地使用权和地上建筑物、其他附着物出租，出租人应当依照规定办理登记。

第五章 土地使用权抵押

第三十二条 土地使用权可以抵押。

第三十三条 土地使用权抵押时，其地上建筑物、其他附着物随之抵押。

地上建筑物、其他附着物抵押时，其使用范围内的土地使用权随之抵押。

第三十四条 土地使用权抵押，抵押人与抵押权人应当签订抵押合同。

抵押合同不得违背国家法律、法规和土地使用权出让合同的规定。

第三十五条 土地使用权和地上建筑物、其他附着物抵押，应当依照规定办理抵押登记。

第三十六条 抵押人到期未能履行债务或者在抵押合同期间宣告解散、破产的，抵押权人有权依照国家法律、法规和抵押合同的规定处分抵押财产。

因处分抵押财产而取得土地使用权和地上建筑物、其他附着物所有权的，应当依照规定办理过户登记。

第三十七条 处分抵押财产所得，抵押权人有优先受偿权。

第三十八条 抵押权因债务清偿或者其他原因而消灭的，应当依照规定办理注销抵押登记。

第六章 土地使用权终止

第三十九条 土地使用权因土地使用权出让合同规定的使用年限届满、提前收回及土地灭失等原因而终止。

第四十条 土地使用权期满，土地使用权及其地上建筑物、其他附着物所有权由国家无偿取得。土地使用者应当交还土地使用证，并依照规定办理注销登记。

第四十一条 土地使用权期满，土地使用者可以申请续期。需要续期的，应当依照本条例第二章的规定重新签订合同，支付土地使用权出让金，并办理登记。

第四十二条 国家对土地使用者依法取得的土地使用权不提前收回。在特殊情况下，根据社会公共利益的需要，国家可以依照法律程序提前收回，并根据土地使用者已使用的年限和开发、利用土地的实际情况给予相应的补偿。

第七章 划拨土地使用权

第四十三条 划拨土地使用权是指土地使用者通过各种方式依法无偿取得的土地使用权。

前款土地使用者应当依照《中华人民共和国城镇土地使用税暂行条例》的规定缴纳土地使用税。

第四十四条 划拨土地使用权，除本条例第四十五条规定的情况外，不得转让、出租、抵押。

第四十五条 符合下列条件的，经市、县人民政府土地管理部门和房产管理部门批准，其划拨土地使用权和地上建筑物、其他附着物所有权可以转让、出租、抵押：

（一）土地使用者为公司、企业、其他经济组织和个人；

（二）领有国有土地使用证；

（三）具有地上建筑物、其他附着物合法的产权证明；

（四）依照本条例第二章的规定签订土地使用权出让合同，向当地市、县人民政府补交土地使用权出让金或者以转让、出租、抵押所获收益抵交土地使用权出让金。

转让、出租、抵押前款划拨土地使用权的，分别依照本条例第三章、第四章和第五章的规定办理。

第四十六条 对未经批准擅自转让、出租、抵押划拨土地使用权的单位和个人，市、县人民政府土地管理部门应当没收其非法收入，并根据情节处以罚款。

第四十七条 无偿取得划拨土地使用权的土地使用者，因迁移、解散、撤销、破产或者其他原因而停止使用土地的，市、县人民政府应当无偿收回其划拨土地使用权，并可依照本条例的规定予以出让。

对划拨土地使用权，市、县人民政府根据城市建设发展需要和城市规划的要求，可以无偿收回，并可依照本条例的规定予以出让。

无偿收回划拨土地使用权时，对其地上建筑物、其他附着物，市、县人民政府应当根据实际情况给予适当补偿。

第八章 附 则

第四十八条 依照本条例的规定取得土地使用权的个人，其土地使用权可以继承。

第四十九条 土地使用者应当依照国家税收法规的规定纳税。

第五十条 依照本条例收取的土地使用权出让金列入财政预算，作为专项基金管理，主要用于城市建设和土地开发。具体使用管理办法，由财政部另行制定。

第五十一条 各省、自治区、直辖市人民政府应当根据本条例的规定和当地的实际情况选择部分条件比较成熟的城镇先行试点。

第五十二条 本条例由国家土地管理局负责解释；实施办法由省、自治区、直辖市人民政府制定。

第五十三条 本条例自发布之日起施行。

最高人民法院
关于审理涉及国有土地使用权合同纠纷案件适用法律问题的解释

（2004年11月23日最高人民法院审判委员会第1334次会议通过　根据2020年12月23日最高人民法院审判委员会第1823次会议通过的《最高人民法院关于修改〈最高人民法院关于在民事审判工作中适用《中华人民共和国工会法》若干问题的解释〉等二十七件民事类司法解释的决定》修正　2020年12月29日最高人民法院公告公布　自2021年1月1日起施行）

为正确审理国有土地使用权合同纠纷案件，依法保护当事人的合法权益，根据《中华人民共和国民法典》《中华人民共和国土地管理法》《中华人民共和国城市房地产管理法》等法律规定，结合民事审判实践，制定本解释。

一、土地使用权出让合同纠纷

第一条　本解释所称的土地使用权出让合同，是指市、县人民政府自然资源主管部门作为出让方将国有土地使用权在一定年限内让与受让方，受让方支付土地使用权出让金的合同。

第二条　开发区管理委员会作为出让方与受让方订立的土地使用权出让合同，应当认定无效。

本解释实施前，开发区管理委员会作为出让方与受让方订立的土地使用权出让合同，起诉前经市、县人民政府自然资源主管部门追认的，可以认定合同有效。

第三条　经市、县人民政府批准同意以协议方式出让的土地使用权，土地使用权出让金低于订立合同时当地政府按照国家规定确定的最低价的，应当认定土地使用权出让合同约定的价格条款无效。

当事人请求按照订立合同时的市场评估价格交纳土地使用权出让金的，应予支持；受让方不同意按照市场评估价格补足，请求解除合同的，应予支持。因此造成的损失，由当事人按照过错承担责任。

第四条　土地使用权出让合同的出让方因未办理土地使用权出让批准手续而不能交付土地，受让方请求解除合同的，应予支持。

第五条　受让方经出让方和市、县人民政府城市规划行政主管部门同意，改变土地使用权出让合同约定的土地用途，当事人请求按照起诉时同种用途的土地出让金标准调整土地出让金的，应予支持。

第六条　受让方擅自改变土地使用权出让合同约定的土地用途，出让方请求解除合同的，应予支持。

二、土地使用权转让合同纠纷

第七条　本解释所称的土地使用权转让合同，是指土地使用权人作为转让方将出让土地使用权转让于受让方，受让方支付价款的合同。

第八条 土地使用权人作为转让方与受让方订立土地使用权转让合同后，当事人一方以双方之间未办理土地使用权变更登记手续为由，请求确认合同无效的，不予支持。

第九条 土地使用权人作为转让方就同一出让土地使用权订立数个转让合同，在转让合同有效的情况下，受让方均要求履行合同的，按照以下情形分别处理：

（一）已经办理土地使用权变更登记手续的受让方，请求转让方履行交付土地等合同义务的，应予支持；

（二）均未办理土地使用权变更登记手续，已先行合法占有投资开发土地的受让方请求转让方履行土地使用权变更登记等合同义务的，应予支持；

（三）均未办理土地使用权变更登记手续，又未合法占有投资开发土地，先行支付土地转让款的受让方请求转让方履行交付土地和办理土地使用权变更登记等合同义务的，应予支持；

（四）合同均未履行，依法成立在先的合同受让方请求履行合同的，应予支持。

未能取得土地使用权的受让方请求解除合同、赔偿损失的，依照民法典的有关规定处理。

第十条 土地使用权人与受让方订立合同转让划拨土地使用权，起诉前经有批准权的人民政府同意转让，并由受让方办理土地使用权出让手续的，土地使用权人与受让方订立的合同可以按照补偿性质的合同处理。

第十一条 土地使用权人与受让方订立合同转让划拨土地使用权，起诉前经有批准权的人民政府决定不办理土地使用权出让手续，并将该划拨土地使用权直接划拨给受让方使用的，土地使用权人与受让方订立的合同可以按照补偿性质的合同处理。

三、合作开发房地产合同纠纷

第十二条 本解释所称的合作开发房地产合同，是指当事人订立的以提供出让土地使用权、资金等作为共同投资，共享利润、共担风险合作开发房地产为基本内容的合同。

第十三条 合作开发房地产合同的当事人一方具备房地产开发经营资质的，应当认定合同有效。

当事人双方均不具备房地产开发经营资质的，应当认定合同无效。但起诉前当事人一方已经取得房地产开发经营资质或者已依法合作成立具有房地产开发经营资质的房地产开发企业的，应当认定合同有效。

第十四条 投资数额超出合作开发房地产合同的约定，对增加的投资数额的承担比例，当事人协商不成的，按照当事人的违约情况确定；因不可归责于当事人的事由或者当事人的违约情况无法确定的，按照约定的投资比例确定；没有约定投资比例的，按照约定的利润分配比例确定。

第十五条 房屋实际建筑面积少于合作开发房地产合同的约定，对房屋实际建筑面积的分配比例，当事人协商不成的，按照当事人的违约情况确定；因不可归责于当事人的事由或者当事人违约情况无法确定的，按照约定的利润分配比例确定。

第十六条 在下列情形下，合作开发房地产合同的当事人请求分配房地产项目利益的，不予受理；已经受理的，驳回起诉：

（一）依法需经批准的房地产建设项目未经有批准权的人民政府主管部门批准；

（二）房地产建设项目未取得建设工程规划许可证；

（三）擅自变更建设工程规划。

因当事人隐瞒建设工程规划变更的事实所造成的损失，由当事人按照过错承担。

第十七条 房屋实际建筑面积超出规划建筑面积，经有批准权的人民政府主管部门批准后，当事人对超出部分的房屋分配比例协商不成的，按照约定的利润分配比例确定。对增加的投资数额的承担比例，当事人协商不成的，按照约定的投资比例确定；没有约定投资比例的，按照约定的利润分配比例确定。

第十八条 当事人违反规划开发建设的房屋，被有批准权的人民政府主管部门认定为违法建筑责令拆除，当事人对损失承担协商不成的，按照当事人过错确定责任；过错无法确定的，按照约定的投资比例确定责任；没有约定投资比例的，按照约定的利润分配比例确定责任。

第十九条 合作开发房地产合同约定仅以投资数额确定利润分配比例，当事人未足额交纳出资的，按照当事人的实际投资比例分配利润。

第二十条 合作开发房地产合同的当事人要求将房屋预售款充抵投资参与利润分配的，不予支持。

第二十一条 合作开发房地产合同约定提供土地使用权的当事人不承担经营风险，只收取固定利益的，应当认定为土地使用权转让合同。

第二十二条 合作开发房地产合同约定提供资金的当事人不承担经营风险，只分配固定数量房屋的，应当认定为房屋买卖合同。

第二十三条 合作开发房地产合同约定提供资金的当事人不承担经营风险，只收取固定数额货币的，应当认定为借款合同。

第二十四条 合作开发房地产合同约定提供资金的当事人不承担经营风险，只以租赁或者其他形式使用房屋的，应当认定为房屋租赁合同。

四、其他

第二十五条 本解释自2005年8月1日起施行；施行后受理的第一审案件适用本解释。

本解释施行前最高人民法院发布的司法解释与本解释不一致的，以本解释为准。

最高人民法院
关于破产企业国有划拨土地使用权应否列入破产财产等问题的批复

（2002 年 10 月 11 日最高人民法院审判委员会第 1245 次会议通过，根据 2020 年 12 月 23 日最高人民法院审判委员会第 1823 次会议通过的《最高人民法院关于修改〈最高人民法院关于破产企业国有划拨土地使用权应否列入破产财产等问题的批复〉等二十九件商事类司法解释的决定》修正）

湖北省高级人民法院：

你院鄂高法〔2002〕158 号《关于破产企业国有划拨土地使用权应否列入破产财产以及有关抵押效力认定等问题的请示》收悉。经研究，答复如下：

一、根据《中华人民共和国土地管理法》第五十八条第一款第（三）项及《城镇国有土地使用权出让和转让暂行条例》第四十七条的规定，破产企业以划拨方式取得的国有土地使用权不属于破产财产，在企业破产时，有关人民政府可以予以收回，并依法处置。纳入国家兼并破产计划的国有企业，其依法取得的国有土地使用权，应依据国务院有关文件规定办理。

二、企业对其以划拨方式取得的国有土地使用权无处分权，以该土地使用权设定抵押，未经有审批权限的人民政府或土地行政管理部门批准的，不影响抵押合同效力；履行了法定的审批手续，并依法办理抵押登记的，抵押权自登记时设立。根据《中华人民共和国城市房地产管理法》第五十一条的规定，抵押权人只有在以抵押标的物折价或拍卖、变卖所得价款缴纳相当于土地使用权出让金的款项后，对剩余部分方可享有优先受偿权。但纳入国家兼并破产计划的国有企业，其用以划拨方式取得的国有土地使用权设定抵押的，应依据国务院有关文件规定办理。

三、国有企业以关键设备、成套设备、建筑物设定抵押的，如无其他法定的无效情形，不应当仅以未经政府主管部门批准为由认定抵押合同无效。

本批复自公布之日起施行，正在审理或者尚未审理的案件，适用本批复，但对提起再审的判决、裁定已经发生法律效力的案件除外。

此复。

最高人民法院
关于能否将国有土地使用权折价抵偿给抵押权人问题的批复

法释〔1998〕25号

（1998年9月1日最高人民法院审判委员会第1019次会议通过
1998年9月3日最高人民法院公告公布 自1998年9月9日起施行）

四川省高级人民法院：

你院川高法［1998］19号《关于能否将国有土地使用权以国土部门认定的价格抵偿给抵押权人的请示》收悉。经研究，答复如下：

在依法以国有土地使用权作抵押的担保纠纷案件中，债务履行期届满抵押权人未受清偿的，可以通过拍卖的方式将土地使用权变现。如果无法变现，债务人又没有其他可供清偿的财产时，应当对国有土地使用权依法评估。人民法院可以参考政府土地管理部门确认的地价评估结果将土地使用权折价，经抵押权人同意，将折价后的土地使用权抵偿给抵押权人，土地使用权由抵押权人享有。

此复。

最高人民法院
关于（香港）安信医用包装有限公司诉东莞威泓塑五金制品厂有限公司、（维尔京群岛）新冠誉实业有限公司土地使用权转让合同纠纷一案仲裁条款效力的请示的复函

2008年4月5日　　〔2007〕民四他字第45号

广东省高级人民法院：

你院［2007］粤高法立请字第2号《关于（香港）安信医用包装有限公司诉东东莞威泓塑五金制品厂有限公司、（维尔京群岛）新冠誉实业有限公司土地使用权转让合同纠纷一案仲裁条款效力的请示》收悉。

经审查认为，（香港）安信医用包装有限公司与东莞威泓塑五金制品厂有限公司、新冠誉实业有限公司在《土地使用权与房屋产权有偿转让协议书》第七条中约定："双方因本协议执行产生的分歧应协商解决，协商不成的，双方任一方均可向香港或深圳国际仲裁委员会申请仲裁，仲裁决定为最终裁决，双方无条件执行"。该合同的仲裁条款约定了两个仲裁机构。（香港）安信医用包装有限公司因与东莞威泓塑五金制品

厂有限公司、新冠誉实业有限公司无法就仲裁机构的选择达成协议，起诉至东莞市中级人民法院。依据《最高人民法院关于适用〈中华人民共和国仲裁法〉若干问题的解释》第五条关于“仲裁协议约定两个以上仲裁机构的，当事人可以选择其中的一个仲裁机构申请仲裁；当事人不能就仲裁机构选择达成一致的，仲裁协议无效”的规定，应当认定本案中的仲裁协议无效。同意你院的处理意见。

此复。

附：

广东省高级人民法院
关于（香港）安信医用包装有限公司诉东莞威泓塑五金制品厂有限公司、（维尔京群岛）新冠誉实业有限公司土地使用权转让合同纠纷一案仲裁条款效力的请示

2007年11月19日　　〔2007〕粤高法立请字第2号

最高人民法院：

我省东莞市中级人民法院收到（香港）安信医用包装有限公司诉东莞威泓塑胶五金制品厂有限公司、（维尔京群岛）新冠誉实业有限公司土地使用权转让合同纠纷一案的起诉材料。经审查，双方于2006年11月28日签订《土地使用权与房屋产权有偿转让协议书》涉及涉外仲裁条款无效的问题。现将本案的有关情况汇报如下：

一、当事人的基本情况

原告：（香港）安信医用包装有限公司（以下简称安信公司）。

被告：东莞威泓塑胶五金制品厂有限公司（以下简称威泓公司）。

被告：（维尔京群岛）新冠誉实业有限公司（以下简称新冠誉公司）。

二、案件的基本事实

2006年11月28日，原告安信公司与被告威泓公司、新冠誉公司签订《土地使用权与房屋产权有偿转让协议书》。约定被告将其即将取得的东莞市大朗镇富民二园40亩工业用地的国有土地使用权及该土地上的房屋产权有偿转让给原告，并由被告协助原告办理相关的土地使用权及房地产过户手续。双方在协议第七条约定：“双方因本协议执行产生的分歧应协商解决，协商不成的，双方任一方均可向香港或深圳国际仲裁委员会申请仲裁，仲裁决定为最终裁决，双方无条件执行”。其后，原告依约向被告支付保证金及部分首期款项，但两被告未履行协议所述义务，而产生纠纷。事后原告与被告无法就仲裁机构的选择达成协议，原告起诉至东莞市中级人民法院。

三、东莞市中级人民法院的处理意见

东莞市中级人民法院审查认为，双方签订的协议中约定的仲裁条款属于约定两个仲裁机构，当事人双方没有协议选择其中一个仲裁机构申请仲裁，不能就仲裁机构选择达成一致；依据《最高人民法院关于适用〈中华人民共和国仲裁法〉若干问题的解释》第五条的规定，应视为无效仲裁条款。并依据钧院《关于人民法院处理与涉外仲裁及外国

仲裁事项有关问题的通知》第一条的规定，报我院审查。

四、我院处理意见

我院经审查认为，双方当事人签订的《土地使用权与房屋产权有偿转让协议书》中的仲裁条款约定了两个仲裁机构，但当事人之间未能就仲裁机构选择达成一致，依据《最高人民法院关于适用〈中华人民共和国仲裁法〉若干问题的解释》第五条关于“仲裁协议约定两个以上仲裁机构的，当事人可以选择其中的一个仲裁机构申请仲裁；当事人不能就仲裁机构选择达成一致的，仲裁协议无效”的规定，应当认定仲裁协议无效。

该案属于不动产纠纷提起的诉讼，不动产所在地在东莞市，根据《中华人民共和国民事诉讼法》第三十四条第（一）项关于“因不动产纠纷提起的诉讼，由不动产所在地人民法院管辖”的规定，东莞市中级人民法院对本案享有管辖权。

现依据钧院《关于人民法院处理与涉外仲裁及外国仲裁事项有关问题的通知》第一条的相关规定，特将该案报请钧院审查，请予批复。

最高人民法院
关于《国土资源部办公厅关于征求为公司债券持有人办理国有土地使用权抵押登记意见函》的答复

2010年6月23日　　〔2010〕民二他字第16号

国土资源部办公厅：

国土资厅函［2010］374号《国土资源部办公厅关于征求为公司债券持有人办理国有土地使用权抵押登记意见函》收悉，经研究，答复如下：

基于公司债券持有人具有分散性、群体性、不易保护自身权利的特点，《公司债券发行试点办法》[①]（以下简称《办法》）规定了公司债券受托管理人制度，以保护全体公司债券持有人的权益。基于此，《办法》第二十五条对公司债券受托管理人的法定职责进行了规定，同时允许当事人约定权利义务范围。

根据《物权法》的规定，函中所述案例的抵押权人为全体公司债券持有人。抵押权的设定有利于保护全体公司债券持有人的利益。在公司债券持有人因其不确定性、群体性而无法申请办理抵押权登记的情形下，认定公司债券受托管理人可以代理办理抵押权登记手续，符合设立公司债券受托管理人制度的目的，也不违反《办法》第二十五条的规定。在法律没有禁止性规定以及当事人之间没有禁止代为办理抵押登记约定的情形下，应认定公司债券受托管理人可代理全体公司债券持有人申请办理土地抵押登记。

以上意见仅供参考。

---

① 已于2015年1月15日被《公司债券发行与交易管理办法》废止。

最高人民法院行政审判庭
关于非法取得土地使用权再转让行为的法律适用问题的答复

1998年5月15日　　〔1997〕法行字20号

福建高级人民法院：

你院闽高法〔1997〕176号《关于对尚未依法取得房产权和划拨土地使用权而转让房地产的行为应如何定性问题的请示》收悉。经征求全国人大法工委的意见，答复如下：

关于你院请示对尚未依法取得房产权和划拨土地使用权而转让房地产的行为应如何定性的问题，全国人大法工委已对你省人大常委会办公厅闽常办〔1995〕综字037号《关于非法取得土地使用权后进行转让行为应如何定性问题的请示》作了答复。即："根据《土地管理法》的规定，无论以何种方式非法取得土地使用权，其再转让的行为都构成非法转让土地，应适用有关土地管理的法律追究其法律责任"。故不再另行答复，请你院据此执行。

最高人民法院民二庭
关于"股东以土地使用权的部分年限对应价值作价出资，期满后收回土地是否构成抽逃出资"的答复

2009年7月29日　　〔2009〕民二他字第5号函

辽宁省高级人民法院：

你院（2006）辽民二终字第314号《关于鞍山市人民政府与大连大锻锻造有限公司、鞍山第一工程机械股份有限公司、鞍山市国有资产监督管理委员会加工承揽合同欠款纠纷一案的请示报告》收悉。经研究，答复如下：

根据我国公司法及相关法律法规的规定，股份有限公司设立时发起人可以用土地使用权出资。土地使用权不同于土地所有权，其具有一定的存续期间即年限，发起人将土地使用权出资实际是将土地使用权的某部分年限作价用于出资，发起人可以将土地使用权的全部年限作价用于出资，作为公司的资本。发起人将土地使用权的部分年限作价作为出资投入公司，在其他发起人同意且公司章程没有相反的规定时，并不违反法律法规的禁止性规定，此时发起人投入公司的资本数额应当是土地使用权该部分年限作价的价值。

在该部分年限届至后，土地使用权在该部分年限内的价值已经为公司所享有和使用，且该部分价值也已经凝结为

公司财产，发起人事实上无法抽回。由于土地使用权的剩余年限并未作价并用于出资，所以发起人收回土地使用权是取回自己财产的行为，这种行为与发起人出资后再将原先出资的资本抽回的行为具有明显的区别，不应认定为抽逃出资。发起人取回剩余年限的土地使用权后，公司的资本没有发生变动，所以无须履行公示程序。

本案中，你院应当查明作为股东的鞍山市人民政府在公司即鞍山一工设立时投入的570620平方米土地使用权作价1710万元所对应的具体年限。如果该作价1710万元的土地使用权对应的出资年限就是10年，在10年期满后，鞍山市人民政府将剩余年限的土地使用权收回，不构成抽逃出资，也无需履行公示程序；反之，则鞍山市人民政府存在抽逃出资的行为，其应当承担对公司债务的赔偿责任，但以抽逃出资的价值为限。

以上意见，仅供参考。

（四）农村土地管理

最高人民法院
关于审理涉及农村集体土地行政案件若干问题的规定

法释〔2011〕20号

（2011年5月9日最高人民法院审判委员会第1522次会议通过
2011年8月7日最高人民法院公告公布　自2011年9月5日起施行）

为正确审理涉及农村集体土地的行政案件，根据《中华人民共和国物权法》①、《中华人民共和国土地管理法》和《中华人民共和国行政诉讼法》等有关法律规定，结合行政审判实际，制定本规定。

第一条　农村集体土地的权利人或者利害关系人（以下简称土地权利人）认为行政机关作出的涉及农村集体土地的行政行为侵犯其合法权益，提起诉讼的，属于人民法院行政诉讼的受案范围。

第二条　土地登记机构根据人民法院生效裁判文书、协助执行通知书或者仲裁机构的法律文书办理的土地权属登记行为，土地权利人不服提起诉讼的，人民法院不予受理，但土地权利人认为登记内容与有关文书内容不一致的除外。

① 原《物权法》于2007年3月16日第十届全国人民代表大会第五次会议通过。根据《民法典》第一千二百六十条的规定，《民法典》自2021年1月1日起施行，原《物权法》同时废止。

第三条 村民委员会或者农村集体经济组织对涉及农村集体土地的行政行为不起诉的，过半数的村民可以以集体经济组织名义提起诉讼。

农村集体经济组织成员全部转为城镇居民后，对涉及农村集体土地的行政行为不服的，过半数的原集体经济组织成员可以提起诉讼。

第四条 土地使用权人或者实际使用人对行政机关作出涉及其使用或实际使用的集体土地的行政行为不服的，可以以自己的名义提起诉讼。

第五条 土地权利人认为土地储备机构作出的行为侵犯其依法享有的农村集体土地所有权或使用权的，向人民法院提起诉讼的，应当以土地储备机构所隶属的土地管理部门为被告。

第六条 土地权利人认为乡级以上人民政府作出的土地确权决定侵犯其依法享有的农村集体土地所有权或者使用权，经复议后向人民法院提起诉讼的，人民法院应当依法受理。

法律、法规规定应当先申请行政复议的土地行政案件，复议机关作出不受理复议申请的决定或者以不符合受理条件为由驳回复议申请，复议申请人不服的，应当以复议机关为被告向人民法院提起诉讼。

第七条 土地权利人认为行政机关作出的行政处罚、行政强制措施等行政行为侵犯其依法享有的农村集体土地所有权或者使用权，直接向人民法院提起诉讼的，人民法院应当依法受理。

第八条 土地权属登记（包括土地权属证书）在生效裁判和仲裁裁决中作为定案证据，利害关系人对该登记行为提起诉讼的，人民法院应当依法受理。

第九条 涉及农村集体土地的行政决定以公告方式送达的，起诉期限自公告确定的期限届满之日起计算。

第十条 土地权利人对土地管理部门组织实施过程中确定的土地补偿有异议，直接向人民法院提起诉讼的，人民法院不予受理，但应当告知土地权利人先申请行政机关裁决。

第十一条 土地权利人以土地管理部门超过两年对非法占地行为进行处罚违法，向人民法院起诉的，人民法院应当按照行政处罚法第二十九条①第二款的规定处理。

第十二条 征收农村集体土地时涉及被征收土地上的房屋及其他不动产，土地权利人可以请求依照物权法第四十二条第二款的规定给予补偿的。

征收农村集体土地时未就被征收土地上的房屋及其他不动产进行安置补偿，补偿安置时房屋所在地已纳入城市规划区，土地权利人请求参照执行国有土地上房屋征收补偿标准的，人民法院一般应予支持，但应当扣除已经取得的土地补偿费。

第十三条 在审理土地行政案件中，人民法院经当事人同意进行协调的期间，不计算在审理期限内。当事人不同意继续协商的，人民法院应当及时审理，并恢复计算审理期限。

第十四条 县级以上人民政府土地管理部门根据土地管理法实施条例第四十五条的规定，申请人民法院执行其作出的责令交出土地决定的，应当符合下列条件：

（一）征收土地方案已经有权机关依法批准；

（二）市、县人民政府和土地管理部门已经依照土地管理法和土地管理法实施条例规定的程序实施征地行为；

（三）被征收土地所有权人、使用

---

① 现为《行政处罚法》（2021年修订）第三十六条。

人已经依法得到安置补偿或者无正当理由拒绝接受安置补偿，且拒不交出土地，已经影响到征收工作的正常进行；

（四）符合《最高人民法院关于执行〈中华人民共和国行政诉讼法〉若干问题的解释》[①]第八十六条规定的条件。

人民法院对符合条件的申请，应当裁定予以受理，并通知申请人；对不符合条件的申请，应当裁定不予受理。

第十五条 最高人民法院以前所作的司法解释与本规定不一致的，以本规定为准。

① 已于2015年2月8日被《最高人民法院关于适用〈中华人民共和国行政诉讼法〉的解释》废止。

最高人民法院
关于审理涉及农村土地承包纠纷案件适用法律问题的解释

（2005年3月29日最高人民法院审判委员会第1346次会议通过 根据2020年12月23日最高人民法院审判委员会第1823次会议通过的《最高人民法院关于修改〈最高人民法院关于在民事审判工作中适用《中华人民共和国工会法》若干问题的解释〉等二十七件民事类司法解释的决定》修正 2020年12月29日最高人民法院公告发布 自2021年1月1日起施行）

为正确审理农村土地承包纠纷案件，依法保护当事人的合法权益，根据《中华人民共和国民法典》《中华人民共和国农村土地承包法》《中华人民共和国土地管理法》《中华人民共和国民事诉讼法》等法律的规定，结合民事审判实践，制定本解释。

一、受理与诉讼主体

第一条 下列涉及农村土地承包民事纠纷，人民法院应当依法受理：

（一）承包合同纠纷；

（二）承包经营权侵权纠纷；

（三）土地经营权侵权纠纷；

（四）承包经营权互换、转让纠纷；

（五）土地经营权流转纠纷；

（六）承包地征收补偿费用分配纠纷；

（七）承包经营权继承纠纷；

（八）土地经营权继承纠纷。

农村集体经济组织成员因未实际取得土地承包经营权提起民事诉讼的，人民法院应当告知其向有关行政主管部门申请解决。

农村集体经济组织成员就用于分配的土地补偿费数额提起民事诉讼的，人民法院不予受理。

第二条 当事人自愿达成书面仲裁协议的，受诉人民法院应当参照《最高人民法院关于适用〈中华人民共和国民事诉讼法〉的解释》第二百一十五条[①]、第二百一十六条的规定处理。

当事人未达成书面仲裁协议，一方当事人向农村土地承包仲裁机构申请仲裁，另一方当事人提起诉讼的，人民法院应予受理，并书面通知仲裁机构。但另一方当事人接受仲裁管辖后又起诉的，人民法院不予受理。

当事人对仲裁裁决不服并在收到裁决书之日起三十日内提起诉讼的，人民法院应予受理。

第三条 承包合同纠纷，以发包方和承包方为当事人。

前款所称承包方是指以家庭承包方式承包本集体经济组织农村土地的农户，以及以其他方式承包农村土地的组织或者个人。

第四条 农户成员为多人的，由其代表人进行诉讼。

农户代表人按照下列情形确定：

（一）土地承包经营权证等证书上记载的人；

（二）未依法登记取得土地承包经营权证等证书的，为在承包合同上签名的人；

（三）前两项规定的人死亡、丧失民事行为能力或者因其他原因无法进行诉讼的，为农户成员推选的人。

二、家庭承包纠纷案件的处理

第五条 承包合同中有关收回、调整承包地的约定违反农村土地承包法第二十七条、第二十八条、第三十一条规定的，应当认定该约定无效。

第六条 因发包方违法收回、调整承包地，或者因发包方收回承包方弃耕、撂荒的承包地产生的纠纷，按照下列情形，分别处理：

（一）发包方未将承包地另行发包，承包方请求返还承包地的，应予支持；

（二）发包方已将承包地另行发包给第三人，承包方以发包方和第三人为共同被告，请求确认其所签订的承包合同无效、返还承包地并赔偿损失的，应予支持。但属于承包方弃耕、撂荒情形的，对其赔偿损失的诉讼请求，不予支持。

前款第（二）项所称的第三人，请求受益方补偿其在承包地上的合理投入的，应予支持。

第七条 承包合同约定或者土地承包经营权证等证书记载的承包期限短于农村土地承包法规定的期限，承包方请求延长的，应予支持。

第八条 承包方违反农村土地承包法第十八条规定，未经依法批准将承包地用于非农建设或者对承包地造成永久性损害，发包方请求承包方停止侵害、恢复原状或者赔偿损失的，应予支持。

第九条 发包方根据农村土地承包法第二十七条规定收回承包地前，承包方已经以出租、入股或者其他形式将其土地经营权流转给第三人，且流转期限尚未届满，因流转价款收取产生的纠纷，按照下列情形，分别处理：

（一）承包方已经一次性收取了流转价款，发包方请求承包方返还剩余流转期限的流转价款的，应予支持；

（二）流转价款为分期支付，发包方请求第三人按照流转合同的约定支付流转价款的，应予支持。

第十条 承包方交回承包地不符合农村土地承包法第三十条规定程序的，不得认定其为自愿交回。

第十一条 土地经营权流转中，本集体经济组织成员在流转价款、流转期限等主要内容相同的条件下主张优先权

---

① 现为最高人民法院关于适用〈中华人民共和国民事诉讼法〉的解释》（2022 年修正）第二百一十五条。

的，应予支持。但下列情形除外：

（一）在书面公示的合理期限内未提出优先权主张的；

（二）未经书面公示，在本集体经济组织以外的人开始使用承包地两个月内未提出优先权主张的。

第十二条 发包方胁迫承包方将土地经营权流转给第三人，承包方请求撤销其与第三人签订的流转合同的，应予支持。

发包方阻碍承包方依法流转土地经营权，承包方请求排除妨碍、赔偿损失的，应予支持。

第十三条 承包方未经发包方同意，转让其土地承包经营权的，转让合同无效。但发包方无法定理由不同意或者拖延表态的除外。

第十四条 承包方依法采取出租、入股或者其他方式流转土地经营权，发包方仅以该土地经营权流转合同未报其备案为由，请求确认合同无效的，不予支持。

第十五条 因承包方不收取流转价款或者向对方支付费用的约定产生纠纷，当事人协商变更无法达成一致，且继续履行又显失公平的，人民法院可以根据发生变更的客观情况，按照公平原则处理。

第十六条 当事人对出租地流转期限没有约定或者约定不明的，参照民法典第七百三十条规定处理。除当事人另有约定或者属于林地承包经营外，承包地交回的时间应当在农作物收获期结束后或者下一耕种期开始前。

对提高土地生产能力的投入，对方当事人请求承包方给予相应补偿的，应予支持。

第十七条 发包方或者其他组织、个人擅自截留、扣缴承包收益或者土地经营权流转收益，承包方请求返还的，应予支持。

发包方或者其他组织、个人主张抵销的，不予支持。

三、其他方式承包纠纷的处理

第十八条 本集体经济组织成员在承包费、承包期限等主要内容相同的条件下主张优先承包的，应予支持。但在发包方将农村土地发包给本集体经济组织以外的组织或者个人，已经法律规定的民主议定程序通过，并由乡（镇）人民政府批准后主张优先承包的，不予支持。

第十九条 发包方就同一土地签订两个以上承包合同，承包方均主张取得土地经营权的，按照下列情形，分别处理：

（一）已经依法登记的承包方，取得土地经营权；

（二）均未依法登记的，生效在先合同的承包方取得土地经营权；

（三）依前两项规定无法确定的，已经根据承包合同合法占有使用承包地的人取得土地经营权，但争议发生后一方强行先占承包地的行为和事实，不得作为确定土地经营权的依据。

四、土地征收补偿费用分配及土地承包经营权继承纠纷的处理

第二十条 承包地被依法征收，承包方请求发包方给付已经收到的地上附着物和青苗的补偿费的，应予支持。

承包方已将土地经营权以出租、入股或者其他方式流转给第三人的，除当事人另有约定外，青苗补偿费归实际投入人所有，地上附着物补偿费归附着物所有人所有。

第二十一条 承包地被依法征收，放弃统一安置的家庭承包方，请求发包方给付已经收到的安置补助费的，应予支持。

第二十二条 农村集体经济组织或

者村民委员会、村民小组，可以依照法律规定的民主议定程序，决定在本集体经济组织内部分配已经收到的土地补偿费。征地补偿安置方案确定时已经具有本集体经济组织成员资格的人，请求支付相应份额的，应予支持。但已报全国人大常委会、国务院备案的地方性法规、自治条例和单行条例、地方政府规章对土地补偿费在农村集体经济组织内部的分配办法另有规定的除外。

第二十三条 林地家庭承包中，承包方的继承人请求在承包期内继续承包的，应予支持。

其他方式承包中，承包方的继承人或者权利义务承受者请求在承包期内继续承包的，应予支持。

五、其他规定

第二十四条 人民法院在审理涉及本解释第五条、第六条第一款第（二）项及第二款、第十五条的纠纷案件时，应当着重进行调解。必要时可以委托人民调解组织进行调解。

第二十五条 本解释自2005年9月1日起施行。施行后受理的第一审案件，适用本解释的规定。

施行前已经生效的司法解释与本解释不一致的，以本解释为准。

最高人民法院
关于审理涉及农村土地承包经营纠纷调解仲裁案件适用法律若干问题的解释

（2013年12月27日最高人民法院审判委员会第1601次会议通过 根据2020年12月23日最高人民法院审判委员会第1823次会议通过的《最高人民法院关于修改〈最高人民法院关于在民事审判工作中适用《中华人民共和国工会法》若干问题的解释〉等二十七件民事类司法解释的决定》修正）

为正确审理涉及农村土地承包经营纠纷调解仲裁案件，根据《中华人民共和国农村土地承包法》《中华人民共和国农村土地承包经营纠纷调解仲裁法》《中华人民共和国民事诉讼法》等法律的规定，结合民事审判实践，就审理涉及农村土地承包经营纠纷调解仲裁案件适用法律的若干问题，制定本解释。

第一条 农村土地承包仲裁委员会根据农村土地承包经营纠纷调解仲裁法第十八条规定，以超过申请仲裁的时效期间为由驳回申请后，当事人就同一纠纷提起诉讼的，人民法院应予受理。

第二条 当事人在收到农村土地承包仲裁委员会作出的裁决书之日起三十日后或者签收农村土地承包仲裁委员会作出的调解书后，就同一纠纷向人民法院提起诉讼的，裁定不予受理；已经受理的，裁定驳回起诉。

第三条 当事人在收到农村土地承包仲裁委员会作出的裁决书之日起三十日内，向人民法院提起诉讼，请求撤销仲裁裁决的，人民法院应当告知当事人就原纠纷提起诉讼。

第四条 农村土地承包仲裁委员会依法向人民法院提交当事人财产保全申请的，申请财产保全的当事人为申请人。

农村土地承包仲裁委员会应当提交下列材料：

（一）财产保全申请书；

（二）农村土地承包仲裁委员会发出的受理案件通知书；

（三）申请人的身份证明；

（四）申请保全财产的具体情况。

人民法院采取保全措施，可以责令申请人提供担保，申请人不提供担保的，裁定驳回申请。

第五条 人民法院对农村土地承包仲裁委员会提交的财产保全申请材料，应当进行审查。符合前条规定的，应予受理；申请材料不齐全或不符合规定的，人民法院应当告知农村土地承包仲裁委员会需要补齐的内容。

人民法院决定受理的，应当于三日内向当事人送达受理通知书并告知农村土地承包仲裁委员会。

第六条 人民法院受理财产保全申请后，应当在十日内作出裁定。因特殊情况需要延长的，经本院院长批准，可以延长五日。

人民法院接受申请后，对情况紧急的，必须在四十八小时内作出裁定；裁定采取保全措施的，应当立即开始执行。

第七条 农村土地承包经营纠纷仲裁中采取的财产保全措施，在申请保全的当事人依法提起诉讼后，自动转为诉讼中的财产保全措施，并适用《最高人民法院关于适用〈中华人民共和国民事诉讼法〉的解释》第四百八十七条①关于查封、扣押、冻结期限的规定。

第八条 农村土地承包仲裁委员会依法向人民法院提交当事人证据保全申请的，应当提供下列材料：

（一）证据保全申请书；

（二）农村土地承包仲裁委员会发出的受理案件通知书；

（三）申请人的身份证明；

（四）申请保全证据的具体情况。

对证据保全的具体程序事项，适用本解释第五、六、七条关于财产保全的规定。

第九条 农村土地承包仲裁委员会作出先行裁定后，一方当事人依法向被执行人住所地或者被执行的财产所在地基层人民法院申请执行的，人民法院应予受理和执行。

申请执行先行裁定的，应当提供以下材料：

（一）申请执行书；

（二）农村土地承包仲裁委员会作出的先行裁定书；

（三）申请执行人的身份证明；

（四）申请执行人提供的担保情况；

（五）其他应当提交的文件或证件。

第十条 当事人根据农村土地承包经营纠纷调解仲裁法第四十九条规定，向人民法院申请执行调解书、裁决书，符合《最高人民法院关于人民法院执行工作若干问题的规定（试行）》第十六条规定条件的，人民法院应予受理和执行。

第十一条 当事人因不服农村土地承包仲裁委员会作出的仲裁裁决向人民法院提起诉讼的，起诉期从其收到裁决书的次日起计算。

第十二条 本解释施行后，人民法院尚未审结的一审、二审案件适用本解释规定。本解释施行前已经作出生效裁判的案件，本解释施行后依法再审的，不适用本解释规定。

---

① 现为最高人民法院关于适用〈中华人民共和国民事诉讼法〉的解释》（2022年修正）第四百八十五条。

农村土地承包经营纠纷仲裁规则

（2009年12月18日农业部第10次常务会议审议通过，并经国家林业局同意，
2009年12月29日农业部、国家林业局令2010年第1号公布
自2010年1月1日起施行）

第一章　总　则

第一条　为规范农村土地承包经营纠纷仲裁活动，根据《中华人民共和国农村土地承包经营纠纷调解仲裁法》，制定本规则。

第二条　农村土地承包经营纠纷仲裁适用本规则。

第三条　下列农村土地承包经营纠纷，当事人可以向农村土地承包经营纠纷仲裁委员会（以下简称仲裁委员会）申请仲裁：

（一）因订立、履行、变更、解除和终止农村土地承包合同发生的纠纷；

（二）因农村土地承包经营权转包、出租、互换、转让、入股等流转发生的纠纷；

（三）因收回、调整承包地发生的纠纷；

（四）因确认农村土地承包经营权发生的纠纷；

（五）因侵害农村土地承包经营权发生的纠纷；

（六）法律、法规规定的其他农村土地承包经营纠纷。

因征收集体所有的土地及其补偿发生的纠纷，不属于仲裁委员会的受理范围，可以通过行政复议或者诉讼等方式解决。

第四条　仲裁委员会依法设立，其日常工作由当地农村土地承包管理部门承担。

第五条　农村土地承包经营纠纷仲裁，应当公开、公平、公正，便民高效，注重调解，尊重事实，符合法律，遵守社会公德。

第二章　申请和受理

第六条　农村土地承包经营纠纷仲裁的申请人、被申请人为仲裁当事人。

第七条　家庭承包的，可以由农户代表人参加仲裁。农户代表人由农户成员共同推选；不能共同推选的，按下列方式确定：

（一）土地承包经营权证或者林权证等证书上记载的人；

（二）未取得土地承包经营权证或者林权证等证书的，为在承包合同上签字的人。

第八条　当事人一方为五户（人）以上的，可以推选三至五名代表人参加仲裁。

第九条　与案件处理结果有利害关系的，可以申请作为第三人参加仲裁，或者由仲裁委员会通知其参加仲裁。

第十条　当事人、第三人可以委托代理人参加仲裁。

当事人或者第三人为无民事行为能力人或者限制民事行为能力人的，由其法定代理人参加仲裁。

第十一条 当事人申请农村土地承包经营纠纷仲裁的时效期间为二年，自当事人知道或者应当知道其权利被侵害之日起计算。

仲裁时效因申请调解、申请仲裁、当事人一方提出要求或者同意履行义务而中断。从中断时起，仲裁时效重新计算。

在仲裁时效期间的最后六个月内，因不可抗力或者其他事由，当事人不能申请仲裁的，仲裁时效中止。从中止时效的原因消除之日起，仲裁时效期间继续计算。

侵害农村土地承包经营权行为持续发生的，仲裁时效从侵权行为终了时计算。

第十二条 申请农村土地承包经营纠纷仲裁，应当符合下列条件：

（一）申请人与纠纷有直接的利害关系；

（二）有明确的被申请人；

（三）有具体的仲裁请求和事实、理由；

（四）属于仲裁委员会的受理范围。

第十三条 当事人申请仲裁，应当向纠纷涉及土地所在地的仲裁委员会递交仲裁申请书。申请书可以邮寄或者委托他人代交。

书面申请有困难的，可以口头申请，由仲裁委员会记入笔录，经申请人核实后由其签名、盖章或者按指印。

仲裁委员会收到仲裁申请材料，应当出具回执。回执应当载明接收材料的名称和份数、接收日期等，并加盖仲裁委员会印章。

第十四条 仲裁申请书应当载明下列内容：

（一）申请人和被申请人的姓名、年龄、住所、邮政编码、电话或者其他通讯方式；法人或者其他组织应当写明名称、地址和法定代表人或者主要负责人的姓名、职务、通讯方式；

（二）申请人的仲裁请求；

（三）仲裁请求所依据的事实和理由；

（四）证据和证据来源、证人姓名和联系方式。

第十五条 仲裁委员会应当对仲裁申请进行审查，符合申请条件的，应当受理。

有下列情形之一的，不予受理；已受理的，终止仲裁程序：

（一）不符合申请条件；

（二）人民法院已受理该纠纷；

（三）法律规定该纠纷应当由其他机构受理；

（四）对该纠纷已有生效的判决、裁定、仲裁裁决、行政处理决定等。

第十六条 仲裁委员会决定受理仲裁申请的，应当自收到仲裁申请之日起五个工作日内，将受理通知书、仲裁规则、仲裁员名册送达申请人，将受理通知书、仲裁申请书副本、仲裁规则、仲裁员名册送达被申请人。

决定不予受理或者终止仲裁程序的，应当自收到仲裁申请或者发现终止仲裁程序情形之日起五个工作日内书面通知申请人，并说明理由。

需要通知第三人参加仲裁的，仲裁委员会应当通知第三人，并告知其权利义务。

第十七条 被申请人应当自收到仲裁申请书副本之日起十日内向仲裁委员会提交答辩书。

仲裁委员会应当自收到答辩书之日起五个工作日内将答辩书副本送达申请人。

被申请人未答辩的，不影响仲裁程序的进行。

第十八条 答辩书应当载明下列

内容：

（一）答辩人姓名、年龄、住所、邮政编码、电话或者其他通讯方式；法人或者其他组织应当写明名称、地址和法定代表人或者主要负责人的姓名、职务、通讯方式；

（二）对申请人仲裁申请的答辩及所依据的事实和理由；

（三）证据和证据来源，证人姓名和联系方式。

书面答辩确有困难的，可以口头答辩，由仲裁委员会记入笔录，经被申请人核实后由其签名、盖章或者按指印。

第十九条 当事人提交仲裁申请书、答辩书、有关证据材料及其他书面文件，应当一式三份。

第二十条 因一方当事人的行为或者其他原因可能使裁决不能执行或者难以执行，另一方当事人申请财产保全的，仲裁委员会应当将当事人的申请提交被申请人住所地或者财产所在地的基层人民法院，并告知申请人因申请错误造成被申请人财产损失的，应当承担相应的赔偿责任。

第三章 仲裁庭

第二十一条 仲裁庭由三名仲裁员组成。

事实清楚、权利义务关系明确、争议不大的农村土地承包经营纠纷，经双方当事人同意，可以由一名仲裁员仲裁。

第二十二条 双方当事人自收到受理通知书之日起五个工作日内，从仲裁员名册中选定仲裁员。首席仲裁员由双方当事人共同选定，其他二名仲裁员由双方当事人各自选定；当事人不能选定的，由仲裁委员会主任指定。

独任仲裁员由双方当事人共同选定；当事人不能选定的，由仲裁委员会主任指定。

仲裁委员会应当自仲裁庭组成之日起二个工作日内将仲裁庭组成情况通知当事人。

第二十三条 仲裁庭组成后，首席仲裁员应当召集其他仲裁员审阅案件材料，了解纠纷的事实和情节，研究双方当事人的请求和理由，查核证据，整理争议焦点。

仲裁庭认为确有必要的，可以要求当事人在一定期限内补充证据，也可以自行调查取证。自行调查取证的，调查人员不得少于二人。

第二十四条 仲裁员有下列情形之一的，应当回避：

（一）是本案当事人或者当事人、代理人的近亲属；

（二）与本案有利害关系；

（三）与本案当事人、代理人有其他关系，可能影响公正仲裁；

（四）私自会见当事人、代理人，或者接受当事人、代理人请客送礼。

第二十五条 仲裁员有回避情形的，应当以口头或者书面方式及时向仲裁委员会提出。

当事人认为仲裁员有回避情形的，有权以口头或者书面方式向仲裁委员会申请其回避。

当事人提出回避申请，应当在首次开庭前提出，并说明理由；在首次开庭后知道回避事由的，可以在最后一次开庭终结前提出。

第二十六条 仲裁委员会应当自收到回避申请或者发现仲裁员有回避情形之日起二个工作日内作出决定，以口头或者书面方式通知当事人，并说明理由。

仲裁员是否回避，由仲裁委员会主任决定；仲裁委员会主任担任仲裁员时，由仲裁委员会集体决定主任的回避。

第二十七条 仲裁员有下列情形之一的，应当按照本规则第二十二条规定重新选定或者指定仲裁员：

（一）被决定回避的；

（二）在法律上或者事实上不能履行职责的；

（三）因被除名或者解聘丧失仲裁员资格的；

（四）因个人原因退出或者不能从事仲裁工作的；

（五）因徇私舞弊、失职渎职被仲裁委员会决定更换的。

重新选定或者指定仲裁员后，仲裁程序继续进行。当事人请求仲裁程序重新进行的，由仲裁庭决定。

第二十八条 仲裁庭应当向当事人提供必要的法律政策解释，帮助当事人自行和解。

达成和解协议的，当事人可以请求仲裁庭根据和解协议制作裁决书；当事人要求撤回仲裁申请的，仲裁庭应当终止仲裁程序。

第二十九条 仲裁庭应当在双方当事人自愿的基础上进行调解。调解达成协议的，仲裁庭应当制作调解书。

调解书应当载明双方当事人基本情况、纠纷事由、仲裁请求和协议结果，由仲裁员签名，并加盖仲裁委员会印章，送达双方当事人。

调解书经双方当事人签收即发生法律效力。

第三十条 调解不成或者当事人在调解书签收前反悔的，仲裁庭应当及时作出裁决。

当事人在调解过程中的陈述、意见、观点或者建议，仲裁庭不得作为裁决的证据或依据。

第三十一条 仲裁庭作出裁决前，申请人放弃仲裁请求并撤回仲裁申请，且被申请人没有就申请人的仲裁请求提出反请求的，仲裁庭应当终止仲裁程序。

申请人经书面通知，无正当理由不到庭或者未经仲裁庭许可中途退庭的，可以视为撤回仲裁申请。

第三十二条 被申请人就申请人的仲裁请求提出反请求的，应当说明反请求事项及其所依据的事实和理由，并附具有关证明材料。

被申请人在仲裁庭组成前提出反请求的，由仲裁委员会决定是否受理；在仲裁庭组成后提出反请求的，由仲裁庭决定是否受理。

仲裁委员会或者仲裁庭决定受理反请求的，应当自收到反请求之日起五个工作日内将反请求申请书副本送达申请人。申请人应当在收到反请求申请书副本后十个工作日内提交反请求答辩书，不答辩的不影响仲裁程序的进行。仲裁庭应当将被申请人的反请求与申请人的请求合并审理。

仲裁委员会或者仲裁庭决定不予受理反请求的，应当书面通知被申请人，并说明理由。

第三十三条 仲裁庭组成前申请人变更仲裁请求或者被申请人变更反请求的，由仲裁委员会作出是否准许的决定；仲裁庭组成后变更请求或者反请求的，由仲裁庭作出是否准许的决定。

第四章　开　庭

第三十四条 农村土地承包经营纠纷仲裁应当开庭进行。开庭应当公开，但涉及国家秘密、商业秘密和个人隐私以及当事人约定不公开的除外。

开庭可以在纠纷涉及的土地所在地的乡（镇）或者村进行，也可以在仲裁委员会所在地进行。当事人双方要求在乡（镇）或者村开庭的，应当在该乡

（镇）或者村开庭。

第三十五条 仲裁庭应当在开庭五个工作日前将开庭时间、地点通知当事人、第三人和其他仲裁参与人。

当事人请求变更开庭时间和地点的，应当在开庭三个工作日前向仲裁庭提出，并说明理由。仲裁庭决定变更的，通知双方当事人、第三人和其他仲裁参与人；决定不变更的，通知提出变更请求的当事人。

第三十六条 公开开庭的，应当将开庭时间、地点等信息予以公告。

申请旁听的公民，经仲裁庭审查后可以旁听。

第三十七条 被申请人经书面通知，无正当理由不到庭或者未经仲裁庭许可中途退庭的，仲裁庭可以缺席裁决。

被申请人提出反请求，申请人经书面通知，无正当理由不到庭或者未经仲裁庭许可中途退庭的，仲裁庭可以就反请求缺席裁决。

第三十八条 开庭前，仲裁庭应当查明当事人、第三人、代理人和其他仲裁参与人是否到庭，并逐一核对身份。

开庭由首席仲裁员或者独任仲裁员宣布。首席仲裁员或者独任仲裁员应当宣布案由，宣读仲裁庭组成人员名单、仲裁庭纪律、当事人权利和义务，询问当事人是否申请仲裁员回避。

第三十九条 仲裁庭应当保障双方当事人平等陈述的机会，组织当事人、第三人、代理人陈述事实、意见、理由。

第四十条 当事人、第三人应当提供证据，对其主张加以证明。

与纠纷有关的证据由作为当事人一方的发包方等掌握管理的，该当事人应当在仲裁庭指定的期限内提供，逾期不提供的，应当承担不利后果。

第四十一条 仲裁庭自行调查收集的证据，应当在开庭时向双方当事人出示。

第四十二条 仲裁庭对专门性问题认为需要鉴定的，可以交由当事人约定的鉴定机构鉴定；当事人没有约定的，由仲裁庭指定的鉴定机构鉴定。

第四十三条 当事人申请证据保全，应当向仲裁委员会书面提出。仲裁委员会应当自收到申请之日起二个工作日内，将申请提交证据所在地的基层人民法院。

第四十四条 当事人、第三人申请证人出庭作证的，仲裁庭应当准许，并告知证人的权利义务。

证人不得旁听案件审理。

第四十五条 证据应当在开庭时出示，但涉及国家秘密、商业秘密和个人隐私的证据不得在公开开庭时出示。

仲裁庭应当组织当事人、第三人交换证据，相互质证。

经仲裁庭许可，当事人、第三人可以向证人询问，证人应当据实回答。

根据当事人的请求或者仲裁庭的要求，鉴定机构应当派鉴定人参加开庭。经仲裁庭许可，当事人可以向鉴定人提问。

第四十六条 仲裁庭应当保障双方当事人平等行使辩论权，并对争议焦点组织辩论。

辩论终结时，首席仲裁员或者独任仲裁员应当征询双方当事人、第三人的最后意见。

第四十七条 对权利义务关系明确的纠纷，当事人可以向仲裁庭书面提出先行裁定申请，请求维持现状、恢复农业生产以及停止取土、占地等破坏性行为。仲裁庭应当自收到先行裁定申请之日起二个工作日内作出决定。

仲裁庭作出先行裁定的，应当制作

先行裁定书，并告知先行裁定申请人可以向人民法院申请执行，但应当提供相应的担保。

先行裁定书应当载明先行裁定申请的内容、依据事实和理由、裁定结果和日期，由仲裁员签名，加盖仲裁委员会印章。

第四十八条 仲裁庭应当将开庭情况记入笔录。笔录由仲裁员、记录人员、当事人、第三人和其他仲裁参与人签名、盖章或者按指印。

当事人、第三人和其他仲裁参与人认为对自己的陈述记录有遗漏或者差错的，有权申请补正。仲裁庭不予补正的，应当向申请人说明情况，并记录该申请。

第四十九条 发生下列情形之一的，仲裁程序中止：

（一）一方当事人死亡，需要等待继承人表明是否参加仲裁的；

（二）一方当事人丧失行为能力，尚未确定法定代理人的；

（三）作为一方当事人的法人或者其他组织终止，尚未确定权利义务承受人的；

（四）一方当事人因不可抗拒的事由，不能参加仲裁的；

（五）本案必须以另一案的审理结果为依据，而另一案尚未审结的；

（六）其他应当中止仲裁程序的情形。

在仲裁庭组成前发生仲裁中止事由的，由仲裁委员会决定是否中止仲裁；仲裁庭组成后发生仲裁中止事由的，由仲裁庭决定是否中止仲裁。决定仲裁程序中止的，应当书面通知当事人。

仲裁程序中止的原因消除后，仲裁委员会或者仲裁庭应当在三个工作日内作出恢复仲裁程序的决定，并通知当事人和第三人。

第五十条 发生下列情形之一的，仲裁程序终结：

（一）申请人死亡或者终止，没有继承人及权利义务承受人，或者继承人、权利义务承受人放弃权利的；

（二）被申请人死亡或者终止，没有可供执行的财产，也没有应当承担义务的人的；

（三）其他应当终结仲裁程序的。

终结仲裁程序的，仲裁委员会应当自发现终结仲裁程序情形之日起五个工作日内书面通知当事人、第三人，并说明理由。

第五章　裁决和送达

第五十一条 仲裁庭应当根据认定的事实和法律以及国家政策作出裁决，并制作裁决书。

首席仲裁员组织仲裁庭对案件进行评议，裁决依多数仲裁员意见作出。少数仲裁员的不同意见可以记入笔录。

仲裁庭不能形成多数意见时，应当按照首席仲裁员的意见作出裁决。

第五十二条 裁决书应当写明仲裁请求、争议事实、裁决理由和依据、裁决结果、裁决日期，以及当事人不服仲裁裁决的起诉权利和期限。

裁决书由仲裁员签名，加盖仲裁委员会印章。

第五十三条 对裁决书中的文字、计算错误，或者裁决书中有遗漏的事项，仲裁庭应当及时补正。补正构成裁决书的一部分。

第五十四条 仲裁庭应当自受理仲裁申请之日起六十日内作出仲裁裁决。受理日期以受理通知书上记载的日期为准。

案情复杂需要延长的，经仲裁委员会主任批准可以延长，但延长期限不得超过三十日。

延长期限的，应当自作出延期决定之日起三个工作日内书面通知当事人、第三人。

期限不包括仲裁程序中止、鉴定、当事人在庭外自行和解、补充申请材料和补正裁决的时间。

第五十五条 仲裁委员会应当在裁决作出之日起三个工作日内将裁决书送达当事人、第三人。

直接送达的，应当告知当事人、第三人下列事项：

（一）不服仲裁裁决的，可以在收到裁决书之日起三十日内向人民法院起诉，逾期不起诉的，裁决书即发生法律效力；

（二）一方当事人不履行生效的裁决书所确定义务的，另一方当事人可以向被申请人住所地或者财产所在地的基层人民法院申请执行。

第五十六条 仲裁文书应当直接送达当事人或者其代理人。受送达人是自然人，但本人不在场的，由其同住成年家属签收；受送达人是法人或者其他组织的，应当由法人的法定代表人、其他组织的主要负责人或者该法人、组织负责收件的人签收。

仲裁文书送达后，由受送达人在送达回证上签名、盖章或者按指印，受送达人在送达回证上的签收日期为送达日期。

受送达人或者其同住成年家属拒绝接收仲裁文书的，可以留置送达。送达人应当邀请有关基层组织或者受送达人所在单位的代表到场，说明情况，在送达回证上记明拒收理由和日期，由送达人、见证人签名、盖章或者按指印，将仲裁文书留在受送达人的住所，即视为已经送达。

直接送达有困难的，可以邮寄送达。邮寄送达的，以当事人签收日期为送达日期。

当事人下落不明，或者以前款规定的送达方式无法送达的，可以公告送达，自发出公告之日起，经过六十日，即视为已经送达。

第六章 附 则

第五十七条 独任仲裁可以适用简易程序。简易程序的仲裁规则由仲裁委员会依照本规则制定。

第五十八条 期间包括法定期间和仲裁庭指定的期间。

期间以日、月、年计算，期间开始日不计算在期间内。

期间最后一日是法定节假日的，以法定节假日后的第一个工作日为期间的最后一日。

第五十九条 对不通晓当地通用语言文字的当事人、第三人，仲裁委员会应当为其提供翻译。

第六十条 仲裁文书格式由农业部、国家林业局共同制定。

第六十一条 农村土地承包经营纠纷仲裁不得向当事人收取费用，仲裁工作经费依法纳入财政预算予以保障。

当事人委托代理人、申请鉴定等发生的费用由当事人负担。

第六十二条 本规则自2010年1月1日起施行。

农业部办公厅
关于印发《农村土地承包经营纠纷调解仲裁工作规范》的通知

2013 年 1 月 15 日　　农办经〔2013〕2 号

各省（自治区、直辖市）农业（农牧）厅（委、局、办）：

为推动农村土地承包经营纠纷调解仲裁工作规范化开展，根据《农村土地承包经营纠纷调解仲裁法》，我部制定了《农村土地承包经营纠纷调解仲裁工作规范》，现印发给你们，请遵照执行。

附件：农村土地承包经营纠纷调解仲裁工作规范

附：

农村土地承包经营纠纷调解仲裁工作规范

第一章　总　则

第一条　为加强农村土地承包经营纠纷调解仲裁工作，实现调解仲裁工作的制度化、规范化，根据《中华人民共和国农村土地承包经营纠纷调解仲裁法》、《农村土地承包经营纠纷仲裁规则》、《农村土地承包仲裁委员会示范章程》等有关规定，制定本工作规范。

第二条　以科学发展观为指导，按照完善制度、统一规范、提升能力、强化保障的原则开展农村土地承包经营纠纷调解仲裁工作。

第三条　农村土地承包仲裁委员会（以下简称仲裁委员会）开展农村土地承包经营纠纷调解仲裁工作，应当执行本规范。

第四条　仲裁委员会在当地人民政府指导下依法设立，接受县级以上人民政府及土地承包管理部门的指导和监督。仲裁委员会设立后报省（自治区、直辖市）人民政府农业、林业行政主管部门备案。

第五条　涉农县（市、区）应普遍设立仲裁委员会，负责辖区内农村土地承包经营纠纷调解仲裁工作。涉农市辖区不设立仲裁委员会的，其所在市应当设立仲裁委员会，负责辖区内农村土地承包经营纠纷调解仲裁工作。

第六条　仲裁委员会根据农村土地承包经营纠纷调解仲裁工作及仲裁员培训实际需要，编制年度财务预算，报财政部门纳入财政预算予以保障。仲裁工作经费专款专用。

仲裁委员会可接受各级政府、司法部门、人民团体等人财物的支持和帮助。

第二章　仲裁委员会设立

第七条　市、县级农村土地承包管

理部门负责制定仲裁委员会设立方案，协调相关部门，依法确定仲裁委员会人员构成，报请当地人民政府批准。

第八条 市、县级农村土地承包管理部门负责草拟仲裁委员会章程，拟定聘任仲裁员名册，拟定仲裁委员会工作计划及经费预算，筹备召开仲裁委员会成立大会。

第九条 市、县级农村土地承包管理部门提议，当地人民政府牵头，组织召开仲裁委员会成立大会。仲裁委员会成立大会由全体成员参加，审议通过仲裁委员会章程、议事规则和规章制度；选举仲裁委员会主任、副主任；审议通过仲裁员名册；审议通过仲裁委员会年度工作计划；任命仲裁委员会办公室主任。

仲裁委员会每年至少召开一次全体会议。符合规定情形时，仲裁委员会主任或其委托的副主任主持召开临时会议。

第十条 仲裁委员会组成人员应不少于9人，设主任1人，副主任1至2人。

第十一条 仲裁委员会的名称，由其所在“市、县（市、区）地名+农村土地承包仲裁委员会”构成。

仲裁委员会应设在当地人民政府所在地。

第十二条 仲裁委员会应根据解决农村土地承包经营纠纷的需要和辖区乡镇数聘任仲裁员，仲裁员人数一般不少于20人。

仲裁委员会对聘任的仲裁员颁发聘书。

第十三条 乡镇人民政府应设立农村土地承包经营纠纷调解委员会，调解工作人员一般不少于3人。村（居）民委员会应明确专人负责农村土地承包经营纠纷调解工作。

第三章　仲裁委员会办公室设立

第十四条 仲裁委员会日常工作由仲裁委员会办公室（以下简称仲裁办）承担。仲裁办设在当地农村土地承包管理部门。仲裁委员会可以办理法人登记，取得法人资格。

仲裁办应设立固定办公地点、仲裁场所。仲裁办负责仲裁咨询、宣传有关法律政策，接收申请人提出的仲裁申请，协助仲裁员开庭审理、调查取证工作，负责仲裁文书送达和仲裁档案管理工作，管理仲裁工作经费等。仲裁办应当设立固定专门电话号码，并在仲裁办公告栏中予以公告。

第十五条 仲裁办工作人员应定岗定责，不少于5人。根据仲裁委员会组成人员数、聘任仲裁员数、辖区范围和纠纷受理数量，可适当增加工作人员。其中，案件接收人员2-3名，书记员1名，档案管理员1名，文书送达人员1名。

第十六条 经仲裁委员会全体会议批准后，仲裁办制作仲裁员名册，并在案件受理场所进行公示。根据仲裁委员会全体会议批准的仲裁员变动情况，仲裁办及时调整仲裁员名册和公示名单。

第十七条 仲裁委员会编制仲裁员年度培训计划、组织开展培训工作。仲裁办按照培训计划，组织仲裁员参加仲裁培训，督促仲裁员在规定时间内取得仲裁员培训合格证书。对未取得培训合格证书的仲裁员，仲裁委员会不指定其单独审理和裁决案件，不指定其担任首席仲裁员。

第十八条 仲裁办受仲裁委员会委托对仲裁员进行年度工作考核。考核范围包括仲裁员执行仲裁程序情况、办案质量等。对考核不合格的仲裁员，仲裁委员会提出限期整改意见，仲裁办跟踪整改情况。对连续二次考核不合格的仲裁员，仲裁办提出解聘建议。

对严重违法违纪的仲裁员，仲裁办应及时提出解聘或除名建议。仲裁办将解聘或除名仲裁员名单，报仲裁委员会主任审查，经仲裁委员会全体会议讨论通过，予以解聘或除名。

第四章　调解仲裁工作流程

第一节　申请与受理

第十九条　仲裁办工作人员和仲裁员应当规范运用仲裁文书。对仲裁文书实行严格登记管理。

第二十条　仲裁办工作人员在接收仲裁申请时，根据申请的内容，向申请人宣传、讲解相关的法律政策；查验“仲裁申请书”、身份证明和证据等，对其进行登记和制作证据清单、证人情况表并向申请人出具回执。对书面申请确有困难的，由申请人口述，工作人员帮助填写“口头仲裁申请书”。“口头仲裁申请书”经申请人核实后签字、盖章或者按指印，工作人员登记并出具回执。

仲裁办接收邮寄、他人代交的“仲裁申请书”，工作人员应及时对仲裁申请书及相关资料、代交人身份信息等进行登记，并向代交人出具回执。

第二十一条　仲裁办指定专人对仲裁申请材料进行初审。对仲裁申请材料不齐全的，在2个工作日内通知当事人补充齐全。

经过审核，符合受理条件的，材料审核人员在2个工作日内制作仲裁立案审批表，报仲裁委员会主任（或授权委托人）审批。批准立案的，仲裁办指定专人在5个工作日内将受理通知书、仲裁规则、仲裁员名册、选定仲裁员通知书送达申请人，将受理通知书、仲裁申请书副本、仲裁规则、仲裁员名册、选定仲裁员通知书送达被申请人。需要通知第三人参加仲裁的，在5个工作日内通知第三人并送达相关材料，告知其权利义务。

对不符合受理条件或未批准立案的，仲裁办指定专人在5个工作日内书面通知申请人，并说明理由。

第二十二条　仲裁办指定专人通知被申请人自收到仲裁申请书副本之日起10日内向仲裁办提交答辩书。仲裁办自收到答辩书之日起5个工作日内将答辩书副本送达申请人。

被申请人不答辩的，仲裁程序正常进行。被申请人书面答辩有困难的，由被申请人口述，仲裁办工作人员帮助填写“仲裁答辩书”，经被申请人核实后签名、盖章或者按指印。被申请人提交证据材料的，工作人员填写“证据材料清单”；被申请人提供证人的，工作人员填写“证人情况”表。

仲裁办接收当事人提交的仲裁申请书、答辩书、有关证据材料及其他书面文件，一式三份。

第二十三条　当事人委托代理人参加仲裁活动的，仲裁办审核当事人提交的“授权委托书”，查验委托事项和权限。受委托人为律师的，查验律师事务所出具的指派证明；受委托人为法律工作者的，查验法律工作证。

当事人更换代理人，变更或解除代理权时，应提出申请。

第二十四条　仲裁办自仲裁庭组成之日起2个工作日内将仲裁庭组成情况通知当选仲裁员和当事人、第三人。

第二节　庭前准备

第二十五条　事实清楚、权利义务关系明确、争议不大的农村土地承包经营纠纷，经双方当事人同意，可以由一名仲裁员仲裁。仲裁员由当事人共同选定或由仲裁委员会主任（委托授权人）指定。

第二十六条 仲裁办应及时将当事人提交的仲裁申请书、答辩书、证据和"证据材料清单"、"证人情况表"等材料提交给仲裁庭。

第二十七条 首席仲裁员应召集组庭仲裁员认真审阅案件材料，了解案情，掌握争议焦点，研究当事人的请求和理由，查核证据，整理需要庭审调查的主要问题。

第二十八条 独任仲裁员召集当事人进行调解。达成协议的，由当事人签字、盖章或按指印，制成调解书，加盖仲裁委员会印章。调解不成的，开庭审理并做出裁决。审理过程中发现案情复杂的，独任仲裁员应当立即休庭，向仲裁委员会报告。经仲裁委员会主任（委托授权人）批准，由仲裁办组织当事人按照法律规定重新选定三名仲裁员组成仲裁庭，重新审理。

第二十九条 有下列情形的，仲裁庭向仲裁办提出实地调查取证的申请，经主任批准后，组织开展调查取证：

（一）当事人及其代理人因客观原因不能自行收集的；

（二）仲裁庭认为需要由有关部门进行司法鉴定的；

（三）双方当事人提供的证据互相矛盾、难以认定的；

（四）仲裁庭认为有必要采集的。

第三十条 仲裁办应协助仲裁员实地调查取证。实地调查的笔录，要由调查人、被调查人、记录人、在场人签名、盖章或者按指印。被调查人等拒绝在调查笔录上签名、盖章或者按指印的，调查人应在调查笔录上备注说明。

仲裁员询问证人时，应填写"证人情况表"，询问证人与本案当事人的关系，告知证人作证的权利和义务。询问证人时应制作笔录，由证人在笔录上逐页签名、盖章或者按指印。如果证人无自阅能力，询问人当面读笔录，询问证人是否听懂，是否属实，并将证人对笔录属实与否的意见记入笔录，由证人逐页签名、盖章或者按指印。

第三十一条 仲裁庭决定开庭时间和地点，并告知仲裁办。仲裁办在开庭前五个工作日内，向双方当事人、第三人及其代理人送达《开庭通知书》。

当事人请求变更开庭时间和地点的，必须在开庭前3个工作日内向仲裁办提出，并说明理由。仲裁办将变更请求交仲裁庭。仲裁庭决定变更的，仲裁办将"变更开庭时间（地点）通知书"，送达双方当事人、第三人和其他参与人；决定不变更的，仲裁办将"不同意变更开庭时间（地点）通知书"送达提出变更请求的当事人。

第三十二条 仲裁办工作人员应及时将开庭时间、地点、案由、仲裁庭组成人员在仲裁委员会公告栏进行公告。

仲裁办指定专人接受公民的旁听申请，登记旁听人员的身份信息、与案件当事人的关系，核发旁听证。

第三十三条 开庭前，仲裁庭询问当事人是否愿意调解，提出调解方案，并主持调解。达成调解协议的，仲裁庭制作调解书，由当事人签名或盖章。首席仲裁员将案件材料整理移交仲裁办归档，仲裁庭解散。调解不成的，开庭审理。

第三十四条 对当事人提出财产、证据保全申请的，仲裁庭进行审查，制作"财产保全移送函"、"证据保全移送函"，与当事人提出的保全申请一并提交保全物所在地的基层人民法院。

第三十五条 对当事人反映仲裁员违反回避制度的，仲裁办主任进行核实。属实的，报仲裁委员会主任或仲裁委员会按程序规定办理。不属实的，向当事人说明情况。

第三节 开庭审理

第三十六条 农村土地承包经营纠纷仲裁应当公开开庭审理。仲裁员庭审应统一服装，庭审用语应当准确、规范、文明。

第三十七条 仲裁办应当为仲裁庭开庭提供场所和庭审设施设备，安排工作人员协助仲裁员开庭审理。书记员配合仲裁员完成证据展示、笔录等庭审工作。工作人员负责操作开庭审理的录音、录像设备；有证人、鉴定人、勘验人到庭的，安排其在仲裁庭外指定场所休息候传，由专人引领其出庭。

第三十八条 仲裁办核查当事人身份，安排当事人入场；核查旁听证，安排旁听人员入场。

仲裁员在合议调解庭休息等候。

第三十九条 仲裁庭庭审程序如下：

（一）书记员宣读庭审纪律，核实申请人、被申请人、第三人以及委托代理人的身份及到庭情况，并报告首席仲裁员。

（二）首席仲裁员宣布开庭，向当事人、第三人及委托代理人宣告首席仲裁员、仲裁员身份，当事人和第三人的权利义务；询问当事人是否听明白，是否申请仲裁员回避。

（三）首席仲裁员请申请人或其委托代理人陈述仲裁请求、依据的事实和理由；请被申请人或其委托代理人进行答辩。首席仲裁员总结概括争论焦点。

（四）仲裁员向当事人及第三人简要介绍有关证据规定及应承担的法律责任。组织双方当事人对自己的主张进行举证、质证。对当事人提供证人、鉴定人的，传证人、鉴定人到庭作证。对当事人提供证据的真实性无法确认的，仲裁庭在休庭期间交鉴定机构进行鉴定，在继续开庭后由首席仲裁员当庭宣读鉴定书。仲裁庭自行取证的，交双方当事人质证。

（五）在开庭审理期间，仲裁庭发现需要追加第三人的，应宣布休庭。仲裁办通知第三人参加庭审。

（六）根据案件审理情况，当事人需要补充证据的或仲裁庭需要实地调查取证的，首席仲裁员宣布休庭。仲裁员征求双方当事人意见，确定补充证据提交期间。休庭期间，仲裁员和仲裁工作人员进行调查取证。

（七）辩论结束后，首席仲裁员根据陈述、举证、质证、辩论情况，进行小结；组织双方当事人、第三人做最后陈述。

（八）首席仲裁员询问当事人是否愿意进行调解。同意调解的，仲裁员根据双方的一致意见制作调解书，并由当事人签名或盖章、签收。不同意调解的，由仲裁庭合议后作出裁决，宣布闭庭。

（九）退庭前，书记员请双方当事人、第三人核实庭审笔录，并签字盖章或者按指印。对于庭审笔录有争议的，调取录像视频材料比对确认。

第四十条 仲裁庭在做出裁决前，对当事人提出的先行裁定申请进行审查，权利义务关系比较明确的，仲裁庭可以做出维持现状、恢复农业生产以及停止取土、占地等行为的先行裁定书，并告知当事人向法院提出执行申请。

第四节 合议与裁决

第四十一条 仲裁庭在庭审调查结束后，首席仲裁员宣布休庭，组织仲裁员在合议场所进行合议。仲裁员分别对案件提出评议意见，裁决按照多数仲裁员的意见作出，少数仲裁员的不同意见记入合议笔录。合议不能形成多数意见的，按首席仲裁员意见作出裁决。书记员对合议过程全程记录，由仲裁员分别在记录上签名。

仲裁庭合议过程保密，参与合议的仲裁员、书记员不得向外界透露合议情况。合议记录未经仲裁委员会主任批准任何人不得查阅。

第四十二条 仲裁庭合议后作出裁决。首席仲裁员可以当庭向双方当事人及第三人宣布裁决结果，也可以闭庭后送达裁决书，宣布裁决结果。

对于案情重大复杂、当事人双方利益冲突较大，涉案人员众多等不宜当庭宣布裁决结果的，应以送达裁决书方式告知当事人及第三人裁决结果。

第四十三条 裁决书由首席仲裁员制作，三名仲裁员在裁决书上签字，报仲裁委员会主任（委托授权人）审核，加盖仲裁委员会印章。仲裁员签字的裁决书归档。书记员按照当事人人数打印裁决书，核对无误后，加盖仲裁委员会印章，由仲裁办指定人员送达当事人及第三人。

第四十四条 裁决书应当事实清楚，论据充分，适用法律准确、全面，格式规范。

仲裁庭对裁决书存在文字、计算等错误，或者遗漏事项需要补正的，应及时予以补正，补正裁决书应及时送达双方当事人及第三人。

第四十五条 对案情重大、复杂的案件，仲裁庭调解不成的，应报告仲裁委员会主任决定开庭审理。必要时，仲裁委员会主任可召开临时仲裁委员会全体会议研究审议。决定开庭审理的，仲裁委员会协助仲裁庭完成庭审工作。

第五节 送达与归档

第四十六条 仲裁办根据仲裁案件的受理、调解、仲裁等进度，严格按照法律规定程序和时限要求，及时送达相关文书，通知当事人、第三人及代理人参加仲裁活动。

第四十七条 仲裁办工作人员采取直接送达的，保留被送达人签收的送达回证；邮寄送达的，保留邮局的挂号收条；电话通知的，保留通话录音。被送达人拒绝签收的，工作人员可以采取拍照、录像或者法律规定的3人以上在场签字等方式，证明已送达。公告送达的，仲裁办应当保留刊登公告的相关报刊、图片等，在电子公告栏公告的，拍照留证，保留相关审批资料。

第四十八条 仲裁案件结案后10个工作日内，首席仲裁员对案件仲裁过程中涉及的文书、证据等相关资料进行整理、装订、交仲裁办归档。

第四十九条 仲裁办设立档案室，对农村土地承包纠纷调解仲裁档案进行保管。确定专人负责档案验收归档、档案查阅、保管等。制定档案查阅管理办法，明确档案查阅范围和查阅方式。

第五章 仲裁基础设施建设

第五十条 农村土地承包仲裁委员会以满足仲裁工作需要为目标，按照统一建设标准，规范开展基础设施建设。

第五十一条 农村土地承包经营纠纷仲裁基础设施建设重点为“一庭三室”，包括仲裁庭、合议调解室、案件受理室、档案会商室等固定仲裁场所建设，配套音视频显示和安防监控系统等建筑设备建设。

配套仲裁日常办公设备、仲裁调查取证、流动仲裁庭设备等办案设备。

第五十二条 农村土地承包经营纠纷仲裁基础设施建设内容包括：

仲裁场所土建工程。新建或部分新建仲裁庭、合议调解室、案件受理室和档案会商室等仲裁场所，使用面积不低于268平方米。工程建设具体为门窗、墙地面、吊顶等建设及内部装修，暖通空调、供电照明和弱电系统等建筑设备安装，档案密集柜安装。

配备音视频显示系统。包括拾音、录音、扩音等音频信息采集和录播系统，文档图片视频播放、证据展示台等视频控制系统，电子公告牌、电子横幅、告示屏等显示系统及其集成。

配备安防监控系统。包括监控录像、应急安全报警联动、手机信号屏蔽、信息存储调用等系统及其集成。

配置仲裁设备。包括电子办公设备、录音录像及测绘设备和交通工具（配备具有统一标识的仲裁办案专用车）。

第五十三条 农村土地承包经营纠纷仲裁场所建设应尽可能独立成区，布局合理紧凑，以仲裁庭为中心，接待区域、庭审区域与办公区域相互隔离。具有独立的出入口，方便群众申请仲裁。

第五十四条 仲裁场所建筑设计、建造应符合经济、实用、美观的原则。建筑内部装修宜严肃、简洁、庄重，仲裁庭悬挂统一仲裁标志。建筑外观采用统一的形象标识。

第五十五条 编制仲裁委员会办公办案场所及物质装备建设计划，确定专人组织实施建设项目。

第六章 仲裁制度

第五十六条 制定印章管理办法。仲裁委员会印章由仲裁办明确专人管理。严格执行审批程序，印章使用需经仲裁办主任批准或授权。明确印章使用范围，印章管理人员应对加盖印章的各类仲裁文书及材料进行审查、留档，设立印章使用登记簿，并定期对登记清单进行整理、归档备查。

第五十七条 制定仲裁设施设备管理办法。仲裁办明确专人负责仲裁设施设备管理。设备领用应严格执行“申请-批准-登记-归还”的程序。仲裁设施设备不得挪作它用，未经仲裁办主任批准不得出借，严禁出租盈利。

第五十八条 加强仲裁员队伍管理。仲裁员在聘任期内，因各种原因不能正常办案的，应及时告知仲裁办；因故无法承办案件的，可提出不再担任仲裁员的申请，经仲裁委员会全体会议讨论通过，批准解聘。

仲裁办根据仲裁员的业务能力、工作经验和实际表现，逐步实行仲裁员分级管理。对仲裁员的仲裁活动予以监督，保证办案过程公正、廉洁、高效。建立仲裁员管理档案，准确记录仲裁员品行表现、办案情况、参加业务培训、年度考核结果及参加仲裁委员会其他活动的情况。

第五十九条 建立案件监督管理制度。仲裁办主任对仲裁案件实行统一监督管理。对仲裁案件进行期限跟踪，对办理期限即将届满的案件，予以警示催办；对超期限未办结的，应进行专案督办，限期结案。对仲裁案件进行后续跟踪，及时掌握调解裁决后执行情况及问题。

第六十条 建立法制宣传教育工作制度。仲裁委员会接受政府委托，利用农贸会、庙会和农村各种集市，组织仲裁员和调解员开展现场法律咨询，发放法制宣传资料。乡镇调解委员会在村内设置法律宣传栏，系统解读法律，深入解析典型案例。注重发挥庭审的宣传教育作用，鼓励和组织人民群众参加庭审旁听。

第六十一条 建立完善仲裁经费管理制度。仲裁办编制仲裁工作经费预算，明确经费开支范围和开支标准，并在核定的预算范围内严格执行。各地根据当地情况制定办案仲裁员补贴和仲裁工作人员劳务费用补助标准，妥善解决仲裁员补贴和仲裁工作人员的劳务费用。当事人委托进行证据专业鉴定的，鉴定费用由当事人承担。

第六十二条 建立仲裁档案管理制度。案件结案后仲裁员应及时将案件材料归档，应归必归，不得短缺和遗漏。规范档案整理装订。落实档案管理岗位责任制，强化档案保管安全，严格档案借阅、查阅手续。当事人及其他相关人员在档案管理员指定地点查阅、复印调解书、裁决书、证据等非保密档案资料。仲裁委员会及仲裁办内部人员调阅仲裁档案，须经仲裁办主任批准。

第七章 附 则

第六十三条 本规范由农业部负责解释。

第六十四条 本规范自印发之日起实施。

中国人民银行 中国银行业监督管理委员会 中国保险监督管理委员会 财政部 农业部 关于印发《农村承包土地的经营权抵押贷款试点暂行办法》的通知

2016年3月15日

为依法稳妥规范推进农村承包土地的经营权抵押贷款试点，根据《国务院关于开展农村承包土地的经营权和农民住房财产权抵押贷款试点的指导意见》（国发〔2015〕45号）和《全国人大常委会关于授权国务院在北京市大兴区等232个试点县（市、区）、天津市蓟县等59个试点县（市、区）行政区域分别暂时调整实施有关法律规定的决定》精神，现将《农村承包土地的经营权抵押贷款试点暂行办法》（附件1）和《农村承包土地的经营权抵押贷款试点县（市、区）名单》（附件2）印发给你们，请结合实际认真贯彻落实。

附件：1. 农村承包土地的经营权抵押贷款试点暂行办法

2. 农村承包土地的经营权抵押贷款试点县（市、区）名单

附件1：

农村承包土地的经营权抵押贷款试点暂行办法

第一条 为依法稳妥规范推进农村承包土地的经营权抵押贷款试点，加大金融对“三农”的有效支持，保护借贷当事人合法权益，根据《国务院关于开展农村承包土地的经营权和农民住房财产权抵押贷款试点的指导意见》（国发〔2015〕45号）和《全国人民代表大会常务委员会关于授权国务院在北京市大兴区等232个试点县（市、区）、天津市蓟县等59个试点县（市、区）行政

区域分别暂时调整实施有关法律规定的决定》等政策规定，制定本办法。

第二条 本办法所称农村承包土地的经营权抵押贷款，是指以承包土地的经营权作抵押、由银行业金融机构（以下称贷款人）向符合条件的承包方农户或农业经营主体发放的、在约定期限内还本付息的贷款。

第三条 本办法所称试点地区是指《全国人民代表大会常务委员会关于授权国务院在北京市大兴区等232个试点县（市、区）、天津市蓟县等59个试点县（市、区）行政区域分别暂时调整实施有关法律规定的决定》明确授权开展农村承包土地的经营权抵押贷款试点的县（市、区）。

第四条 农村承包土地的经营权抵押贷款试点坚持不改变土地公有制性质、不突破耕地红线、不损害农民利益、不层层下达规模指标。

第五条 符合本办法第六条、第七条规定条件、通过家庭承包方式依法取得土地承包经营权和通过合法流转方式获得承包土地的经营权的农户及农业经营主体（以下称借款人），均可按程序向银行业金融机构申请农村承包土地的经营权抵押贷款。

第六条 通过家庭承包方式取得土地承包经营权的农户以其获得的土地经营权作抵押申请贷款的，应同时符合以下条件：

（一）具有完全民事行为能力，无不良信用记录；

（二）用于抵押的承包土地没有权属争议；

（三）依法拥有县级以上人民政府或政府相关主管部门颁发的土地承包经营权证；

（四）承包方已明确告知发包方承包土地的抵押事宜。

第七条 通过合法流转方式获得承包土地的经营权的农业经营主体申请贷款的，应同时符合以下条件：

（一）具备农业生产经营管理能力，无不良信用记录；

（二）用于抵押的承包土地没有权属争议；

（三）已经与承包方或者经承包方书面委托的组织或个人签订了合法有效的经营权流转合同，或依流转合同取得了土地经营权权属确认证明，并已按合同约定方式支付了土地租金；

（四）承包方同意承包土地的经营权可用于抵押及合法再流转；

（五）承包方已明确告知发包方承包土地的抵押事宜。

第八条 借款人获得的承包土地经营权抵押贷款，应主要用于农业生产经营等贷款人认可的合法用途。

第九条 贷款人应当统筹考虑借款人信用状况、借款需求与偿还能力、承包土地经营权价值及流转方式等因素，合理自主确定承包土地的经营权抵押贷款抵押率和实际贷款额度。鼓励贷款人对诚实守信、有财政贴息或农业保险等增信手段支持的借款人，适当提高贷款抵押率。

第十条 贷款人应参考人民银行公布的同期同档次基准利率，结合借款人的实际情况合理自主确定承包土地的经营权抵押贷款的利率。

第十一条 贷款人应综合考虑承包土地经营权可抵押期限、贷款用途、贷款风险、土地流转期内租金支付方式等因素合理自主确定贷款期限。鼓励贷款人在农村承包土地的经营权剩余使用期限内发放中长期贷款，有效增加农业生产的中长期信贷投入。

第十二条 借贷双方可采取委托第三方评估机构评估、贷款人自评估或者借贷双方协商等方式，公平、公正、客观、合理确定农村土地经营权价值。

第十三条 鼓励贷款人因地制宜，针对借款人需求积极创新信贷产品和服务方式，简化贷款手续，加强贷款风险控制，全面提高贷款服务质量和效率。在承包土地的经营权抵押合同约定的贷款利率之外不得另外或变相增加其他借款费用。

第十四条 借贷双方要按试点地区规定，在试点地区农业主管部门或试点地区政府授权的农村产权流转交易平台办理承包土地的经营权抵押登记。受理抵押登记的部门应当对用于抵押的承包土地的经营权权属进行审核、公示。

第十五条 因借款人不履行到期债务，或者按借贷双方约定的情形需要依法行使抵押权的，贷款人可依法采取贷款重组、按序清偿、协议转让、交易平台挂牌再流转等多种方式处置抵押物，抵押物处置收益应由贷款人优先受偿。

第十六条 试点地区政府要依托公共资源管理平台，推进建立县（区）、乡（镇、街道）等多级联网的农村产权流转交易平台，建立承包土地的经营权抵押、流转、评估和处置的专业化服务机制，完善承包土地的经营权价值评估体系，推动承包土地的经营权流转交易公开、公正、规范运行。

第十七条 试点地区政府要加快推进行政辖区内农村土地承包经营权确权登记颁证，鼓励探索通过合同鉴证、登记颁证等方式对流转取得的农村承包土地的经营权进行权属确认。

第十八条 鼓励试点地区政府设立农村承包土地的经营权抵押贷款风险补偿基金，用于分担地震、冰雹、严重旱涝等不可抗力造成的贷款损失，或根据地方财力对农村承包土地的经营权抵押贷款给予适当贴息，增强贷款人放贷激励。

第十九条 鼓励试点地区通过政府性担保公司提供担保、农村产权交易平台提供担保等多种方式，为农村承包土地的经营权抵押贷款主体融资增信。

第二十条 试点地区农业主管部门要组织做好流转合同鉴证评估、农村产权交易平台搭建、承包土地的经营权价值评估、抵押物处置等配套工作。

第二十一条 试点地区人民银行分支机构对开展农村承包土地的经营权抵押贷款业务取得良好效果的贷款人加大支农再贷款支持力度。

第二十二条 银行业监督管理机构要统筹研究，合理确定承包土地经营权抵押贷款的风险权重、资本计提、贷款分类等方面的计算规则和激励政策，支持贷款人开展承包土地的经营权抵押贷款业务。

第二十三条 保险监督管理机构要加快完善农业保险政策，积极扩大试点地区农业保险品种和覆盖范围。通过探索开展农村承包土地的经营权抵押贷款保证保险业务等多种方式，为借款人提供增信支持。

第二十四条 各试点地区试点工作小组要加强统筹协调，靠实职责分工，扎实做好辖内试点组织实施、跟踪指导和总结评估。试点期间各省（区、市）年末形成年度试点总结报告，要于每年1月底前（遇节假日顺延）以省级人民政府名义送试点指导小组。

第二十五条 人民银行分支机构会同银行业监督管理机构等部门加强试点监测、业务指导和评估总结。试点县（市、区）应提交季度总结报告和政策建议，由人民银行副省级城市中心支行以上分支机构会同银监局汇总，于季后20个工作日内报送试点指导小组办公室，印送试点指导小组各成员单位。

第二十六条 各银行业金融机构可根据本办法有关规定制定农村承包土地的经营权抵押贷款业务管理制度及实施细则，并抄报人民银行和银行业监督管理机构。

第二十七条 对于以承包土地的经营权为他人贷款提供担保的以及没有承包到户的农村集体土地（指耕地）的经营权用于抵押的，可参照本办法执行。

第二十八条 本办法由人民银行、银监会会同试点指导小组相关成员单位负责解释。

第二十九条 本办法自发布之日起施行。

附件2：

农村承包土地的经营权抵押贷款试点县（市、区）名单

省份	试点县（市、区）
北京市	大兴区、平谷区
天津市	宝坻区、武清区
河北省	玉田县、邱县、张北县、平乡县、威县、饶阳县
山西省	运城市盐湖区、新绛县、潞城市、太谷县、定襄县、曲沃县
内蒙古自治区	呼伦贝尔市阿荣旗、兴安盟扎赉特旗、开鲁县、锡林郭勒盟镶黄旗、鄂尔多斯市达拉特旗、巴彦淖尔市临河区、赤峰市克什克腾旗、包头市土默特右旗
辽宁省	海城市、东港市、辽阳县、盘山县、昌图县、瓦房店市、沈阳市于洪区
吉林省	榆树市、农安县、永吉县、敦化市、梨树县、柳河县、洮南市、东辽县、前郭县、抚松县、梅河口市、公主岭市、珲春市、龙井市、延吉市
黑龙江省	克山县、方正县、讷河市、延寿县、五常市、哈尔滨市呼兰区、桦川县、克东县、富锦市、汤原县、兰西县、庆安县、密山市、绥滨县、宝清县

续表

省份	试点县（市、区）
江苏省	东海县、泗洪县、沛县、金湖县、泰州市姜堰区、太仓市、如皋市、东台市、无锡市惠山区、南京市高淳区
浙江省	龙泉市、长兴县、海盐县、慈溪市、温岭市、衢州市衢江区、缙云县、嵊州市、嘉善县、德清县
安徽省	宿州市埇桥区、金寨县、铜陵县、庐江县、阜阳市颍泉区、黄山市黄山区、定远县、涡阳县、宿松县、凤台县
福建省	漳浦县、建瓯市、沙县、仙游县、福清市、武平县、永春县、屏南县、邵武市、古田县
江西省	安义县、乐平市、铜鼓县、修水县、金溪县、新干县、信丰县、吉安县、贵溪市、赣县
山东省	东营市河口区、青州市、平度市、沂南县、武城县、枣庄市台儿庄区、沂源县、寿光市、莘县、乐陵市
河南省	长垣县、安阳县、宝丰县、邓州市、济源市、长葛市、遂平县、固始县、浚县

续表

省份	试点县（市、区）
湖北省	钟祥市、武汉市黄陂区、宜昌市夷陵区、鄂州市梁子湖区、随县、南漳县、大冶市、公安县、武穴市、云梦县
湖南省	汉寿县、岳阳县、新田县、桃江县、洞口县、沅陵县、慈利县、双峰县
广东省	蕉岭县、阳山县、德庆县、郁南县、廉江市、罗定市、英德市
广西自治区	田阳县、田东县、玉林市玉州区、来宾市象州县、南宁市武鸣区、东兴市、北流市、兴业县
海南省	东方市、屯昌县、文昌市
重庆市	永川区、梁平县、潼南区、荣昌区、忠县、铜梁区、南川区、巴南区、武隆县、秀山县
四川省	成都市温江区、崇州市、眉山市彭山区、内江市市中区、蓬溪县、西充县、巴中市巴州区、武胜县、井研县、苍溪县

续表

省份	试点县（市、区）
贵州省	德江县、水城县、湄潭县、兴仁县、盘县、普定县、安龙县、开阳县、六盘水市六枝特区
云南省	开远市、砚山县、剑川县、鲁甸县、景谷县、富民县
西藏自治区	曲水县、米林县
陕西省	杨陵区、平利县、西安市高陵区、富平县、千阳县、南郑县、宜川县、铜川市耀州区
甘肃省	西和县、金昌市金川区、武威市凉州区、陇西县、临夏县、金塔县
青海省	大通县、互助县、门源县、海晏县、海东市乐都区
宁夏自治区	平罗县、中卫市沙坡头区、同心县、永宁县、贺兰县
新疆自治区	呼图壁县、沙湾县、博乐市、阿克苏市、克拉玛依市克拉玛依区

农业农村部办公厅
关于印发《农村土地承包数据管理办法（试行）》的通知

2020年5月18日　　农办政改〔2020〕8号

各省、自治区、直辖市农业农村（农牧）厅（局、委）：

为规范和加强农村土地承包数据的管理和使用，推动农村土地承包管理信息化，我部组织制定了《农村土地承包数据管理办法（试行）》，现印发给你们。请结合本地区实际，认真贯彻实施，进一步强化农村土地承包数据的规范管理，促进相关数据的有效利用与合理应用，提升农村土地承包工作信息化管理水平，逐渐实现信息平台互联互通。

附：

农村土地承包数据管理办法（试行）

第一条 为规范全国各级农村土地承包数据的保管、更新、使用和安全保密等工作，根据有关法律法规和文件要求，制定本办法。

第二条 本办法所称农村土地承包数据，是指各级农业农村部门（或农村经营管理部门）在承包地管理和日常工作中产生、使用和保管的数据，包括承包地权属数据、地理信息数据和其他相关数据等。

第三条 县级以上农业农村部门（或农村经营管理部门）负责本级农村土地承包数据的管理，建立健全规章制度，明确专人负责，确保数据安全规范使用。

第四条 农村土地承包数据管理工作按照统一部署、分级管理的原则组织实施。

第五条 县级以上农业农村部门（或农村经营管理部门）负责本级农村土地承包数据的保管与更新，可自行或通过购买服务等方式委托具有涉密信息系统集成资质的其他单位承担数据保管与更新的具体工作。

第六条 农村土地承包数据保管单位应当按照国家有关数据安全和保密管理的规定和要求，配备数据存储和管理等必要的软硬件设施并做好相关运行维护。

第七条 农村土地承包数据保管单位应当建立健全保管制度，明确具体责任人。建立数据备份机制，结合工作实际定期对数据进行备份，防止数据损毁或丢失。严禁任何单位或个人擅自复制、更改和删除数据。

第八条 县级以上农业农村部门（或农村经营管理部门）负责组织开展本级农村土地承包数据的更新工作，建立数据更新机制，做好历史数据管理，并按规定向上级业务主管部门提交更新数据。

第九条 县级以上农业农村部门（或农村经营管理部门）负责本级农村土地承包数据的使用管理。按照有关规定，通过数据交换接口、数据抄送等方式与相关部门和机构实现数据互通共享。承包农户、利害关系人可以依法查询、复制相关资料。

第十条 县级以上农业农村部门（或农村经营管理部门）和数据保管单位应当加强数据使用监管，对农村土地承包数据的使用情况进行登记。

第十一条 县级以上农业农村部门（或农村经营管理部门）应当充分利用农村土地承包数据，提升农村承包地管理信息化水平。鼓励有条件的地方依法拓展农村土地承包数据应用范围。

第十二条 农村土地承包数据定密工作应当遵守国家保密相关法律法规，按照定密权限和定密程序进行。农业农村部负责对汇总的全国农村土地承包数据进行定密，省级农业农村部门负责组织开展本行政区域内农村土地承包数据的定密工作。

第十三条 农村土地承包数据定密应当依照国家保密相关法律法规和《农业工作国家秘密范围的规定》《测绘管理工作国家秘密范围的规定》等保密事项范围，确定密级、保密期限和知悉范围等。

第十四条 各级农业农村部门（或农村经营管理部门）应当依法建立健全保密管理制度，明确具体责任人，加强农村土地承包数据保管、更新和使用的保密管理。

第十五条 农村土地承包数据保管单位应当制定应急预案，采取人防和技防相结合的措施，提高应对突发事件能力。发现数据泄密、失密，应当按照相关法律法规要求立即报告主管部门和保密管理部门，并配合做好调查处理。

第十六条 对农村土地承包数据管理和使用过程中发生的违法行为，根据相关法律法规的规定予以处罚。构成犯罪的，依法追究刑事责任。

第十七条 省级农业农村部门（或农村经营管理部门）应当根据本办法，结合工作实际制定农村土地承包数据管理的具体办法或实施细则。

第十八条 本办法自2020年7月1日起实施。

农村土地经营权流转管理办法

（农业农村部2021年第1次常务会议审议通过 2021年1月26日中华人民共和国农业农村部令2021年第1号发布自2021年3月1日起施行）

第一章 总 则

第一条 为了规范农村土地经营权（以下简称土地经营权）流转行为，保障流转当事人合法权益，加快农业农村现代化，维护农村社会和谐稳定，根据《中华人民共和国农村土地承包法》等法律及有关规定，制定本办法。

第二条 土地经营权流转应当坚持农村土地农民集体所有、农户家庭承包经营的基本制度，保持农村土地承包关系稳定并长久不变，遵循依法、自愿、有偿原则，任何组织和个人不得强迫或者阻碍承包方流转土地经营权。

第三条 土地经营权流转不得损害农村集体经济组织和利害关系人的合法权益，不得破坏农业综合生产能力和农业生态环境，不得改变承包土地的所有权性质及其农业用途，确保农地农用，优先用于粮食生产，制止耕地“非农化”、防止耕地“非粮化”。

第四条 土地经营权流转应当因地制宜、循序渐进，把握好流转、集中、规模经营的度，流转规模应当与城镇化进程和农村劳动力转移规模相适应，与农业科技进步和生产手段改进程度相适应，与农业社会化服务水平提高相适应，鼓励各地建立多种形式的土地经营权流转风险防范和保障机制。

第五条 农业农村部负责全国土地经营权流转及流转合同管理的指导。

县级以上地方人民政府农业农村主管（农村经营管理）部门依照职责，负责本行政区域内土地经营权流转及流转合同管理。

乡（镇）人民政府负责本行政区域内土地经营权流转及流转合同管理。

第二章 流转当事人

第六条 承包方在承包期限内有权依法自主决定土地经营权是否流转，以及流转对象、方式、期限等。

第七条 土地经营权流转收益归承包方所有，任何组织和个人不得擅自截留、扣缴。

第八条 承包方自愿委托发包方、中介组织或者他人流转其土地经营权的，应当由承包方出具流转委托书。委托书应当载明委托的事项、权限和期限等，并由委托人和受托人签字或者盖章。

没有承包方的书面委托，任何组织和个人无权以任何方式决定流转承包方的土地经营权。

第九条 土地经营权流转的受让方应当为具有农业经营能力或者资质的组织和个人。在同等条件下，本集体经济组织成员享有优先权。

第十条 土地经营权流转的方式、期限、价款和具体条件，由流转双方平等协商确定。流转期限届满后，受让方享有以同等条件优先续约的权利。

第十一条 受让方应当依照有关法律法规保护土地，禁止改变土地的农业用途。禁止闲置、荒芜耕地，禁止占用耕地建窑、建坟或者擅自在耕地上建房、挖砂、采石、采矿、取土等。禁止占用永久基本农田发展林果业和挖塘养鱼。

第十二条 受让方将流转取得的土地经营权再流转以及向金融机构融资担保的，应当事先取得承包方书面同意，并向发包方备案。

第十三条 经承包方同意，受让方依法投资改良土壤，建设农业生产附属、配套设施，及农业生产中直接用于作物种植和畜禽水产养殖设施的，土地经营权流转合同到期或者未到期由承包方依法提前收回承包土地时，受让方有权获得合理补偿。具体补偿办法可在土地经营权流转合同中约定或者由双方协商确定。

第三章 流转方式

第十四条 承包方可以采取出租（转包）、入股或者其他符合有关法律和国家政策规定的方式流转土地经营权。

出租（转包），是指承包方将部分或者全部土地经营权，租赁给他人从事农业生产经营。

入股，是指承包方将部分或者全部土地经营权作价出资，成为公司、合作经济组织等股东或者成员，并用于农业生产经营。

第十五条 承包方依法采取出租（转包）、入股或者其他方式将土地经营权部分或者全部流转的，承包方与发包方的承包关系不变，双方享有的权利和承担的义务不变。

第十六条 承包方自愿将土地经营权入股公司发展农业产业化经营的，可以采取优先股等方式降低承包方风险。公司解散时入股土地应当退回原承包方。

第四章 流转合同

第十七条 承包方流转土地经营权，应当与受让方在协商一致的基础上签订书面流转合同，并向发包方备案。

承包方将土地交由他人代耕不超过一年的，可以不签订书面合同。

第十八条 承包方委托发包方、中介组织或者他人流转土地经营权的，流转合同应当由承包方或者其书面委托的受托人签订。

第十九条 土地经营权流转合同一般包括以下内容：

（一）双方当事人的姓名或者名称、住所、联系方式等；

（二）流转土地的名称、四至、面积、质量等级、土地类型、地块代码等；

（三）流转的期限和起止日期；

（四）流转方式；

（五）流转土地的用途；

（六）双方当事人的权利和义务；

（七）流转价款或者股份分红，以及支付方式和支付时间；

（八）合同到期后地上附着物及相关设施的处理；

（九）土地被依法征收、征用、占用时有关补偿费的归属；

（十）违约责任。

土地经营权流转合同示范文本由农业农村部制定。

第二十条 承包方不得单方解除土地经营权流转合同，但受让方有下列情形之一的除外：

（一）擅自改变土地的农业用途；

（二）弃耕抛荒连续两年以上；

（三）给土地造成严重损害或者严重破坏土地生态环境；

（四）其他严重违约行为。

有以上情形，承包方在合理期限内不解除土地经营权流转合同的，发包方有权要求终止土地经营权流转合同。

受让方对土地和土地生态环境造成的损害应当依法予以赔偿。

第五章　流转管理

第二十一条 发包方对承包方流转土地经营权、受让方再流转土地经营权以及承包方、受让方利用土地经营权融资担保的，应当办理备案，并报告乡（镇）人民政府农村土地承包管理部门。

第二十二条 乡（镇）人民政府农村土地承包管理部门应当向达成流转意向的双方提供统一文本格式的流转合同，并指导签订。流转合同中有违反法律法规的，应当及时予以纠正。

第二十三条 乡（镇）人民政府农村土地承包管理部门应当建立土地经营权流转台账，及时准确记载流转情况。

第二十四条 乡（镇）人民政府农村土地承包管理部门应当对土地经营权流转有关文件、资料及流转合同等进行归档并妥善保管。

第二十五条 鼓励各地建立土地经营权流转市场或者农村产权交易市场。县级以上地方人民政府农业农村主管（农村经营管理）部门应当加强业务指导，督促其建立健全运行规则，规范开展土地经营权流转政策咨询、信息发布、合同签订、交易鉴证、权益评估、融资担保、档案管理等服务。

第二十六条 县级以上地方人民政府农业农村主管（农村经营管理）部门应当按照统一标准和技术规范建立国家、省、市、县等互联互通的农村土地承包信息应用平台，健全土地经营权流转合同网签制度，提升土地经营权流转规范化、信息化管理水平。

第二十七条 县级以上地方人民政府农业农村主管（农村经营管理）部门应当加强对乡（镇）人民政府农村土地承包管理部门工作的指导。乡（镇）人民政府农村土地承包管理部门应当依法开展土地经营权流转的指导和管理工作。

第二十八条 县级以上地方人民政府农业农村主管（农村经营管理）部门应当加强服务，鼓励受让方发展粮食生产；鼓励和引导工商企业等社会资本（包括法人、非法人组织或者自然人等）发展适合企业化经营的现代种养业。

县级以上地方人民政府农业农村主管（农村经营管理）部门应当根据自然

经济条件、农村劳动力转移情况、农业机械化水平等因素，引导受让方发展适度规模经营，防止垒大户。

第二十九条 县级以上地方人民政府对工商企业等社会资本流转土地经营权，依法建立分级资格审查和项目审核制度。审查审核的一般程序如下：

（一）受让主体与承包方就流转面积、期限、价款等进行协商并签订流转意向协议书。涉及未承包到户集体土地等集体资源的，应当按照法定程序经本集体经济组织成员的村民会议三分之二以上成员或者三分之二以上村民代表的同意，并与集体经济组织签订流转意向协议书。

（二）受让主体按照分级审查审核规定，分别向乡（镇）人民政府农村土地承包管理部门或者县级以上地方人民政府农业农村主管（农村经营管理）部门提出申请，并提交流转意向协议书、农业经营能力或者资质证明、流转项目规划等相关材料。

（三）县级以上地方人民政府或者乡（镇）人民政府应当依法组织相关职能部门、农村集体经济组织代表、农民代表、专家等就土地用途、受让主体农业经营能力，以及经营项目是否符合粮食生产等产业规划等进行审查审核，并于受理之日起20个工作日内作出审查审核意见。

（四）审查审核通过的，受让主体与承包方签订土地经营权流转合同。未按规定提交审查审核申请或者审查审核未通过的，不得开展土地经营权流转活动。

第三十条 县级以上地方人民政府依法建立工商企业等社会资本通过流转取得土地经营权的风险防范制度，加强事中事后监管，及时查处纠正违法违规行为。

鼓励承包方和受让方在土地经营权流转市场或者农村产权交易市场公开交易。

对整村（组）土地经营权流转面积较大、涉及农户较多、经营风险较高的项目，流转双方可以协商设立风险保障金。

鼓励保险机构为土地经营权流转提供流转履约保证保险等多种形式保险服务。

第三十一条 农村集体经济组织为工商企业等社会资本流转土地经营权提供服务的，可以收取适量管理费用。收取管理费用的金额和方式应当由农村集体经济组织、承包方和工商企业等社会资本三方协商确定。管理费用应当纳入农村集体经济组织会计核算和财务管理，主要用于农田基本建设或者其他公益性支出。

第三十二条 县级以上地方人民政府可以根据本办法，结合本行政区域实际，制定工商企业等社会资本通过流转取得土地经营权的资格审查、项目审核和风险防范实施细则。

第三十三条 土地经营权流转发生争议或者纠纷的，当事人可以协商解决，也可以请求村民委员会、乡（镇）人民政府等进行调解。

当事人不愿意协商、调解或者协商、调解不成的，可以向农村土地承包仲裁机构申请仲裁，也可以直接向人民法院提起诉讼。

第六章 附 则

第三十四条 本办法所称农村土地，是指除林地、草地以外的，农民集体所有和国家所有依法由农民集体使用的耕地和其他用于农业的土地。

本办法所称农村土地经营权流转，

是指在承包方与发包方承包关系保持不变的前提下，承包方依法在一定期限内将土地经营权部分或者全部交由他人自主开展农业生产经营的行为。

第三十五条 通过招标、拍卖和公开协商等方式承包荒山、荒沟、荒丘、荒滩等农村土地，经依法登记取得权属证书的，可以流转土地经营权，其流转管理参照本办法执行。

第三十六条 本办法自2021年3月1日起施行。农业部2005年1月19日发布的《农村土地承包经营权流转管理办法》（农业部令第47号）同时废止。

农村土地承包合同管理办法

（2023年1月29日农业农村部第1次常务会议审议通过
2023年2月17日农业农村部令2023年第1号公布
自2023年5月1日起施行）

目　　录

第一章　总　则

第一条 为了规范农村土地承包合同的管理，维护承包合同当事人的合法权益，维护农村社会和谐稳定，根据《中华人民共和国农村土地承包法》等法律及有关规定，制定本办法。

第二条 农村土地承包经营应当巩固和完善以家庭承包经营为基础、统分结合的双层经营体制，保持农村土地承包关系稳定并长久不变。农村土地承包经营，不得改变土地的所有权性质。

第三条 农村土地承包经营应当依法签订承包合同。土地承包经营权自承包合同生效时设立。

承包合同订立、变更和终止的，应当开展土地承包经营权调查。

第四条 农村土地承包合同管理应当遵守法律、法规，保护土地资源的合理开发和可持续利用，依法落实耕地利用优先序。发包方和承包方应当依法履行保护农村土地的义务。

第五条 农村土地承包合同管理应当充分维护农民的财产权益，任何组织和个人不得剥夺和非法限制农村集体经济组织成员承包土地的权利。妇女与男子享有平等的承包农村土地的权利。

承包方承包土地后，享有土地承包经营权，可以自己经营，也可以保留土地承包权，流转其承包地的土地经营权，由他人经营。

第六条 农业农村部负责全国农村土地承包合同管理的指导。

县级以上地方人民政府农业农村主管（农村经营管理）部门负责本行政区域内农村土地承包合同管理。

乡（镇）人民政府负责本行政区域

内农村土地承包合同管理。

第二章 承包方案

第七条 本集体经济组织成员的村民会议依法选举产生的承包工作小组，应当依照法律、法规的规定拟订承包方案，并在本集体经济组织范围内公示不少于十五日。

承包方案应当依法经本集体经济组织成员的村民会议三分之二以上成员或者三分之二以上村民代表的同意。

承包方案由承包工作小组公开组织实施。

第八条 承包方案应当符合下列要求：

（一）内容合法；

（二）程序规范；

（三）保障农村集体经济组织成员合法权益；

（四）不得违法收回、调整承包地；

（五）法律、法规和规章规定的其他要求。

第九条 县级以上地方人民政府农业农村主管（农村经营管理）部门、乡（镇）人民政府农村土地承包管理部门应当指导制定承包方案，并对承包方案的实施进行监督，发现问题的，应当及时予以纠正。

第三章 承包合同的订立、变更和终止

第十条 承包合同应当符合下列要求：

（一）文本规范；

（二）内容合法；

（三）双方当事人签名、盖章或者按指印；

（四）法律、法规和规章规定的其他要求。

县级以上地方人民政府农业农村主管（农村经营管理）部门、乡（镇）人民政府农村土地承包管理部门应当依法指导发包方和承包方订立、变更或者终止承包合同，并对承包合同实施监督，发现不符合前款要求的，应当及时通知发包方更正。

第十一条 发包方和承包方应当采取书面形式签订承包合同。

承包合同一般包括以下条款：

（一）发包方、承包方的名称，发包方负责人和承包方代表的姓名、住所；

（二）承包土地的名称、坐落、面积、质量等级；

（三）承包方家庭成员信息；

（四）承包期限和起止日期；

（五）承包土地的用途；

（六）发包方和承包方的权利和义务；

（七）违约责任。

承包合同示范文本由农业农村部制定。

第十二条 承包合同自双方当事人签名、盖章或者按指印时成立。

第十三条 承包期内，出现下列情形之一的，承包合同变更：

（一）承包方依法分立或者合并的；

（二）发包方依法调整承包地的；

（三）承包方自愿交回部分承包地的；

（四）土地承包经营权互换的；

（五）土地承包经营权部分转让的；

（六）承包地被部分征收的；

（七）法律、法规和规章规定的其他情形。

承包合同变更的，变更后的承包期限不得超过承包期的剩余期限。

第十四条 承包期内，出现下列情形之一的，承包合同终止：

（一）承包方消亡的；

（二）承包方自愿交回全部承包地的；

（三）土地承包经营权全部转让的；

（四）承包地被全部征收的；

（五）法律、法规和规章规定的其他情形。

第十五条 承包地被征收、发包方依法调整承包地或者承包方消亡的，发包方应当变更或者终止承包合同。

除前款规定的情形外，承包合同变更、终止的，承包方向发包方提出申请，并提交以下材料：

（一）变更、终止承包合同的书面申请；

（二）原承包合同；

（三）承包方分立或者合并的协议，交回承包地的书面通知或者协议，土地承包经营权互换合同、转让合同等其他相关证明材料；

（四）具有土地承包经营权的全部家庭成员同意变更、终止承包合同的书面材料；

（五）法律、法规和规章规定的其他材料。

第十六条 省级人民政府农业农村主管部门可以根据本行政区域实际依法制定承包方分立、合并、消亡而导致承包合同变更、终止的具体规定。

第十七条 承包期内，因自然灾害严重毁损承包地等特殊情形对个别农户之间承包地需要适当调整的，发包方应当制定承包地调整方案，并应当经本集体经济组织成员的村民会议三分之二以上成员或者三分之二以上村民代表的同意。承包合同中约定不得调整的，按照其约定。

调整方案通过之日起二十个工作日内，发包方应当将调整方案报乡（镇）人民政府和县级人民政府农业农村主管（农村经营管理）部门批准。

乡（镇）人民政府应当于二十个工作日内完成调整方案的审批，并报县级人民政府农业农村主管（农村经营管理）部门；县级人民政府农业农村主管（农村经营管理）部门应当于二十个工作日内完成调整方案的审批。乡（镇）人民政府、县级人民政府农业农村主管（农村经营管理）部门对违反法律、法规和规章规定的调整方案，应当及时通知发包方予以更正，并重新申请批准。

调整方案未经乡（镇）人民政府和县级人民政府农业农村主管（农村经营管理）部门批准的，发包方不得调整承包地。

第十八条 承包方自愿将部分或者全部承包地交回发包方的，承包方与发包方在该土地上的承包关系终止，承包期内其土地承包经营权部分或者全部消灭，并不得再要求承包土地。

承包方自愿交回承包地的，应当提前半年以书面形式通知发包方。承包方对其在承包地上投入而提高土地生产能力的，有权获得相应的补偿。交回承包地的其他补偿，由发包方和承包方协商确定。

第十九条 为了方便耕种或者各自需要，承包方之间可以互换属于同一集体经济组织的不同承包地块的土地承包经营权。

土地承包经营权互换的，应当签订书面合同，并向发包方备案。

承包方提交备案的互换合同，应当符合下列要求：

（一）互换双方是属于同一集体经济组织的农户；

（二）互换后的承包期限不超过承包期的剩余期限；

（三）法律、法规和规章规定的其他事项。

互换合同备案后，互换双方应当与

发包方变更承包合同。

第二十条 经承包方申请和发包方同意，承包方可以将部分或者全部土地承包经营权转让给本集体经济组织的其他农户。

承包方转让土地承包经营权的，应当以书面形式向发包方提交申请。发包方同意转让的，承包方与受让方应当签订书面合同；发包方不同意转让的，应当于七日内向承包方书面说明理由。发包方无法定理由的，不得拒绝同意承包方的转让申请。未经发包方同意的，土地承包经营权转让合同无效。

土地承包经营权转让合同，应当符合下列要求：

（一）受让方是本集体经济组织的农户；

（二）转让后的承包期限不超过承包期的剩余期限；

（三）法律、法规和规章规定的其他事项。

土地承包经营权转让后，受让方应当与发包方签订承包合同。原承包方与发包方在该土地上的承包关系终止，承包期内其土地承包经营权部分或者全部消灭，并不得再要求承包土地。

第四章 承包档案和信息管理

第二十一条 承包合同管理工作中形成的，对国家、社会和个人有保存价值的文字、图表、声像、数据等各种形式和载体的材料，应当纳入农村土地承包档案管理。

县级以上地方人民政府农业农村主管（农村经营管理）部门、乡（镇）人民政府农村土地承包管理部门应当制定工作方案、健全档案工作管理制度、落实专项经费、指定工作人员、配备必要设施设备，确保农村土地承包档案完整与安全。

发包方应当将农村土地承包档案纳入村级档案管理。

第二十二条 承包合同管理工作中产生、使用和保管的数据，包括承包地权属数据、地理信息数据和其他相关数据等，应当纳入农村土地承包数据管理。

县级以上地方人民政府农业农村主管（农村经营管理）部门负责本行政区域内农村土地承包数据的管理，组织开展数据采集、使用、更新、保管和保密等工作，并向上级业务主管部门提交数据。

鼓励县级以上地方人民政府农业农村主管（农村经营管理）部门通过数据交换接口、数据抄送等方式与相关部门和机构实现承包合同数据互通共享，并明确使用、保管和保密责任。

第二十三条 县级以上地方人民政府农业农村主管（农村经营管理）部门应当加强农村土地承包合同管理信息化建设，按照统一标准和技术规范建立国家、省、市、县等互联互通的农村土地承包信息应用平台。

第二十四条 县级以上地方人民政府农业农村主管（农村经营管理）部门、乡（镇）人民政府农村土地承包管理部门应当利用农村土地承包信息应用平台，组织开展承包合同网签。

第二十五条 承包方、利害关系人有权依法查询、复制农村土地承包档案和农村土地承包数据的相关资料，发包方、乡（镇）人民政府农村土地承包管理部门、县级以上地方人民政府农业农村主管（农村经营管理）部门应当依法提供。

第五章 土地承包经营权调查

第二十六条 土地承包经营权调查，应当查清发包方、承包方的名称，发包方负责人和承包方代表的姓名、身份证号码、住所，承包方家庭成员，承包地块的名称、坐落、面积、质量等级、土地用途等信息。

第二十七条 土地承包经营权调查应当按照农村土地承包经营权调查规程实施，一般包括准备工作、权属调查、地块测量、审核公示、勘误修正、结果确认、信息入库、成果归档等。

农村土地承包经营权调查规程由农业农村部制定。

第二十八条 土地承包经营权调查的成果，应当符合农村土地承包经营权调查规程的质量要求，并纳入农村土地承包信息应用平台统一管理。

第二十九条 县级以上地方人民政府农业农村主管（农村经营管理）部门、乡（镇）人民政府农村土地承包管理部门依法组织开展本行政区域内的土地承包经营权调查。

土地承包经营权调查可以依法聘请具有相应资质的单位开展。

第六章　法律责任

第三十条 国家机关及其工作人员利用职权干涉承包合同的订立、变更、终止，给承包方造成损失的，应当依法承担损害赔偿等责任；情节严重的，由上级机关或者所在单位给予直接责任人员处分；构成犯罪的，依法追究刑事责任。

第三十一条 土地承包经营权调查、农村土地承包档案管理、农村土地承包数据管理和使用过程中发生的违法行为，根据相关法律法规的规定予以处罚；构成犯罪的，依法追究刑事责任。

第七章　附　则

第三十二条 本办法所称农村土地，是指除林地、草地以外的，农民集体所有和国家所有依法由农民集体使用的耕地和其他依法用于农业的土地。

本办法所称承包合同，是指在家庭承包方式中，发包方和承包方依法签订的土地承包经营权合同。

第三十三条 本办法施行以前依法签订的承包合同继续有效。

第三十四条 本办法自2023年5月1日起施行。农业部2003年11月14日发布的《中华人民共和国农村土地承包经营权证管理办法》（农业部令第33号）同时废止。

（五）林地与草地管理

中华人民共和国森林法

（1984年9月20日第六届全国人民代表大会常务委员会第七次会议通过　根据1998年4月29日第九届全国人民代表大会常务委员会第二次会议《关于修改〈中华人民共和国森林法〉的决定》第一次修正　根据2009年8月27日第十一届全国人民代表大会常务委员会第十次会议《关于修改部分法律的决定》第二次修正　2019年12月28日第十三届全国人民代表大会常务委员会第十五次会议修订）

目　　录

第一章　总　则

第一条　为了践行绿水青山就是金山银山理念，保护、培育和合理利用森林资源，加快国土绿化，保障森林生态安全，建设生态文明，实现人与自然和谐共生，制定本法。

第二条　在中华人民共和国领域内从事森林、林木的保护、培育、利用和森林、林木、林地的经营管理活动，适用本法。

第三条　保护、培育、利用森林资源应当尊重自然、顺应自然，坚持生态优先、保护优先、保育结合、可持续发展的原则。

第四条　国家实行森林资源保护发展目标责任制和考核评价制度。上级人民政府对下级人民政府完成森林资源保护发展目标和森林防火、重大林业有害生物防治工作的情况进行考核，并公开考核结果。

地方人民政府可以根据本行政区域森林资源保护发展的需要，建立林长制。

第五条　国家采取财政、税收、金融等方面的措施，支持森林资源保护发展。各级人民政府应当保障森林生态保护修复的投入，促进林业发展。

第六条　国家以培育稳定、健康、优质、高效的森林生态系统为目标，对公益林和商品林实行分类经营管理，突出主导功能，发挥多种功能，实现森林资源永续利用。

第七条　国家建立森林生态效益补偿制度，加大公益林保护支持力度，完善重点生态功能区转移支付政策，指导受益地区和森林生态保护地区人民政府通过协商等方式进行生态效益补偿。

第八条 国务院和省、自治区、直辖市人民政府可以依照国家对民族自治地方自治权的规定，对民族自治地方的森林保护和林业发展实行更加优惠的政策。

第九条 国务院林业主管部门主管全国林业工作。县级以上地方人民政府林业主管部门，主管本行政区域的林业工作。

乡镇人民政府可以确定相关机构或者设置专职、兼职人员承担林业相关工作。

第十条 植树造林、保护森林，是公民应尽的义务。各级人民政府应当组织开展全民义务植树活动。

每年三月十二日为植树节。

第十一条 国家采取措施，鼓励和支持林业科学研究，推广先进适用的林业技术，提高林业科学技术水平。

第十二条 各级人民政府应当加强森林资源保护的宣传教育和知识普及工作，鼓励和支持基层群众性自治组织、新闻媒体、林业企业事业单位、志愿者等开展森林资源保护宣传活动。

教育行政部门、学校应当对学生进行森林资源保护教育。

第十三条 对在造林绿化、森林保护、森林经营管理以及林业科学研究等方面成绩显著的组织或者个人，按照国家有关规定给予表彰、奖励。

第二章 森林权属

第十四条 森林资源属于国家所有，由法律规定属于集体所有的除外。

国家所有的森林资源的所有权由国务院代表国家行使。国务院可以授权国务院自然资源主管部门统一履行国有森林资源所有者职责。

第十五条 林地和林地上的森林、林木的所有权、使用权，由不动产登记机构统一登记造册，核发证书。国务院确定的国家重点林区（以下简称重点林区）的森林、林木和林地，由国务院自然资源主管部门负责登记。

森林、林木、林地的所有者和使用者的合法权益受法律保护，任何组织和个人不得侵犯。

森林、林木、林地的所有者和使用者应当依法保护和合理利用森林、林木、林地，不得非法改变林地用途和毁坏森林、林木、林地。

第十六条 国家所有的林地和林地上的森林、林木可以依法确定给林业经营者使用。林业经营者依法取得的国有林地和林地上的森林、林木的使用权，经批准可以转让、出租、作价出资等。具体办法由国务院制定。

林业经营者应当履行保护、培育森林资源的义务，保证国有森林资源稳定增长，提高森林生态功能。

第十七条 集体所有和国家所有依法由农民集体使用的林地（以下简称集体林地）实行承包经营的，承包方享有林地承包经营权和承包林地上的林木所有权，合同另有约定的从其约定。承包方可以依法采取出租（转包）、入股、转让等方式流转林地经营权、林木所有权和使用权。

第十八条 未实行承包经营的集体林地以及林地上的林木，由农村集体经济组织统一经营。经本集体经济组织成员的村民会议三分之二以上成员或者三分之二以上村民代表同意并公示，可以通过招标、拍卖、公开协商等方式依法流转林地经营权、林木所有权和使用权。

第十九条 集体林地经营权流转应

当签订书面合同。林地经营权流转合同一般包括流转双方的权利义务、流转期限、流转价款及支付方式、流转期限届满林地上的林木和固定生产设施的处置、违约责任等内容。

受让方违反法律规定或者合同约定造成森林、林木、林地严重毁坏的，发包方或者承包方有权收回林地经营权。

第二十条 国有企业事业单位、机关、团体、部队营造的林木，由营造单位管护并按照国家规定支配林木收益。

农村居民在房前屋后、自留地、自留山种植的林木，归个人所有。城镇居民在自有房屋的庭院内种植的林木，归个人所有。

集体或者个人承包国家所有和集体所有的宜林荒山荒地荒滩营造的林木，归承包的集体或者个人所有；合同另有约定的从其约定。

其他组织或者个人营造的林木，依法由营造者所有并享有林木收益；合同另有约定的从其约定。

第二十一条 为了生态保护、基础设施建设等公共利益的需要，确需征收、征用林地、林木的，应当依照《中华人民共和国土地管理法》等法律、行政法规的规定办理审批手续，并给予公平、合理的补偿。

第二十二条 单位之间发生的林木、林地所有权和使用权争议，由县级以上人民政府依法处理。

个人之间、个人与单位之间发生的林木所有权和林地使用权争议，由乡镇人民政府或者县级以上人民政府依法处理。

当事人对有关人民政府的处理决定不服的，可以自接到处理决定通知之日起三十日内，向人民法院起诉。

在林木、林地权属争议解决前，除因森林防火、林业有害生物防治、国家重大基础设施建设等需要外，当事人任何一方不得砍伐有争议的林木或者改变林地现状。

第三章 发展规划

第二十三条 县级以上人民政府应当将森林资源保护和林业发展纳入国民经济和社会发展规划。

第二十四条 县级以上人民政府应当落实国土空间开发保护要求，合理规划森林资源保护利用结构和布局，制定森林资源保护发展目标，提高森林覆盖率、森林蓄积量，提升森林生态系统质量和稳定性。

第二十五条 县级以上人民政府林业主管部门应当根据森林资源保护发展目标，编制林业发展规划。下级林业发展规划依据上级林业发展规划编制。

第二十六条 县级以上人民政府林业主管部门可以结合本地实际，编制林地保护利用、造林绿化、森林经营、天然林保护等相关专项规划。

第二十七条 国家建立森林资源调查监测制度，对全国森林资源现状及变化情况进行调查、监测和评价，并定期公布。

第四章 森林保护

第二十八条 国家加强森林资源保护，发挥森林蓄水保土、调节气候、改善环境、维护生物多样性和提供林产品等多种功能。

第二十九条 中央和地方财政分别安排资金，用于公益林的营造、抚育、保护、管理和非国有公益林权利人的经济补偿等，实行专款专用。具体办法由国务院财政部门会同林业主管部门制定。

第三十条 国家支持重点林区的转型发展和森林资源保护修复，改善生产生活条件，促进所在地区经济社会发展。重点林区按照规定享受国家重点生态功能区转移支付等政策。

第三十一条 国家在不同自然地带的典型森林生态地区、珍贵动物和植物生长繁殖的林区、天然热带雨林区和具有特殊保护价值的其他天然林区，建立以国家公园为主体的自然保护地体系，加强保护管理。

国家支持生态脆弱地区森林资源的保护修复。

县级以上人民政府应当采取措施对具有特殊价值的野生植物资源予以保护。

第三十二条 国家实行天然林全面保护制度，严格限制天然林采伐，加强天然林管护能力建设，保护和修复天然林资源，逐步提高天然林生态功能。具体办法由国务院规定。

第三十三条 地方各级人民政府应当组织有关部门建立护林组织，负责护林工作；根据实际需要建设护林设施，加强森林资源保护；督促相关组织订立护林公约、组织群众护林、划定护林责任区、配备专职或者兼职护林员。

县级或者乡镇人民政府可以聘用护林员，其主要职责是巡护森林，发现火情、林业有害生物以及破坏森林资源的行为，应当及时处理并向当地林业等有关部门报告。

第三十四条 地方各级人民政府负责本行政区域的森林防火工作，发挥群防作用；县级以上人民政府组织领导应急管理、林业、公安等部门按照职责分工密切配合做好森林火灾的科学预防、扑救和处置工作：

（一）组织开展森林防火宣传活动，普及森林防火知识；

（二）划定森林防火区，规定森林防火期；

（三）设置防火设施，配备防灭火装备和物资；

（四）建立森林火灾监测预警体系，及时消除隐患；

（五）制定森林火灾应急预案，发生森林火灾，立即组织扑救；

（六）保障预防和扑救森林火灾所需费用。

国家综合性消防救援队伍承担国家规定的森林火灾扑救任务和预防相关工作。

第三十五条 县级以上人民政府林业主管部门负责本行政区域的林业有害生物的监测、检疫和防治。

省级以上人民政府林业主管部门负责确定林业植物及其产品的检疫性有害生物，划定疫区和保护区。

重大林业有害生物灾害防治实行地方人民政府负责制。发生暴发性、危险性等重大林业有害生物灾害时，当地人民政府应当及时组织除治。

林业经营者在政府支持引导下，对其经营管理范围内的林业有害生物进行防治。

第三十六条 国家保护林地，严格控制林地转为非林地，实行占用林地总量控制，确保林地保有量不减少。各类建设项目占用林地不得超过本行政区域的占用林地总量控制指标。

第三十七条 矿藏勘查、开采以及其他各类工程建设，应当不占或者少占林地；确需占用林地的，应当经县级以上人民政府林业主管部门审核同意，依法办理建设用地审批手续。

占用林地的单位应当缴纳森林植被恢复费。森林植被恢复费征收使用管理办法由国务院财政部门会同林业主管部门制定。

县级以上人民政府林业主管部门应当按照规定安排植树造林，恢复森林植被，植树造林面积不得少于因占用林地而减少的森林植被面积。上级林业主管部门应当定期督促下级林业主管部门组织植树造林、恢复森林植被，并进行检查。

第三十八条 需要临时使用林地的，应当经县级以上人民政府林业主管部门批准；临时使用林地的期限一般不超过二年，并不得在临时使用的林地上修建永久性建筑物。

临时使用林地期满后一年内，用地单位或者个人应当恢复植被和林业生产条件。

第三十九条 禁止毁林开垦、采石、采砂、采土以及其他毁坏林木和林地的行为。

禁止向林地排放重金属或者其他有毒有害物质含量超标的污水、污泥，以及可能造成林地污染的清淤底泥、尾矿、矿渣等。

禁止在幼林地砍柴、毁苗、放牧。

禁止擅自移动或者损坏森林保护标志。

第四十条 国家保护古树名木和珍贵树木。禁止破坏古树名木和珍贵树木及其生存的自然环境。

第四十一条 各级人民政府应当加强林业基础设施建设，应用先进适用的科技手段，提高森林防火、林业有害生物防治等森林管护能力。

各有关单位应当加强森林管护。国有林业企业事业单位应当加大投入，加强森林防火、林业有害生物防治，预防和制止破坏森林资源的行为。

第五章 造林绿化

第四十二条 国家统筹城乡造林绿化，开展大规模国土绿化行动，绿化美化城乡，推动森林城市建设，促进乡村振兴，建设美丽家园。

第四十三条 各级人民政府应当组织各行各业和城乡居民造林绿化。

宜林荒山荒地荒滩，属于国家所有的，由县级以上人民政府林业主管部门和其他有关主管部门组织开展造林绿化；属于集体所有的，由集体经济组织组织开展造林绿化。

城市规划区内、铁路公路两侧、江河两侧、湖泊水库周围，由各有关主管部门按照有关规定因地制宜组织开展造林绿化；工矿区、工业园区、机关、学校用地，部队营区以及农场、牧场、渔场经营地区，由各该单位负责造林绿化。组织开展城市造林绿化的具体办法由国务院制定。

国家所有和集体所有的宜林荒山荒地荒滩可以由单位或者个人承包造林绿化。

第四十四条 国家鼓励公民通过植树造林、抚育管护、认建认养等方式参与造林绿化。

第四十五条 各级人民政府组织造林绿化，应当科学规划、因地制宜，优化林种、树种结构，鼓励使用乡土树种和林木良种、营造混交林，提高造林绿化质量。

国家投资或者以国家投资为主的造林绿化项目，应当按照国家规定使用林木良种。

第四十六条 各级人民政府应当采取以自然恢复为主、自然恢复和人工修复相结合的措施，科学保护修复森林生态系统。新造幼林地和其他应当封山育林的地方，由当地人民政府组织封山育林。

各级人民政府应当对国务院确定的坡耕地、严重沙化耕地、严重石漠化耕地、严重污染耕地等需要生态修复的耕地，有计划地组织实施退耕还林还草。

各级人民政府应当对自然因素等导

致的荒废和受损山体、退化林地以及宜林荒山荒地荒滩，因地制宜实施森林生态修复工程，恢复植被。

第六章 经营管理

第四十七条 国家根据生态保护的需要，将森林生态区位重要或者生态状况脆弱，以发挥生态效益为主要目的的林地和林地上的森林划定为公益林。未划定为公益林的林地和林地上的森林属于商品林。

第四十八条 公益林由国务院和省、自治区、直辖市人民政府划定并公布。

下列区域的林地和林地上的森林，应当划定为公益林：

（一）重要江河源头汇水区域；

（二）重要江河干流及支流两岸、饮用水水源地保护区；

（三）重要湿地和重要水库周围；

（四）森林和陆生野生动物类型的自然保护区；

（五）荒漠化和水土流失严重地区的防风固沙林基干林带；

（六）沿海防护林基干林带；

（七）未开发利用的原始林地区；

（八）需要划定的其他区域。

公益林划定涉及非国有林地的，应当与权利人签订书面协议，并给予合理补偿。

公益林进行调整的，应当经原划定机关同意，并予以公布。

国家级公益林划定和管理的办法由国务院制定；地方级公益林划定和管理的办法由省、自治区、直辖市人民政府制定。

第四十九条 国家对公益林实施严格保护。

县级以上人民政府林业主管部门应当有计划地组织公益林经营者对公益林中生态功能低下的疏林、残次林等低质低效林，采取林分改造、森林抚育等措施，提高公益林的质量和生态保护功能。

在符合公益林生态区位保护要求和不影响公益林生态功能的前提下，经科学论证，可以合理利用公益林林地资源和森林景观资源，适度开展林下经济、森林旅游等。利用公益林开展上述活动应当严格遵守国家有关规定。

第五十条 国家鼓励发展下列商品林：

（一）以生产木材为主要目的的森林；

（二）以生产果品、油料、饮料、调料、工业原料和药材等林产品为主要目的的森林；

（三）以生产燃料和其他生物质能源为主要目的的森林；

（四）其他以发挥经济效益为主要目的的森林。

在保障生态安全的前提下，国家鼓励建设速生丰产、珍贵树种和大径级用材林，增加林木储备，保障木材供给安全。

第五十一条 商品林由林业经营者依法自主经营。在不破坏生态的前提下，可以采取集约化经营措施，合理利用森林、林木、林地，提高商品林经济效益。

第五十二条 在林地上修筑下列直接为林业生产经营服务的工程设施，符合国家有关部门规定的标准的，由县级以上人民政府林业主管部门批准，不需要办理建设用地审批手续；超出标准需要占用林地的，应当依法办理建设用地审批手续：

（一）培育、生产种子、苗木的设施；

（二）贮存种子、苗木、木材的

设施；

（三）集材道、运材道、防火巡护道、森林步道；

（四）林业科研、科普教育设施；

（五）野生动植物保护、护林、林业有害生物防治、森林防火、木材检疫的设施；

（六）供水、供电、供热、供气、通讯基础设施；

（七）其他直接为林业生产服务的工程设施。

第五十三条 国有林业企业事业单位应当编制森林经营方案，明确森林培育和管护的经营措施，报县级以上人民政府林业主管部门批准后实施。重点林区的森林经营方案由国务院林业主管部门批准后实施。

国家支持、引导其他林业经营者编制森林经营方案。

编制森林经营方案的具体办法由国务院林业主管部门制定。

第五十四条 国家严格控制森林年采伐量。省、自治区、直辖市人民政府林业主管部门根据消耗量低于生长量和森林分类经营管理的原则，编制本行政区域的年采伐限额，经征求国务院林业主管部门意见，报本级人民政府批准后公布实施，并报国务院备案。重点林区的年采伐限额，由国务院林业主管部门编制，报国务院批准后公布实施。

第五十五条 采伐森林、林木应当遵守下列规定：

（一）公益林只能进行抚育、更新和低质低效林改造性质的采伐。但是，因科研或者实验、防治林业有害生物、建设护林防火设施、营造生物防火隔离带、遭受自然灾害等需要采伐的除外。

（二）商品林应当根据不同情况，采取不同采伐方式，严格控制皆伐面积，伐育同步规划实施。

（三）自然保护区的林木，禁止采伐。但是，因防治林业有害生物、森林防火、维护主要保护对象生存环境、遭受自然灾害等特殊情况必须采伐的和实验区的竹林除外。

省级以上人民政府林业主管部门应当根据前款规定，按照森林分类经营管理、保护优先、注重效率和效益等原则，制定相应的林木采伐技术规程。

第五十六条 采伐林地上的林木应当申请采伐许可证，并按照采伐许可证的规定进行采伐；采伐自然保护区以外的竹林，不需要申请采伐许可证，但应当符合林木采伐技术规程。

农村居民采伐自留地和房前屋后个人所有的零星林木，不需要申请采伐许可证。

非林地上的农田防护林、防风固沙林、护路林、护岸护堤林和城镇林木等的更新采伐，由有关主管部门按照有关规定管理。

采挖移植林木按照采伐林木管理。具体办法由国务院林业主管部门制定。

禁止伪造、变造、买卖、租借采伐许可证。

第五十七条 采伐许可证由县级以上人民政府林业主管部门核发。

县级以上人民政府林业主管部门应当采取措施，方便申请人办理采伐许可证。

农村居民采伐自留山和个人承包集体林地上的林木，由县级人民政府林业主管部门或者其委托的乡镇人民政府核发采伐许可证。

第五十八条 申请采伐许可证，应当提交有关采伐的地点、林种、树种、面积、蓄积、方式、更新措施和林木权属等内容的材料。超过省级以上人民政府林业主管部门规定面积或者蓄积量的，还应当提交伐区调查设计材料。

第五十九条 符合林木采伐技术规程的，审核发放采伐许可证的部门应当及时核发采伐许可证。但是，审核发放采伐许可证的部门不得超过年采伐限额发放采伐许可证。

第六十条 有下列情形之一的，不得核发采伐许可证：

（一）采伐封山育林期、封山育林区内的林木；

（二）上年度采伐后未按照规定完成更新造林任务；

（三）上年度发生重大滥伐案件、森林火灾或者林业有害生物灾害，未采取预防和改进措施；

（四）法律法规和国务院林业主管部门规定的禁止采伐的其他情形。

第六十一条 采伐林木的组织和个人应当按照有关规定完成更新造林。更新造林的面积不得少于采伐的面积，更新造林应当达到相关技术规程规定的标准。

第六十二条 国家通过贴息、林权收储担保补助等措施，鼓励和引导金融机构开展涉林抵押贷款、林农信用贷款等符合林业特点的信贷业务，扶持林权收储机构进行市场化收储担保。

第六十三条 国家支持发展森林保险。县级以上人民政府依法对森林保险提供保险费补贴。

第六十四条 林业经营者可以自愿申请森林认证，促进森林经营水平提高和可持续经营。

第六十五条 木材经营加工企业应当建立原料和产品出入库台账。任何单位和个人不得收购、加工、运输明知是盗伐、滥伐等非法来源的林木。

第七章　监督检查

第六十六条 县级以上人民政府林业主管部门依照本法规定，对森林资源的保护、修复、利用、更新等进行监督检查，依法查处破坏森林资源等违法行为。

第六十七条 县级以上人民政府林业主管部门履行森林资源保护监督检查职责，有权采取下列措施：

（一）进入生产经营场所进行现场检查；

（二）查阅、复制有关文件、资料，对可能被转移、销毁、隐匿或者篡改的文件、资料予以封存；

（三）查封、扣押有证据证明来源非法的林木以及从事破坏森林资源活动的工具、设备或者财物；

（四）查封与破坏森林资源活动有关的场所。

省级以上人民政府林业主管部门对森林资源保护发展工作不力、问题突出、群众反映强烈的地区，可以约谈所在地区县级以上地方人民政府及其有关部门主要负责人，要求其采取措施及时整改。约谈整改情况应当向社会公开。

第六十八条 破坏森林资源造成生态环境损害的，县级以上人民政府自然资源主管部门、林业主管部门可以依法向人民法院提起诉讼，对侵权人提出损害赔偿要求。

第六十九条 审计机关按照国家有关规定对国有森林资源资产进行审计监督。

第八章　法律责任

第七十条 县级以上人民政府林业主管部门或者其他有关国家机关未依照本法规定履行职责的，对直接负责的主管人员和其他直接责任人员依法给予处分。

依照本法规定应当作出行政处罚决定而未作出的，上级主管部门有权责令下级主管部门作出行政处罚决定或者直接给予行政处罚。

第七十一条 违反本法规定，侵害森林、林木、林地的所有者或者使用者的合法权益的，依法承担侵权责任。

第七十二条 违反本法规定，国有林业企业事业单位未履行保护培育森林资源义务、未编制森林经营方案或者未按照批准的森林经营方案开展森林经营活动的，由县级以上人民政府林业主管部门责令限期改正，对直接负责的主管人员和其他直接责任人员依法给予处分。

第七十三条 违反本法规定，未经县级以上人民政府林业主管部门审核同意，擅自改变林地用途的，由县级以上人民政府林业主管部门责令限期恢复植被和林业生产条件，可以处恢复植被和林业生产条件所需费用三倍以下的罚款。

虽经县级以上人民政府林业主管部门审核同意，但未办理建设用地审批手续擅自占用林地的，依照《中华人民共和国土地管理法》的有关规定处罚。

在临时使用的林地上修建永久性建筑物，或者临时使用林地期满后一年内未恢复植被或者林业生产条件的，依照本条第一款规定处罚。

第七十四条 违反本法规定，进行开垦、采石、采砂、采土或者其他活动，造成林木毁坏的，由县级以上人民政府林业主管部门责令停止违法行为，限期在原地或者异地补种毁坏株数一倍以上三倍以下的树木，可以处毁坏林木价值五倍以下的罚款；造成林地毁坏的，由县级以上人民政府林业主管部门责令停止违法行为，限期恢复植被和林业生产条件，可以处恢复植被和林业生产条件所需费用三倍以下的罚款。

违反本法规定，在幼林地砍柴、毁苗、放牧造成林木毁坏的，由县级以上人民政府林业主管部门责令停止违法行为，限期在原地或者异地补种毁坏株数一倍以上三倍以下的树木。

向林地排放重金属或者其他有毒有害物质含量超标的污水、污泥，以及可能造成林地污染的清淤底泥、尾矿、矿渣等的，依照《中华人民共和国土壤污染防治法》的有关规定处罚。

第七十五条 违反本法规定，擅自移动或者毁坏森林保护标志的，由县级以上人民政府林业主管部门恢复森林保护标志，所需费用由违法者承担。

第七十六条 盗伐林木的，由县级以上人民政府林业主管部门责令限期在原地或者异地补种盗伐株数一倍以上五倍以下的树木，并处盗伐林木价值五倍以上十倍以下的罚款。

滥伐林木的，由县级以上人民政府林业主管部门责令限期在原地或者异地补种滥伐株数一倍以上三倍以下的树木，可以处滥伐林木价值三倍以上五倍以下的罚款。

第七十七条 违反本法规定，伪造、变造、买卖、租借采伐许可证的，由县级以上人民政府林业主管部门没收证件和违法所得，并处违法所得一倍以上三倍以下的罚款；没有违法所得的，可以处二万元以下的罚款。

第七十八条 违反本法规定，收购、加工、运输明知是盗伐、滥伐等非法来源的林木的，由县级以上人民政府林业主管部门责令停止违法行为，没收违法收购、加工、运输的林木或者变卖所得，可以处违法收购、加工、运输林木价款三倍以下的罚款。

第七十九条 违反本法规定，未完成更新造林任务的，由县级以上人民政府林业主管部门责令限期完成；逾期未完成的，可以处未完成造林任务所需费用二倍以下的罚款；对直接负责的主管人员和其他直接责任人员，依法给予处分。

第八十条 违反本法规定，拒绝、阻碍县级以上人民政府林业主管部门依法实施监督检查的，可以处五万元以下的罚款，情节严重的，可以责令停产停业整顿。

第八十一条 违反本法规定，有下列情形之一的，由县级以上人民政府林业主管部门依法组织代为履行，代为履行所需费用由违法者承担：

（一）拒不恢复植被和林业生产条件，或者恢复植被和林业生产条件不符合国家有关规定；

（二）拒不补种树木，或者补种不符合国家有关规定。

恢复植被和林业生产条件、树木补种的标准，由省级以上人民政府林业主管部门制定。

第八十二条 公安机关按照国家有关规定，可以依法行使本法第七十四条第一款、第七十六条、第七十七条、第七十八条规定的行政处罚权。

违反本法规定，构成违反治安管理行为的，依法给予治安管理处罚；构成犯罪的，依法追究刑事责任。

第九章 附　则

第八十三条 本法下列用语的含义是：

（一）森林，包括乔木林、竹林和国家特别规定的灌木林。按照用途可以分为防护林、特种用途林、用材林、经济林和能源林。

（二）林木，包括树木和竹子。

（三）林地，是指县级以上人民政府规划确定的用于发展林业的土地。包括郁闭度0.2以上的乔木林地以及竹林地、灌木林地、疏林地、采伐迹地、火烧迹地、未成林造林地、苗圃地等。

第八十四条 本法自2020年7月1日起施行。

中华人民共和国草原法

（1985年6月18日第六届全国人民代表大会常务委员会第十一次会议通过　2002年12月28日第九届全国人民代表大会常务委员会第三十一次会议修订　根据2009年8月27日第十一届全国人民代表大会常务委员会第十次会议《关于修改部分法律的决定》第一次修正　根据2013年6月29日第十二届全国人民代表大会常务委员会第三次会议《关于修改〈中华人民共和国文物保护法〉等十二部法律的决定》第二次修正　根据2021年4月29日第十三届全国人民代表大会常务委员会第二十八次会议《关于修改〈中华人民共和国道路交通安全法〉等八部法律的决定》第三次修正）

目　录

第一章　总　则

第一条　为了保护、建设和合理利用草原，改善生态环境，维护生物多样性，发展现代畜牧业，促进经济和社会的可持续发展，制定本法。

第二条　在中华人民共和国领域内从事草原规划、保护、建设、利用和管理活动，适用本法。

本法所称草原，是指天然草原和人工草地。

第三条　国家对草原实行科学规划、全面保护、重点建设、合理利用的方针，促进草原的可持续利用和生态、经济、社会的协调发展。

第四条　各级人民政府应当加强对草原保护、建设和利用的管理，将草原的保护、建设和利用纳入国民经济和社会发展计划。

各级人民政府应当加强保护、建设和合理利用草原的宣传教育。

第五条　任何单位和个人都有遵守草原法律法规、保护草原的义务，同时享有对违反草原法律法规、破坏草原的行为进行监督、检举和控告的权利。

第六条　国家鼓励与支持开展草原保护、建设、利用和监测方面的科学研究，推广先进技术和先进成果，培养科学技术人才。

第七条　国家对在草原管理、保护、建设、合理利用和科学研究等工作中做出显著成绩的单位和个人，给予奖励。

第八条　国务院草原行政主管部门主管全国草原监督管理工作。

县级以上地方人民政府草原行政主管部门主管本行政区域内草原监督管理工作。

乡（镇）人民政府应当加强对本行政区域内草原保护、建设和利用情况的监督检查，根据需要可以设专职或者兼职人员负责具体监督检查工作。

第二章　草原权属

第九条　草原属于国家所有，由法律规定属于集体所有的除外。国家所有的草原，由国务院代表国家行使所有权。

任何单位或者个人不得侵占、买卖或者以其他形式非法转让草原。

第十条　国家所有的草原，可以依法确定给全民所有制单位、集体经济组织等使用。

使用草原的单位，应当履行保护、建设和合理利用草原的义务。

第十一条　依法确定给全民所有制单位、集体经济组织等使用的国家所有的草原，由县级以上人民政府登记，核发使用权证，确认草原使用权。

未确定使用权的国家所有的草原，由县级以上人民政府登记造册，并负责保护管理。

集体所有的草原，由县级人民政府登记，核发所有权证，确认草原所有权。

依法改变草原权属的，应当办理草原权属变更登记手续。

第十二条　依法登记的草原所有权和使用权受法律保护，任何单位或者个人不得侵犯。

第十三条　集体所有的草原或者依法确定给集体经济组织使用的国家所有的草原，可以由本集体经济组织内的家庭或者联户承包经营。

在草原承包经营期内，不得对承包经营者使用的草原进行调整；个别确需适当调整的，必须经本集体经济组织成员的村（牧）民会议三分之二以上成员或者三分之二以上村（牧）民代表的同意，并报乡（镇）人民政府和县级人民政府草原行政主管部门批准。

集体所有的草原或者依法确定给集体经济组织使用的国家所有的草原由本集体经济组织以外的单位或者个人承包经营的，必须经本集体经济组织成员的村（牧）民会议三分之二以上成员或者三分之二以上村（牧）民代表的同意，并报乡（镇）人民政府批准。

第十四条 承包经营草原，发包方和承包方应当签订书面合同。草原承包合同的内容应当包括双方的权利和义务、承包草原四至界限、面积和等级、承包期和起止日期、承包草原用途和违约责任等。承包期届满，原承包经营者在同等条件下享有优先承包权。

承包经营草原的单位和个人，应当履行保护、建设和按照承包合同约定的用途合理利用草原的义务。

第十五条 草原承包经营权受法律保护，可以按照自愿、有偿的原则依法转让。

草原承包经营权转让的受让方必须具有从事畜牧业生产的能力，并应当履行保护、建设和按照承包合同约定的用途合理利用草原的义务。

草原承包经营权转让应当经发包方同意。承包方与受让方在转让合同中约定的转让期限，不得超过原承包合同剩余的期限。

第十六条 草原所有权、使用权的争议，由当事人协商解决；协商不成的，由有关人民政府处理。

单位之间的争议，由县级以上人民政府处理；个人之间、个人与单位之间的争议，由乡（镇）人民政府或者县级以上人民政府处理。

当事人对有关人民政府的处理决定不服的，可以依法向人民法院起诉。

在草原权属争议解决前，任何一方不得改变草原利用现状，不得破坏草原和草原上的设施。

第三章　规　划

第十七条 国家对草原保护、建设、利用实行统一规划制度。国务院草原行政主管部门会同国务院有关部门编制全国草原保护、建设、利用规划，报国务院批准后实施。

县级以上地方人民政府草原行政主管部门会同同级有关部门依据上一级草原保护、建设、利用规划编制本行政区域的草原保护、建设、利用规划，报本级人民政府批准后实施。

经批准的草原保护、建设、利用规划确需调整或者修改时，须经原批准机关批准。

第十八条 编制草原保护、建设、利用规划，应当依据国民经济和社会发展规划并遵循下列原则：

（一）改善生态环境，维护生物多样性，促进草原的可持续利用；

（二）以现有草原为基础，因地制宜，统筹规划，分类指导；

（三）保护为主、加强建设、分批改良、合理利用；

（四）生态效益、经济效益、社会效益相结合。

第十九条 草原保护、建设、利用规划应当包括：草原保护、建设、利用的目标和措施，草原功能分区和各项建设的总体部署，各项专业规划等。

第二十条 草原保护、建设、利用规划应当与土地利用总体规划相衔接，与环境保护规划、水土保持规划、防沙治沙规划、水资源规划、林业长远规划、城市总体规划、村庄和集镇规划以及其他有关规划相协调。

第二十一条 草原保护、建设、利用规划一经批准，必须严格执行。

第二十二条 国家建立草原调查制度。

县级以上人民政府草原行政主管部门会同同级有关部门定期进行草原调查；草原所有者或者使用者应当支持、配合调查，并提供有关资料。

第二十三条 国务院草原行政主管部门会同国务院有关部门制定全国草原等级评定标准。

县级以上人民政府草原行政主管部门根据草原调查结果、草原的质量，依据草原等级评定标准，对草原进行评等定级。

第二十四条 国家建立草原统计制度。

县级以上人民政府草原行政主管部门和同级统计部门共同制定草原统计调查办法，依法对草原的面积、等级、产草量、载畜量等进行统计，定期发布草原统计资料。

草原统计资料是各级人民政府编制草原保护、建设、利用规划的依据。

第二十五条 国家建立草原生产、生态监测预警系统。

县级以上人民政府草原行政主管部门对草原的面积、等级、植被构成、生产能力、自然灾害、生物灾害等草原基本状况实行动态监测，及时为本级政府和有关部门提供动态监测和预警信息服务。

第四章 建 设

第二十六条 县级以上人民政府应当增加草原建设的投入，支持草原建设。

国家鼓励单位和个人投资建设草原，按照谁投资、谁受益的原则保护草原投资建设者的合法权益。

第二十七条 国家鼓励与支持人工草地建设、天然草原改良和饲草饲料基地建设，稳定和提高草原生产能力。

第二十八条 县级以上人民政府应当支持、鼓励和引导农牧民开展草原围栏、饲草饲料储备、牲畜圈舍、牧民定居点等生产生活设施的建设。

县级以上地方人民政府应当支持草原水利设施建设，发展草原节水灌溉，改善人畜饮水条件。

第二十九条 县级以上人民政府应当按照草原保护、建设、利用规划加强草种基地建设，鼓励选育、引进、推广优良草品种。

新草品种必须经全国草品种审定委员会审定，由国务院草原行政主管部门公告后方可推广。从境外引进草种必须依法进行审批。

县级以上人民政府草原行政主管部门应当依法加强对草种生产、加工、检疫、检验的监督管理，保证草种质量。

第三十条 县级以上人民政府应当有计划地进行火情监测、防火物资储备、防火隔离带等草原防火设施的建设，确保防火需要。

第三十一条 对退化、沙化、盐碱化、石漠化和水土流失的草原，地方各级人民政府应当按照草原保护、建设、利用规划，划定治理区，组织专项治理。

大规模的草原综合治理，列入国家国土整治计划。

第三十二条 县级以上人民政府应当根据草原保护、建设、利用规划，在本级国民经济和社会发展计划中安排资金用于草原改良、人工种草和草种生产，任何单位或者个人不得截留、挪用；县级以上人民政府财政部门和审计部门应当加强监督管理。

第五章　利　用

第三十三条　草原承包经营者应当合理利用草原，不得超过草原行政主管部门核定的载畜量；草原承包经营者应当采取种植和储备饲草饲料、增加饲草饲料供应量、调剂处理牲畜、优化畜群结构、提高出栏率等措施，保持草畜平衡。

草原载畜量标准和草畜平衡管理办法由国务院草原行政主管部门规定。

第三十四条　牧区的草原承包经营者应当实行划区轮牧，合理配置畜群，均衡利用草原。

第三十五条　国家提倡在农区、半农半牧区和有条件的牧区实行牲畜圈养。草原承包经营者应当按照饲养牲畜的种类和数量，调剂、储备饲草饲料，采用青贮和饲草饲料加工等新技术，逐步改变依赖天然草地放牧的生产方式。

在草原禁牧、休牧、轮牧区，国家对实行舍饲圈养的给予粮食和资金补助，具体办法由国务院或者国务院授权的有关部门规定。

第三十六条　县级以上地方人民政府草原行政主管部门对割草场和野生草种基地应当规定合理的割草期、采种期以及留茬高度和采割强度，实行轮割轮采。

第三十七条　遇到自然灾害等特殊情况，需要临时调剂使用草原的，按照自愿互利的原则，由双方协商解决；需要跨县临时调剂使用草原的，由有关县级人民政府或者共同的上级人民政府组织协商解决。

第三十八条　进行矿藏开采和工程建设，应当不占或者少占草原；确需征收、征用或者使用草原的，必须经省级以上人民政府草原行政主管部门审核同意后，依照有关土地管理的法律、行政法规办理建设用地审批手续。

第三十九条　因建设征收、征用集体所有的草原的，应当依照《中华人民共和国土地管理法》的规定给予补偿；因建设使用国家所有的草原的，应当依照国务院有关规定对草原承包经营者给予补偿。

因建设征收、征用或者使用草原的，应当交纳草原植被恢复费。草原植被恢复费专款专用，由草原行政主管部门按照规定用于恢复草原植被，任何单位和个人不得截留、挪用。草原植被恢复费的征收、使用和管理办法，由国务院价格主管部门和国务院财政部门会同国务院草原行政主管部门制定。

第四十条　需要临时占用草原的，应当经县级以上地方人民政府草原行政主管部门审核同意。

临时占用草原的期限不得超过二年，并不得在临时占用的草原上修建永久性建筑物、构筑物；占用期满，用地单位必须恢复草原植被并及时退还。

第四十一条　在草原上修建直接为草原保护和畜牧业生产服务的工程设施，需要使用草原的，由县级以上人民政府草原行政主管部门批准；修筑其他工程，需要将草原转为非畜牧业生产用地的，必须依法办理建设用地审批手续。

前款所称直接为草原保护和畜牧业生产服务的工程设施，是指：

（一）生产、贮存草种和饲草饲料的设施；

（二）牲畜圈舍、配种点、剪毛点、药浴池、人畜饮水设施；

（三）科研、试验、示范基地；

（四）草原防火和灌溉设施。

第六章　保　护

第四十二条　国家实行基本草原保

护制度。下列草原应当划为基本草原，实施严格管理：

（一）重要放牧场；

（二）割草地；

（三）用于畜牧业生产的人工草地、退耕还草地以及改良草地、草种基地；

（四）对调节气候、涵养水源、保持水土、防风固沙具有特殊作用的草原；

（五）作为国家重点保护野生动植物生存环境的草原；

（六）草原科研、教学试验基地；

（七）国务院规定应当划为基本草原的其他草原。

基本草原的保护管理办法，由国务院制定。

第四十三条 国务院草原行政主管部门或者省、自治区、直辖市人民政府可以按照自然保护区管理的有关规定在下列地区建立草原自然保护区：

（一）具有代表性的草原类型；

（二）珍稀濒危野生动植物分布区；

（三）具有重要生态功能和经济科研价值的草原。

第四十四条 县级以上人民政府应当依法加强对草原珍稀濒危野生植物和种质资源的保护、管理。

第四十五条 国家对草原实行以草定畜、草畜平衡制度。县级以上地方人民政府草原行政主管部门应当按照国务院草原行政主管部门制定的草原载畜量标准，结合当地实际情况，定期核定草原载畜量。各级人民政府应当采取有效措施，防止超载过牧。

第四十六条 禁止开垦草原。对水土流失严重、有沙化趋势、需要改善生态环境的已垦草原，应当有计划、有步骤地退耕还草；已造成沙化、盐碱化、石漠化的，应当限期治理。

第四十七条 对严重退化、沙化、盐碱化、石漠化的草原和生态脆弱区的草原，实行禁牧、休牧制度。

第四十八条 国家支持依法实行退耕还草和禁牧、休牧。具体办法由国务院或者省、自治区、直辖市人民政府制定。

对在国务院批准规划范围内实施退耕还草的农牧民，按照国家规定给予粮食、现金、草种费补助。退耕还草完成后，由县级以上人民政府草原行政主管部门核实登记，依法履行土地用途变更手续，发放草原权属证书。

第四十九条 禁止在荒漠、半荒漠和严重退化、沙化、盐碱化、石漠化、水土流失的草原以及生态脆弱区的草原上采挖植物和从事破坏草原植被的其他活动。

第五十条 在草原上从事采土、采砂、采石等作业活动，应当报县级人民政府草原行政主管部门批准；开采矿产资源的，并应当依法办理有关手续。

经批准在草原上从事本条第一款所列活动的，应当在规定的时间、区域内，按照准许的采挖方式作业，并采取保护草原植被的措施。

在他人使用的草原上从事本条第一款所列活动的，还应当事先征得草原使用者的同意。

第五十一条 在草原上种植牧草或者饲料作物，应当符合草原保护、建设、利用规划；县级以上地方人民政府草原行政主管部门应当加强监督管理，防止草原沙化和水土流失。

第五十二条 在草原上开展经营性旅游活动，应当符合有关草原保护、建设、利用规划，并不得侵犯草原所有者、使用者和承包经营者的合法权益，不得破坏草原植被。

第五十三条 草原防火工作贯彻预防为主、防消结合的方针。

各级人民政府应当建立草原防火责任制，规定草原防火期，制定草原防火扑火预案，切实做好草原火灾的预防和扑救工作。

第五十四条 县级以上地方人民政府应当做好草原鼠害、病虫害和毒害草防治的组织管理工作。县级以上地方人民政府草原行政主管部门应当采取措施，加强草原鼠害、病虫害和毒害草监测预警、调查以及防治工作，组织研究和推广综合防治的办法。

禁止在草原上使用剧毒、高残留以及可能导致二次中毒的农药。

第五十五条 除抢险救灾和牧民搬迁的机动车辆外，禁止机动车辆离开道路在草原上行驶，破坏草原植被；因从事地质勘探、科学考察等活动确需离开道路在草原上行驶的，应当事先向所在地县级人民政府草原行政主管部门报告行驶区域和行驶路线，并按照报告的行驶区域和行驶路线在草原上行驶。

第七章 监督检查

第五十六条 国务院草原行政主管部门和草原面积较大的省、自治区的县级以上地方人民政府草原行政主管部门设立草原监督管理机构，负责草原法律、法规执行情况的监督检查，对违反草原法律、法规的行为进行查处。

草原行政主管部门和草原监督管理机构应当加强执法队伍建设，提高草原监督检查人员的政治、业务素质。草原监督检查人员应当忠于职守，秉公执法。

第五十七条 草原监督检查人员履行监督检查职责时，有权采取下列措施：

（一）要求被检查单位或者个人提供有关草原权属的文件和资料，进行查阅或者复制；

（二）要求被检查单位或者个人对草原权属等问题作出说明；

（三）进入违法现场进行拍照、摄像和勘测；

（四）责令被检查单位或者个人停止违反草原法律、法规的行为，履行法定义务。

第五十八条 国务院草原行政主管部门和省、自治区、直辖市人民政府草原行政主管部门，应当加强对草原监督检查人员的培训和考核。

第五十九条 有关单位和个人对草原监督检查人员的监督检查工作应当给予支持、配合，不得拒绝或者阻碍草原监督检查人员依法执行职务。

草原监督检查人员在履行监督检查职责时，应当向被检查单位和个人出示执法证件。

第六十条 对违反草原法律、法规的行为，应当依法作出行政处理，有关草原行政主管部门不作出行政处理决定的，上级草原行政主管部门有权责令有关草原行政主管部门作出行政处理决定或者直接作出行政处理决定。

第八章 法律责任

第六十一条 草原行政主管部门工作人员及其他国家机关有关工作人员玩忽职守、滥用职权，不依法履行监督管理职责，或者发现违法行为不予查处，造成严重后果，构成犯罪的，依法追究刑事责任；尚不够刑事处罚的，依法给予行政处分。

第六十二条 截留、挪用草原改良、人工种草和草种生产资金或者草原植被恢复费，构成犯罪的，依法追究刑事责任；尚不够刑事处罚的，依法给予行政处分。

第六十三条 无权批准征收、征用、使用草原的单位或者个人非法批准征收、征用、使用草原的，超越批准权限非法批准征收、征用、使用草原的，或者违反法律规定的程序批准征收、征用、使用草原，构成犯罪的，依法追究刑事责任；尚不够刑事处罚的，依法给予行政处分。非法批准征收、征用、使用草原的文件无效。非法批准征收、征用、使用的草原应当收回，当事人拒不归还的，以非法使用草原论处。

非法批准征收、征用、使用草原，给当事人造成损失的，依法承担赔偿责任。

第六十四条 买卖或者以其他形式非法转让草原，构成犯罪的，依法追究刑事责任；尚不够刑事处罚的，由县级以上人民政府草原行政主管部门依据职权责令限期改正，没收违法所得，并处违法所得一倍以上五倍以下的罚款。

第六十五条 未经批准或者采取欺骗手段骗取批准，非法使用草原，构成犯罪的，依法追究刑事责任；尚不够刑事处罚的，由县级以上人民政府草原行政主管部门依据职权责令退还非法使用的草原，对违反草原保护、建设、利用规划擅自将草原改为建设用地的，限期拆除在非法使用的草原上新建的建筑物和其他设施，恢复草原植被，并处草原被非法使用前三年平均产值六倍以上十二倍以下的罚款。

第六十六条 非法开垦草原，构成犯罪的，依法追究刑事责任；尚不够刑事处罚的，由县级以上人民政府草原行政主管部门依据职权责令停止违法行为，限期恢复植被，没收非法财物和违法所得，并处违法所得一倍以上五倍以下的罚款；没有违法所得的，并处五万元以下的罚款；给草原所有者或者使用者造成损失的，依法承担赔偿责任。

第六十七条 在荒漠、半荒漠和严重退化、沙化、盐碱化、石漠化、水土流失的草原，以及生态脆弱区的草原上采挖植物或者从事破坏草原植被的其他活动的，由县级以上地方人民政府草原行政主管部门依据职权责令停止违法行为，没收非法财物和违法所得，可以并处违法所得一倍以上五倍以下的罚款；没有违法所得的，可以并处五万元以下的罚款；给草原所有者或者使用者造成损失的，依法承担赔偿责任。

第六十八条 未经批准或者未按照规定的时间、区域和采挖方式在草原上进行采土、采砂、采石等活动的，由县级人民政府草原行政主管部门责令停止违法行为，限期恢复植被，没收非法财物和违法所得，可以并处违法所得一倍以上二倍以下的罚款；没有违法所得的，可以并处二万元以下的罚款；给草原所有者或者使用者造成损失的，依法承担赔偿责任。

第六十九条 违反本法第五十二条规定，在草原上开展经营性旅游活动，破坏草原植被的，由县级以上地方人民政府草原行政主管部门依据职权责令停止违法行为，限期恢复植被，没收违法所得，可以并处违法所得一倍以上二倍以下的罚款；没有违法所得的，可以并处草原被破坏前三年平均产值六倍以上十二倍以下的罚款；给草原所有者或者使用者造成损失的，依法承担赔偿责任。

第七十条 非抢险救灾和牧民搬迁的机动车辆离开道路在草原上行驶，或者从事地质勘探、科学考察等活动，未事先向所在地县级人民政府草原行政主管部门报告或者未按照报告的行驶区域和行驶路线在草原上行驶，破坏草原植被的，由县级人民政府草原行政主管部门责令停止违法行为，限期恢复植被，可以并处草原被破坏前三年平均产值三倍以上九倍以下的罚款；给草原所有者或者使用者造成损失的，依法承担赔偿责任。

第七十一条 在临时占用的草原上修建永久性建筑物、构筑物的，由县级以上地方人民政府草原行政主管部门依据职权责令限期拆除；逾期不拆除的，依法强制拆除，所需费用由违法者承担。

临时占用草原，占用期届满，用地单位不予恢复草原植被的，由县级以上地方人民政府草原行政主管部门依据职权责令限期恢复；逾期不恢复的，由县级以上地方人民政府草原行政主管部门代为恢复，所需费用由违法者承担。

第七十二条 未经批准，擅自改变草原保护、建设、利用规划的，由县级以上人民政府责令限期改正；对直接负责的主管人员和其他直接责任人员，依法给予行政处分。

第七十三条 对违反本法有关草畜平衡制度的规定，牲畜饲养量超过县级以上地方人民政府草原行政主管部门核定的草原载畜量标准的纠正或者处罚措施，由省、自治区、直辖市人民代表大会或者其常务委员会规定。

第九章 附 则

第七十四条 本法第二条第二款中所称的天然草原包括草地、草山和草坡，人工草地包括改良草地和退耕还草地，不包括城镇草地。

第七十五条 本法自2003年3月1日起施行。

退耕还林条例

（2002年12月14日中华人民共和国国务院令第367号公布
根据2016年2月6日《国务院关于修改部分行政法规的决定》修订）

第一章 总 则

第一条 为了规范退耕还林活动，保护退耕还林者的合法权益，巩固退耕还林成果，优化农村产业结构，改善生态环境，制定本条例。

第二条 国务院批准规划范围内的退耕还林活动，适用本条例。

第三条 各级人民政府应当严格执行“退耕还林、封山绿化、以粮代赈、个体承包”的政策措施。

第四条 退耕还林必须坚持生态优先。退耕还林应当与调整农村产业结构、发展农村经济，防治水土流失、保护和建设基本农田、提高粮食单产，加强农村能源建设，实施生态移民相结合。

第五条 退耕还林应当遵循下列原则：

（一）统筹规划、分步实施、突出重点、注重实效；

（二）政策引导和农民自愿退耕相结合，谁退耕、谁造林、谁经营、谁受益；

（三）遵循自然规律，因地制宜，宜林则林，宜草则草，综合治理；

（四）建设与保护并重，防止边治理边破坏；

（五）逐步改善退耕还林者的生活条件。

第六条 国务院西部开发工作机构负责退耕还林工作的综合协调，组织有关部门研究制定退耕还林有关政策、办法，组织和协调退耕还林总体规划的落实；国务院林业行政主管部门负责编制退耕还林总体规划、年度计划，主管全国退耕还林的实施工作，负责退耕还林工作的指导和监督检查；国务院发展计划部门会同有关部门负责退耕还林总体规划的审核、计划的汇总、基建年度计划的编制和综合平衡；国务院财政主管部门负责退耕还林中央财政补助资金的安排和监督管理；国务院农业行政主管部门负责已垦草场的退耕还草以及天然草场的恢复和建设有关规划、计划的编制，以及技术指导和监督检查；国务院水行政主管部门负责退耕还林还草地区小流域治理、水土保持等相关工作的技术指导和监督检查；国务院粮食行政管理部门负责粮源的协调和调剂工作。

县级以上地方人民政府林业、计划、财政、农业、水利、粮食等部门在本级人民政府的统一领导下，按照本条例和规定的职责分工，负责退耕还林的有关工作。

第七条 国家对退耕还林实行省、自治区、直辖市人民政府负责制。省、自治区、直辖市人民政府应当组织有关部门采取措施，保证退耕还林中央补助资金的专款专用，组织落实补助粮食的调运和供应，加强退耕还林的复查工作，按期完成国家下达的退耕还林任务，并逐级落实目标责任，签订责任书，实现退耕还林目标。

第八条 退耕还林实行目标责任制。

县级以上地方各级人民政府有关部门应当与退耕还林工程项目负责人和技术负责人签订责任书，明确其应当承担的责任。

第九条 国家支持退耕还林应用技术的研究和推广，提高退耕还林科学技术水平。

第十条 国务院有关部门和地方各级人民政府应当组织开展退耕还林活动的宣传教育，增强公民的生态建设和保护意识。

在退耕还林工作中做出显著成绩的单位和个人，由国务院有关部门和地方各级人民政府给予表彰和奖励。

第十一条 任何单位和个人都有权检举、控告破坏退耕还林的行为。

有关人民政府及其有关部门接到检举、控告后，应当及时处理。

第十二条 各级审计机关应当加强对退耕还林资金和粮食补助使用情况的审计监督。

第二章 规划和计划

第十三条 退耕还林应当统筹规划。

退耕还林总体规划由国务院林业行政主管部门编制，经国务院西部开发工作机构协调、国务院发展计划部门审核后，报国务院批准实施。

省、自治区、直辖市人民政府林业行政主管部门根据退耕还林总体规划会同有关部门编制本行政区域的退耕还林规划，经本级人民政府批准，报国务院有关部门备案。

第十四条 退耕还林规划应当包括下列主要内容：

（一）范围、布局和重点；

（二）年限、目标和任务；

（三）投资测算和资金来源；

（四）效益分析和评价；

（五）保障措施。

第十五条 下列耕地应当纳入退耕还林规划，并根据生态建设需要和国家财力有计划地实施退耕还林：

（一）水土流失严重的；

（二）沙化、盐碱化、石漠化严重的；

（三）生态地位重要、粮食产量低而不稳的。

江河源头及其两侧、湖库周围的陡坡耕地以及水土流失和风沙危害严重等生态地位重要区域的耕地，应当在退耕还林规划中优先安排。

第十六条 基本农田保护范围内的耕地和生产条件较好、实际粮食产量超过国家退耕还林补助粮食标准并且不会造成水土流失的耕地，不得纳入退耕还林规划；但是，因生态建设特殊需要，经国务院批准并依照有关法律、行政法规规定的程序调整基本农田保护范围后，可以纳入退耕还林规划。

制定退耕还林规划时，应当考虑退耕农民长期的生计需要。

第十七条 退耕还林规划应当与国民经济和社会发展规划、农村经济发展总体规划、土地利用总体规划相衔接，与环境保护、水土保持、防沙治沙等规划相协调。

第十八条 退耕还林必须依照经批准的规划进行。未经原批准机关同意，不得擅自调整退耕还林规划。

第十九条 省、自治区、直辖市人民政府林业行政主管部门根据退耕还林规划，会同有关部门编制本行政区域下一年度退耕还林计划建议，由本级人民政府发展计划部门审核，并经本级人民政府批准后，于每年8月31日前报国务院西部开发工作机构、林业、发展计划等有关部门。国务院林业行政主管部门汇总编制全国退耕还林年度计划建议，经国务院西部开发工作机构协调，国务院发展计划部门审核和综合平衡，报国务院批准后，由国务院发展计划部门会同有关部门于10月31日前联合下达。

省、自治区、直辖市人民政府发展计划部门会同有关部门根据全国退耕还林年度计划，于11月30日前将本行政区域下一年度退耕还林计划分解下达到有关县（市）人民政府，并将分解下达情况报国务院有关部门备案。

第二十条 省、自治区、直辖市人民政府林业行政主管部门根据国家下达的下一年度退耕还林计划，会同有关部门编制本行政区域内的年度退耕还林实施方案，报本级人民政府批准实施。

县级人民政府林业行政主管部门可以根据批准后的省级退耕还林年度实施方案，编制本行政区域内的退耕还林年度实施方案，报本级人民政府批准后实施，并报省、自治区、直辖市人民政府林业行政主管部门备案。

第二十一条 年度退耕还林实施方案，应当包括下列主要内容：

（一）退耕还林的具体范围；

（二）生态林与经济林比例；

（三）树种选择和植被配置方式；

（四）造林模式；

（五）种苗供应方式；

（六）植被管护和配套保障措施；

（七）项目和技术负责人。

第二十二条 县级人民政府林业行政主管部门应当根据年度退耕还林实施方案组织专业人员或者有资质的设计单位编制乡镇作业设计，把实施方案确定的内容落实到具体地块和土地承包经营权人。

编制作业设计时，干旱、半干旱地区应当以种植耐旱灌木（草）、恢复原有植被为主；以间作方式植树种草的，应当间作多年生植物，主要林木的初植密度应当符合国家规定的标准。

第二十三条 退耕土地还林营造的生态林面积，以县为单位核算，不得低于退耕土地还林面积的80%。

退耕还林营造的生态林，由县级以上地方人民政府林业行政主管部门根据国务院林业行政主管部门制定的标准认定。

第三章　造林、管护与检查验收

第二十四条　县级人民政府或者其委托的乡级人民政府应当与有退耕还林任务的土地承包经营权人签订退耕还林合同。

退耕还林合同应当包括下列主要内容：

（一）退耕土地还林范围、面积和宜林荒山荒地造林范围、面积；

（二）按照作业设计确定的退耕还林方式；

（三）造林成活率及其保存率；

（四）管护责任；

（五）资金和粮食的补助标准、期限和给付方式；

（六）技术指导、技术服务的方式和内容；

（七）种苗来源和供应方式；

（八）违约责任；

（九）合同履行期限。

退耕还林合同的内容不得与本条例以及国家其他有关退耕还林的规定相抵触。

第二十五条　退耕还林需要的种苗，可以由县级人民政府根据本地区实际组织集中采购，也可以由退耕还林者自行采购。集中采购的，应当征求退耕还林者的意见，并采用公开竞价方式，签订书面合同，超过国家种苗造林补助费标准的，不得向退耕还林者强行收取超出部分的费用。

任何单位和个人不得为退耕还林者指定种苗供应商。

禁止垄断经营种苗和哄抬种苗价格。

第二十六条　退耕还林所用种苗应当就地培育、就近调剂，优先选用乡土树种和抗逆性强树种的良种壮苗。

第二十七条　林业、农业行政主管部门应当加强种苗培育的技术指导和服务的管理工作，保证种苗质量。

销售、供应的退耕还林种苗应当经县级人民政府林业、农业行政主管部门检验合格，并附具标签和质量检验合格证；跨县调运的，还应当依法取得检疫合格证。

第二十八条　省、自治区、直辖市人民政府应当根据本行政区域的退耕还林规划，加强种苗生产与采种基地的建设。

国家鼓励企业和个人采取多种形式培育种苗，开展产业化经营。

第二十九条　退耕还林者应当按照作业设计和合同的要求植树种草。

禁止林粮间作和破坏原有林草植被的行为。

第三十条　退耕还林者在享受资金和粮食补助期间，应当按照作业设计和合同的要求在宜林荒山荒地造林。

第三十一条　县级人民政府应当建立退耕还林植被管护制度，落实管护责任。

退耕还林者应当履行管护义务。

禁止在退耕还林项目实施范围内复耕和从事滥采、乱挖等破坏地表植被的活动。

第三十二条　地方各级人民政府及其有关部门应当组织技术推广单位或者技术人员，为退耕还林提供技术指导和技术服务。

第三十三条　县级人民政府林业行政主管部门应当按照国务院林业行政主管部门制定的检查验收标准和办法，对退耕还林建设项目进行检查验收，经验收合格的，方可发给验收合格证明。

第三十四条 省、自治区、直辖市人民政府应当对县级退耕还林检查验收结果进行复查，并根据复查结果对县级人民政府和有关责任人员进行奖惩。

国务院林业行政主管部门应当对省级复查结果进行核查，并将核查结果上报国务院。

第四章 资金和粮食补助

第三十五条 国家按照核定的退耕还林实际面积，向土地承包经营权人提供补助粮食、种苗造林补助费和生活补助费。具体补助标准和补助年限按照国务院有关规定执行。

第三十六条 尚未承包到户和休耕的坡耕地退耕还林的，以及纳入退耕还林规划的宜林荒山荒地造林，只享受种苗造林补助费。

第三十七条 种苗造林补助费和生活补助费由国务院计划、财政、林业部门按照有关规定及时下达、核拨。

第三十八条 补助粮食应当就近调运，减少供应环节，降低供应成本。粮食补助费按照国家有关政策处理。

粮食调运费用由地方财政承担，不得向供应补助粮食的企业和退耕还林者分摊。

第三十九条 省、自治区、直辖市人民政府应当根据当地口粮消费习惯和农作物种植习惯以及当地粮食库存实际情况合理确定补助粮食的品种。

补助粮食必须达到国家规定的质量标准。不符合国家质量标准的，不得供应给退耕还林者。

第四十条 退耕土地还林的第一年，该年度补助粮食可以分两次兑付，每次兑付的数量由省、自治区、直辖市人民政府确定。

从退耕土地还林第二年起，在规定的补助期限内，县级人民政府应当组织有关部门和单位及时向持有验收合格证明的退耕还林者一次兑付该年度补助粮食。

第四十一条 兑付的补助粮食，不得折算成现金或者代金券。供应补助粮食的企业不得回购退耕还林补助粮食。

第四十二条 种苗造林补助费应当用于种苗采购，节余部分可以用于造林补助和封育管护。

退耕还林者自行采购种苗的，县级人民政府或者其委托的乡级人民政府应当在退耕还林合同生效时一次付清种苗造林补助费。

集中采购种苗的，退耕还林验收合格后，种苗采购单位应当与退耕还林者结算种苗造林补助费。

第四十三条 退耕土地还林后，在规定的补助期限内，县级人民政府应当组织有关部门及时向持有验收合格证明的退耕还林者一次付清该年度生活补助费。

第四十四条 退耕还林资金实行专户存储、专款专用，任何单位和个人不得挤占、截留、挪用和克扣。

任何单位和个人不得弄虚作假、虚报冒领补助资金和粮食。

第四十五条 退耕还林所需前期工作和科技支撑等费用，国家按照退耕还林基本建设投资的一定比例给予补助，由国务院发展计划部门根据工程情况在年度计划中安排。

退耕还林地方所需检查验收、兑付等费用，由地方财政承担。中央有关部门所需核查等费用，由中央财政承担。

第四十六条 实施退耕还林的乡（镇）、村应当建立退耕还林公示制度，将退耕还林者的退耕还林面积、造林树种、成活率以及资金和粮食补助发放等情况进行公示。

第五章　其他保障措施

第四十七条　国家保护退耕还林者享有退耕土地上的林木（草）所有权。自行退耕还林的，土地承包经营权人享有退耕土地上的林木（草）所有权；委托他人还林或者与他人合作还林的，退耕土地上的林木（草）所有权由合同约定。

退耕土地还林后，由县级以上人民政府依照森林法、草原法的有关规定发放林（草）权属证书，确认所有权和使用权，并依法办理土地变更登记手续。土地承包经营合同应当作相应调整。

第四十八条　退耕土地还林后的承包经营权期限可以延长到70年。承包经营权到期后，土地承包经营权人可以依照有关法律、法规的规定继续承包。

退耕还林土地和荒山荒地造林后的承包经营权可以依法继承、转让。

第四十九条　退耕还林者按照国家有关规定享受税收优惠，其中退耕还林（草）所取得的农业特产收入，依照国家规定免征农业特产税。

退耕还林的县（市）农业税收因灾减收部分，由上级财政以转移支付的方式给予适当补助；确有困难的，经国务院批准，由中央财政以转移支付的方式给予适当补助。

第五十条　资金和粮食补助期满后，在不破坏整体生态功能的前提下，经有关主管部门批准，退耕还林者可以依法对其所有的林木进行采伐。

第五十一条　地方各级人民政府应当加强基本农田和农业基础设施建设，增加投入，改良土壤，改造坡耕地，提高地力和单位粮食产量，解决退耕还林者的长期口粮需求。

第五十二条　地方各级人民政府应当根据实际情况加强沼气、小水电、太阳能、风能等农村能源建设，解决退耕还林者对能源的需求。

第五十三条　地方各级人民政府应当调整农村产业结构，扶持龙头企业，发展支柱产业，开辟就业门路，增加农民收入，加快小城镇建设，促进农业人口逐步向城镇转移。

第五十四条　国家鼓励在退耕还林过程中实行生态移民，并对生态移民农户的生产、生活设施给予适当补助。

第五十五条　退耕还林后，有关地方人民政府应当采取封山禁牧、舍饲圈养等措施，保护退耕还林成果。

第五十六条　退耕还林应当与扶贫开发、农业综合开发和水土保持等政策措施相结合，对不同性质的项目资金应当在专款专用的前提下统筹安排，提高资金使用效益。

第六章　法律责任

第五十七条　国家工作人员在退耕还林活动中违反本条例的规定，有下列行为之一的，依照刑法关于贪污罪、受贿罪、挪用公款罪或者其他罪的规定，依法追究刑事责任；尚不够刑事处罚的，依法给予行政处分：

（一）挤占、截留、挪用退耕还林资金或者克扣补助粮食的；

（二）弄虚作假、虚报冒领补助资金和粮食的；

（三）利用职务上的便利收受他人财物或者其他好处的。

国家工作人员以外的其他人员有前款第（二）项行为的，依照刑法关于诈骗罪或者其他罪的规定，依法追究刑事责任；尚不够刑事处罚的，由县级以上人民政府林业行政主管部门责令退回所冒领的补助资金和粮食，处以冒领资金额2倍以上5倍以下的罚款。

第五十八条　国家机关工作人员在

退耕还林活动中违反本条例的规定，有下列行为之一的，由其所在单位或者上一级主管部门责令限期改正，退还分摊的和多收取的费用，对直接负责的主管人员和其他直接责任人员，依照刑法关于滥用职权罪、玩忽职守罪或者其他罪的规定，依法追究刑事责任；尚不够刑事处罚的，依法给予行政处分：

（一）未及时处理有关破坏退耕还林活动的检举、控告的；

（二）向供应补助粮食的企业和退耕还林者分摊粮食调运费用的；

（三）不及时向持有验收合格证明的退耕还林者发放补助粮食和生活补助费的；

（四）在退耕还林合同生效时，对自行采购种苗的退耕还林者未一次付清种苗造林补助费的；

（五）集中采购种苗的，在退耕还林验收合格后，未与退耕还林者结算种苗造林补助费的；

（六）集中采购的种苗不合格的；

（七）集中采购种苗的，向退耕还林者强行收取超出国家规定种苗造林补助费标准的种苗费的；

（八）为退耕还林者指定种苗供应商的；

（九）批准粮食企业向退耕还林者供应不符合国家质量标准的补助粮食或者将补助粮食折算成现金、代金券支付的；

（十）其他不依照本条例规定履行职责的。

第五十九条 采用不正当手段垄断种苗市场，或者哄抬种苗价格的，依照刑法关于非法经营罪、强迫交易罪或者其他罪的规定，依法追究刑事责任；尚不够刑事处罚的，由工商行政管理机关依照反不正当竞争法的规定处理；反不正当竞争法未作规定的，由工商行政管理机关处以非法经营额2倍以上5倍以下的罚款。

第六十条 销售、供应未经检验合格的种苗或者未附具标签、质量检验合格证、检疫合格证的种苗的，依照刑法关于生产、销售伪劣种子罪或者其他罪的规定，依法追究刑事责任；尚不够刑事处罚的，由县级以上人民政府林业、农业行政主管部门或者工商行政管理机关依照种子法的规定处理；种子法未作规定的，由县级以上人民政府林业、农业行政主管部门依据职权处以非法经营额2倍以上5倍以下的罚款。

第六十一条 供应补助粮食的企业向退耕还林者供应不符合国家质量标准的补助粮食的，由县级以上人民政府粮食行政管理部门责令限期改正，可以处非法供应的补助粮食数量乘以标准口粮单价1倍以下的罚款。

供应补助粮食的企业将补助粮食折算成现金或者代金券支付的，或者回购补助粮食的，由县级以上人民政府粮食行政管理部门责令限期改正，可以处折算现金额、代金券额或者回购粮食价款1倍以下的罚款。

第六十二条 退耕还林者擅自复耕，或者林粮间作、在退耕还林项目实施范围内从事滥采、乱挖等破坏地表植被的活动的，依照刑法关于非法占用农用地罪、滥伐林木罪或者其他罪的规定，依法追究刑事责任；尚不够刑事处罚的，由县级以上人民政府林业、农业、水利行政主管部门依照森林法、草原法、水土保持法的规定处罚。

第七章 附 则

第六十三条 已垦草场退耕还草和天然草场恢复与建设的具体实施，依照草原法和国务院有关规定执行。

退耕还林还草地区小流域治理、水

土保持等相关工作的具体实施，依照水土保持法和国务院有关规定执行。

第六十四条 国务院批准的规划范围外的土地，地方各级人民政府决定实施退耕还林的，不享受本条例规定的中央政策补助。

第六十五条 本条例自2003年1月20日起施行。

最高人民法院
关于审理森林资源民事纠纷案件适用法律若干问题的解释

法释〔2022〕16号

（2022年4月25日最高人民法院审判委员会第1869次会议通过
2022年6月13日最高人民法院公告公布 自2022年6月15日起施行）

为妥善审理森林资源民事纠纷案件，依法保护生态环境和当事人合法权益，根据《中华人民共和国民法典》《中华人民共和国环境保护法》《中华人民共和国森林法》《中华人民共和国农村土地承包法》《中华人民共和国民事诉讼法》等法律规定，结合审判实践，制定本解释。

第一条 人民法院审理涉及森林、林木、林地等森林资源的民事纠纷案件，应当贯彻民法典绿色原则，尊重自然、尊重历史、尊重习惯，依法推动森林资源保护和利用的生态效益、经济效益、社会效益相统一，促进人与自然和谐共生。

第二条 当事人因下列行为，对林地、林木的物权归属、内容产生争议，依据民法典第二百三十四条的规定提起民事诉讼，请求确认权利的，人民法院应当依法受理：

（一）林地承包；

（二）林地承包经营权互换、转让；

（三）林地经营权流转；

（四）林木流转；

（五）林地、林木担保；

（六）林地、林木继承；

（七）其他引起林地、林木物权变动的行为。

当事人因对行政机关作出的林地、林木确权、登记行为产生争议，提起民事诉讼的，人民法院告知其依法通过行政复议、行政诉讼程序解决。

第三条 当事人以未办理批准、登记、备案、审查、审核等手续为由，主张林地承包、林地承包经营权互换或者转让、林地经营权流转、林木流转、森林资源担保等合同无效的，人民法院不予支持。

因前款原因，不能取得相关权利的当事人请求解除合同、由违约方承担违约责任的，人民法院依法予以支持。

第四条 当事人一方未依法经林权证等权利证书载明的共有人同意，擅自处分林地、林木，另一方主张取得相关权利的，人民法院不予支持。但符合民法典第三百一十一条关于善意取得规定的除外。

第五条 当事人以违反法律规定的民主议定程序为由，主张集体林地承包合同无效的，人民法院应予支持。但下列情形除外：

（一）合同订立时，法律、行政法规没有关于民主议定程序的强制性规定的；

（二）合同订立未经民主议定程序讨论决定，或者民主议定程序存在瑕疵，一审法庭辩论终结前已经依法补正的；

（三）承包方对村民会议或者村民代表会议决议进行了合理审查，不知道且不应当知道决议系伪造、变造，并已经对林地大量投入的。

第六条 家庭承包林地的承包方转让林地承包经营权未经发包方同意，或者受让方不是本集体经济组织成员，受让方主张取得林地承包经营权的，人民法院不予支持。但发包方无法定理由不同意或者拖延表态的除外。

第七条 当事人就同一集体林地订立多个经营权流转合同，在合同有效的情况下，受让方均主张取得林地经营权的，由具有下列情形的受让方取得：

（一）林地经营权已经依法登记的；

（二）林地经营权均未依法登记，争议发生前已经合法占有使用林地并大量投入的；

（三）无前两项规定情形，合同生效在先的。

未取得林地经营权的一方请求解除合同、由违约方承担违约责任的，人民法院依法予以支持。

第八条 家庭承包林地的承包方以林地经营权人擅自再流转林地经营权为由，请求解除林地经营权流转合同、收回林地的，人民法院应予支持。但林地经营权人能够证明林地经营权再流转已经承包方书面同意的除外。

第九条 本集体经济组织成员以其在同等条件下享有的优先权受到侵害为由，主张家庭承包林地经营权流转合同无效的，人民法院不予支持；其请求赔偿损失的，依法予以支持。

第十条 林地承包期内，因林地承包经营权互换、转让、继承等原因，承包方发生变动，林地经营权人请求新的承包方继续履行原林地经营权流转合同的，人民法院应予支持。但当事人另有约定的除外。

第十一条 林地经营权流转合同约定的流转期限超过承包期的剩余期限，或者林地经营权再流转合同约定的流转期限超过原林地经营权流转合同的剩余期限，林地经营权流转、再流转合同当事人主张超过部分无效的，人民法院不予支持。

第十二条 林地经营权流转合同约定的流转期限超过承包期的剩余期限，发包方主张超过部分的约定对其不具有法律约束力的，人民法院应予支持。但发包方对此知道或者应当知道的除外。

林地经营权再流转合同约定的流转期限超过原林地经营权流转合同的剩余期限，承包方主张超过部分的约定对其不具有法律约束力的，人民法院应予支持。但承包方对此知道或者应当知道的除外。

因前两款原因，致使林地经营权流转合同、再流转合同不能履行，当事人请求解除合同、由违约方承担违约责任的，人民法院依法予以支持。

第十三条 林地经营权流转合同终止时，对于林地经营权人种植的地上林木，按照下列情形处理：

（一）合同有约定的，按照约定处理，但该约定依据民法典第一百五十三条的规定应当认定无效的除外；

（二）合同没有约定或者约定不明，当事人协商一致延长合同期限至轮伐期或者其他合理期限届满，承包方请求由林地经营权人承担林地使用费的，对其合理部分予以支持；

（三）合同没有约定或者约定不明，当事人未能就延长合同期限协商一致，林地经营权人请求对林木价值进行补偿的，对其合理部分予以支持。

林地承包合同终止时，承包方种植的地上林木的处理，参照适用前款规定。

第十四条 人民法院对于当事人为利用公益林林地资源和森林景观资源开展林下经济、森林旅游、森林康养等经营活动订立的合同，应当综合考虑公益林生态区位保护要求、公益林生态功能及是否经科学论证的合理利用等因素，依法认定合同效力。

当事人仅以涉公益林为由主张经营合同无效的，人民法院不予支持。

第十五条 以林地经营权、林木所有权等法律、行政法规未禁止抵押的森林资源资产设定抵押，债务人不履行到期债务或者发生当事人约定的实现抵押权的情形，抵押权人与抵押人协议以抵押的森林资源资产折价，并据此请求接管经营抵押财产的，人民法院依法予以支持。

抵押权人与抵押人未就森林资源资产抵押权的实现方式达成协议，抵押权人依据民事诉讼法第二百零三条[①]、第二百零四条[②]的规定申请实现抵押权的，人民法院依法裁定拍卖、变卖抵押财产。

第十六条 以森林生态效益补偿收益、林业碳汇等提供担保，债务人不履行到期债务或者发生当事人约定的实现担保物权的情形，担保物权人请求就担保财产优先受偿的，人民法院依法予以支持。

第十七条 违反国家规定造成森林生态环境损害，生态环境能够修复的，国家规定的机关或者法律规定的组织依据民法典第一千二百三十四条的规定，请求侵权人在合理期限内以补种树木、恢复植被、恢复林地土壤性状、投放相应生物种群等方式承担修复责任的，人民法院依法予以支持。

人民法院判决侵权人承担修复责任的，可以同时确定其在期限内不履行修复义务时应承担的森林生态环境修复费用。

第十八条 人民法院判决侵权人承担森林生态环境修复责任的，可以根据鉴定意见，或者参考林业主管部门、林业调查规划设计单位、相关科研机构和人员出具的专业意见，合理确定森林生态环境修复方案，明确侵权人履行修复义务的具体要求。

第十九条 人民法院依据民法典第一千二百三十五条的规定确定侵权人承担的森林生态环境损害赔偿金额，应当综合考虑受损森林资源在调节气候、固碳增汇、保护生物多样性、涵养水源、保持水土、防风固沙等方面的生态环境服务功能，予以合理认定。

第二十条 当事人请求以认购经核证的林业碳汇方式替代履行森林生态环境损害赔偿责任的，人民法院可以综合考虑各方当事人意见、不同责任方式的合理性等因素，依法予以准许。

第二十一条 当事人请求以森林管护、野生动植物保护、社区服务等劳务方式替代履行森林生态环境损害赔偿责

① 现为《民事诉讼法》（2023 年修正）第二百零七条。

② 现为《民事诉讼法》（2023 年修正）第二百零八条。

任的，人民法院可以综合考虑侵权人的代偿意愿、经济能力、劳动能力、赔偿金额、当地相应工资标准等因素，决定是否予以准许，并合理确定劳务代偿方案。

第二十二条 侵权人自愿交纳保证金作为履行森林生态环境修复义务担保的，在其不履行修复义务时，人民法院可以将保证金用于支付森林生态环境修复费用。

第二十三条 本解释自2022年6月15日起施行。施行前本院公布的司法解释与本解释不一致的，以本解释为准。

林木林地权属争议处理办法

（1996年9月26日林业部部长办公会议审议通过
1996年10月14日林业部令第10号发布）

第一章 总 则

第一条 为了公正、及时地处理林木、林地权属争议，维护当事人的合法权益，保障社会安定团结，促进林业发展，根据《中华人民共和国森林法》和国家有关规定，制定本办法。

第二条 本办法所称林木、林地权属争议，是指因森林、林木、林地所有权或者使用权的归属而产生的争议。

处理森林、林木、林地的所有权或者使用权争议（以下简称林权争议），必须遵守本办法。

第三条 处理林权争议，应当尊重历史和现实情况，遵循有利于安定团结，有利于保护、培育和合理利用森林资源，有利于群众的生产生活的原则。

第四条 林权争议由各级人民政府依法作出处理决定。

林业部、地方各级人民政府林业行政主管部门或者人民政府设立的林权争议处理机构（以下统称林权争议处理机构）按照管理权限分别负责办理林权争议处理的具体工作。

第五条 林权争议发生后，当事人所在地林权争议处理机构应当及时向所在地人民政府报告，并采取有效措施防止事态扩大。

在林权争议解决以前，任何单位和个人不得采伐有争议的林木，不得在有争议的林地上从事基本建设或者其他生产活动。

第二章 处理依据

第六条 县级以上人民政府或者国务院授权林业部依法颁发的森林、林木、林地的所有权或者使用权证书（以下简称林权证），是处理林权争议的依据。

第七条 尚未取得林权证的，下列证据作为处理林权争议的依据：

（一）土地改革时期，人民政府依法颁发的土地证；

（二）土地改革时期，《中华人民共和国土地改革法》规定不发证的林木、林地的土地清册；

（三）当事人之间依法达成的林权争议处理协议、赠送凭证及附图；

（四）人民政府作出的林权争议处理决定；

（五）对同一起林权争议有数次处理协议或者决定的，以上一级人民政府作出的最终决定或者所在地人民政府作出的最后一次决定为依据；

（六）人民法院作出的裁定、判决。

第八条 土地改革后至林权争议发生时，下列证据可以作为处理林权争议的参考依据：

（一）国有林业企业事业单位设立时，该单位的总体设计书所确定的经营管理范围及附图；

（二）土地改革、合作化时期有关林木、林地权属的其他凭证；

（三）能够准确反映林木、林地经营管理状况的有关凭证；

（四）依照法律、法规和有关政策规定，能够确定林木、林地权属的其他凭证。

第九条 土地改革前有关林木、林地权属的凭证，不得作为处理林权争议的依据或者参考依据。

第十条 处理林权争议时，林木、林地权属凭证记载的四至清楚的，应当以四至为准；四至不清楚的，应当协商解决；经协商不能解决的，由当事人共同的人民政府确定其权属。

第十一条 当事人对同一起林权争议都能够出具合法凭证的，应当协商解决；经协商不能解决的，由当事人共同的人民政府按照双方各半的原则，并结合实际情况确定其权属。

第十二条 土地改革后营造的林木，按照“谁造林、谁管护、权属归谁所有”的原则确定其权属，但明知林地权属有争议而抢造的林木或者法律、法规另有规定的除外。

第三章 处理程序

第十三条 林权争议发生后，当事人应当主动、互谅、互让地协商解决。经协商依法达成协议的，当事人应当在协议书及附图上签字或者盖章，并报所在地林权争议处理机构备案；经协商不能达成协议的，按照本办法规定向林权争议处理机构申请处理。

第十四条 林权争议由当事人共同的林权争议处理机构负责办理具体处理工作。

第十五条 申请处理林权争议的，申请人应当向林权争议处理机构提交《林木林地权属争议处理申请书》。

《林木林地权属争议处理申请书》应当包括以下内容：

（一）当事人的姓名、地址及其法定代表人的姓名、职务；

（二）争议的现状，包括争议面积、林木蓄积，争议地所在地的行政区域位置、四至和附图；

（三）争议的事由，包括发生争议的时间、原因；

（四）当事人的协商意见。

《林木林地权属争议处理申请书》由省、自治区、直辖市人民政府林权争议处理机构统一印制。

第十六条 林权争议处理机构在接到《林木林地权属争议处理申请书》后，应当及时组织办理。

第十七条 当事人对自己的主张应当出具证据。当事人不能出具证据的，不影响林权争议处理机构依据有关证据认定争议事实。

第十八条 林权争议经林权争议处理机构调解达成协议的，当事人应当在协议书上签名或者盖章，并由调解人员署名，加盖林权争议处理机构印章，报同级人民政府或者林业行政主管部门备案。

第十九条 林权争议经林权争议处理机构调解未达成协议的，林权争议处理机构应当制作处理意见书，报同级人民政府作出决定。

处理意见书应当写明下列内容：

（一）当事人的姓名、地址及其法定代表人的姓名、职务；

（二）争议的事由、各方的主张及出具的证据；

（三）林权争议处理机构认定的事实、理由和适用的法律、法规及政策规定；

（四）处理意见。

第二十条 当事人之间达成的林权争议处理协议或者人民政府作出的林权争议处理决定，凡涉及国有林业企业、事业单位经营范围变更的，应当事先征得原批准机关同意。

第二十一条 当事人之间达成的林权争议处理协议，自当事人签字之日起生效；人民政府作出的林权争议处理决定，自送达之日起生效。

第二十二条 当事人对人民政府作出的林权争议处理决定不服的，可以依法提出申诉或者向人民法院提起诉讼。

第四章 奖励和惩罚

第二十三条 在林权争议处理工作中做出突出贡献的单位和个人，由县级以上人民政府林业行政主管部门给予奖励。

第二十四条 伪造、变造、涂改本办法规定的林木、林地权属凭证的，由林权争议处理机构收缴其伪造、变造、涂改的林木、林地权属凭证，并可视情节轻重处以1000元以下罚款。

第二十五条 违反本办法规定，在林权争议解决以前，擅自采伐有争议的林木或者在有争议的林地上从事基本建设及其他生产活动的，由县级以上人民政府林业行政主管部门依照《森林法》等法律法规给予行政处罚。

第二十六条 在处理林权争议过程中，林权争议处理机构工作人员玩忽职守，徇私舞弊的，由其所在单位或者有关机关依法给予行政处分。

第五章 附 则

第二十七条 本办法由林业部负责解释。

第二十八条 本办法自发布之日起施行。

二、最高人民法院指导性案例与人民法院案例库参考案例

（一）最高人民法院指导性案例

指导案例 22 号

魏永高、陈守志诉来安县人民政府收回土地使用权批复案

（最高人民法院审判委员会讨论通过　2013 年 11 月 8 日发布）

关键词

行政诉讼　受案范围　批复

裁判要点

地方人民政府对其所属行政管理部门的请示作出的批复，一般属于内部行政行为，不可对此提起诉讼。但行政管理部门直接将该批复付诸实施并对行政相对人的权利义务产生了实际影响，行政相对人对该批复不服提起诉讼的，人民法院应当依法受理。

相关法条

《行政诉讼法》第十一条①

基本案情

2010 年 8 月 31 日，安徽省来安县国土资源和房产管理局向来安县人民政府报送《关于收回国有土地使用权的请示》，请求收回该县永阳东路与塔山中路部分地块土地使用权。9 月 6 日，来安县人民政府作出《关于同意收回永阳东路与塔山中路部分地块国有土地使用权的批复》。来安县国土资源和房产管理局收到该批复后，没有依法制作并向原土地使用权人送达收回土地使用权决定，而直接交由来安县土地储备中心付诸实施。魏永高、陈守志的房屋位于被收回使用权的土地范围内，其对来安县人民政府收回国有土地使用权批复不服，提起行政复议。2011 年 9 月 20 日，滁州市人民政府作出《行政复议决定

① 对应《行政诉讼法》（2017 年修正）第十二条。

书》，维持来安县人民政府的批复。魏永高、陈守志仍不服，提起行政诉讼，请求人民法院撤销来安县人民政府上述批复。

裁判结果

滁州市中级人民法院于2011年12月23日作出（2011）滁行初字第6号行政裁定：驳回魏永高、陈守志的起诉。魏永高、陈守志提出上诉，安徽省高级人民法院于2012年9月10日作出（2012）皖行终字第14号行政裁定：一、撤销滁州市中级人民法院（2011）滁行初字第6号行政裁定；二、指令滁州市中级人民法院继续审理本案。

裁判理由

法院生效裁判认为，根据《土地储备管理办法》和《安徽省国有土地储备办法》以收回方式储备国有土地的程序规定，来安县国土资源行政主管部门在来安县人民政府作出批准收回国有上地使用权方案批复后，应当向原土地使用权人送达对外发生法律效力的收回国有土地使用权通知。来安县人民政府的批复属于内部行政行为，不向相对人送达，对相对人的权利义务尚未产生实际影响，一般不属于行政诉讼的受案范围。但本案中，来安县人民政府作出批复后，来安县国土资源行政主管部门没有制作并送达对外发生效力的法律文书，即直接交来安县土地储备中心根据该批复实施拆迁补偿安置行为，对原土地使用权人的权利义务产生了实际影响；原土地使用权人也通过申请政府信息公开知道了该批复的内容，并对批复提起了行政复议，复议机关作出复议决定时也告知了诉权，该批复已实际执行并外化为对外发生法律效力的具体行政行为。因此，对该批复不服提起行政诉讼的，人民法院应当依法受理。

指导案例41号

宣懿成等诉浙江省衢州市国土资源局收回国有土地使用权案

（最高人民法院审判委员会讨论通过　2014年12月25日发布）

关键词

行政诉讼　举证责任　未引用具体法律条款　适用法律错误

裁判要点

行政机关作出具体行政行为时未引用具体法律条款，且在诉讼中不能证明该具体行政行为符合法律的具体规定，应当视为该具体行政行为没有法律依据，适用法律错误。

相关法条

《行政诉讼法》第三十二条①

基本案情

原告宣懿成等18人系浙江省衢州市柯城区卫宁巷1号（原14号）衢州府山中学教工宿舍楼的住户。2002年12月9日，衢州市发展计划委员会根据第三人建设银行衢州分行（以下简称衢州分行）的报告，经审查同意衢州分行在原有的营业综合大楼东南侧扩建营业用房建设项目。同日，衢州市规划局制定

① 对应《行政诉讼法》（2017年修正）第三十四条。

建设项目选址意见，衢州分行为扩大营业用房等，拟自行收购、拆除占地面积为205平方米的府山中学教工宿舍楼，改建为露天停车场，具体按规划详图实施。18日，衢州市规划局又规划出衢州分行扩建营业用房建设用地平面红线图。20日，衢州市规划局发出建设用地规划许可证，衢州分行建设项目用地面积756平方米。25日，被告衢州市国土资源局（以下简称衢州市国土局）请示收回衢州府山中学教工宿舍楼住户的国有土地使用权187.6平方米，报衢州市人民政府审批同意。同月31日，衢州市国土局作出衢市国土（2002）37号《收回国有土地使用权通知》（以下简称《通知》），并告知宣懿成等18人其正在使用的国有土地使用权将收回及诉权等内容。该《通知》说明了行政决定所依据的法律名称，但没有对所依据的具体法律条款予以说明。原告不服，提起行政诉讼。

裁判结果

浙江省衢州市柯城区人民法院于2003年8月29日作出（2003）柯行初字第8号行政判决：撤销被告衢州市国土资源局2002年12月31日作出的衢市国土（2002）第37号《收回国有土地使用权通知》。宣判后，双方当事人均未上诉，判决已发生法律效力。

裁判理由

法院生效裁判认为：被告衢州市国土局作出《通知》时，虽然说明了该通知所依据的法律名称，但并未引用具体法律条款。在庭审过程中，被告辩称系依据《中华人民共和国土地管理法》（以下简称《土地管理法》）第五十八条第一款作出被诉具体行政行为。《土地管理法》第五十八条第一款规定："有下列情况之一的，由有关人民政府土地行政主管部门报经原批准用地的人民政府或者有批准权的人民政府批准，可以收回国有土地使用权：（一）为公共利益需要使用土地的；（二）为实施城市规划进行旧城区改建，需要调整使用土地的；……"衢州市国土局作为土地行政主管部门，有权依照《土地管理法》对辖区内国有土地的使用权进行管理和调整，但其行使职权时必须具有明确的法律依据。被告在作出《通知》时，仅说明是依据《土地管理法》及浙江省的有关规定作出的，但并未引用具体的法律条款，故其作出的具体行政行为没有明确的法律依据，属于适用法律错误。

本案中，衢州市国土局提供的衢州市发展计划委员会（2002）35号《关于同意扩建营业用房项目建设计划的批复》《建设项目选址意见书审批表》《建设银行衢州分行扩建营业用房建设用地规划红线图》等有关证据，难以证明其作出的《通知》符合《土地管理法》第五十八条第一款规定的"为公共利益需要使用土地"或"实施城市规划进行旧城区改造需要调整使用土地"的情形，主要证据不足，故被告主张其作出的《通知》符合《土地管理法》规定的理由不能成立。根据《行政诉讼法》及其相关司法解释的规定，在行政诉讼中，被告对其作出的具体行政行为承担举证责任，被告不提供作出具体行政行为时的证据和依据的，应当认定该具体行政行为没有证据和依据。

综上，被告作出的收回国有土地使用权具体行政行为主要证据不足，适用法律错误，应予撤销。

指导案例 172 号

秦家学滥伐林木刑事附带民事公益诉讼案

（最高人民法院审判委员会讨论通过 2021 年 12 月 1 日发布）

关键词

刑事 滥伐林木罪 生态修复 补植复绿 专家意见 保证金

裁判要点

1. 人民法院确定被告人森林生态环境修复义务时，可以参考专家意见及林业规划设计单位、自然保护区主管部门等出具的专业意见，明确履行修复义务的树种、树龄、地点、数量、存活率及完成时间等具体要求。

2. 被告人自愿交纳保证金作为履行生态环境修复义务担保的，人民法院可以将该情形作为从轻量刑情节。

相关法条

《民法典》第一百七十九条（本案适用的是自 2010 年 7 月 1 日起实施的《侵权责任法》[①] 第十五条）

《森林法》第五十六条、第五十七条、第七十六条（本案适用的是 2009 年 8 月 27 日修正的《森林法》第三十二条、第三十九条）

基本案情

湖南省保靖县人民检察院指控被告人秦家学犯滥伐林木罪向保靖县人民法院提起公诉，在诉讼过程中，保靖县人民检察院以社会公共利益受到损害为由，又向保靖县人民法院提起附带民事公益诉讼。

保靖县人民检察院认为，应当以滥伐林木罪追究被告人秦家学刑事责任。同时，被告人行为严重破坏了生态环境，致使社会公共利益遭受到损害，根据侵权责任法的相关规定，应当补植复绿，向公众赔礼道歉。被告人秦家学对公诉机关的指控无异议。但辩称，其是林木的实际经营者和所有权人，且积极交纳补植复绿的保证金，请求从轻判处。

保靖县人民法院经审理查明，湖南省保靖县以 1958 年成立的保靖县国营白云山林场为核心，于 1998 年成立白云山县级自然保护区。后该保护区于 2005 年评定为白云山省级自然保护区，并完成了公益林区划界定；又于 2013 年评定为湖南白云山国家级自然保护区。其间，被告人秦家学于 1998 年承包了位于该县毛沟镇卧当村白云山自然保护区核心区内“土地坳”（地名）的山林，次年起开始有计划地植造杉木林，该林地位于公益林范围内，属于公益林地。2016 年 9 月至 2017 年 1 月，秦家学在没有办理《林木采伐许可证》情况下，违反森林法，擅自采伐其承包该林地上的杉木林并销售，所采伐区域位于该保护区核心区域内，面积为 117.5 亩，核心区外面积为 15.46 亩。经鉴定，秦家学共砍伐林木 1010 株，林木蓄积为 153.3675 立方米。后保靖县

---

① 原《侵权责任法》于 2009 年 12 月 26 日第十一届全国人民代表大会常务委员会第十二次会议通过。根据《民法典》第一千二百六十条的规定，《民法典》自 2021 年 1 月 1 日起施行，原《侵权责任法》同时废止。

林业勘测规划设计队出具补植补造作业设计说明证明，该受损公益林补植复绿的人工苗等费用为人民币66025元。

人民法院审理期间，保靖县林业勘测规划设计队及保靖县林业局、白云山国家级自然保护区又对该受损公益林补植复绿提出了具体建议和专业要求。秦家学预交补植复绿保证金66025元，保证履行补植复绿义务。

裁判结果

湖南省保靖县人民法院于2018年8月3日作出（2018）湘3125刑初5号刑事附带民事判决，认定被告人秦家学犯滥伐林木罪，判处有期徒刑三年，缓刑四年，并处罚金人民币1万元，并于判决生效后两年内在湖南白云山国家级自然保护区内“土地坳”栽植一年生杉树苗5050株，存活率达到90%以上。宣判后，没有上诉、抗诉，一审判决已发生法律效力。被告人依照判决，在原砍伐林地等处栽植一年生杉树苗5050株，且存活率达到100%。

裁判理由

法院生效裁判认为，被告人秦家学违反《森林法》规定，未经林业主管部门许可，无证滥伐白云山国家级自然保护区核心区内的公益林，数量巨大，构成滥伐林木罪。辩护人提出的被告人系初犯、认罪，积极交纳补植补绿的保证金66025元到法院的执行账户，有悔罪表现，应当从轻判处的辩护意见，予以采信。白云山国家级自然保护区位于中国十七个生物多样性关键地区之一的武陵山区及酉水流域，是云贵高原、四川盆地至雪峰山区、湘中丘陵之间动植物资源自然流动通道的重要节点，是长江流域洞庭湖支流沅江的重要水源涵养区，其森林资源具有保持水土、维护生物多样性等多方面重要作用。被告人所承包、栽植并管理的树木，已经成为白云山国家级自然保护区森林资源的不可分割的有机组成部分。被告人无证滥伐该树木且数量巨大，其行为严重破坏了白云山国家级自然保护区生态环境，危及生物多样性保护，使社会公共利益遭受到严重损害，性质上属于一种侵权行为。附带民事公益诉讼不是传统意义上的民事诉讼，公益诉讼起诉人也不是一般意义上的受害人。公益诉讼起诉人要求被告人承担恢复原状法律责任的诉讼请求，于法有据，予以支持。根据保靖县林业勘测规划设计队出具的“土地坳”补植补造作业设计说明以及白云山自然保护区管理局、保靖县林业局等部门专家提供的专业资料和建议，参照《森林法》第三十九条第二款规定，对公益诉讼起诉人提出的被告人应补种树木的诉讼请求，认为有科学、合理的根据和法律依据，予以支持。辩护人提出被告人作为林地承包者的经营权利也应当依法保护的意见，有其合理之处，在具体确定被告人法律责任时予以考虑。遂作出上述判决。

（生效裁判审判人员：龙鸥玲、徐岩松、向福生、彭菲、彭举忠、彭大江、贾长金）

（二）人民法院案例库参考案例

1. 土要权属

曹某某、张某甲诉张某乙、张某丙、张某丁、张某戊所有权确认纠纷案

——土地承包经营权流转收益应由现有家庭成员共同享有，不以签订合同时的家庭成员为限

关键词

民事　物权确认纠纷　土地承包经营权　流转收益分配　家庭成员共同享有

基本案情

原告曹某某、张某甲诉称：张某甲作为新生儿，有权享有土地流转收益，张某己享有的土地流转收益在其去世后应由其他家庭成员共同享有，故请求判令：1. 北京市通州区某乡某村六斗土地16亩流转收益的五分之一归曹某某所有；2. 北京市通州区某乡某村六斗土地16亩流转收益的五分之一归张某甲所有。

被告张某乙、张某丙、张某丁、张某戊辩称：2004年所签土地承包合同书载明人口五人，分别为张某丁、张某己、张某丙、张某戊、曹某某，当时张某甲尚未出生，故张某甲不应享有该土地流转收益，而张某己于2011年去世，其所享有的土地流转收益份额应作为遗产继承。

法院经审理查明：曹某某与张某丁于1994年登记结婚，婚后于1994年生育长女张某戊，于2007年生育次女张某甲。张某乙与张某丙系张某丁之父母。张某己系张某丁之祖父，于2011年去世。张某乙为非农业户口。曹某某、张某丁、张某丙、张某甲、张某戊的户口均在北京市通州区某乡某村*号。

2004年10月1日，张某乙与北京市通州区某乡某村民委员会（以下简称某村委会）签订《农村土地承包合同书（确权确地）》，约定张某乙承包位于北京市通州区某乡某村六斗面积为16亩的土地，承包期限自2005年1月1日至2027年12月31日。上述土地于2005年开始流转，流转收益一直由张某乙领取。2015年1月20日，某村委会出具证明，内容如下：“根据中央的政策，

我村于2005年1月1日在原来土地承包的基础上实行农村土地确权，根据我村土地现状人均确权土地3.2亩，不足3.2亩的部分给予一定经济补偿，超过3.2亩部分交承包费。我村张某乙家当时确权的总亩数16亩，人口5人，分别是：张某丁、张某丙、张某己、曹某某、张某戊。”

后某村委会于2015年7月30日出具证明，内容为：“张某甲于2007年9月23日出生，自上户口起，村委会按照相关规定已给张某甲土地补偿款640元（共计3亩2分），张某甲已不再享有流转收益的五分之一，因此不能顶替承包合同中的任何一人。”某村委会于2015年9月14日出具证明，内容为：“根据增人不增地、减人不减地的精神，我们通过村民代表会议决定，对2005年以后出生的孩子均按3.2亩土地标准，适当给予经济补偿，老人去世后土地仍由家属继续经营，队里不收任何费用。直至2027年土地承包期结束。”就上述640元的性质，村支书、村支委均解释称是村民决议确定的，给村里2005年之后的新生儿或从外村迁入但未享有土地流转收益的孩子每人每年一定数额的补偿，是某村给自己村民独有的待遇。2014年经法院生效判决，曹某某与张某丁离婚，张某甲尚未成年，由曹某某抚养。

北京市通州区人民法院于2015年7月21日作出（2015）通民初字第12262号民事判决：1. 张某乙与北京市通州区某乡某村民委员会签订的《农村土地承包合同书（确权确地）》中16亩土地流转收益的五分之一归曹某某所有；2. 张某乙与北京市通州区某乡某村民委员会签订的《农村土地承包合同书（确权确地）》中16亩土地流转收益的五分之一归张某甲所有。

张某乙、张某丙、张某丁、张某戊不服一审判决，提起上诉。北京市第三中级人民法院于2015年11月19日作出（2015）三中民终字第11238号民事判决：驳回上诉，维持原判。

裁判理由

法院生效裁判认为，本案争议焦点有两点：一是张某甲作为2004年某村土地确权之后的新生儿是否有权享有土地流转收益；二是张某乙去世后，其原先享有的土地流转收益份额如何分配。

一、签订土地承包合同并不影响土地承包经营权的物权属性

根据《物权法》第一百二十七条的规定，土地承包经营权自土地承包经营权合同生效时设立。该条款将土地承包经营权设立作为登记要件主义的例外情况作出规定，仅需发包方和承包方达成意思表示上的一致、签订土地承包经营合同即可。因此，土地承包经营权的取得需由集体经济组织作为发包方与农户作为承包方签订农村土地承包经营合同，以固定每户应当承包的土地亩数。同时，依据土地承包经营权的物权属性，在农户内部，每一个家庭成员均有权享有土地承包经营权。

二、土地流转收益权利主体的确定应以本集体经济组织内部该农户实际家庭成员为准

根据《农村土地承包法》第五条的规定：“农村集体经济组织成员有权依法承包由本集体经济组织发包的农地，任何组织和个人不得剥夺和非法限制农村集体组织成员承包土地的权利。”该法第十五条规定：“家庭承包的承包方是本集体经济组织的农户。”据此，家庭承包的土地承包经营权主体必须是从事农业生产的个人或农户家庭，且系承包地所属的村集体经济组织成员。该规定强调的是村民人人有份、农村福利性

及生活保障性，是集体成员权最重要、最集中的体现。在此前提下，由土地承包经营权所衍生出的土地流转收益亦应当属于本集体经济组织内一户家庭的全部成员共同享有。

三、家庭成员去世后其土地承包经营权流转收益的继承问题

首先，一般的家庭承包合同所确定的承包经营权不能继承。以家庭承包方式取得的承包经营权具有社会保障的功能，它为集体成员提供基本的社会保障，当承包的农户中一人或者几人死亡，承包经营仍然是以户为单位，承包地仍由其他家庭成员继续承包经营，并不发生承包权转移问题，即继续履行承包合同直至承包合同期满。其次，根据《继承法》[①] 第四条及最高人民法院《关于贯彻执行〈中华人民共和国继承法〉若干问题的意见》等法律及司法解释规定确定的原则，承包人在承包期内获得的承包收益，是公民私有财产的组成部分。承包人死亡的，其生前依法获得的承包收益，按照继承法的规定继承。因此，家庭成员死亡的，其个人生前承包所得收益可依照继承法予以继承，但仅以死亡时已经获得或虽尚未取得但已经投入资金、付出劳动即将取得之情形为限，并不包括其死亡后承包土地新产生的流转收益。本案中，张某乙之父张某已已于 2011 年死亡，其生前所获土地流转收益作为一项财产权利可由其继承人继承，但其死亡后新取得的土地流转收益不再作为遗产予以继承，而是分摊在其他家庭成员的份额里，也就是由这一户包括张某甲在内的剩余在册人口享有。现双方产生争议的是张某已死亡五年后的土地流转收益问题，该收益与张某已无关。

裁判要旨

农村土地承包经营合同是以农户为单位的农村经济组织成员取得土地承包经营的依据，以固定农户承包相应土地亩数确定。但合同的签订并不影响在农户内部全体家庭成员共同享有该土地流转收益的权利，且不以签订合同时农户现有家庭成员为限。农户家庭有成员死亡的，该死亡家庭成员在承包期内获得的承包收益，可以按照现行法律的规定产生继承法律关系和后果，但相关遗产数额仅以其死亡时已经获得或虽尚未取得但已经投入资金、付出劳动即将取得之情形为限，不包括死亡后承包土地新产生的流转收益。

关联索引

《民法典》第三百三十三条、第三百三十六条（本案适用的是 2007 年 10 月 1 日施行的《物权法》第一百二十七条、第一百三十条）

《农村土地承包法》（2018 年修正）第十七条（本案适用的是 2003 年 3 月 1 日施行的《农村土地承包法》第十六条）

一审：北京市通州区人民法院（2015）通民初字第 12262 号民事判决（2015 年 7 月 21 日）

二审：北京市第三中级人民法院（2015）三中民终字第 11238 号民事判决（2015 年 11 月 19 日）

① 原《继承法》于 1985 年 4 月 10 日第六届全国人民代表大会第三次会议通过。根据《民法典》第一千二百六十条的规定，《民法典》自 2021 年 1 月 1 日起施行，原《继承法》同时废止。

路某坡诉茌平县冯屯镇某村村民委员会、第三人路某成承包地征收补偿费用分配纠纷案

——同村村民间交换种植土地的行为是否构成互换土地承包经营权

关键词

民事　土地承包经营权　承包地征收补偿费用分配　交换种植　互换土地承包经营权　权利义务转移

基本案情

原告路某坡向法院提出诉讼请求：1. 判决确认位于茌平县冯屯镇某村王某林北节 3.24 亩责任田的土地补偿款 194400 元（6 万元/亩×3.24 亩）归原告所有；2. 诉讼费用由被告茌平县冯屯镇某村村民委员会承担。事实和理由：2013 年 9 月 8 日，原被告签订土地承包合同，原告承包的地块包括王某林北节 3.34 亩土地，承包期限：1999 年 10 月 1 日至 2029 年 9 月 30 日止。2010 年为方便大棚种植，原告将该地块与第三人路某成交换种植。2016 年 4 月 20 日，茌平区人民政府将该地块承包经营权确定在原告名下。2018 年国家建设高速公路征用该地块 3.24 亩，并按 6 万元/亩发放了土地补偿金，现被告称因原告与路某成就该地块使用权存在争议，拒不支付给原告土地补偿金。

被告茌平区冯屯镇某村村民委员会辩称：我们是 2018 年当选的新一届村委会，对以前的事情一概不知，2018 年高速公路占地，青苗补偿费每亩 1200 元给了种地的路某成，对原被告所说换地情况不清楚，签合同期间，双方对涉案土地发生争议，我们才知道这个情况。村委会集体研究同意高速公路占地土地补偿费归被征地户所有，涉案土地的土地补偿费归谁村委会不干涉。

第三人路某成述称：原告因想要集中土地进行大棚种植，2010 年主动找到第三人进行互换承包地，是在先占有了第三人土地的情况下于 2011 年将其所有的土地交付给第三人，交换方式为第三人用 2.3 亩离村近的好地换取原告 3.3 亩距离村较远的土地，当时原告本人进行了实际测量，双方就土地承包经营权互换达成一致，相应土地的权利义务也相应交换。直至 2018 年底双方无任何争议纠纷，2018 年年初国家征地发生后原告也没有向第三人或村委会主张任何权利，直到 2019 年 1 月原告就该土地补偿款向村委会及第三人要求支付，在村委会调解下，第三人基于同村亲戚的关系，同意给付原告 6 分地的补偿款，原告也表示同意，在村委会公示期间，原告又一次反悔，因此，第三人认为原告的行为违反了诚信原则，其诉求没有事实和法律依据。

法院经审理查明：路某坡、路某成同系茌平区冯屯镇某村村民。2013 年 9 月 8 日，路某坡与茌平区冯屯镇某村村民委员会签订土地承包合同，路某坡家庭承包集体土地包括涉案王某林北节 3.34 亩土地，承包期限：1999 年 10 月 1 日至 2029 年 9 月 30 日止。2010 年为方便大棚种植，路某坡以该涉案的王某林北节 3.34 亩土地与路某成经营使用

的距村较近的2.3亩土地（含路某成家庭承包土地1.7亩，案外人路某军家庭承包土地0.6亩）交换种植。路某坡、路某成仍按原自己承包土地面积履行交纳水费等义务。2016年4月20日，茌平县人民政府仍将涉案王某林北节3.34亩土地确权给路某坡，路某成所承包1.7亩土地确权给路某成。2018年国家高速公路建设征用涉案王某林北节土地3.34亩中的3.24亩，茌平县冯屯镇某村村民委员会将青苗补偿费发放给种地的路某成，2019年1月21日与路某成就涉案土地签订《高速公路征地协议书》，路某坡向茌平区冯屯镇某村村民委员会提出异议，称其对涉案土地依法享有承包经营权，土地补偿费应归其所有，经茌平区冯屯镇某村村民委员会调解未果，路某坡诉至法院。

茌平区冯屯镇某村村民委员会称系2018年当选的新一届村委会，对以前的事情不知情，签合同期间，双方对涉案土地发生争议，才知道这个情况。村委会集体研究同意高速公路占地土地补偿费归被征地户所有，涉案土地的土地补偿费归谁村委会不干涉。

山东省聊城市茌平区人民法院于2019年5月20日作出（2019）鲁1523民初659号民事判决：位于茌平区冯屯镇某村王某林北节涉案3.24亩的土地补偿款归原告路某坡所有。宣判后，路某成提起上诉。山东省聊城市中级人民法院于2019年9月16日作出（2019）鲁15民终1901号民事判决：一、变更山东省茌平区人民法院（2019）鲁1523民初659号民事判决为：位于茌平区冯屯镇某村王某林北节案涉3.1722亩的土地补偿款190332元归路某坡所有；二、驳回路某坡的其他诉讼请求。（二审查明：高速公路征地占用案涉土地的实际亩数为3.1722亩，补偿也是按该面积计算的；根据路某成与所在村委会签订的高速公路征地协议书中记载的补偿面积为3.1388亩，补偿人民币188328元，计算得出补偿标准为6万元/亩）

裁判理由

法院生效裁判认为，根据《农村土地承包经营权流转管理办法》①（中华人民共和国农业部令第47号）第三十五条第三款规定：本办法所称互换是指承包方之间为方便耕作或者各自需要，对属于同一集体经济组织的承包地块进行交换，同时交换相应的土地承包经营权。第十一条规定：承包方与受让方达成流转意向后，以转包、出租、互换或者其他方式流转的，承包方应当及时向发包方备案。第十七条规定：同一集体经济组织的承包方之间自愿将土地承包经营权进行互换，双方对互换土地原享有的承包权利和承担的义务也相应互换，当事人可以要求办理农村土地承包经营权证变更登记手续。第二十七条规定：乡（镇）人民政府农村土地承包管理部门应当建立农村土地承包经营权流转情况登记册，及时准确记载农村土地承包经营权流转情况。以转包、出租或者其他方式流转承包土地的，及时办理相关登记；以转让、互换方式流转承包土地的，及时办理有关承包合同和土地承包经营权证变更等手续。2009年《农村土地承包法》第二十二条规定：承包合同自成立之日起生效。承包方自承包合同生效时取得土地承包经营权。第三十七条第一款规定：土地承包经营权采取转包、出租、互换、转让或者其他方式流转，当事人双方应当签订书面合同。采取转让方式流转的，应当经发包方同意；采取转包、出租、互换或者其

① 已于2021年3月1日被《农村土地经营权流转管理办法》废止。

他方式流转的，应当报发包方备案。综上，承包方自承包合同生效时取得土地承包经营权。土地承包经营权采取互换方式流转，形式要件上，当事人双方应当签订书面合同，并报发包方备案，可以要求办理承包合同和土地承包经营权证变更手续，实质要件上，双方对互换土地原享有的承包权利和承担的义务也相应互换，本案中，路某坡、路某成于2010年即交换种植土地，双方形式要件上没有签订书面合同，也未报发包方备案，2013年9月与茌平县冯屯镇某村村民委员会签订农村土地承包合同，2016年4月20日确权时，也没有办理承包合同和土地承包经营权证变更手续，实质要件上对原享有的承包权利和承担的义务未进行互换，不符合成立互换的构成要件，且路某坡为3.24亩土地，路某成为2.3亩土地，还包括他人的0.6亩土地，双方互换土地亦与常理不符，综上，本院依法认定路某坡、路某成间仅系交换种植土地，不构成法律上的互换，路某坡依法对涉案王某林北节3.34亩土地享有土地承包经营权，2019年1月21日，茌平县冯屯镇某村村民委员会与路某成就涉案土地签订的《高速公路征地协议书》无效。2009年《农村土地承包法》第十六条规定：“承包方享有下列权利：（一）依法享有承包地使用、收益和土地承包经营权流转的权利，有权自主组织生产经营和处置产品；（二）承包地被依法征用、占用的，有权依法获得相应的补偿；（三）法律、行政法规规定的其他权利。”茌平县冯屯镇某村村民委员会同意高速公路占地土地补偿费归被征地户所有，路某坡依法对被征用部分的涉案土地的土地补偿费享有所有权。路某坡要求确认位于茌平区冯屯镇某村王某林北节涉案3.24亩土地补偿款归其所有的请求依法应予支持。

裁判要旨

农村土地承包经营权人交换承包地种植，当事人就是否构成互换承包经营权产生争议的，人民法院应当依照《农村土地承包法》《农村土地承包经营权流转管理办法》的相关规定，审查当事人双方是否签订书面合同、履行报备义务以及办理承包合同和土地承包经营权证变更手续。缺乏上述要件的，应当认定双方对于原有土地承包经营权的权利义务未转移，仅构成互换种植。

关联索引

《农村土地承包法》第十七条、第二十三条、第四十条（本案适用的是2009年8月27日修正的《农村土地承包法》第十六条、第二十二条、第三十七条）

一审：山东省聊城市茌平区人民法院（2019）鲁1523民初659号民事判决（2019年5月20日）

二审：山东省聊城市中级人民法院（2019）鲁15民终1901号民事判决（2019年9月16日）

周某某诉某村委会土地承包经营权纠纷案

——青苗补偿费应归实际使用土地并进行生产经营的承包人所有

关键词

民事　土地承包经营权　青苗补偿费　承包　发包

基本案情

周某某提起诉讼请求，请求判令某村委会、某乡政府共同给付原告2018年度和2019年度土地收益金356400元、青苗费178200元，以上合计534600元，并承担本案诉讼费用。

某村委会辩称：涉案土地承包协议无效，即使有效，也因未及时缴纳承包费通知周某某解除，涉案土地收益金属于土地补偿费，依法应归村委会所有。

法院经审理查明：2001年6月16日，周某某、某村委会签订《土地承包协议书》一份，某乡政府作为批准机关在协议书上签字盖章同意。按照协议书约定：周某某承包某村委会东南破方村机动地100亩（南北长512米，东西长150米）用于种植材林和农副产品经营，承包费每年每亩70元，承包期限三十年（自2002年1月1日起至2032年1月1日止）。2002年3月12日，周某某与某乡政府签订了《退耕还林合同书》，在案涉土地上种植了林木，并于2003年3月28日取得林权证。林权证登记载明土地115亩，林地使用期限二十八年。周某某承包后投入了资金，打井办电，建设房屋，种植树木和大田作物，一直按约定缴纳承包费。2018年年初，案涉土地被雄安新区租用建设十万亩苗景兼用林。按照《植树造林用地协议书》的约定，新区按照每亩土地每年1500元的土地收益金和1500元的一次性地上附着物补偿费的标准，对（户主）土地的承包经营权人进行补偿。至此，某村委会和某乡政府不再收取周某某缴纳的承包费，不再与周某某签订《植树造林用地协议书》。周某某称，2018年1月1日至2019年12月31日的补偿款已给付，两年的土地收益金和一次性青苗补偿费已给付某村委会，但某村委会、某乡政府拒付至今。

河北省雄县人民法院于2020年11月4日作出（2020）冀0638民初1703号民事判决：一、某村委会返还给原告周某某青苗补偿费15万元；二、驳回周某某其他诉讼请求。周某某、某村委会不服上述判决，提起上诉。河北雄安新区中级人民法院于2021年7月9日作出（2021）冀96民终256号民事判决：驳回上诉，维持原判。

裁判理由

法院生效裁判认为，周某某与某村委会于2001年签订的土地承包协议合法有效，周某某依约享有涉案土地的使用权。2012年周某某与某村委会再次签订补充协议，约定周某某自2002年起承包张庄村土地，在扣除电力线杆及走廊、道路、坟地后为100亩，承包费每年每亩为300元。相关票据显示，周某某自2012年至2017年均是按照每年3万元（每年100亩×每亩300元）的标准向某村委会交纳的土地承包费。根据双方合同履行情况，周某某对其余的18.8亩土地并不享有承包经营权。因涉案土地位于雄安新区植树造林用地范围内，包含周某某承包土地在内的地块被征用，周某某与某村委会签订的土地承包协议的合同目的不能实现，该合同应予解除，周某某对涉案土地享有的承包权随之灭失，土地收益金依法应归土地原承包户所有。依照《最高人民法院关于审理涉及农村土地承包纠纷案件适用法律问题的解释》第二十二条的规定，承包地被征收后，承包方有权请求发包方给付已经收到的青苗补偿费。周某某系涉案100亩土地的承包方以及青苗的所有权人，该土地被征收后，某村委会应将周某某所承包的100亩土地上的青苗补偿款15万元返还周某某。

裁判要旨

农村土地被征收或征用的，青苗补偿费应归实际使用土地并进行生产经营的承包人所有，包括来自本集体经济组织成员的承包人，也包括集体经济组织成员之外的其他承包经营村集体土地的人员。

关联索引

《民法典》第五百零九条、第五百六十三条、第五百七十七条（本案适用的是1999年10月1日施行的《合同法》第六十条、第九十四条、第一百零七条）

一审：河北省雄县人民法院（2020）冀0638民初1703号民事判决（2020年11月4日）

二审：河北雄安新区中级人民法院（2021）冀96民终256号民事判决（2021年7月9日）

某村经济合作社诉李某、威海某旅游开发有限公司等土地承包经营权合同纠纷案

——土地承包方依法负有维持土地农业用途，依法保护和合理利用土地的义务

关键词

民事　土地承包经营权合同　农村土地承包　绿色原则　合同解除

基本案情

原告某经济合作社诉称：2007年9月8日，其与李某签订《荒山承包合同》，约定某村经济合作社将位于村西的荒山50亩发包给李某，承包期自2008年2月19日起算共计为30年，承包费每年每亩600元，每年合计3万元，承包期内承包费共计90万元。合同签订后，李某已经交付某村经济合作社前十五年的承包费45.3万元。2010年7月，李某无偿将上述《荒山承包合同》中所承包的荒山无偿流转给威海某旅游开发有限公司（以下简称某旅游公司）使用。某旅游公司在使用从李某手中流转的属于某村经济合作社的荒山后，未经某村经济合作社许可和政府部门的审批，即开始私自在承包范围内的1386平方米（林地1345平方米、道路41平方米）土地上建设非农业用途的钢结构楼房，用于家庭旅馆用房，违反了《土

地管理法》第二条、第四十三条[①]、第四十四条的有关规定，被威海市自然资源局与规划局（原威海市国土资源局）于2015年12月28日予以行政处罚，并下发威国土资环处字［2015］030号国土资源行政处罚决定书，对某旅游公司作出如下处罚：1. 责令退还非法占用的土地；2. 限期十五日内拆除非法占用土地上的建筑物及其他设施，恢复土地原状；3. 支付罚款20790元。但某旅游公司在接到处罚，缴纳罚款20790元后，未再继续将其所非法占用土地上的建筑物及其他设施拆除，恢复土地原状。自此，某村经济合作社多年来虽多次联系某旅游公司、李某，要求李某收回被非法占用的土地，要求某旅游公司拆除违法建筑物及其他设施，恢复土地原状，但某旅游公司、李某均置之不理，拖延至今。

经查，某旅游公司为李某与王某共同投资设立的自然人有限责任公司，注册资本200万元，李某控股60%，王某控股40%。经查现某旅游公司已处于停业状态，办公所在地无工作人员上班，在2021年被山东省市场管理局列入异常经营名单，李某也被列入失信名单。二被告均已经没有再继续依法履行《荒山承包合同》的能力。原告认为，现二被告未经依法批准在案涉的土地上建设非农建设设施，违反了原告与李某之间的《荒山承包合同》签订的初衷，也违反了法律规定，破坏了环境。原告作为发包方，依法监督二被告依照承包合同约定的用途合理利用和保护土地，制止二被告损害承包地和农业资源的行为，催促二被告恢复土地原状无果的情况下，且在二被告也无再继续履行合同的情况下，特诉至法院，要求判决解除双方签订的《荒山承包合同》；二被告立即返还承包的土地50亩。

某旅游公司、李某未作答辩。

法院经审理查明：涉案土地性质为农用土地。2007年9月8日，原告某村村民委员会（以下简称某村村民委员会）与被告李某签订了《荒山承包合同》，约定某村村民委员会将位于村西的荒山50亩发包给李某，承包期自2008年2月19日至2038年2月18日止，共计三十年；承包费每年每亩600元，每年3万元，合同生效之日先付十五年承包费45万元，余款于第十六年的1月10日前一次性付清。合同签订后，李某分别先后向某村村民委员会缴纳前十五年的承包费453000元。

某旅游公司成立于2010年7月9日，法定代表人为李某，股东为李某（控股60%）和王某（控股40%），公司经营范围为旅游项目的开发；石材、建材的销售。2010年7月，李某将上述《荒山承包合同》中所承包的荒山无偿流转给某旅游公司使用。后某旅游公司在取得涉案土地后，未经批准非法占用某村西侧的属于承包范围内的土地1386平方米（其中包括林地1345平方米、农村道路41平方米）建设两层加阁楼形式的楼房，用于家庭旅馆用房。2015年12月28日，威海市自然资源与规划局（原威海市国土资源局）作出威国土资环处字〔2015〕030号《国土资源行政处罚决定书》，认定某旅游公司的上述违法行为违反了《土地管理法》第二条、第四十三条和第四十四条的规定，根据《土地管理法》第七十六条[②]、《土地管理法实施条例》第四十二条和《山东省国土资源行政处罚裁量基准》

① 该条在《土地管理法》（2019年修正）中已删除。

② 现为《土地管理法》（2019年修正）第七十七条。

的有关规定，决定对某旅游公司作出如下处罚：1. 责令退还非法占用的土地；2. 该宗用地不符合土地利用总体规划，限期十五日内拆除在非法占用土地上新建的建筑物和其他设施，恢复土地原状；3. 对非法占用的1386平方米土地处以15元/平方米的罚款共计20790元。某公司于2016年3月29日缴纳上述罚款，但并未履行拆除非法占用土地上新建的建筑物和其他设施，恢复土地原状的义务。后某村经济合作社多次要求二被告拆除该违法建筑物及其他设施，恢复土地原状无果。某村经济合作社主张因涉案50亩土地除前述违法建筑外，其余土地均已撂荒，二被告改变涉案土地用途，且并无继续履行荒山承包合同的能力，其行为损害原告的合法权益，不具备继续履行合同的能力，遂诉至本院。

另查，2016年7月12日，威海市环翠区村（居）集体产权制度改革工作领导小组下发威环农改组发［2016］5号文件，同意某村民委员会集体产权制度改革股权分配方案，新设立某村农村经济股份合作社，新设立的经济股份合作社要承担某村村民委员会的一切债权、债务（包括隐形债务）。2019年8月26日，某农村经济股份合作社更名为某村股份经济合作社。

再查，现某旅游公司住所地已无人办公，其因不履行法院生效法律文书，已于2017年被本院列入失信被执行人和限制高消费名单。李某也因不能履行生效法律文书，于2020年被本院列入失信被执行人和限制高消费名单。

山东省威海市环翠区人民法院于2022年6月6日作出（2021）鲁1002民初7235号民事判决：一、确认原告某村股份经济合作社与被告李某之间2007年9月8日签订的《荒山承包合同》于2022年2月7日解除；二、被告某旅游开发有限公司及被告李某将上述《荒山承包合同》中50亩承包土地返还给某村股份经济合作社。宣判后，双方当事人均未提起上诉，一审判决已发生法律效力。

裁判理由

法院生效裁判认为，民事主体从事民事活动，应当有利于节约资源、保护生态环境。本案因二被告未到庭，故审查重点在于某村经济合作社是否有权要求解除其与李某之间的《荒山承包合同》。首先，我国实行严格的土地管理制度，国家要求珍惜和合理利用土地。尽管原告与李某签订的《荒山承包合同》没有约定涉案土地的具体用途，根据《土地管理法》第十三条第一款规定，案涉土地的用途应仅限于种植业、林业等农林方面的使用。但被告李某承包涉案土地后将土地无偿流转给其作为实际控制人的某公司使用，某公司在未经审批情况下在土地上进行非农建设，且已被原威海市国土资源局确认并给予行政处罚，显然，某公司非法占地的违法行为损毁了农业用地，明显不属于法律的限定用途。其次，根据《农村土地承包法》第十一条、第十八条之规定，李某作为涉案土地的承包方，在承包期间应当对涉案土地审慎管理、合理开发利用，依法负有维持土地农业用途，确保土地未经依法批准不得用于非农建设，依法保护和合理利用土地的义务；但其在将涉案土地流转给某公司使用后，并未依法履行上述法定义务，导致土地农业用途被改变，遭受了严重破坏，涉案《荒山承包合同》的承包农用目的亦无法实现。显然，该行为影响了涉案土地的可持续利用，违背了《民法典》绿色原则的应有之义。鉴于李某的行为符合《民法典》第五百六十三条第五项之规定，构成根本违约。故原告有权要求解除与李某之间的《荒山承包合同》。

同时，解除权作为形成权，不须征得对方当事人的同意，仅凭单方意思表示就可以发生预期的法律后果。根据《民法典》第五百六十五条的规定，本案中载有解除请求的起诉状副本送达李某时，发生合同解除的效力。因本案系公告送达，本院确认原告与被告李某之间于2007年9月8日签订的《荒山承包合同》于2022年2月7日解除。依据《民法典》第五百六十六条的规定，合同解除后，被告李某应当将涉案承包的50亩土地返还给原告。此外，李某系某公司的实际控制人，其将涉案土地无偿提供给某公司使用，而某公司对涉案土地进行非法建设的行为，相关法律后果应由二被告共同承担，故原告要求二被告返还土地的诉求，应予支持。

裁判要旨

承包方将土地流转他人后，仍负有监督土地经营权人对涉案土地审慎管理、合理开发利用，依法负有维持土地农业用途，确保土地未经依法批准不得用于非农建设，依法保护和合理利用土地的义务。土地经营权人违反相关义务的，承包方可从保障涉案土地的可持续利用角度出发，避免损害进一步扩大的情况下，基于《民法典》的绿色原则精神，解除合同。

关联索引

《民法典》第五百六十三条、第五百六十五条、第五百六十六条

《农村土地承包法》第十一条、第十八条、第六十四条

一审：山东省威海市环翠区人民法院（2021）鲁1002民初7235号民事判决（2022年6月6日）

穆棱市兴源镇某村民委员会诉常某春土地承包经营权合同纠纷案

——未能完成防治水土流失、防止山洪水灾等合同义务致使承包地区域大面积水土流失、合同目的不能实现的，承包合同应予解除

关键词

民事　土地承包经营权合同　合同义务　防治水土流失　防止山洪水灾　合同目的　水土流失　合同解除

基本案情

穆棱市兴源镇某村民委员会提起诉讼请求：（1）解除《荒山承包合同》返还承包土地8609平方米；（2）常某春返还违法侵占土地15094.21平方米（22.63标准亩）并赔偿三年损失13578元（22.63×200元/年/亩×3年）；（3）本案诉讼费由常某春承担。

法院经审理查明：1998年4月15日原告、被告双方签订《荒山承包合同》，合同约定原告为了加快水土流失防治，加速绿化荒山改善农业生态环境，将属于特务沟流域，面积8609平方米（经后期确认产权编号分别为80322号、80319号）的沟塘承包给常某春。合同约定常某春在特务沟南滚水坡东西500

米，南北20米面积10000平方米营造经济林、部分经济作物，特别要求被告造压谷坊两座（小型拦河坝，压谷坊实际已经被水冲垮），（挖）刨鱼鳞坑栽树已被土填埋平，对杏山改造嫁接（嫁接未成功），赵振陆荒山以东至沟底学田地荒山3垧营造落叶松，梅井山荒山以西至老人工林5垧营造人工林（实际存活约5000株），经营总面积9.8垧，总承包费2620元（被告已经向原告缴纳）。经营年限自1998年4月15日至2028年4月15日止。依据荒山承包合同虽然被告已经缴纳承包费，但没有依据合同履行果树栽植、改造嫁接、川带、刨鱼鳞坑以及造压谷坊的合同主要义务，不能起到保持水土流失，防止山洪水灾的作用。2000年前常某春，未经原告同意，擅自非法开垦原告八块土地耕种，总面积22.63亩（确权编号分别为80330号、80332号、80335号、80353号、80414号、80374号、80342号、80616号，合计15094平方米），要求常某春非法开垦土地22.63亩予以退还。常某春不同意解除《荒山承包合同》，不同意返还占用22.63亩土地，不同意承担本案诉讼费用。

黑龙江省穆棱市人民法院于2019年11月1日作出（2019）黑1085民初932号民事判决：一、自本判决生效之日起十日内，解除穆棱市兴源镇某村民委员会与常某春签订的《荒山承包合同》，常某春返还该合同承包土地8609平方米（确认产权编号分别为80322号、80319号）；二、常某春违法侵占土地15094.21平方米（确权编号分别为80330号、80332号、80335号、80353号、80414号、80374号、80342号、80616号，总计合22.63标准亩）自本判决生效之日起十日内返还给穆棱市兴源镇某村民委员会；三、常某春非法占地面积22.63亩，自本判决生效之日起十日内赔偿穆棱市兴源镇某村民委员会三年损失13578元（22.63×200元/年/亩×3年）。如果未按本判决指定的期间履行给付金钱义务，应当依照《民事诉讼法》第二百五十三条[①]的规定，加倍支付迟延履行期间的债务利息。宣判后，当事人未上诉，一审判决已生效。

裁判理由

法院生效裁判认为，合法的财产权利应予以保护。穆棱市兴源镇某村民委员会将其所有的荒山承包给本村以外的常某春承包经营并订立《荒山承包合同》，符合法律规定，《荒山承包合同》合法有效，合同所约定的权利义务双方当事人应当依约自动履行。本案穆棱市兴源镇某村民委员会履行了将荒山给常某春承包经营的义务，常某春虽交纳承包费用，但常某春未尽到约定其他义务即履行果树栽植、改造嫁接、刨鱼鳞坑以及造压谷坊的合同主要义务，其所建压谷坊、人工造林等不能起到保持水土流失，防止山洪水灾的作用，致使承包给被告地块区域大面积水土流失，属于合同违约行为致使合同目的不能实现。穆棱市兴源镇某村民委员会要求解除签订的《荒山承包合同》返还承包土地8609平方米（确认产权编号分别为80322号、80319号）符合法律规定应予以支持；常某春违法侵占土地15094.21平方米（确权编号分别为80330号、80332号、80335号、80353号、80414号、80374号、80342号、80616号，总计合22.63标准亩）应予以返还，常某春非法占地面积22.63亩，穆棱市兴源镇某村民委员会请求依法比照当地承包价格要求常某春支付3年损失13578元

① 现为《民事诉讼法》（2023年修正）第二百六十四条。

(22.63×200 元/年/亩×3 年) 应予以支持。常某春主张若原告要求解除合同应补偿落叶松林木按每株 30 元计算应补偿 15 万元或该落叶松归常某春所有并且协助常某春办理林权证（不动产权证书），同时若解除合同，应补偿常某春承包荒山合同内 8609 平方米以及荒山承包合同外 22.63 亩机耕费（提高地力成本费用）每亩按 1000 元计算总计 35000 元的请求，常某春可另案处理。

裁判要旨

黑土地被誉为“耕地中的大熊猫”。土地承包经营权人虽然缴纳了承包费，但未履行防治水土流失、加快荒山绿化的主要合同义务，未能实现改善农业生态环境的合同目的的，土地承包人有权解除土地承包经营权流转合同。

关联索引

《民法典》第百四六十二条、第五百六十三条（本案适用的是 2007 年 10 月 1 日施行的《物权法》第二百四十五条、1999 年 10 月 1 日施行的《合同法》第九十四条）

一审：黑龙江省穆棱市人民法院(2019) 黑 1085 民初 932 号民事判决(2019 年 11 月 1 日)

房某某诉杨某某、车某某土地承包经营权合同纠纷案

——行政机关颁发的土地承包经营权证书不影响土地承包人互换所承包土地的合同效力

关键词

民事　土地承包经营权合同　合同效力　承包土地互换　土地承包经营权证书

基本案情

原告房某某诉称：房某某曾将承包经营的土地与杨某某互换耕种，杨某某将互换后的土地开挖养殖螃蟹。由于经营亏损，杨某某私自将上述土地转包给车某某。房某某得知后，多次与杨某某、车某某协商归还上述土地，中止与杨某某原先互换约定，杨某某、车某某均不予理睬。故请求判令：1、杨某某、车某某立即让出互换土地；2、杨某某、车某某给付两年土地承包租金 13000 元；3、杨某某、车某某承担本案的诉讼费用。

被告杨某某辩称：1998 年秋后房某某找杨某某协商要求换田让其开螃蟹塘，后来因房某某家资金困难开不成，房某某又协商这个田给杨某某开塘，杨某某换点田给房某某，双方于 1998 年秋后遂进行了土地互换，当时明确的是二轮承包结束即互换至 2028 年 9 月 30 日结束。土地互换后，杨某某又与兴化市某镇某村委会签订鱼塘承包合同，某村委会将包括所换房某某 6.65 亩土地在内的 11.02 亩土地一并发包给杨某某养殖至今。去年二轮确权时，新村干部不了解历史原因，仅仅简单按照一轮确权的记录进行二轮确权，杨某某考虑到原告、被告之间只不过是互换了经营权，为了减少矛盾，防止引起连锁反应，没有提出异议。没想到房某某拿到土地承包经营权证后开始向杨某某及车某某要田。

被告车某某辩称：该纠纷与车某某无关，由房某某与杨某某把纠纷处理好了，车某某照常支付转包费。

法院经审理查明：房某某、杨某某、车某某均系同村村民。1998年秋，房某某与杨某某达成土地互换口头协议，房某某将其承包的一块6.65亩的土地与杨某某承包的三块面积分别为2.43亩、0.44亩、1.96亩（合计4.83亩）的土地进行互换耕种。双方互换后，房某某将换得的土地转租给他人用于羊场经营、转包给其女儿耕种。1998年10月31日，杨某某与兴化市某镇某村委会签订鱼塘承包合同，某村委会将包括杨某某所换房某某6.65亩土地在内的11.02亩土地一并发包给杨某某养殖。杨某某养殖一段时间后，于2008年12月将涉案土地转包给王某养殖，后又将涉案土地转包给车某某养殖螃蟹。2018年，房某某、杨某某分别按照互换前的土地分别领取了土地承包经营权证。

江苏省兴化市人民法院于2019年8月16日作出（2019）苏1281民初1481号民事判决：驳回房某某的诉讼请求。宣判后，房某某提起上诉。江苏省泰州市中级人民法院于2020年1月7日作出（2019）苏12民终3306号民事裁定：准许房某某撤回上诉，一审判决自本裁定书送达之日起发生法律效力。

裁判理由

法院生效裁判认为，通过家庭承包取得的土地承包经营权可以依法采取转包、出租、互换、转让或者其他方式流转。按照农村风俗习惯，农民之间多以口头形式进行土地互换。本案中，房某某与杨某某之间的土地互换是双方的真实意思表示且各自在互换后的土地上经营管理多年，所以换地双方虽然未签署书面协议，其口头换地协议亦合法有效。《农村土地承包法》第二十三条规定：承包合同自成立之日起生效。承包方自承包合同生效时取得土地承包经营权。《最高人民法院关于审理涉及农村土地承包纠纷案件适用法律问题的解释》第十四条规定：承包方依法采取转包、出租、互换或者其他方式流转土地承包经营权，发包方仅以该土地承包经营权流转合同未报其备案为由，请求确认合同无效的，不予支持。由此，本案中的土地互换虽然没有经过备案和变更登记，但是不影响土地互换的效力。且村委会将包括所换房某某6.65亩土地在内的11.02亩土地一并发包给杨某某养殖，视为村委会已同意双方的土地互换行为。虽然房某某与杨某某在2018年分别领取了互换前土地的《农村土地承包经营权证》，但房某某与杨某某之间的互换承包土地经营权关系并没有解除。关于土地互换期限的认定。本案中房某某、杨某某对土地互换期限未作约定，应确定该合同期限为本轮农村土地承包合同的期限，房某某一方要求在农村土地承包合同期内主张解除互换合同的，不予支持。

裁判要旨

农村土地承包经营权证是农民享有土地权益的重要物权凭证，但同时要注意的是，土地承包经营权作为一种用益物权，其取得依据是土地承包经营权合同。确权登记颁证仅是行政机关对该项权利的登记确认。确权登记颁证不能改变双方当事人互换土地的效力。如土地承包经营权证记载与土地实际利用状况一致，应当认定其具有物权凭证的效力；如确权与土地实际利用状况不符，应当本着尊重当事人意思自治和客观事实的态度认定土地流转行为的效力。对于当事人实施了土地互换等承包经营权流转行为的，要尊重双方当事人的真实意思表示，依法确认互换行为有效，保护土地承包经营权的合法流通。

关联索引

《民法典》第七条（本案适用的是2017年10月1日施行的《民法总则》[①]第七条）《农村土地承包法》（2018年修正）第三十五条、第三十七条、第四十条

《最高人民法院关于审理涉及农村土地承包纠纷案件适用法律问题的解释》（法释〔2005〕6号）第十四条

一审：江苏省兴化市人民法院（2019）苏1281民初1481号民事判决（2019年8月16日）

二审：江苏省泰州市中级人民法院（2019）苏12民终3306号民事裁定（2020年1月7日）

① 原《民法总则》于2017年3月15日第十二届全国人民代表大会第五次会议通过。根据《民法典》第一千二百六十条的规定，《民法典》自2021年1月1日起施行，原《民法总则》同时废止。

谭某祥与常某龙、常某峰土地承包经营权合同纠纷案

——黄河淤背区土地经营权转包人关于原承包合同中土地用途特别约定的告知义务及责任承担

关键词

民事　土地承包经营权合同纠纷　黄河淤背区　告知义务　诚信原则　违约责任

基本案情

2018年2月28日，常某龙、常某峰等三人与聊城黄河河务局东阿黄河河务局签订《东阿黄河淤背区开发种植协议书》，承包期限自2018年3月1日起至2026年3月1日止，种植内容约定“甲方提供黄河淤背区土地，乙方负责开发种植经济林、果树、绿化美化树种、苗圃等，不提倡种植杨树，禁止种植小麦、玉米、棉花等高秆农作物”，面积为88.35亩，每亩每年400元，一年土地使用费35340元。

2023年3月，谭某祥有意承包该块土地，支付5000元定金后，常某龙等人砍伐树木腾出场地。2023年3月24日，常某龙、常某峰与谭某祥签订《农村土地承包合同》，约定承包面积为100亩，承包期限自2023年3月至2026年3月，每亩每年600元，土地用途为农业用地。签订合同后，谭某祥向常某龙支付6万元承包费，常某龙将定金5000元退给谭某祥。在签订合同时，常某龙等人未向谭某祥出示与东阿黄河河务局签订的《东阿黄河淤背区开发种植协议书》。

签订合同后，谭某祥即组织工人进场进行土地平整作业，东阿黄河河务局在巡视过程中得知该块土地欲种植春玉米时，告知该块土地禁止种植春玉米。被东阿黄河河务局告知禁止种植春玉米后，谭某祥即停止作业并多次与常某龙询问种植事宜，常某龙回复可以种植低

秆农作物，但谭某祥此后未进场种植农作物。2023 年 5 月 23 日谭某祥与常某龙的通话录音显示：在签订合同时谭某祥曾告知租赁该块土地是为了种植山药但在种植山药前需先种植玉米进行养地，常某龙当时表示该块土地可以种植玉米。

山东省东阿县人民法院于 2023 年 10 月 20 日作出（2023）鲁 1524 民初 2604 号民事判决：解除常某龙、常某峰与谭某祥在 2023 年 3 月 24 日签订的《农村土地承包合同》。被告常某龙、常某峰向谭某祥赔偿损失 24660 元。原被告双方均不服一审判决，提起上诉。山东省聊城市中级人民法院于 2023 年 12 月 22 日作出（2023）鲁 15 民终 3926 号民事判决：维持山东省东阿县人民法院（2023）鲁 1524 民初 2604 号民事判决第一项，即“解除常某龙、常某峰与谭某祥在 2023 年 3 月 24 日签订的《农村土地承包合同》”；撤销山东省东阿县人民法院（2023）鲁 1524 民初 2604 号民事判决第二、三项；改判常某龙、常某峰向谭某祥返还承包费 6 万元。

裁判理由

法院生效裁判认为，《黄河保护法》第六十七条规定，国家为加强黄河流域河道、湖泊管理和保护，禁止在河道、湖泊管理范围内建设妨碍行洪的建筑物、构筑物以及从事影响河势稳定、危害河岸堤防安全和其他妨碍河道行洪的活动。种植高秆作物阻碍行洪，危及人民群众生命财产安全。黄河“淤背区”是为加固黄河堤防，通过抽取河流泥沙堆积于黄河两岸之外形成的地块，是黄河防洪工程的重要组成部分，具有涵养水源、增强工程抗洪能力、提供防汛材料等作用，因此，对淤背区的开发使用应遵守黄河河务局的有关规定。本案中，聊城黄河河务局东阿黄河河务局与常某龙、常某峰签订的《东阿黄河淤背区开发种植协议书》中明确约定案涉土地应“种植经济林、果树、绿化美化树种、苗圃等，不提倡种植杨树，禁止种植小麦、玉米、棉花等高秆农作物”，上述关于种植范围的特别约定既是常某龙、常某峰的合同义务，也是履行黄河保护法的法定义务。

但常某龙向上诉人谭某祥转包案涉土地时，不仅违背诚信原则故意隐瞒案涉土地被禁止种植高秆农作物的事实，导致上诉人谭某祥无法实现合同目的，而且在谭某祥向常某龙询问种植事宜时，仍称上诉人谭某祥可继续种植小麦、玉米，因此，常某龙、常某峰主观故意明显，应具有过错。谭某祥不了解案涉土地被禁止种植高秆作物情况，在黄河河务局告知案涉土地禁止种植高秆作物后即停止开发利用案涉土地，其自身不存在过错。原审认定谭某祥无视法规的规定种植玉米，并对案涉土地可以种植玉米有侥幸心理没有事实依据。由于双方签订的合同中未对种植作物做出限制，原审关于谭某祥第一年不能种植玉米后可种植其他农作物减少损失的观点限制了谭某祥种植选择权，原审以此作为谭某祥的过错不当。常某龙、常某峰向谭某祥隐瞒禁止种植高秆作物的约定而与谭某祥签订案涉土地农业用途的合同，其自行去除未成材树木的损失应自行承担，与谭某祥无关。综上，谭某祥没有过错，原审酌定判决常某龙、常某峰向谭某祥赔偿损失共计 24660 元没有事实和法律依据。本案双方的合同解除后，常某龙、常某峰应将收到 6 万元承包费予以返还给谭某祥，对于谭某祥主张 3000 元的损失，由于其没有提交证据予以证明，依法不予支持。故法院依法作出如上裁判。

裁判要旨

黄河淤背区具有涵养水源、增强工

程抗洪能力、提供防汛材料等作用，在土地用途上具有特殊限制。承包人隐瞒承包地位于黄河淤背区的事实，明知次承包人需种植禁止在淤背区种植的高秆作物仍签订转包合同，违反《民法典》的诚信原则和黄河保护法保障黄河安澜的宗旨，导致合同目的不能实现。次承包人请求解除转包合同的，人民法院应予支持。

关联索引

《民法典》第五百条

《黄河保护法》第六十七条

一审：山东省东阿县人民法院（2023）鲁1524民初2604号民事判决（2023年10月20日）

二审：山东省聊城市中级人民法院（2023）鲁15民终3926号民事判决（2023年12月22日）

2. 土地使用权

某银行芜湖分行、安徽某建设有限公司、芜湖某房地产开发有限公司第三人撤销之诉案

——仅就土地使用权享有抵押权的抵押权人，不能对确认他人就该土地上的工程享有建设工程价款优先受偿权的生效裁判提起第三人撤销之诉

关键词

民事　第三人撤销之诉　抵押权　建设工程价款优先受偿权

基本案情

在某银行股份有限公司芜湖分行（以下简称某银行芜湖分行）与芜湖某房地产开发有限公司（以下简称芜湖某房产公司）等人的借款合同纠纷一案中，法院判决某银行芜湖分行对芜湖某房产公司所有的位于芜湖市南陵县土地使用权享有抵押权，可以在该抵押物折价或者拍卖、变卖所得的价款在债权数额2000万元范围内享有优先受偿权。另，在安徽某建设有限公司（以下简称安徽某建设公司）与芜湖某房产公司之间的建设工程施工合同纠纷一案［（2018）皖民终828号民事判决］中，法院判决安徽某建设公司对于芜湖某房产公司欠付其的工程价款可就其施工工程的折价或拍卖的价款优先受偿。此后，某银行芜湖分行以该生效裁判文书部分或全部内容错误，实际损害某银行芜湖分行的利益为由，向一审法院起诉请求：撤销安徽省高级人民法院（2018）皖民终828号民事判决。

安徽省高级人民法院于2020年7月30日作出（2020）皖民撤1号民事裁定，认定某银行芜湖分行不符合提起本案第三人撤销之诉的主体资格条件，裁定驳回某银行芜湖分行的起诉。某银行

芜湖分行不服，提起上诉。最高人民法院于2021年3月26日作出（2021）最高法民终456号民事裁定：驳回上诉，维持原裁定。

裁判理由

法院生效裁判认为，根据《民事诉讼法》第五十六条的规定，有权提起第三人撤销之诉的主体：一是有独立请求权第三人；二是案件处理结果同他有法律上的利害关系的无独立请求权第三人。

本案中，某银行芜湖分行诉请撤销的（2018）皖民终828号民事判决，系安徽某建设公司与芜湖某房产公司之间的建设工程施工合同纠纷，诉讼标的为安徽某建设公司对芜湖某房产公司的工程款请求权。某银行芜湖分行不是安徽某建设公司与芜湖某房产公司之间建设工程施工合同法律关系的主体，在该案中不享有权利，亦不承担义务，故某银行芜湖分行对该案诉讼标的不具有独立请求权，不属于有独立请求权第三人。

从原审查明的事实看，安徽某建设公司与芜湖某房产公司之间是建设工程施工合同法律关系，而某银行芜湖分行与芜湖某房产公司之间是借款合同法律关系，两者相互独立且无牵连；而且安徽某建设公司所享有的建设工程价款优先受偿权所指向的标的物与某银行芜湖分行所享有的抵押权所指向的标的物，亦不相同。在某银行芜湖分行与芜湖某房产公司等人的借款合同纠纷一案中，法院判决某银行芜湖分行对芜湖某房产公司所有的位于芜湖市南陵县籍山镇其林村土地使用权享有抵押权，可以在该抵押物折价或者拍卖、变卖所得的价款在债权数额2000万元范围内享有优先受偿权。在安徽某建设公司与芜湖某房产公司之间的建设工程施工合同纠纷一案中，法院判决安徽某建设公司对芜湖某房产公司欠付的工程价款就其施工工程的折价或拍卖的价款优先受偿。由于建设工程价款优先受偿权的客体系扣除土地价值之后的建设工程，不及于建设工程所占用的土地使用权，故安徽某建设公司享有的建设工程价款优先受偿权对某银行芜湖分行就土地使用权所享有的抵押权的实现不产生实质性影响，未损害某银行芜湖分行的民事权益，即某银行芜湖分行所享有的抵押权本身不受安徽某建设公司享有的建设工程价款优先受偿权的影响。虽然安徽某建设公司为实现建设工程价款优先受偿权，根据房地一体原则，对案涉工程所占有的土地一同拍卖，但是并不影响某银行芜湖分行所享有的抵押权的效力和范围。因此，（2018）皖民终828号民事判决的处理结果，与某银行芜湖分行，不具有法律上的利害关系。故某银行芜湖分行亦不属于案件处理结果同他有法律上的利害关系的无独立请求权第三人，不具备提起第三人撤销之诉的主体资格。故裁定：驳回上诉，维持原裁定。

裁判要旨

承包人的建设工程价款优先受偿权所涉房屋与他人抵押权所涉的土地虽然相互关联，但是建设工程价款优先受偿权的客体系扣除土地价值之后的建设工程，不及于建设工程所占用的土地使用权；虽根据房地一体原则，对案涉工程及所占有的土地应一同拍卖，但是并不影响抵押权人所享有的抵押权的效力和范围。因此，对土地使用权享有的抵押权人对建设工程价款优先受偿权的判决不具备提起第三人撤销之诉的主体资格。

关联索引

《民事诉讼法》第五十九条（本案适用的是2017年7月1日实施的《民事诉讼法》第五十六条）

一审：安徽省高级人民法院（2020）皖民撤1号民事裁定（2020年7月30日）

二审：最高人民法院（2021）最高法民终456号民事裁定（2021年3月26日）

周某某、三亚某公司诉三亚某管理处股东出资纠纷案

——划拨土地使用权出资纠纷的处理

关键词

民事　股东出资　划拨土地使用权　变更手续　逾期

基本案情

周某某、三亚某公司以三亚某管理处未履行股东出资义务为由起诉请求：依法确认三亚某管理处未履行其作为三亚某公司股东的出资义务；判令三亚某管理处一个月内按合同约定履行出资义务，将9454平方米土地和码头权属过户登记至三亚某公司名下；按三亚某公司股东实际投入的资金数额重新确定股东持股比例。

三亚某管理处提起反诉请求：判令解除《合作合同》，周某某与三亚某公司赔偿因占有土地、码头等所造成的财产损失（以鉴定为准），依法对三亚某公司进行清算。

法院经审理查明：2002年4月28日，三亚某管理处与周某某订立《合作合同》。该合同主要约定：三亚某管理处出资400万元，周某某出资600万元，并进一步明确三亚某管理处"主要以9454平方米土地和已建好的码头设施参股……"，周某某"主要以资金方式参股……"，共同设立三亚某公司，合作期30年（自2002年5月1日至2032年4月30日止）。投资超过1000万元人民币，另按股东各自出资比例调整持股比例……亦可商定一个合理的基数，由合作实体按年度结算上缴。基数随着经营的发展五年做一次小幅度递增调整（基数额另行商定）。周某某负责合作公司注册登记之日起六个月内投入启动资金200万元，并保证后续资金按时到位。双方在合同中声明，目前三亚某管理处已完成项目规划、设计工作。

2002年12月1日，周某某、方某、三亚某管理处三方签订三亚某公司章程。2002年12月24日，三亚某公司成立，注册资金500万元。根据2002年12月1日三亚某公司章程，三亚某管理处以9454平方米土地作价150万元出资。目前为止，三亚某管理处已将案涉土地移交三亚某公司使用，但未将该土地使用权移转登记至三亚某公司名下。周某某以现金200万元出资，周某某另以方某名义以现金150万元出资。2006年12月10日，方某将所持三亚某公司全部股权转让给周某某，至此，周某某持有三亚某公司股权70%，方某退出三亚某公司。当日周某某与三亚某管理处为此修订了三亚某公司的章程。本案审理过程中，周某某、三亚某公司申请对三亚某公司的财务状况进行司法会计鉴定。三亚某管理处申请对三亚某公司、周某某占用案涉土地、码头等财产造成的损失进行鉴定。经法院委托，由海南

某会计师事务所作出华联询字（2012）301号司法会计鉴定报告，鉴定结论是：1. 经海南华某会计师事务所验资报告确认的实收资本500万元，不是股东真实出资。2. 以实收资本、借款及其他名义反映的三亚某公司的资金流入共计36174089.10元。3. 以费用开支、固定资产购置支出、工程款支出、退还借款支出、其他支出反映的三亚某公司资金流出共计33749815.56元，其中以工程款支出形成的资金流出为9428904.75元。双方当事人均对该报告提出异议。为此，海南某会计师事务所作出说明，当事人未能为本次鉴定提供充分的会计凭证及银行对账单，可能对鉴定结论产生重大影响；三亚某公司未能提供原始会计凭证证明三亚国家珊瑚礁自然保护区生态教育基地的工程造价为52877824.57元。

由海南某资产评估事务所作出的盛某美林所评报字（2012）1205号《海南三亚国家级珊瑚礁自然保护区管理处财产被占用损失司法鉴定项目资产评估报告书》，评估结论为委估损失评估值合计7650968.19元。其中250平方米建筑物损失评估值合计506780.21元，9454.2平方米土地使用权损失评估值合计为5469478.67元，1800平方米土地使用权损失评估值为1041342.64元，码头损失评估值合计633366.67元。

三亚某公司成立后即投资建设三亚国家珊瑚礁自然保护区生态教育基地工程项目。三亚某公司自行委托三亚海某工程造价咨询有限公司对该建筑工程造价进行鉴定，作出《建筑工程结算书》，结算总值为52877824.57元。三亚某管理处承认该工程由周某某投资建造，但否定所鉴定的工程造价金额，主张另聘专业机构进行评估，且该工程造价只能作为公司的债务，而不能作为股东投入的注册资金。

另查明：案涉土地系国有划拨地，登记权利人为三亚某管理处，证号为三土房（2001）字第0975号。

海南省三亚市中级人民法院于2014年2月18日作出（2011）三亚民一初字第12号民事判决：一、三亚某管理处应于本判决发生法律效力后3个月内，将三土房（2001）字第0975号土地证记载的9454平方米土地使用权移转登记至三亚某公司名下；二、驳回周某某、三亚某公司的其他诉讼请求；三、驳回三亚某管理处的反诉请求。宣判后，三亚某管理处不服提起上诉。海南省高级人民法院于2014年11月11日作出（2014）琼民二终字第22号民事判决：驳回上诉，维持原判。三亚某管理处不服，向最高人民法院申请再审。最高人民法院于2016年6月30日作出（2016）最高法民再87号判决如下：一、撤销海南省高级人民法院（2014）琼民二终字第22号民事判决、海南省三亚市中级人民法院（2011）三亚民一初字第12号民事判决主文第一项；二、维持海南省三亚市中级人民法院（2011）三亚民一初字第12号民事判决主文第二项、第三项；三、确认海南三亚国家级珊瑚礁自然保护区管理处未全面履行对三亚某公司的股东出资义务。

裁判理由

最高人民法院再审认为，本案争议的焦点问题是三亚某管理处是否全面履行了股东的出资义务。具体包括：1. 本案纠纷是股东出资纠纷还是股东出资纠纷、项目合作纠纷，2. 三亚某管理处的出资义务是否由实物出资变更为货币出资，3. 三亚某管理处是否应将划拨土地使用权转移登记至三亚某公司名下。现围绕上述争议焦点问题详述如下。

1. 关于本案纠纷是股东出资纠纷还

是股东出资纠纷、项目合作纠纷

民事案件纠纷性质应当依据当事人主张的民事法律关系的性质来确定。周某某、三亚某公司以三亚某管理处未履行出资义务为由，提起本案诉讼。原审法院据此认定本案案由为股东出资纠纷，并无不当。

2. 关于三亚某管理处的出资方式是否由实物出资变更为货币出资

原审查明，三亚某管理处与周某某于2002年4月28日订立《合作合同》，约定共同设立三亚某公司，三亚某管理处主要以9454平方米土地和已建好的码头设施参股。三亚某公司2002年公司章程载明，三亚某管理处以9454平方米土地作价150万元出资。依据上述合同及公司章程，三亚某管理处的出资义务应为实物出资，即其应向三亚某公司交付约定的9454平方米土地，并将该土地使用权变更登记到三亚某公司名下。三亚某公司设立后，三亚某管理处将案涉土地交付给三亚某公司使用，但未办理权属变更手续。股东出资是指股东根据协议的约定以及法律和章程的规定向公司交付财产或履行其他给付义务，股东出资义务既属于约定义务又属于法定义务，故股东出资方式在公司设立后是否发生变更应结合股东会决议、公司章程及公司工商登记事项作出综合认定。三亚某公司2006年公司章程、2006年12月10日《股东会决议书》以及《章程修正案》涉及的是三亚某公司原股东方某转让股权给周某某，周某某在三亚某公司的股份比例由49%变更为70%，并未涉及三亚某管理处的出资方式变更事项。三亚某管理处虽主张其出资方式由土地使用权出资变更为货币出资，但提交的股东会决议及公司章程修正案等证据材料尚不足以证明该事项，不予支持。

3. 关于三亚某管理处是否应将案涉土地使用权转移登记至三亚某公司名下

案涉出资土地系国有划拨用地，依据《土地管理法》等相关法律法规，划拨土地使用权只能用于划拨用途，不能直接用于出资。出资人欲以划拨土地使用权作为出资，应由国家收回直接作价出资或者将划拨土地使用权变更为出让土地使用权。《最高人民法院关于适用〈中华人民共和国公司法〉若干问题的规定（三）》（以下简称《公司法司法解释（三）》）第八条规定的本意就是考虑到在司法实践中如果划拨土地使用权存在的权利瑕疵可以补正，且在法院指定的合理期限内实际补正的，可以认定当事人以划拨土地使用权出资的效力。但能否补正瑕疵的决定权在于土地所属地方政府及其土地管理部门，人民法院判断出资行为的效力应以瑕疵补正的结果作为前提。因而，《公司法司法解释（三）》第八条等规定“人民法院应当责令当事人在指定的合理期间内办理土地变更手续”，即人民法院应当在诉讼过程中给当事人指定合理的期间，由其办理相关的土地变更手续，并视变更手续完成的结果再行作出判决。本案中，法院在再审审查期间已给予当事人相应的时间办理土地变更手续，再审审理过程中又为当事人指定了两个月（2016年4月23日—6月22日）的合理期限办理土地变更登记手续，但当事人未能在指定的期间内完成土地变更登记行为，即其无法自行补正划拨土地使用权出资的瑕疵。故三亚某管理处虽将案涉土地交付给三亚某公司使用，但未将案涉土地过户登记至三亚某公司名下，因而其以案涉土地使用权出资的承诺并未履行到位。周某某、三亚某公司请求确认三亚某管理处未履行作为三亚某公司股东的出资义务，有事实和法律依据，予以支持。但因案涉出资土地系划拨用地，当事人未能在本院指定的合理期间内办理土地变更登记手续，故周某某、三亚某公司请求将案涉土地办理过户登记至三亚某公司名下，没有法律依据，法院不予支持。

裁判要旨

划拨土地使用权由土地行政部门通过行政划拨行为创设，一般为无偿取得，法律规定划拨的土地使用权只能用于划拨用途，不能擅自进入市场流通。但在司法实践中，如出资人已约定将划拨土地使用权作为出资设立公司，工商行政管理部门已经办理了公司登记，公司和履约股东要求以划拨土地使用权出资人履行出资义务时，人民法院在诉讼过程中应根据《公司法司法解释（三）》第八条的规定，责令当事人在指定的合理期间内办理土地变更手续。已经实际补正的，人民法院可以认定当事人以划拨土地使用权出资的效力；逾期未办理的，应当认定出资人未依法全面履行出资义务。

关联索引

《公司法》第二十八条

《最高人民法院关于适用〈中华人民共和国公司法〉若干问题的规定（三）》第八条、第十条、第十三条

一审：海南省三亚市中级人民法院（2011）三亚民一初字第12号民事判决（2014年2月18日）

二审：海南省高级人民法院（2014）琼民二终字第22号民事判决（2014年11月11日）

再审：最高人民法院（2016）最高法民再87号民事判决（2016年6月30日）

周某非法转让、倒卖土地使用权案

——以股权转让方式转让土地使用权行为的定性

关键词

刑事　非法转让、倒卖土地使用权罪　股权转让　非法转让

基本案情

2009年12月，江西省某联合会（以下简称省某联）为运作某项目，以下属单位江西某研究院（以下简称省某研究院）的名义与中国某地产开发有限公司（以下简称某地产公司）合资成立江西某文化产业发展有限公司（后变更为南昌某文化产业发展有限公司，以下简称某文化公司），注册资本1000万元，其中省某研究院出资200万元占20%股份，某地产公司出资800万元占80%股份。2010年10月，某地产公司与省某联就项目开发事宜产生分歧，遂决定退出。省某联欲另行引进合作方，时任省某研究院院长章某便向时任省某联党组书记、常务副主席部某（已判刑）引荐了被告人周某。经过商谈，最终确定由周某、魏某等人以某公司名义收购某地产公司所占某文化公司80%的股份，同时退回省某研究院200万元投资款，但省某研究院仍然保留20%的股份（后退出）。周某任某文化公司董事长，章某兼任董事，魏某先后任执行董事、总经理、董事。此后，部某在某项目一期建设用地的竞拍过程中，利用其

担任省某联党组书记、常务副主席的职权、地位所形成的便利条件，向新建县相关领导打招呼，在土地出让方案中设置了排他性前置条件。

2011 年 12 月 12 日，某文化公司与周某、魏某签订协议，约定某文化公司出资组建南昌某陶艺村公司、影视村公司、民俗村公司，委托周某、魏某代为持有上述三家公司股权，代为行使某文化公司在上述三家公司中相关股东权利及法人权利。江西省新建县国土资源局于 2011 年 11 月 24 日发布公告，决定在同年的 12 月 14 日至 12 月 23 日挂牌出让 2011G031 地块，土地性质为文化设施及配套商业服务设施用地，面积为 1017.9795 亩，挂牌起始价为 22 万元/亩。在出让条件中，竞买人资格设置为"营业执照的经营范围中必须具备为文化艺术品交易服务和为文化艺术资产提供交易平台服务"等内容。后某文化公司与江西文化艺术品交易所有限公司、民俗村公司、陶艺村公司、影视村公司五家公司联合作为唯一符合竞拍条件的单位参与竞拍，并以拍卖底价 22 万元/亩（合计 2.2395549 亿元）的价格竞得上述 1017.9795 亩土地的使用权。经报批，国有土地使用权证颁发给了民俗村公司、影视村公司和陶艺村公司。

此后，政府部门在某项目所属地块上引进某集团建设文化旅游城项目，要求某文化公司进行土地转换。周某、魏某代表某文化公司分别于 2012 年 12 月 26 日、28 日，2013 年 3 月 22 日，与某泰投资集团有限公司（以下简称某泰公司）签订股权转让协议，以总价 6.36 亿元的价格转让了陶艺村公司、民俗村公司、影视村公司的股权。2013 年 5 月 21 日，南昌市红谷滩新区管委会与陶艺村公司、民俗村公司、影视村公司的新股东某泰公司签订了国有建设用地使用权等值置换协议书，在收回该三家公司国有土地使用权的同时，将其置换到红谷滩新区凤凰洲 HGT101－C04、C05、C07、C08 四宗地块。此后，南昌市城乡规划局向民俗村公司出具的关于新置换地块报建规划建筑方案《不予受理通知书》中表明，凤凰洲 HGT101－C04、C05、C07、C08 地块为城市绿线控制范围内的绿化用地，属于国家住建部监控区域，不具备法律法规规定的规划、建筑审批条件。

江西省南昌高新技术产业开发区人民法院于 2018 年 10 月 15 日作出（2018）赣 0191 刑初 3 号刑事判决：认为公诉机关指控被告人周某犯非法转让、倒卖土地使用权罪，定性错误，不能成立；另以单位行贿罪判处周某有期徒刑二年。宣判后，江西省南昌高新技术产业开发区人民检察院对行贿事实的定性提出抗诉，认为构成行贿罪，而非单位行贿罪。被告人周某就量刑问题提出上诉。江西省南昌市中级人民法院于 2019 年 6 月 20 日作出（2018）赣 01 刑终字第 685 号刑事裁定书：裁定驳回上诉，维持原判。

裁判理由

法院生效裁判认为，在主观方面，周某、魏某、曾某某的某文化公司通过公开竞拍程序取得了新建县 2011G031 地块的国有土地使用权，但因政府部门的介入，收回了该地块的国有土地使用权，致使某项目在客观上无法继续进行，结合某文化公司前期与省某联的联合运作、设计规划、公开竞拍以及政府收回国有土地使用权的介入因素等情况，证明周某具有非法转让、倒卖土地的主观故意的证据不足；在客观方面，民俗村公司、陶艺村公司、影视村公司虽然在工商行政管理部门将股东由周某、魏某变更为某泰公司及其员工，但股权转让、股东发生变化，并不意味着土地使用权的转让，土地使用权依然属于上述三家公司，公司股权转让与土地使用权转让的条件和法律依据不同，将转让公司股权的行为认定为土地使用权转让，法律依据不足。

裁判要旨

行为人因政府部门收回土地使用权等客观原因，在没有全部缴纳土地出让金和开发建设未达一定投资比例的情况下，将公司股权转让给他人，未违反法律、行政法规关于公司股权转让方面的强制性规定，且土地使用权权属没有发生变更，依然属于公司，不宜认定构成非法转让、倒卖土地使用权罪。

关联索引

《刑法》第二百二十八条

一审：江西省南昌高新技术产业开发区人民法院（2018）赣0191刑初字第3号刑事判决（2018年10月15日）

二审：江西省南昌市中级人民法院（2018）赣01刑终字第685号刑事裁定（2019年6月20日）

田某满、田某利非法转让土地使用权案

——以“转租”之名行转让土地使用权之实的，构成非法转让土地使用权罪

关键词

刑事　非法转让土地使用权罪　转租　转让

基本案情

被告人田某满系北京市海淀区某某镇某某村村委会主任；被告人田某利系田某满哥哥，系该村村民。2011年5月至12月，田某满、田某利违反土地管理法规，经商议后以村民委员会的名义将田某利从北京市海淀区某某镇某某村租赁的7.5亩集体土地转租给非该村村民的董某银使用，租赁期限为六十一年，田某利收取了董某银支付的租金195万元。董某银在该土地上建筑13套房屋后，与田某满商议决定将其中10套房屋所涉及土地进行出租，田某满私自在该10份土地租赁协议上加盖该村村民委员会的公章。经北京市国土资源局海淀分局核查，上述7.5亩土地规划地类为基本农田及一般农地区，其中基本农田为2.3亩。案发后，田某满、田某利退还董某银195万元。

北京市海淀区人民法院于2014年5月23日作出（2013）海刑初字第1372号刑事判决：认定被告人田某满、田某利均犯非法转让土地使用权罪，均判处有期徒刑三年，缓刑四年，并处罚金人民币10万元。宣判后，没有上诉、抗诉，判决已发生法律效力。

裁判理由

法院生效裁判认为，被告人田某满系某某村村委会主任，被告人田某利系该村村民并拥有涉案土地的使用权。本案的焦点问题是田某满、田某利将涉案土地使用权转租给他人的行为，是否构成非法转让土地使用权罪。据在案证据，田某满、田某利的“转租”行为已具有实质意义的“转让”效果，足以认定二人非法转让土地使用权，具体理由有：

1. “转租”土地使用权未履行必要

的法律程序。据被告人田某满、田某利供述以及田某利与村委会签订的土地租赁合同，二人均明知涉案土地系该村村民集体所有及系农用地性质，如转让该土地使用权，应按土地管理法规规定的相关程序进行，即将农民集体所有的土地由本集体经济组织以外的单位或者个人承包经营的，必须经村民会议三分之二以上成员或者三分之二以上村民代表的同意，但田某利并未履行上述程序。

2. "转租"土地使用权的期限明显具有转让性质。被告人田某利与董某银约定的租赁期限长达 61 年，远超国家法律对于土地承包期限为 30 年的强制性规定，该"转租"行为已具有实质的"转让"效果。

3. "转租"后涉案土地的用途未经批准而发生改变。虽被告人田某利与董某银约定其与村委会的原土地租赁关系不变，由其继续履行土地使用权相应的权利、义务，但田某利在收取董某银支付的巨额费用后，并未履行保证该承包土地继续用于农业生产用途的义务，而是放任董某银建房出租，致使农用地改作他用。

此外，被告人田某满、田某利在非法转让土地使用权的事前、事中均有密切沟通，且由田某满起草相关合同、加盖村委会公章，二人系共同犯罪。另，田某满提出其曾召开过相关会议来研究田某利土地使用权转租之事，即便此情节属实，亦不符合转让土地使用权法律规定的要求。

综上，被告人田某满、田某利以牟利为目的，违反土地管理法规，非法转让土地使用权，情节特别严重，其行为均已构成非法转让土地使用权罪。综合全案犯罪事实、情节、后果等，法院依法作出上述判决。

裁判要旨

对行为人将其所承包土地使用权"转租"的行为，应当结合全案证据对"转租"行为性质进行实质判断。具体判断因素包括：行为人"转租"是否具有非法牟利的目的，"转租"是否业已履行完毕法律规定的必要程序，双方约定的"转租"期限是否超越强制性规定，行为人是否一次性收取全部租赁费用，行为人在"转租"后是否继续履行其所承包土地使用权的义务，行为人是否明知或放任对方改变土地用途，以及行为人获得支付对价的金额等。对于以"转租"之名行转让土地使用权之实的，应依法认定构成非法转让土地使用权罪。

关联索引

《刑法》第二百二十八条

一审：北京市海淀区人民法院（2013）海刑初字第 1372 号刑事判决（2014 年 5 月 23 日）

廖某良等非法占用农用地、非法转让土地使用权案

——非法占用园地、改变园地用途的能否以非法占用农用地罪定罪处罚

关键词

刑事　非法占用农用地罪　非法占用园地　改变园地用途

基本案情

浙江省衢州市衢江区人民检察院以被告人廖某良、张某泉犯非法占用农用

地罪，被告单位衢州市衢江区某某经济合作社、被告人张某渭犯非法转让土地使用权罪，向衢江区人民法院提起公诉。

被告人廖某良、张某泉对公诉机关指控的事实均无异议。被告人廖某良、张某泉的辩护人共同提出：园地改为水塘养鱼属合法的产业结构调整，并未改变农用地的用途，故被告人廖某良、张某泉的行为不构成非法占用农用地罪，此外，《刑法修正案（二）》中只规定了“耕地、林地等农用地”，所以园地不属于非法占用农用地的犯罪对象，且目前最高人民法院只对非法占用耕地及林地作出了认定“数量较大、大量毁坏”的司法解释，而没有关于园地的相应司法解释，所以认定被告人非法占用农用地数量较大、造成农用地大量毁坏并无法律依据。

经审理查明：2002年，被告人廖某良、张某泉想合伙在浙江省衢州市衢江区某村园背上（地名）的农用地上承包采砂，向时任该村村支部书记兼村经济合作社社长的被告人张某渭提出了承包采砂的要求。被告人张某渭于2002年10月29日、10月30日主持召开村党员、干部会议，讨论并决定将村园背上、光湖边（地名）的72亩农用地（园地）承包给被告人廖某良、张某泉采砂。2002年11月8日，被告单位衢州市衢江区某某经济合作社作为发包方与被告人廖某良、张某泉签订了承包合同，被告人张某渭作为村经济合作社代表在合同上签名。此后，被告单位衢州市衢江区某某经济合作社以在上述农用地上开发水产养殖为名向有关行政管理部门审批，但国土部门并未给予批准。2003年10月1日，被告人廖某良、张某泉在没有办理土地使用审批手续的情况下，擅自在园背上开工采砂，破坏农用地表层8.07亩，当日，衢州市国土资源局衢江分局接到举报前往制止，并作出了相应的处罚和告知。2004年7月左右，被告人廖某良、张某泉为了收回成本，在明知未取得采砂审批手续的情况下，继续采砂并予以销售，从中获取利润，直至2005年1月6日被衢州市国土资源局衢江分局再次查获。经衢州市衢江区土地勘测队勘测，实际毁坏园地面积共计23.71亩，取砂平均深度3.563米。

浙江省衢州市衢江区人民法院于2006年5月26日作出（2006）衢刑初字第48号刑事判决：被告单位衢州市衢江区某某经济合作社犯非法转让土地使用权罪，判处罚金人民币2万元；被告人张某渭犯非法转让土地使用权罪，判处有期徒刑三年，缓刑四年，并处罚金人民币2万元；被告人廖某良犯非法占用农用地罪，判处有期徒刑八个月，并处罚金人民币3万元；被告人张某泉犯非法占用农用地罪，判处有期徒刑六个月，并处罚金人民币3万元；退出的违法所得人民币10万元予以追缴，上缴国库。宣判后，被告单位以及各被告人均未上诉，检察机关未抗诉。判决已生效。

裁判理由

法院生效裁判认为，非法占用农用地不仅仅指耕地、林地，还包括草地、园地、养殖水面等其他农用地。本案中受到非法占用的园地作为农业生产用地应当能够成为《刑法》第三百四十二条的犯罪对象。《刑法修正案（二）》中所说的“改变被占用土地用途”并非仅指非法将农用地改为建设用地等非农用地，还包括农用地之间的非法改变用途的行为。非法占用园地等农用地的“数量较大”认定标准应参照2000年最高人民法院的有关司法解释执行。被告人廖某良、张某泉违反土地管理法规，结伙非法占用农用地，改变被占用土地用途，数量较大，造成农用地大量毁坏，其行为均构成非法占用农用地罪；被告单位衢州市衢江区某某经济合作社以牟利为目的，违反土地管理法规，非法转让土地使用权，情节特别严重，被告人张某渭作为单位的直接负责人，代表本村组织并具体实施了非法转让农用地使用权的行为，其行为均构成非法转让土地使用权罪。公诉机关的指控成立。被告人廖某良刑罚执行完毕后五年内又犯应当判处有期徒刑以上刑罚之罪，属累犯，应从重处罚。被告人廖某良、张某泉认罪态度较好，可酌情从轻处罚。被告人张某渭能认罪，有悔罪表现，可依法适用缓刑。故作出上述判决。

裁判要旨

1. 非法占用园地，擅自改变土地用途，数量较大的构成非法占用农用地罪。作为非法占用农用地的犯罪对象，农用地并非仅指耕地和林地两种，还应包括草地、农田水利地、养殖水面等其他用于农业生产的土地。“改变被占用土地用途”是指改变土地利用总体规划规定的农用地的原用途。

2. 单位擅自转让园地使用权并改变用途，情节严重的，应追究单位的刑事责任。

关联索引

《刑法》第三百四十二条

一审：浙江省衢州市衢江区人民法院（2006）衢刑初字第 48 号刑事判决（2006 年 5 月 26 日）

3. 农村土地管理

汪某军诉汪某荣定金合同纠纷案

——农村宅基地使用权转让合同不因受让人已拥有其他宅基地使用权而无效

关键词

民事　定金合同　农村宅基地　买卖合同　合同效力审查

基本案情

原告汪某军诉称：2016 年 11 月 16 日，原告汪某军与被告汪某荣经协商确定原告以 5 万元的价格向被告购买位于江山市双塔街道灵泉村某小区＊号的宅基地，并向被告支付了 3 万元定金。后经了解，案涉宅基地不在同一集体经济组织范围内，农村的宅基地不能买卖，而且原告在双塔街道灵泉村已有一处宅基地，根据“一户一宅”的法律规定，亦不能再购买其他宅基地。故原告请求法院判令：1. 确认原告、被告签订的协议书无效；2. 被告返还原告 28000 元定金。被告汪某荣辩称：第一，被告通过合法途径取得案涉宅基地的使用权。

2009年12月，江山市双塔街道灵泉村根据江山市政府相关政策，将灵泉村某小区的宅基地对符合条件的竞标主体实施公开招标。被告通过公开竞标，以总价232900元的价格取得某小区＊号宅基地的使用权，并与灵泉村村委签订了中标协议书。第二，原被告双方自愿协商并经村委同意后签订宅基地转让协议，该份协议系双方真实的意思表示。原告多次以资金困难为由拒绝继续履行合同，其行为已构成违约。依据相关法律规定，原告支付被告的定金应不予退还，故请求法院驳回原告的诉讼请求。法院经审理查明：原告汪某军系江山市双塔街道灵泉村集体经济组织成员。2009年12月4日，灵泉村经村民代表公决，灵泉村新村建房地块以竞投基础设施配套费及择位费决定农户建房位置，被告汪某荣通过竞标取得＊号地块的使用权。2016年11月16日，被告向原告出具《收条》一份。该收条记载："今收到汪某军叁万元，作为灵泉村某小区＊号宅基地的转让定金，余款伍拾贰万元于2016年11月20日前付清。双方不得反悔，买方若反悔，则叁万元定金归卖方所有，不得退还，卖方若反悔，则退还叁万元定金并另付叁万元违约金。"2016年11月22日，原告、被告签订了《协议书》一份。该份协议书约定："被告将位于某小区100m²的宅基地转让给原告，计价550000元。在订协议时一次性付清，付清后，该宅基地使用权属汪某军所有。"灵泉村村民委员会在该协议书上盖章确认。浙江省江山市人民法院于2017年2月13日作出（2016）浙0881民初5468号民事判决：驳回原告汪某军的诉讼请求。宣判后，原告汪某军提出上诉。浙江省衢州市中级人民法院于2017年4月20日作出（2017）浙08民终334号民事判决：驳回上诉，维持原判。

裁判理由

法院生效裁判认为，本案主要争议焦点为案涉宅基地转让协议书是否合法有效。第一，《土地管理法》第六十二条①、第六十三条②规定："农村村民一户只能拥有一处宅基地，农村村民出卖、出租住房后，再申请宅基地的，不予批准。""农民集体所有的土地的使用权不得出让、转让或出租用于非农业建设。"其立法宗旨在于保护农民宅基地的专有使用权，防止农民因宅基地的转让丧失宅基地的使用权，从而丧失基本的生存权利，影响社会的稳定。上述规定仅限定了宅基地的审批资格，即出卖后不得再申请宅基地，并未禁止宅基地使用权的出租、转让。《物权法》第一百五十五条规定："已经登记的宅基地使用权转让或消灭的，应当及时办理变更登记或注销登记。"亦未禁止宅基地使用权的依法转让。第二，从我国当前宅基地使用现状分析。部分村民因土地改革分配、继承、赠与等多种原因获得两处以上宅基地。若完全禁止宅基地的转让，可能造成宅基地的闲置和浪费，不利于宅基地资源发挥应有的作用。第三，从宅基地的所有权、使用权主体分析。《土地管理法》第八条③、第十条④规定："宅基地属于农民集体所有""农民集体所有的土地依法属于村农民集体所有的，由村集体经济组织或村民委员会经营、管理。"即宅基地所有权主体为村农民集体所有，使用权主体为集体

---

① 对应《土地管理法》（2019年修正）第六十二条。

② 对应《土地管理法》（2019年修正）第六十三条。

③ 现为《土地管理法》（2019年修正）第九条。

④ 现为《土地管理法》（2019年修正）第十一条。

经济组织成员，经营、管理主体为村集体经济组织或村民委员会。因此，村集体经济组织或村民委员作为宅基地的经营、管理者，可以有条件地允许村集体经济组织成员之间进行宅基地使用权的转让。具体到本案，被告基于市政府的相关政策于 2009 年通过公开竞标的方式取得涉案宅基地的使用权（该宅基地位于原告所在的集体经济组织范围内）。2016 年 11 月，原告汪某军作为灵泉村集体经济组织内部成员，与被告自愿协商并经灵泉村村民委员会盖章同意，签订了宅基地转让协议书。该协议书内容未损害灵泉村集体经济组织利益，亦未违反法律、行政法规的强制性规定，应当依法确认为有效，对双方当事人均具有法律约束力。原告虽主张其已有一处宅基地，依法不得再另行审批建房。但因原告是否可以审批建房，属于另一法律关系的调整范畴，并不必然导致原告、被告转让宅基地使用权行为的无效。根据 2016 年 11 月 16 日被告向原告出具的收条记载，被告收取了原告宅基地使用权转让定金 3 万元。现因原告违约，根据定金罚则，给付定金的一方不履行约定的债务的，无权要求返还定金。故依法作出如上裁判。

裁判要旨

受让人在宅基地使用权转让合同签订前已有其他宅基地房屋的，并不影响该宅基地使用权转让合同的效力。

关联索引

《土地管理法》第九条、第十一条、第六十二条《民法典》第五百八十七条、第五百八十七条（本案适用的是 1999 年 10 月 1 日施行的《合同法》第一百一十五条）

一审：浙江省江山市人民法院 (2016) 浙 0881 民初 5468 号 民事判决 (2017 年 2 月 13 日)

二审：浙江省衢州市中级人民法院 (2017) 浙 08 民终 334 号 民事判决 (2017 年 4 月 20 日)

某镇政府诉盐城市某公司、陈某某确认合同无效纠纷案

——未经办理变更及审批手续而擅自改变农用地性质的协议为无效协议

关键词

民事　确认合同效力　土地流转　农用地　未经审批　改变土地性质

基本案情

原告某镇政府诉称：2013 年 5 月 1 日，其与盐城市某公司签订了秸秆收储加工项目协议，约定将某村约 20 亩土地承包给该公司用于秸秆收储加工，从 2014 年 5 月 1 日起，被告向原告缴纳每年每亩 800 元的承包金，面积以实际丈量为准。协议签订后，该公司只经营了半年时间，就将全部机械设备转移，并擅自将土地租赁给他人另办新厂，用于收购树木。2014 年下半年又将部分土地变卖给他人创办粮食加工厂。故请求确认双方签订的秸秆收储加工项目协议为无效协议；被告向原告缴纳 2016 年度土地流转费 2 万元。

被告盐城市某公司辩称：原告蓄意推卸违约责任，被告是经原告招商引资

回乡办秸秆加工厂，但仅办了半年，即2014年年初原告改秸秆离田为秸秆还田，要求所有收割机加装粉碎设备，否则不准下田，导致秸秆收储加工成为空谈。对此，被告多次交涉无果，原告违反了协议约定；双方签订的秸秆加工收储项目协议系有效协议。

被告陈某某辩称：涉案协议系由盐城市某公司与原告签订，属于公司行为而非个人行为。

法院经审理查明：陈某某系盐城市某公司法定代表人。某镇政府2013年5月1日与盐城市某公司订立的秸秆收储加工项目协议书一份，主要内容为“1. 某镇政府在2013年5月1日前，在某村转土地20亩，优先提供给盐城市某公司用于秸秆收储加工站建设。免交2013-2014年度租金，从2014年起，盐城市某公司每年于5月1日前向某镇政府缴纳土地租金，每年每亩800元……。2. 某镇政府全力协助办理收储加工站、点相关审批手续。帮助协调处理收购期的矛盾和纠纷。3. 2013-2014年某镇政府分两期补贴盐城市某公司投资秸秆收储加工站40万元……”2014年10月16日陈某某与案外人韩某某签订的协议一份，主要内容为“陈某某将原钢架大棚及附属设施水泥场地、中心路西活动板房5间及附属设施、水电空调等出售给韩某某，总价为23万元……”某镇政府陈述，陈某某还将部分场地出租给案外人刘某某，陈某某对该事实予以认可。

另查明，盐城市某公司所占用的土地均是农用地，并未申请相关部门批准建设用地。

审理中，某镇政府放弃了要求盐城市某公司支付土地流转费2万元的诉讼请求。

江苏省射阳县人民法院于2016年11月22日作出（2016）苏0924民初5853号民事判决：一、某镇政府与盐城市某公司于2013年5月1日签订的秸秆收储加工项目协议无效。二、驳回某镇政府对被告陈某某的诉讼请求。盐城市某公司不服，提起上诉。江苏省盐城市中级人民法院于2017年4月18日作出（2017）苏09民终426号民事判决：驳回上诉，维持原判。

裁判理由

法院生效裁判认为，盐城市某公司与某镇政府在未经国家土地管理部门批准的情况下，签订秸秆收储加工项目协议，将所辖某村内的农用地流转给盐城市某公司建设秸秆收储加工站，擅自改变土地的农业用途，该协议内容违反了《土地管理法》第四十四条的规定，应当认定为无效合同。

裁判要旨

1. 农村土地承包应当遵守法律、法规，确保土地资源的合理开发和可持续利用。

2. 根据《土地管理法》中关于农用地保护的相关规定，未经依法批准不得将承包地用于非农业建设，改变农用地性质必须办理变更以及相应的审批手续，否则相关协议应当认定为无效协议。

关联索引

《土地管理法》第四条、第三十条、第四十四条（本案适用的是2014年修正的《土地管理法》第四条、第三十一条、第四十四条）

《民法典》第一百五十三条（本案适用的是1999年10月1日施行的《合同法》第五十二条）

一审：江苏省射阳县人民法院（2016）苏0924民初5853号民事判决（2016年11月22日）

二审：江苏省盐城市中级人民法院（2017）苏09民终426号民事判决（2017年4月18日）

郯城县泉源镇后某村诉宋某财、王某明土地承包经营权合同纠纷案

——农村土地流转合同未明确载明承包经营权流转的，应当认定为经营权流转合同

关键词

民事 土地承包经营权合同 环资 土地经营权 流转

基本案情

原告郯城县泉源镇后某村（以下简称后某村）诉称：2009 年 2 月 16 日，原告与被告宋某财就集体所有的空闲地承包一事达成一致，双方订立书面《承包合同》，约定将村内一空闲地承包给宋某财植树使用，承包期限为五十年，承包费为每亩每年 40 元；同年 2 月 18 日，在未经原告方同意的情况下，宋某财便将承包的上述土地私自全部转让给了前某村村民王某明，损害了村集体利益。原告认为，被告宋某财的转让行为违反了合同约定，构成违约，且案涉土地部分已用于公路建设，不能继续履行，故请求解除案涉合同，同时由于转让行为未经村委会同意，转让行为无效。故请求判令：1. 解除原告后某村与被告宋某财之间于 2009 年 2 月 16 日签订的《承包合同》；2. 确认被告宋某财与王某明于 2009 年 2 月 18 日签订的《转让协议》无效；3. 被告宋某财、被告王某明承担本案全部诉讼费用。

被告宋某财辩称：原告要求解除原告与被告之间的《承包合同》严重挑战协议订立的安全性、严重破坏协议履行的稳定性，于法无据、于理不符，请求驳回原告的诉求。

被告王某明辩称：原告第二项诉讼请求于法无据，于理不符，应予驳回。

法院经审理查明，2009 年 2 月 16 日，宋某财（才）与郯城县泉源乡城某村村民委员会（以下简称城某村村委）签订《承包合同》一份，合同约定："甲方：城某村委 乙方：宋某才 今有城某村后城组村西南、水泥公路南边空闲地一处，东西长 300 米（东至大桥，西至学广场边），从水泥路边向南宽 12 米（以原有的水沟为界），其中（原有的路保留，宋某某的老年房保留，宋某美的场地保留），经研究同意承包给宋某才植树和其他经营场地用，承包期限五十年（2009 年 2 月 16 日至 2059 年 2 月 16 日）；承包费为每年肆拾元，合计贰仟元整，承包期内任何人不得变更 经办人：宋某波 宋某岭 2009 年 2 月 16 日。"该合同由宋某财及经办人宋某波、宋某岭分别签字捺印，并加盖城某村村委印章。案涉土地由城某村村委交付宋某财使用。

2009 年 2 月 18 日，宋某财与王某明签订《转让协议》一份，协议约定："今将后城组宋某财承包村西水泥路南承包合同转让给前城组王某明。转让后宋某财一切不负责，承包费及树木由王某明交给宋某财现金 1 万元整，永不反悔。转让人：宋某财 宋某成 接收人：王某明 证明人：宋某选 二〇〇九年二

月十八日。”案涉土地由宋某财交付王某明使用至今。王某明于2013年10月1日就该转让协议向城某村村委完成报备。

另查，案涉合同签订时城某村分为前某村、后某村、河某村。现案涉部分土地被政府修路占用，剩余部分土地由王某明植树所用。

山东省临沂市郯城县人民法院于2022年9月6日作出（2022）鲁1322民初3719号民事判决，驳回原告后某村的诉讼请求。宣判后，后某村提出上诉。山东省临沂市中级人民法院于2022年11月29日作出（2022）鲁13民终10314号民事判决，驳回上诉，维持原判。

裁判理由

法院生效裁判认为，依法成立的合同受法律保护。本案城某村村委与被告宋某财签订的《承包合同》系双方真实意思表示，不违反法律法规的强制性规定，为合法有效合同，双方已按合同约定履行权利义务。原告主张被告宋某财将案涉承包合同转让给王某明违反了合同约定，构成违约；且案涉承包土地部分已用于公路建设，致合同不能继续履行，故请求解除其与被告宋某财签订的《承包合同》。本案城某村村委与宋某财签订的《承包合同》中未约定案涉土地不得转让，且被告宋某财依法享有案涉土地的承包经营权，依据《农村土地承包法》第三十六条："承包方可以自主决定依法采取出租（转包）、入股或者其他方式向他人流转土地经营权，并向发包方备案。"被告宋某财有权向王某明转让案涉土地的经营权，因此，被告宋某财向王某明转让案涉土地经营权的行为既未违反合同约定也不违反法律规定；案涉土地部分因修路被占用致土地经营权人王某明的损失，王某明已得到赔付，且被告宋某财及土地经营权人王某明均未对合同履行提出异议，故案涉合同不存在不能实现合同目的的情形。综上，案涉《承包合同》既未出现合同约定解除的事由，也不具有法定解除的情形，原告主张缺乏法律依据和证据支持，不予支持。

原告主张被告宋某财将土地承包经营权转让给外村村民王某明，且未经发包人即城某村村委的同意，违反法律规定，应认定宋某财与王某明之间的《转让协议》无效。但我国民法典合同编的基本原则是鼓励交易、维护交易安全。本案中，《转让协议》自2009年2月18日签订，迄今已履行近十四年之久，在此期间当事人未提出过异议，现原告主张《转让协议》无效，显然有违诚实信用原则，也不利于维护承包合同的稳定。为倡导诚实信用原则以及维护市场交易安全，且从被告王某明的答辩内容"原告城某村委已给予王某明地上附属物补偿，剩余地块不影响王某明继续租用"中的文义理解，宜将转让协议内容理解为土地经营权的转让，虽然宋某财与王某明签订了转让契约，但王某明并未与案涉土地发包方即本案原告重新签订承包合同，案涉土地承包权仍由宋某财享有，王某明受让案涉土地的经营权，因此《转让协议》应理解为土地经营权的流转。依据《农村土地承包法》第三十六条规定，承包方可以自主决定依法采取出租（转包）、入股或者其他方式向他人流转土地经营权，并向发包方备案。王某明已办理向发包方备案的手续，且该条款中的"他人"也未规定为须是本集体经济组织成员，因此宋某财与王某明之间的转让协议未违反法律规定，王某明依法获得案涉土地的土地经营权；《转让协议》系宋某财与王某明双方的真实意思表示，且未违反法律法规的强制性规定，应当认定为有效。综上，原告以《转让协议》未经发包方同意且转让给非集体经济组织成员为由，要求判决确认转让协议无效，理由不成立，不予支持。

裁判要旨

在涉土地承包经营权纠纷中，承包方将土地流转他人时，如协议中未明确约定转让的是土地承包经营权还是土地经营权，在当事人对转让协议内容理解有分歧的情况下，应当根据鼓励交易、维护交易安全及诚信原则，认定土地转让行为系土地经营权的流转而非土地承包经营权的转让。

关联索引

《民法典》第七条、第四百六十五条

《农村土地承包法》第三十六条

一审：山东省临沂市郯城县人民法院（2022）鲁1322民初3719号民事判决（2022年9月6日）

二审：山东省临沂市中级人民法院（2022）鲁13民终10314号民事判决（2022年11月29日）

刘某诉某村民委员会土地承包经营权合同纠纷案

——承包土地被征用时土地承包合同解除及后续处理

关键词

民事　土地承包经营权合同　合同解除　征占　土地补偿款　承包费

基本案情

原告刘某诉称：2011年1月1日，原被告签订土地承包合同，被告将临近南水北调渠的土地承包给原告，承包期30年，承包费每亩343.8元，一次性交清，共计72216元。合同签订后，村里待刨完树后将土地交付原告时，树桩都留在地里，高低不平，坑坑洼洼，没有排水沟，没有路，根本无法耕种。原告承包后，雇用了工程队，挖出树桩，整平土地，挖出排水沟，修建道路，将原来只能种树的坑洼地改造成良田。目的是在承包期间获取更大的利益。由于被告中途毁约，致使原告付出后不能收回利益，给原告造成损失。2017年年底，原告听说承包地被占用，已丈量完毕，但原告一直未见到征收通知，也没有人告知原告的土地被征收，更没有人通知原告土地征收后的赔偿情况。原告向村支部书记求证，才得知此事属实。村支部书记承认是其替原告签的字。原告听说有两年的土地闲置费已经发放到村里，原告未收到过村里要求解除合同的通知，也未收到过任何赔偿。原告多次找被告要求处理土地占用一事，被告只承诺先给付两年的土地闲置费，其余的补偿研究后给付。但至今，土地已占用三年，原告没有收到一分钱的补偿。综上所述，原告不清楚自己的承包地是否经过合法手续征收，即使承包地被依法征收，原告也有权利获得相关的补偿。故提起诉讼：1. 请求依法判令原被告解除2011年1月1日签订的土地承包合同；2. 责令被告支付已经拨付到位的土地征用前占地补偿18000元（2019—2020

年）；3. 责令被告返还未履行期限土地承包费 48132 元及利息（以 48132 元为基数，自 2011 年 1 月 1 日起计算至被告返还之日止，按月息 2 分计算）；4. 责令被告赔偿原告损失 47700 元；5. 本案诉讼费、保全费、保全保险费由被告承担。

被告某村委会辩称：1. 案涉土地已被建黄河护城堤时占用，原被告之间签订的某村土地承包合同已解除。2. 根据合同约定，合同期内如遇国家征占，原告应无条件服从，因征占取得的当年青苗补偿归原告所有，土地及其他补偿归被告所有，所以该占地补偿款不能支付给原告。3. 关于未履行期限承包费，被告同意退给原告，原告要求按月息 2 分计算没有依据，不应该支付利息。4. 原告所谓的整理土地损失 47700 元根本不存在，当时承包土地时就是按照土地现状进行承包的。

法院经审理查明：2011 年 1 月 1 日，发包方某村委会（甲方）与承包方刘某（乙方）签订土地承包合同一份，约定：1. 甲方将坐落独生子女地，东至原三队场，西至排水沟，南至排水沟，北至本村口粮（地），7 亩承包给乙方种植。2. 承包期三十年，自 2011 年 1 月 1 日起至 2041 年 12 月 30 日止。3. 承包方式：承包费每年每亩 343.8 元，一次性交清三十年的承包费，共计承包费 72216 元，签订合同时交清 30 年，计款 72216 元。在承包期内一切费用由乙方承担。4. 违约责任：（1）合同期内双方不准无故终止合同，否则由违约方支付违约金 1000 元，但国家政策变动除外。……（3）合同期内如遇国家、集体征占，乙方应无条件服从，因征占取得的当年青苗补偿归乙方所有，土地及其他补偿归甲方所有。

2018 年，甲方某街道办事处，乙方某村委会，丙方刘某签订的补偿协议书中载明：因护城堤项目建设需要，需清除西起凤凰山，跨越济平干渠至北岸前寨山头，沿济平干渠左堤向东至前阮二与榆山街道接壤地以西，相关范围内的所属丙方的地面附属物。为减少丙方损失和保证项目建设的顺利进行，经甲乙丙三方协商一致，达成如下协议：1. 丙方被清除地面附属物由甲乙丙三方实地清点、核实、签字认可。2. 甲方根据平阴县物价局认证中心出具的价格认证报告，一次性给予丙方地面物补偿款共计 760 元。3. 丙方在签订协议后三日内，自行清除地面附属物，逾期不清除视为自动放弃，甲方有权进行下一步工程施工。4. 丙方清除地上附属物后，甲方向丙方一次性支付补偿款。该补偿协议书落款处刘某的签字注明了由常本银代签。某街道办事处于 2018 年 10 月 25 日支付刘某 760 元。案涉土地被护城堤项目占用。

山东省济南市平阴县人民法院于 2022 年 2 月 18 日作出（2021）鲁 0124 民初 2915 号民事判决：一、被告某村委会于判决生效后十日内返还原告刘某土地承包费 53393 元及利息（以 53393 元为基数，自 2011 年 1 月 1 日起至 2019 年 8 月 19 日止按中国人民银行同期同类贷款利率计算，自 2019 年 8 月 20 日起至付清之日止按全国银行间同业拆借中心公布的一年期贷款市场报价利率计算）；二、驳回原告刘某的其他诉讼请求。宣判后，双方当事人均未提起上诉，判决已发生法律效力。

裁判理由

法院生效裁判认为，当事人可以约定一方解除合同的条件。解除合同的条件成就时，解除权人可以解除合同。本案中，虽原被告双方对合同解除的时间有争议，但根据原被告双方在承包合同中约定合同期内如遇国家、集体征占，原告应无条件服从，案涉土地已被护城堤项目征占，合同解除的条件成就，且已支付了原告地面物补偿款，故认定该合同于2018年10月25日解除。根据合同约定，合同期内如遇国家、集体征占，乙方应无条件服从，因征占取得的当年青苗补偿归乙方所有，土地及其他补偿归甲方所有，故原告要求被告支付2019至2020年度的占地补偿费用18000元没有事实和法律依据，不予支持。原告在签订合同时就一次性交清了三十年的承包费，对于未履行合同期限的承包费应当予以返还。因合同于2018年10月25日解除，被告应当返还在此之后的承包费，故被告应当返还原告承包费53393元。因土地被征用案涉合同解除，原告对此没有过错，被告应当支付自收到承包费之日2011年1月1日起至返还之日止的承包费利息。但原告主张按照月息2分计算，没有事实和法律依据。法院酌定利息按照自2011年1月1日起至2019年8月19日止按中国人民银行同期同类贷款利率计算，自2019年8月20日起至付清之日止按全国银行间同业拆借中心公布的一年期贷款市场报价利率计算。原告提交的证据不足以证实其为整理案涉土地所支出的费用，且也已实际耕种多年，故对原告要求被告赔偿损失47700元的诉讼请求，不予支持。

裁判要旨

承包土地被征用时，合同约定解除条件已经成就的，该合同应予解除。合同依约解除后，发包人应当向承包人返还未履行承包期的承包费，并支付相应利息。

关联索引

《民法典》第五百六十二条、第五百六十六条

《农村土地承包法》第四十九条

一审：山东省济南市平阴县人民法院（2021）鲁0124民初2915号民事判决（2022年2月18日）

阳谷某专业合作社诉郭某义土地承包经营权合同纠纷案

——当事人签订合同约定改变基本农田农业种植用途的，合同因违反法律、法规强制性规定而无效

关键词

民事　土地承包经营权合同　环资　基本农田　改变土地用途　禁止性规定　合同无效

基本案情

阳谷某专业合作社诉称：1. 解除原告与被告签订的协议书，判令被告交还土地；2. 判令被告支付2021年剩余土地租赁费45000元；3. 判令被告赔偿果树苗等损失157600元；4. 判令被告赔偿违约金10万元；5. 本案诉讼费由被告承担。

郭某义辩称：原告所称协议不实，双方也没有约定赔偿事宜，树苗是本人出钱栽种，与原告无关。

法院经审理查明：2020年10月16日，原告阳谷某专业合作社与被告郭某义签订协议书，约定：1. 原告把流转土

地承包给被告共计100亩，被告每年支付给原告承包费每亩650元，于每年6月15日支付一半，下一半于10月15号支付；2. 原告免费给被告提供梨苗、花椒苗，由被告种植，被告保证90%的成活率，否则死一棵包赔原告20元；3. 三年后被告种植的梨树、花椒树，属于原告、被告双方，以后费用由双方共同承担；（4）被告交保证金10万元，被告逾期支付租金每延迟一天支付10%的违约金，成活率达到押金顶租金；5. 被告不得改变种植，保证树的成活率，否则包赔损失，原告有权收回承包土地；6. 如有一方违约，每亩包赔违约金1000元；7. 本协议一式两份，双方签字生效。

诉讼中，被告认可收到原告的树苗8000棵，但对存活率的约定不予认可。经查，案涉《协议书》载明："甲方免费给乙方提供梨苗、花椒苗，由乙方种植，乙方保证90%的成活率，否则死一棵包赔甲方20元。"二审期间，郭某义认可收到被上诉人树苗8000棵，经过一审法院现场勘验，案涉土地上剩余成活树苗20棵，双方当事人对此勘验结果均无异议。另，一审诉讼期间被告向原告支付了土地租赁费3万元，2021年剩余租赁费15000元未付。

山东省聊城市阳谷县人民法院于2021年11月29日作出（2021）鲁1521民初3152号民事判决：一、解除原告、被告2020年10月16日签订的协议书；二、郭某义于本判决生效后十日内将涉案土地交还给阳谷某专业合作社；三、郭某义于本判决生效后十日内给付阳谷某专业合作社土地租赁费15000元；四、郭某义于本判决生效后十日内赔偿阳谷某专业合作社树苗款143600元；五、驳回原告的其他诉讼请求。郭某义不服一审判决，向山东省聊城市中级人民法院提起上诉。山东省聊城市中级人民法院于2022年5月6日作出（2022）鲁15民终1010号民事判决：驳回上诉，维持原判。郭某义不服二审判决，向山东省高级人民法院申请再审。山东省高级人民法院于2023年5月9日作出（2023）鲁民再38号民事判决：一、撤销山东省聊城市中级人民法院（2022）鲁15民终1010号民事判决、山东省阳谷县人民法院（2021）鲁1521民初3152号民事判决；二、阳谷某专业合作社与申请人郭某义签订的《协议书》无效；三、郭某义于本判决生效后十日内将涉案土地返还给阳谷某专业合作社；四、郭某义于本判决生效后十日内给付阳谷某专业合作社土地使用费15000元；五、郭某义于本判决生效后十日内赔偿人阳谷某专业合作社树苗损失71800元；六、驳回阳谷某专业合作社的其他诉讼请求。

裁判理由

法院生效裁判认为，国家实行基本农田保护制度。《土地管理法》第三十七条规定，禁止占用基本农田发展林果业。《农村土地承包法》第三十八条规定，土地经营权流转不得改变土地所有权的性质和土地的农业用途，不得破坏农业综合生产能力和农业生态环境。《基本农田保护条例》第十七条规定，禁止任何单位和个人占用基本农田发展林果业。《国务院关于坚决制止占用基本农田进行植树等行为的紧急通知》第一条规定："坚决制止占用基本农田进行植树等行为。要认真执行《土地管理法》和《基本农田保护条例》，坚决制止任意改变基本农田用途的行为，切实做好保护基本农田'五个不准'，即：不准占用基本农田进行植树造林、发展林果业和搞林粮间作以及超标准建设农田林网；不准以农业结构调整为名，在基本农田内挖塘养鱼、建设用于畜禽养殖的建筑物等严重破坏耕作层的生产经营活动；不准违法占用基本农田进行绿色通道和城市绿化隔离带建设；不准以限耕还林为名违反土地利用总体规划，将基本农田纳入退耕范围；除法律规定的国家重点建设项目以外，不准非农建设项目占用基本农田。凡在基本农田上进行植树造林（包括种植速生丰产林）、挖塘养鱼、绿色通道和城市绿化隔离带建设的必须立即停止和纠正。今后，新增绿色造林、新建和扩建用材林基地均不得占用基本农田。”本案中，已查明案涉土地为基本农田，被申请人阳谷某专业合作社与申请人郭某义签订协议，把100亩基本农田承包给郭某义，用来种植梨树苗、花椒树苗，协议的内容和目的系种植树苗发展经济，改变了土地的耕种用途，明显违反国家法律的禁止性规定，应属无效协议；原审认定协议有效，系适用法律错误，应依法纠正。本案中，阳谷某专业合作社主张郭某义返还案涉土地，因案涉协议无效，该主张依法应予支持。阳谷某专业合作社基于无效《协议书》主张郭某义支付2021年剩余租赁费15000元，不应支持，但郭某义占有使用案涉土地期间，在种植树苗的同时种植玉米，已经获取利益，因此应当支付相应的土地使用费。关于树苗损失赔偿款143600元。协议双方对于案涉土地属于基本农田均应当明知，在此情形下，仍然违反法律规定签订案涉协议，改变土地用途种植树苗，双方对此均有过错。对于造成的树苗损失143600元，双方各承担一半的责任，符合事实及法律规定。

裁判要旨

国家实行基本农田保护制度，法律禁止占用基本农田发展林果业，明确土地经营权流转不得改变土地所有权的性质和土地的农业用途，不得破坏农业综合生产能力和农业生态环境。农村土地流转合同约定改变基本农田农业种植用途，系违反法律禁止性规定的行为，应属无效合同。合同被确认无效后，各方当事人均有过错的，应当根据过错程度各自承担相应的责任。

关联索引

《土地管理法》第三十七条

一审：山东省聊城市阳谷县人民法院（2021）鲁1521民初3152号民事判决（2021年11月29日）

二审：山东省聊城市中级人民法院（2022）鲁15民终1010号民事判决（2022年5月6日）

再审：山东省高级人民法院（2023）鲁民再38号民事判决（2023年5月9日）

郭某甲、胡某诉刘某某、建湖县某村民委员会土地承包经营权纠纷案

——丧偶妇女的土地承包经营权应受法律保护

关键词

民事　土地承包经营权　丧偶农村妇女　土地流转金

基本案情

原告郭某甲、胡某诉称：1998年8月，农村土地二轮承包时，郭某乙、胡某取得了所在村7.30亩的土地承包经营权，其中包含诉争的1.72亩土地。2002年，原告将其中的1.72亩土地交由被告刘某某代种。2014年，该诉争的1.72亩土地由某村委会统一流转给他人种植，流转费统一交被告某村委会，原告多次向被告某村委会主张涉案土地流转费未果。故请求判令：1. 被告某村委会从2017年起将涉案的1.72亩土地的流转金支付给原告；2. 诉讼费用由被告负担。

某村委会与刘某某均未作答辩。

法院经审理查明：胡某与郭某乙（已死亡）系夫妻关系，1988年生育一子郭某甲。1998年农村土地二轮承包时，郭某乙取得了所在村7.30亩土地承包经营权，其中含诉争的1.72亩土地，并以郭某乙为户主取得了由某县人民政府颁发的农村土地承包经营权证书。2002年前后，郭某甲、胡某将涉案的土地1.72亩交由刘某某代种。2014年涉案土地由所在村即某村委会统一流转给他人种植，涉案土地流转金每年每亩800元。郭某甲、胡某对某村委会就涉案土地流转行为亦予以认可。原告多次向被告某村委会主张涉案土地流转费未果，故起诉至法院。

江苏省建湖县人民法院于2017年6月19日作出（2017）苏0925民初906号民事判决：一、被告建湖县某村民委员会从2017年起向原告郭某甲、胡某支付涉案1.72亩土地流转期间的流转金；二、驳回原告郭某甲、胡某其余诉讼请求。一审宣判后，各方当事人均未提起上诉，该判决已发生法律效力。

裁判理由

法院生效裁判认为，土地承包经营权人对其承包经营的土地享有占有、使用和收益的权利。1998年农村土地二轮承包时，郭某乙（已死亡）取得该涉案土地的土地承包经营权，并由建湖县人民政府确认。其取得涉案土地承包经营权时，郭某甲、胡某系家庭共同成员，是承包经营权的共享权利人。郭某乙死亡后郭某甲、胡某作为权利人提起诉讼符合法律规定。某村委会将涉案土地1.72亩及本村其他土地统一流转给他人种植收取的流转土地承包金依法应当支付给相关土地承包经营权权利人。

裁判要旨

无论是第一轮土地承包时计入分地名册的家庭成员还是后来新增加的家庭成员，只要具有本集体经济组织成员的资格，都平等享有承包经营权。农村妇女的土地承包经营权应受法律保护，如其在丧偶后并未再嫁人，则依然享有原

先所在户的土地承包经营权，其合法权益应当予以保护。

关联索引

《农村土地承包法》第八条、第十六条、第三十九条（本案适用的是2009年8月27日修正的《农村土地承包法》第九条、第十五条、第三十六条）

一审：江苏省建湖县人民法院(2017)苏0925民初906号民事判决(2017年6月19日)

某村委会诉马某某土地承包经营权合同纠纷案

——人民法院不得依职权适用情势变更原则

关键词

民事　土地承包经营权合同　违约　解除合同　情势变更

基本案情

某村委会向一审法院诉称：2001年5月22日，某村委会与马某某签订《林地承包合同》，约定某村委会将10.2亩林地承包给马某某，承包期限为三十一年（2001年4月1日至2032年4月1日），林地承包费每年920元，从2007年开始每年按年度提前一年交承包费，若马某某未按合同规定交清林地承包费，某村委会有权终止合同，马某某损失自负；马某某种植苗木品种由某村委会安排，并由某村委会负责销售。时至今日，马某某从未将种植苗木提交某村委会进行销售，未交清两年的林地承包费。2016年3月25日，某村委会书面通知马某某要求履行义务，但马某某置之不理。马某某不履行合同约定义务，侵害了某村委会的合法权益，已构成违约。请求判令：1. 解除双方签订的《林地承包合同》；2. 本案案件受理费由马某某负担。

马某某辩称：双方于2001年5月22日签订合同属实，该合同签订后，马某某分别于2001年12月交承包费1100元，2001年6月8日交承包费1000元，2006年7月6日交承包费9200元，共计11300元。马某某已将承包费预交至2019年，不存在拖欠承包费的事实。马某某是承包人，对承包土地上的产品有自行处置的权利，双方虽约定由某村委会销售承包地上的苗木，但销售数量、价格某村委会无权决定，销售苗木只是某村委会的义务，且自合同签订以来，某村委会从未安排苗木种植事宜。某村委会作为发包方，解除承包合同涉及村民权利，某村委会提起诉讼只是其法定代表人的单方行为，未经民主议定程序，诉讼请求不符合合同解除要件，应予驳回。

法院经审理查明：2001年5月22日，某村委会与村民马某某签订《林地承包合同》，约定：由马某某承包林地10.2亩，承包期限自2001年4月1日至2032年4月1日；马某某具体种植什么苗木由某村委会计划、安排，并由某村委会负责销售，收入归马某某所有。马某某负责上交承包费，不承担其他费用；2001年至2006年，马某某开发治理不上交承包费，从2007年开始每年按年度提前一年上交承包费，承包费为每年920元；在承包期间，马某某按合同规定开发治理，按合同规定交清承包费，否则某村委会有权终止合同，马某某损失自负。某村委会积极协助马某某治理，按时安排苗木栽种和销售，出现别人干预时，积极处理。某村委会不得无故终止合同，否则造成损失时赔偿给马某某。合同签订后，双方对合同进行了公证。马某某共计交纳承包费 11200 元。2016 年 3 月 24 日，某村委会召开由某村委会委员及部分村民共 33 人参加的会议，决议向马某某下发通知，要求其按照合同将承包地所附全部苗木上交某村委会，由某村委会负责销售，若马某某逾期不履行，收回承包地。该土地收回后，用于修建村文化广场及某村委会办公室等项目，让广大村民受益。2016 年 3 月 25 日某村委会给马某某送达收回苗木和销售的通知。马某某未按通知的时间提交苗木，双方发生纠纷，遂起诉要求解除合同。

青海省民和回族土族自治县人民法院于 2016 年 8 月 24 日作出（2016）青 0222 民初 619 号民事判决：一、解除某村委会与马某某于 2001 年 5 月 22 日签订的林地承包合同，尚未履行的终止履行；二、马某某于 2016 年 9 月 30 日前返还某村委会承包的林地及耕地 10.2 亩；三、某村委会于 2016 年 9 月 30 日前返还马某某预交的承包费 2000 元。宣判后，马某某不服，提起上诉。青海省海东市中级人民法院于 2016 年 12 月 9 日作出（2016）青 02 民终 356 号民事判决：一、维持一审判决第一项；二、变更一审判决第二项为“马某某于判决生效后六十日内返还某村委会承包的林地及耕地 10.2 亩”；三、变更一审判决第三项为“某村委会于判决生效后六十日内返还马某某预交的承包费 2000 元”。青海省高级人民法院于 2017 年 8 月 9 日作出（2017）青民再 23 号民事判决：一、撤销青海省海东市中级人民法院（2016）青 02 民终 356 号民事判决和青海省民和回族土族自治县人民法院（2016）青 0222 民初 619 号民事判决；二、驳回某村委会要求解除与马某某签订的《林地承包合同》的诉讼请求。

裁判理由

法院生效裁判认为，本案的争议焦点是某村委会与马某某签订的《林地承包合同》应否解除。

《合同法》第九十三条规定：“当事人协商一致，可以解除合同。当事人可以约定一方解除合同的条件。解除合同的条件成就时，解除权人可以解除合同。”马某某与某村委会签订的《林地承包合同》第六条约定：“在承包期间，乙方按合同规定开发治理，按合同规定交清承包费，否则甲方有权终止合同，乙方损失自负。甲方积极协助乙方治理，按时安排苗木栽种和销售，出现别人干预时，积极处理。甲方不得无故终止合同，否则引起损失时赔偿给乙方。甲方同意乙方子女继承该合同。”从合同约定的文义看，双方当事人合同中未约定合同解除条件，但约定某村委会在对方未按合同约定开发治理，未按合同约定交清承包费的情形下有权终止合同。根据《合同法》第九十一条的规定，合同解除是合同终止的一种情形，合同解除等同于合同终止，某村委会依据双方在《林地承包合同》的约定请求解除合同，应视为双方当事人约定了合同解除条件。在双方对解除合同无法协商一致的情况下，应依据《合同法》第九十三条第二款的规定，考量某村委会与马某某签订的《林地承包合同》是否符合约定的解除条件。

某村委会起诉要求解除《林地承包合同》的主要事实理由有两点：1. 马某某未交清两年的林地承包费；2. 合同约

定马某某种植苗木品种由某村委会安排，并由某村委会负责销售，收入归马某某所有，马某某从未将种植的苗木提交某村委会负责销售，经书面通知后仍不履行合同约定义务，侵害了某村委会合法权益，马某某构成违约。

原一、二审判决均确认依据马某某提供的票据进行计算，马某某已将承包费交至2018年的事实。某村委会在再审庭审中对此予以否认，但未提交推翻原一、二审判决认定此节事实的证据，其关于马某某未交清两年林地承包费的理由缺乏事实根据。《农村土地承包法》第三十五条[①]规定："承包期内，发包方不得单方面解除承包合同，不得假借少数服从多数强迫承包方放弃或者变更土地承包经营权，不得以划分'口粮田'和'责任田'等为由收回承包地搞招标承包，不得将承包地收回抵顶欠款。"双方签订的《林地承包合同》中约定，由某村委会积极协助马某某开发治理，并按时安排苗木栽种和销售，收入归马某某所有。从上述约定可以看出，由某村委会计划安排种植苗木并负责销售并非马某某的义务。从合同履行情况看，在已经履行的十五年中，某村委会并未安排种植苗木和销售，且双方一直对此事实无异议，也未损害某村委会权利。庭审中，某村委会也自认从未安排马某某种植苗木事宜。某村委会要求马某某按通知要求，于2016年3月28日前将承包地所附苗木全部上交某村委会销售，违反了双方签订的《林地承包合同》中具体种植什么苗木由某村委会计划、安排的约定和《农村土地承包法》相关规定。某村委会在未按合同约定安排种植苗木的情况下，要求马某某履行上交苗木义务，不符合合同约定。马某某系洒力池村村民，承包土地性质是荒滩地（河滩地）。马某某与某村委会于2001年5月22日签订承包合同时，既有发包人某村委会盖章及某村委会原主任张某某签字并盖章，也有承包方马某某签字与盖章，双方也按约定在青海省民和回族土族自治县公证处对合同进行了公证，符合合同生效形式要件。在合同签订之前，某村委会于2001年4月20日将马某某承包土地的相关事宜采取张贴公告的形式向村民进行公告。应认定某村委会与马某某签订承包合同，采取了公开协商的方式，符合《农村土地承包法》规定的承包方式，且双方签订的合同系双方真实意思表示，并未侵害村民的合法权益。综上，双方约定的解除条件未成就，原一审判决认定马某某违约，双方签订的《林地承包合同》未采取招标、拍卖、公开协商等方式承包，侵害了大部分村民合法权益不当。

马某某与某村委会于2001年自愿签订《林地承包合同》，在当时社会经济水平条件下还是公平的，至于合同履行过程中出现需建设村文化广场、某村委会办公室等情形，并不影响《林地承包合同》目的的实现。原二审判决依据《合同法》第九十四条第五项"法律规定的其他情形"，在某村委会未请求的情况下，依职权适用《最高人民法院关于适用〈中华人民共和国合同法〉若干问题的解释（二）》[②]第二十六条的规定解除双方签订的《林地承包合同》，属适用法律错误。

综上所述，2001年5月22日，马某某与某村委会经协商一致自愿签订

---

① 该条在《土地管理法》（2019年修正）中已删除。

② 最高人民法院关于适用《中华人民共和国合同法》若干问题的解释（二）（法释〔2009〕5号）根据《最高人民法院关于废止部分司法解释及相关规范性文件的决定》（法释〔2020〕16号）的规定已废止，自2021年1月1日起不再适用。

《林地承包合同》，系当事人真实意思表示，内容不违反法律、行政法规的禁止性规定，双方当事人按照约定对合同进行了公证，对《林地承包合同》效力予以确认。依据《农村土地承包法》第二十四条，“承包合同生效后，发包方不得因承办人或者负责人的变动而变更或者解除，也不得因集体经济组织的分立或者合并而变更或者解除”的规定，某村委会作为合同相对方，在合同履行过程中，不得因法定代表人及委员变动而擅自变更或解除合同，某村委会后继法定代表人及委员有维护正在履行的《林地承包合同》稳定性的义务，承继前任某村委会与马某某之间的权利义务。再审申请人马某某已按照《林地承包合同》约定履行交纳承包费义务，在合同生效后至 2015 年长达十五年的履行过程中，在某村委会未按合同约定安排马某某种植苗木及销售的情况下，马某某未将承包地所附苗木上交某村委会销售不构成违约。

关于二审法院依职权适用情势变更原则解除合同是否符合法律规定的问题。依据《最高人民法院关于适用〈中华人民共和国合同法〉若干问题的解释（二）》第二十六条的规定，适用情势变更原则，须具备实体条件和程序要求。实体条件方面，须同时满足以下条件：（1）客观情况的发生，使合同存在的基础动摇或丧失；（2）客观情况的发生，须为当事人所不能预见；（3）客观情况的发生须不可归责于双方当事人，也就是由除不可抗力外的其他意外事故所引起；（4）客观情况发生于合同成立之后，履行完毕之前；（5）客观情况发生后，如继续维持合同效力，则会对当事人显失公平或者使合同目的不能实现。程序要求方面，因适用情势变更原则，是通过司法权力的介入，在合同有效的情形下，强行改变已确定的合同的权利义务，超出当事人意志重新分配合同双方的利益和风险，属于对合同自治的干涉。因此，对于情势变更，人民法院应按照当事人的请求，根据公平和诚信原则并结合案件的实际情况综合分析认定，不能依职权直接进行认定，也不宜直接适用情势变更原则作出裁判。在处理方式上，应充分尊重当事人意愿，考虑先由双方当事人协商重新签订协议或达成补充协议。协商不成的，应坚持调解优先的原则，在依法、自愿的前提下进行调解，达到从源头上化解矛盾，维护合同双方当事人利益的目的。对于确实无法调解，必须适用情势变更原则进行裁判的个案，如果根据案件特殊情况，确需在个案中适用的，应当由高级人民法院审核。必要时高级人民法院应报请最高人民法院审核。

本案中，双方在合同履行过程中，出现了须在案涉承包地上建设村文化广场、某村委会办公室等公共设施的客观情况。该客观情况虽为双方在签订合同时不能预见，也不可归责于双方，但该客观情况的发生，对合同继续履行并无影响，合同继续履行的基础并未动摇或丧失，合同目的仍然可以通过继续履行实现。某村委会通过签订合同所能获得的利益，应当是马某某依约交纳的承包费，而本案中出现的客观情况，显然并不会造成某村委会利益损失，也不会导致合同履行显失公平。从目前来看，双方签订的合同可能存在承包费过低的情形，但该情形是正常的社会经济发展所致。再审申请人马某某再审请求成立，应予支持。某村委会主张解除与马某某签订的《林地承包合同》的诉讼请求不符合约定和法定解除条件，其主张无合同及法律依据，应予驳回。原一、二审判决解除某村委会与马某某签订的《林地承包合同》，既无事实依据，也不符合法律规定，应予撤销。

裁判要旨

合同约定的价款因社会经济发展情况显得偏低不属于情势变更，村委会拟在案涉承包地上建设村文化广场、某村委会办公室等公共设施的客观情况亦不属于情势变更，在当事人未请求的情况下，人民法院依职权主动适用情势变更原则判决解除合同，与情势变更原则适用的实体条件和程序要求不符，也有悖于公平原则及诚信原则。

关联索引

《民法典》第五百五十七条、第五百六十二条、第五百六十三条（本案适用的是1999年10月1日施行的《合同法》第九十一条、第九十三条、第九十四条）

《农村土地承包法》第二十五条（本案适用的是2009年8月27日施行的《农村土地承包法》第二十四条）

一审：青海省民和回族土族自治县人民法院（2016）青0222民初619号民事判决（2016年8月24日）

二审：青海省海东市中级人民法院（2016）青02民终356号民事判决（2016年12月9日）

再审：青海省高级人民法院（2017）青民再23号民事判决（2017年8月9日）

山东省泰安市岱岳区下港镇某村村民委员会诉泰安市某汽配有限公司农村土地承包经营权合同纠纷案

——未经民主议定程序免除承包方主要合同义务的协议效力认定

关键词

民事　土地承包经营权合同　民主议定　免除合同义务　效力认定

基本案情

山东省泰安市岱岳区下港镇某村村民委员会（以下简称某村村委会）诉称：2005年7月16日，某村村委会与泰安市某汽配有限公司（以下简称某汽配公司）签订《承包合同书》，约定某村村委会将本村4000余亩山林发包给某汽配公司，承包期限共七十年，合同中有“八、其他约定 1. 乙方一期工程投资规模50万元，于2005年10月开工，2006年4月竣工，二期工程投资规模150万元，于2006年4月开工，2007年12月竣工；三期工程投资规模200万元，于2008年1月开工，2012年12月竣工；投资额的确认以评估部门出具的评估报告为准。2. 合同签订后，乙方必须于2005年11月前开工建设，乙方三个月内未开工建设的，甲方向乙方征收相当于首付承包费5%的闲置费，乙方自签约之日起，满六个月不能开工建设或者满两年不能投入生产经营的，甲方有权收回合同项下荒滩、土地、山林，乙方已付的费用不予返还”等约定内容。2006年2月17日，某汽配公司与某村村委会时任村主任张某友恶意串通，在未经民主议定程序讨论决定的情况下，以某村村委会的名义与其签订了

《补充协议书》，对《承包合同书》进行大幅更改，删除了《承包合同书》第八条第一项、第二项等内容。该《补充协议书》没有交给村委，直至2021年在另案诉讼过程中某汽配公司提供至法院，某村村委会才发现。某村村委会认为，该《补充协议书》系某汽配公司与他人恶意串通而签订，未经民主议定程序，严重损害了村集体利益，当属无效，故起诉要求确认该《补充协议书》无效。

某汽配公司辩称：第一，某村村委会的诉讼请求和依据的事实及理由在另案中已经提出过，最终未获得支持，本次诉讼属于重复诉讼。第二，补充协议是在某村村委会未按原合同履行非农建设用地审批以及办理土地承包经营权证和林权证、我方依约支付了全部租赁费的情况下签订的，是双方当事人真实意思表示，不违反法律和行政法规的强制性规定，是合法有效的补充协议。第三，承包合同经两级法院审理认定为合法有效合同，主合同有效，作为补充协议的从合同也依法有效。

法院经审理查明：2005年7月16日，某村村委会作为甲方，与作为乙方的某汽配公司签订《承包合同书》，主要约定内容有："一、乙方所承包使用荒滩面积6亩、土地面积1亩、防火隔离带面积80亩、山林面积4000亩左右。二、项目用地范围。甲方某村村石沟周围区域，北至刘家峪子南梁，西至黄前界，南至南石沟周围山脉，道沟沟（乙方使用道沟沟、乙方另交使用费），道沟周围至西南梁到麦黄山顶周围，东至某村石沟沟口。针对以上范围，乙方从石沟沙岭区域修建一条观光盘路上去，对以上各个山梁进行全方位开发整修，争取让西南梁麦黄山顶周围上下、南石沟、道沟、刘家峪子南梁成为人间仙境，把麦黄山变为第二个泰山，让人民群众得到极大的益处。三、承包合同期限。自2005年7月16日始至2075年7月16日止，共七十年。四、用途。乙方所承包的荒滩、土地、山林用于兴建分散式环保自然中西结合建筑房屋，以供住宿、餐饮、休闲、度假旅游开发之用。五、承包费及交纳方式。1. 荒滩、土地、防火隔离带承包费七十年共计44800元，由乙方于2005年10月一期工程开工前一次付清。2. 山林承包费七十年共计14万元，于2005年10月工程前付50%，2007年12月二期工程竣工一个月内付50%。六、地上附属物的处置。乙方所承包的荒滩、土地及生产路和其他附属设施地上附着物清理及补偿另行协商并签订补充协议。……八、其他约定。1. 乙方一期工程投资规模50万元，于2005年10月开工，2006年4月竣工，二期工程投资规模150万元，于2006年4月开工，2007年12月竣工；三期工程投资规模200万元，于2008年1月开工，2012年12月竣工；投资额的确认以评估部门出具的评估报告为准。2. 合同签订后，乙方必须于2005年11月前开工建设，乙方三个月内未开工建设的，甲方向乙方征收相当于首付承包费5%的闲置费，乙方自签约之日起，满六个月不能开工建设或者满两年不能投入生产经营的，甲方有权收回合同项下荒滩、土地、山林，乙方已付的费用不予返还。"双方还就其他权利、义务等作了约定。合同签订后，某村村委会将该土地、荒滩、山林等交付给某汽配公司，某汽配公司支付某村村委会承包费共计184800元。

2006年2月17日，双方签订《补充协议书》，协议概述2005年7月16日，甲方与乙方签订《承包合同书》，并于2006年1月18日办理编号为

（2006）泰安证经字第10号公证书，经甲乙双方协商，对《承包合同书》进行补充。协议约定：“第六条地上附属物的处置，承包范围内的地上附属物已经处置完毕。删除《承包合同书》第八条第一项、第二项、第四项、第十二项、第十八项规定，增加附件承包范围的测绘图。甲乙双方增加新条款，是概述中全部协议的补充，乙方有权依法自主经营，甲方保证乙方的使用，村民不得进行干涉，影响乙方的正常经营。承包费用支付情况，乙方已支付甲方承包费，甲乙双方不存在任何债权债务纠纷。在承包期内，甲方应从用水用电及国家政策等各方面对乙方经营活动进行支持。甲方应自本补充协议签订之日起办理完毕乙方所承包山林的林权使用手续，所有费用乙方出资。”双方还对违约责任作了补充。该补充协议加盖了某村村委公章并由当时的某村村委会主任张某友签字。

2021年12月31日，某村村委以某汽配公司及案外人泰安市某风景区旅游开发有限公司为被告，向法院提起诉讼，提出确认2005年7月16日《承包合同书》、2006年3月12日《荒滩承包书》、2006年《土地承包合同书》无效以及赔偿损失等诉求。某汽配公司在该案抗辩主张，合同（包括2005年7月16日的《承包合同书》）签订时某村村委会向其出示了某村村委会经过法定程序作出的村民决议。该案一审中查明了《补充协议书》的存在。该案一审法院判决驳回了某村村委会的诉讼请求，某村村委提起上诉并在上诉理由中提到《补充协议书》应属于无效。该案二审法院驳回上诉，维持原判。

2023年1月17日，中共泰安市岱岳区下港镇委员会作出《关于给予张某友同志党内严重警告处分的决定》，文件载明：“张某友违反工作纪律主要事实为：张某友担任下港镇某村村委会主任期间，于2006年2月在未经村两委以及村民会议讨论集体决定情况下，以某村村民委员会名义与泰安市某汽配有限公司签订《补充协议书》，且该协议书未交村委入档保管。该《补充协议书》改变了该村于2005年7月与某汽配公司签订的《承包合同书》部分内容，免除某汽配公司有关投资义务和未完成投资违约责任等方面的约定，影响该村旅游开发经营项目工作，造成不良影响。张某友同志身为基层党员干部，未正确履行村委会主任职责，滥用职权，违反议事规则，未履行法定程序，擅自与某汽配公司签订涉及村集体资产处置的协议，造成不良影响，应予严肃处置。”

山东省泰安市岱岳区人民法院于2023年8月14日作出（2023）鲁0911民初3636号民事判决：驳回原告山东省泰安市岱岳区下港镇某村村民委员会的诉讼请求。宣判后，某村村委会不服，提出上诉。山东省泰安市中级人民法院于2023年11月29日作出（2023）鲁09民终3268号民事判决：一、撤销泰安市岱岳区人民法院（2023）鲁0911民初3636号民事判决；二、确认上诉人山东省泰安市岱岳区下港镇某村村民委员会与被上诉人泰安市某汽配有限公司2006年2月17日签订的《补充协议书》无效。

裁判理由

法院生效裁判认为，2005年7月16日某村村委会与某汽配公司签订的《承包合同书》约定了某汽配公司开发建设义务，并在合同第八条明确约定了投资数额、投资期限、开工建设期限、违约责任等内容。2006年2月17日的《补充协议书》，删除《承包合同书》第8条等条款内容，对于原合同约定的某汽配公司出资建设具体金额和期限、未依约建设的违约责任等内容均进行了删除。《补充协议书》将用于检验某汽配公司履行义务的可执行的量化指标内容予以删除，系对于某汽配公司合同义务的免除、对于某村集体利益有重大影响。该《补充协议书》是否有效，应从行为人的权限及是否具有主观善意来综合考量。首先，免除某汽配公司重要合同义务、减损村集体重大利益的《补充协议书》的签订，不属于法定代表人个人所能单独决定的事项，某村村委会的时任法定代表人张某友对此应明知。现已查明张某友违反议事规则、未履行法定程序，擅自与某汽配公司签订涉及村集体资产处置的协议，造成不良影响。其次，某汽配公司未尽到审查注意义务。某汽配公司在签订 2005 年 7 月 16 日的《承包合同书》时，已经审核过某村村委会经过法定程序作出的村民决议，知晓村委会订立此类协议须履行的法定程序。某汽配公司在订立《补充协议书》时，应当知道张某友个人并不具有该权限，并应当审查村委会履行民主议定程序的情况，但其并未审查，难以认定为善意。最后，2005 年 7 月 16 日《承包合同书》第六条约定了另行订立补充协议的事项范围，补充协议书内容并不属于《承包合同书》中第六条约定的另行订立补充协议的事项范围，亦难以认定某汽配公司系善意。结合上述考虑，在距原《承包合同书》签订仅七个月、办理公证仅一个月的情况下，就该《补充协议书》的签订，行为人张某友和某汽配公司均非善意，协议内容损害某村村集体利益，某村村委会主张确认合同无效，具有事实和法律依据，二审予以支持。因此，撤销一审判决，二审改判支持某村村委会的诉讼请求。

裁判要旨

村委会负责人违反议事规则、未履行法定程序，擅自签订补充协议，就依法成立的承包合同条款作出重大修改，免除承包方合同义务及违约责任的，不能认定系村集体组织的真实意思表示。在承包方不能提交证据证明其系善意的情况下，集体经济组织主张该补充协议无效的，人民法院应予支持。

关联索引

《农村土地承包法》第五十二条（本案适用的是 2003 年 3 月 1 日施行的《农村土地承包法》第四十八条）

《民法典》第一百五十四条（本案适用的是 1999 年 10 月 1 日施行的《合同法》第五十二条）

一审：山东省泰安市岱岳区人民法院（2023）鲁 0911 民初 3636 号民事判决（2023 年 8 月 14 日）

二审：山东省泰安市中级人民法院（2023）鲁 09 民终 3268 号民事判决（2023 年 11 月 29 日）

郑某芳等诉郑某亮土地经营权出租合同纠纷案

——同一块农村集体土地既颁发了承包经营权证又颁发了建设用地使用权证，属于土地使用权争议，应先向行政机关申请处理

关键词

民事　土地经营权出租合同　环资　农村集体土地　承包经营权　建设用地使用权　土地使用权争议　民事诉讼受案范围

基本案情

原告郑某芳等诉称：其以家庭承包方式取得案涉地块的土地承包经营权后，与郑某亮签订土地租赁合同，将土地经营权流转给郑某亮。双方约定租赁期限二十年，自2002年9月15日至2022年9月15日。合同履行期限届满后，郑某亮没有返还土地，故请求：确认双方签订的租赁合同已经到期终止；郑某亮恢复土地原状交还土地；郑某亮支付拖欠的租赁费。

被告郑某亮辩称：其经营洗桶厂需租用某村土地，分别与包括郑某芳等在内的所占土地的承包户签订了租赁合同。洗桶厂所用土地已于2008年经县人民政府规划为工业用地并已颁发建设用地使用权证书。郑某芳等持有的土地承包经营权证与郑某亮持有的集体土地使用权证所涉的土地存在重合，应当由当地人民政府处理，人民法院不宜直接审理。

法院经审理查明：郑某芳等通过家庭承包方式取得案涉土地承包经营权。2002年12月，郑某芳等与郑某亮签订《合同书》，约定郑某亮租赁郑某芳等承包土地1.5975亩，租赁费为每亩每年1000元，租赁期限为2002年9月15日至2022年9月15日。截至法庭辩论终结之日，郑某亮尚未支付2021年度、2022年度租赁费共计3194元。2015年5月，当地政府向郑某芳等颁发了农村土地承包经营权证，载明土地性质为基本农田。另查明，郑某亮租赁涉案土地后进行非农业建设，于2003年7月因违法占地被处以罚款。2008年8月，郑某亮经营的洗桶厂作为土地使用权人取得案涉土地使用权，当地政府为洗桶厂颁发建设用地使用权证，载明地类为工业，终止日期为2026年3月26日。再查明，郑某芳等向郑某亮交付土地时，土地为“耕地”且无附着物。

山东省滨州市博兴县人民法院于2023年3月31日作出（2022）鲁1625民初4047号民事判决：一、确认涉案《合同书》于2022年9月15日到期终止；二、被告郑某亮于本判决生效之日起三十日内返还原告郑某芳等《合同书》项下土地，同时恢复土地原状；三、被告郑某亮于本判决生效之日起十五日内支付原告郑某芳等租赁费3194元。郑某亮不服一审判决，向山东省滨州市中级人民法院提起上诉。山东省滨州市中级人民法院于2023年8月30日作出（2023）鲁16民终1368号民事判决：一、撤销山东省博兴县人民法院

（2022）鲁1625民初4047号民事判决；二、驳回被上诉人郑某芳等的起诉。郑某芳等不服二审判决，向山东省高级人民法院申请再审。山东省高级人民法院于2023年12月1日作出（2023）鲁民申11945号裁定：驳回郑某芳等的再审申请。

裁判理由

法院生效裁判认为，同一地块，郑某芳等一方主张其享有使用权，凭据是其持有农村土地承包经营权证；郑某亮一方主张其有使用权，凭据是其持有集体土地建设使用权证。经查，涉案《农村土地承包经营权证》系农业部监制，加盖博兴县人民政府公章；《集体土地建设使用权证》加盖国土资源部土地证书管理专用章及博兴县人民政府、博兴县国土资源局公章，以上两证均由国家权威部门作出，当其内容发生冲突时，应由相应的政府部门处理为宜。依据《土地管理法》第十四条规定："土地所有权和使用权争议，由当事人协商解决；协商不成的，由人民政府处理。单位之间的争议，由县级以上人民政府处理；个人之间、个人与单位之间的争议，由乡级人民政府或者县级以上人民政府处理。当事人对有关人民政府的处理决定不服的，可以自接到处理决定通知之日起三十日内，向人民法院起诉。在土地所有权和使用权争议解决前，任何一方不得改变土地利用现状。"本案应依据《土地管理法》第十四条及《土地权属争议调查处理办法》第九条的规定，告知当事人向有关行政主管部门申请解决，由行政主管部门履行法定职责，明确涉案土地用途，确定土地使用权归属。

裁判要旨

不同的土地用途对应不同的民事法律权利，由于同一块农村集体土地既颁发了承包经营权证又颁发了建设用地使用权证，并不具备进一步分析民事权利义务关系的前提条件。依据《土地管理法》第十四条及《土地权属争议调查处理办法》第九条的规定，当事人应向行政主管部门申请解决，由行政主管部门履行法定职责，明确案涉土地用途，确定土地使用权归属。在案涉土地存在权属争议的情况下，双方纠纷不属于人民法院民事诉讼的受案范围。

关联索引

《土地管理法》第十四条

《土地权属争议调查处理办法》第九条

《最高人民法院关于适用〈中华人民共和国民事诉讼法〉的解释》第三百二十八条

一审：山东省滨州市博兴县人民法院（2022）鲁1625民初4047号民事判决（2023年3月31日）

二审：山东省滨州市中级人民法院（2023）鲁16民终1368号民事判决（2023年8月30日）

再审审查：山东省高级人民法院（2023）鲁民申11945号民事裁定（2023年12月1日）

蒋某某诉某社区第一居民组侵害集体经济组织成员权益纠纷案

——侵害集体经济组织成员合法权益的收益分配方案应依法撤销

关键词

民事　侵害集体经济组织成员权益　收益分配方案　撤销

基本案情

原告蒋某某诉称：被告某社区第一居民组按照承包地的多少分配土地租金，侵犯了原告的合法权益。请求：撤销被告某社区第一居民组于2020年8月20日作出的土地收益分配方案。

被告某社区第一居民组辩称：被告某社区第一居民组经过民主议定作出案涉土地收益分配方案，土地流转入市获得的收益系租金收入，被告某社区第一居民组按照承包地的多少进行分配合理合法，请求人民法院判决驳回原告蒋某某的诉讼请求。

法院经审理查明：重庆市某区是实施农村集体经营性建设用地入市改革试点地区。当地某社区第一居民组所有的一块农村集体经营性建设用地被纳入改革试点范围。该地块最终采取出让方式入市交易，土地用途为工业用地，出让年限为四十年，入市价格为12.07万元/亩（其中，土地流转补偿费、青苗及地上附着物补偿费为6.6万元/亩，土地开发成本费、集体收益部分为5.47万元/亩），确认航拍测绘面积136.82亩，获得入市收益1651.42万元。

2020年8月，某社区第一居民组对入市收益中的青苗及地上附着物补偿费、土地流转补偿费制订分配方案如下：可纳入分配的费用为青苗及地上附着物补偿费、土地流转补偿费（6.6万元/亩），以户为单位，按照每户现场实际测量的承包地面积进行计算；全体承包农户现场测量的承包地面积共计198.97亩，需分配的资金为1313.2万元。

原告蒋某某及其父母均系某社区第一居民组集体经济组织成员，但在某社区第一居民组均没有承包地。原告蒋某某认为某社区第一居民组制定的收益分配方案严重侵害其合法权益，遂提起诉讼，请求法院判决撤销某社区第一居民组于2020年8月20日作出的收益分配方案。

重庆市大足区人民法院于2020年12月22日作出（2020）渝0111民初5251号民事判决：撤销被告某社区第一居民组于2020年8月20日作出的土地收益分配方案。宣判后，原告、被告均未提起上诉，判决已发生法律效力。

裁判理由

法院生效裁判认为，《物权法》第六十三条第二款规定：集体经济组织、村民委员会或者其负责人作出的决定侵害集体成员合法权益的，受侵害的集体成员可以请求人民法院予以撤销。本案中，蒋某某对某社区第一居民组就农村集体经营性建设用地入市收益作出的分配方案提出异议，人民法院应审查收益分配方案的效力。虽然某社区第一居民组对入市收益中的青苗及地上附着物补偿费、土地流转补偿费作出的分配方案经过民主议定，但是该分配方案以全体承包农户现场测量土地面积198.97亩为基数，仍按照6.6万元/亩的入市交易价格标准向承包农户分配青苗及地上附着物补偿费、土地流转补偿费，合计1313.2万元，而此次入市按照航拍面积136.82亩获得青苗及地上附着物补偿费、土地流转补偿费为903.01万元（6.6万元/亩×136.82亩），显然，依照该分配方案分配青苗及地上附着物补偿费、土地流转补偿费，严重占用了属于全体集体成员共同所有的土地开发成本费、集体收益部分等入市收益，必然导致包括蒋某某在内的少数没有承包地或者承包地面积较少的集体成员在另行分配集体收益时可分得的收益减少，直接损害了包括蒋某某在内的少数没有承包地或者承包地面积较少的集体成员的合法权益，故该分配方案不应作为收益分配的依据，依法判决撤销某社区第一居民组作出的收益分配方案。

裁判要旨

土地流转补偿费、青苗及地上附着物补偿费专项用于补偿集体经济组织内承包农户的土地经营权以及承包地上附着物、青苗费。虽然选择以承包地的实际面积或航拍面积分配此两项补偿款属于集体经济组织的自治权限，但在各项土地收益已确定的情况下，用于分配的土地流转补偿费、青苗及地上附着物补偿费总额不应占用全体集体成员共有的集体收益，否则将直接损害少数没有承包地或者承包地面积较少的集体成员的合法权益，属于集体经济组织作出决定侵害集体经济组织成员权益的情形，人民法院应当依法撤销该分配方案。

关联索引

《民法典》第二百六十五条第二款（本案适用的是2007年10月1日施行的《物权法》第六十三条第二款）

《村民委员会组织法》第二十七条第二款

一审：重庆市大足区人民法院（2020）渝0111民初5251号民事判决（2021年1月1日）

张某诉某村委会侵害集体经济组织成员权益纠纷案

——农村集体经济组织成员起诉村民委员会要求承包土地，不属于人民法院民事案件的受案范围

关键词

民事　侵害集体经济组织成员权益纠纷　村民　农村土地承包经营权　民事案件受案范围

基本案情

原告张某诉称：张某与某村村民王某结婚，双方约定，张某与女方王某的家庭成员共同生活，在与某村委会协商后，张某退出原来家庭所在集体经济组织，于2022年7月将户口迁到某村，成为该村集体经济组织成员，并按照要求办理了相关证明，但此后某村委会在每年例行调整分配责任田时，没有给张某分配责任田，也没有办理支付给张某责任田承包地补偿款的手续。某村委会的行为严重侵害张某的集体经济组织成员

权益，故请求法院判令：1. 张某依法享有分配某村委会责任田的权利，某村委会支付给原告责任田承包地补偿款 2400 元/年；2. 案件诉讼费由某村委会承担。

某村委会辩称：1. 张某虽然已经取得本集体经济组织户籍，但不能实际享有本集体经济组织成员分配土地的待遇，理由如下：第一，张某取得本集体经济组织成员户籍，未经某村委会、村民代表大会表决通过。第二，张某的户籍虽然迁入本村，但是张某并不以本集体经济组织的土地为基本生活来源和保障，没有在本集体经济组织形成较为固定的生产、生活。第三，根据某村委会村规民约、分配土地的民主程序以及相关法律规定，土地承包应经本集体村民会议讨论通过，2022 年经本集体经济组织召开村民代表大会，一致表决不同意向张某分配土地。2. 根据 2019 年《中共中央、国务院关于保持土地承包关系稳定并长久不变的意见》相关规定，继续提倡"增人不增地，减人不减地"，在第二轮土地承包到期后再延长三十年。即使张某已经取得本集体经济组织户籍，但是根据上述规定，在土地承包期届满前，被告无法为张某分配土地。综上，请求依法驳回张某的诉讼请求。

山东省邹平市人民法院于 2023 年 3 月 15 日作出（2023）鲁 1681 民初 1171 号民事裁定：驳回张某的起诉。一审裁定作出后，原告、被告均未上诉，本案现已生效。

裁判理由

法院生效裁判认为，《最高人民法院关于审理涉及农村土地承包纠纷案件适用法律问题的解释》第一条第二款规定："农村集体经济组织成员因未实际取得土地承包经营权提起民事诉讼的，人民法院应当告知其向有关行政主管部门申请解决。"土地承包经营权根据土地承包合同而取得，农村集体经济组织成员与村集体经济组织在依法签订土地承包合同之前，土地承包关系尚未建立，土地承包经营权也尚未取得。在此情况下，当事人向人民法院提起土地承包经营权取得之诉，因当事人与集体经济组织之间的关系不是平等民事主体之间的关系，其争议不属于人民法院受理民事案件的范围，张某应当向有关行政主管部门申请解决。

裁判要旨

土地承包经营权根据土地承包合同而取得，农村集体经济组织成员与农村集体经济组织在依法签订土地承包合同之前，土地承包关系尚未建立，土地承包经营权亦未取得。在此情况下，当事人向人民法院提起土地承包经营权取得之诉，因当事人与农村集体经济组织之间的关系不是平等民事主体之间的关系，其争议不属于人民法院受理民事案件的范围，当事人可向有关行政主管部门申请解决。

关联索引

《民法典》第二条

《农村土地承包法》第五条、第二十三条

《最高人民法院关于审理涉及农村土地承包纠纷案件适用法律问题的解释》第一条第二款

一审：山东省邹平市人民法院（2023）鲁 1681 民初 1171 号民事裁定（2023 年 3 月 15 日）

孙某诉某居委会侵害集体经济组织成员权益纠纷案

——“外嫁女”土地权益的保护

关键词

民事　侵害集体经济组织成员权益　“外嫁女”　土地权益保护

基本案情

原告孙某诉称：孙某系某县某居委会十一组成员，户口从未迁出该集体经济组织，一直享受集体经济组织成员待遇。2018年年底，某居委会以“外嫁女”不具有集体经济组织成员身份为由，拒绝向孙某发放芦苇荡和良田集体分红款。在孙某多次交涉下，某居委会才将2018年度分红款发放给孙某。2019年年底，某居委会再次拒绝向孙某发放年度分红款，为此孙某多次与某居委会交涉未果。故起诉至法院，请求法院判令：1. 被告向原告支付2019年度柴田分红款2100元、良（粮）田分红款600元，合计2700元；2. 确认原告系被告集体经济组织成员；3. 案件诉讼费由被告承担。

某居委会未作答辩。

法院经审理查明：孙某父母为某县某镇某居委会十一组村民。农村土地二轮承包时，孙某取得该组土地承包经营权，其户口亦一直在某居委会。2011年3月11日，孙某与张某某（非农业家庭户口）登记结婚，孙某的户口未迁出某居委会。近年来，某居委会将本居委会十一组柴田、粮田对外发包，收取承包金。2020年3月14日，某居委会在使用该十一组2019年度柴田承包金时，对每位十一组成员发放2450元柴田承包金分红，但孙某因属于“婚出姑娘”而未享受该组柴田承包金分红。孙某要求取得2019年度柴田、粮田承包金分红未果，故诉至法院。

江苏省阜宁县人民法院于2021年4月19日作出（2020）苏0923民初2646号民事判决：某居委会向孙某支付2019年度柴田分红款2100元，限于判决生效后十五日内履行完毕。判后双方均未上诉，一审判决已生效。

裁判理由

法院生效裁判认为，妇女在农村土地承包经营、集体经济组织收益分配、土地征收或者征用补偿费使用以及宅基地使用等方面，享有与男子平等的权利。任何组织和个人不得以妇女结婚、离婚等为由，侵害妇女在农村集体经济组织中的各项权益。本案孙某依法取得了某居委会相应份额的土地承包经营权，其结婚后户口未迁出某居委会，亦未在其他集体经济组织取得承包地，某居委会未提供证据证明孙某丧失该集体经济组织成员身份，故孙某应在农村土地承包经营、集体经济组织收益分配、土地征收或者征用补偿费使用等方面享有与其他成员平等的权利。某居委会以孙某属于“婚出姑娘”为由，不向其发放2019年度柴田承包金分红，该行为侵害了孙某的合法权益；对孙某要求某居委会支付相应份额的柴田承包金分红的诉请，人民法院依法予以支持。孙某未能提供证据证明粮田流转及收益分配等情况，其要求某居委会支付2019年度粮田承包金分红600元证据不足，对该诉讼请求法院不予支持。

裁判要旨

妇女在农村土地承包经营、集体经济组织收益分配、土地征收或者征用补偿费使用以及宅基地使用等方面，享有与男子平等的权利。任何组织和个人不得以妇女结婚、离婚等为由，侵害妇女在农村集体经济组织中的各项权益。

关联索引

《妇女权益保障法》第三十二条、第三十三条

一审：江苏省阜宁县人民法院（2020）苏0923民初2646号民事判决（2021年4月19日）

杨某玉诉某村民小组等侵害集体经济组织成员权益纠纷案

——不符合收养条件的养女，视具体情况参与集体收益分配

关键词

民事　侵害集体经济组织成员权益　集体收益分配　养女　居住生活　村民资格

基本案情

原告杨某金与父亲杨某佳等人于1967年从广东省信宜县迁入某村小组，后一直在某村小组生产、生活；原告邓某娣系其妻子，原告杨某华、杨某雄系其儿子，原告杨某玉系其养女（未办理收养手续），原告钟某琴、侯某兰、朱某凤系其儿媳，原告杨某轮、杨某鹏、杨某丽、杨某思、杨某系其孙子女。

杨某玉生于1991年12月27日，出生不久即被遗弃，由杨某金、邓某娣抱养。1997年5月30日杨某金、邓某娣向有关部门交纳了超生子女罚款1400元，该县某卫生院于1997年6月12日补发了杨某玉的出生证明，注明属第5胎，派出所于1997年6月17日为杨某玉办理了入户杨家的手续，登记为养女。杨某玉作为杨某金、邓某娣的养女一直在某村小组居住生活。

20世纪80年代初，农村实行第一轮联产承包责任制时，原告杨某金的父亲杨某佳在1981年11月8日向某村小组交纳了其家人17人，每人30元共510元的入队股金款后才参加某村小组的第一轮土地承包。

因湧江区工业开发园建设需要，2010年被告某村小组大坪山土地被征收。其中，旱地75亩，补偿款合计人民币2227500元；林地75亩，补偿款合计人民币975000元；果树补偿款合计人民币20万元；上述三项补偿款合计人民币3402500元。以上征地补偿款除开五四村委会提留款后已于2010年8月27日汇入某村小组财务彭某的账户内。2010年10月25日，被告某村小组通过召开村民代表大会进行讨论制订《某村大坪山征地款分配方案》，该分配方案规定：（1）1960年以前定居现有人口126人，每人分配2万元（包括每人0.3亩承包地的征地补偿款6405元）；（2）1960年以后定居现有人口每人分配2000元；（3）1982年以前（含1960年

后）定居现有人口每人分配6405元。原告杨某金等人认为该分配方案侵犯了其合法权益，于2010年11月24日提起诉讼，请求法院依法判决：1. 判令两被告向原告支付征地补偿款人民币26万元，两被告负连带清偿责任；2. 本案诉讼费用由被告承担。

广东省韶关市浈江区人民法院于2011年1月11日作出（2011）韶浈法民一初字第40号民事判决：一、限被告某村民小组在本判决生效后三日内给付原告杨某金、邓某娣等人民币24万元；二、驳回原告杨某玉的诉讼请求；三、驳回原告杨某金、邓某娣的其他诉讼请求。该案发生法律效力后，杨某玉向广东省韶关市中级人民法院申请再审。广东省韶关市中级人民法院于2012年7月2日作出（2012）韶中法民再终字第7号民事判决：一、撤销韶关市浈江区人民法院（2011）韶浈法民一初字第40号民事判决；二、限某村小组在本判决生效后三日内给付杨某金等人（含杨某玉）人民币每人各2万元，共计26万元；三、驳回杨某金等人（含杨某玉）的其他诉讼请求。

裁判理由

法院生效裁判认为，本案争议的焦点是杨某玉是否具有某村村民资格，是否有权享受相应的土地补偿款。根据再审查明的事实，杨某玉作为杨某金、邓某娣一家的家庭成员，一直在某村小组居住生活，依法具有某村村民资格，当然亦有权与其他村民一样享受相应的土地补偿款。一审以杨某金、邓某娣已育有子女，不符合收养人的条件，所以，杨某金、邓某娣与杨某玉之间依法不能形成养父母子女关系，杨某玉不具有某村集体经济组织成员资格为由，判决驳回杨某玉的诉讼请求，理由不当。退一步讲，即使杨某金、邓某娣与杨某玉之间依法不能形成养父母子女关系，但杨某玉于1997年6月17日入户杨某金家，其作为杨某金、邓某娣一家的家庭成员，一直在某村小组居住生活，亦具有某村村民资格，有权享受相应的土地补偿款。因此，一审在这一问题上的认定与处理显属不当，应予纠正。

裁判要旨

作为村民的养女，即便因养父母不符合收养人的条件，与养子女之间依法不能形成养父母子女关系，但养女一直在该农村居住生活，可以认为具有集体经济组织成员资格，应当具有平等的土地补偿款收益分配权。即便村民小组所制定的征地款分配方案是按民主程序在村民小组会议上通过，但如该分配方案剥夺了他人对于土地补偿款的平等分配权，人民法院应当依法予以纠正。

关联索引

《最高人民法院关于审理涉及农村土地承包纠纷案件适用法律问题的解释》第二十二条（本案适用的是2005年9月1日施行的《最高人民法院关于审理涉及农村土地承包纠纷案件适用法律问题的解释》第二十四条）

一审：广东省韶关市浈江区人民法院（2011）韶浈法民一初字第40号民事判决（2011年1月11日）

再审：广东省韶关市中级人民法院（2012）韶中法民再终字第7号民事判决（2012年7月2日）

蔡某珠诉九江市柴桑区某街道某村五组集体经济组织成员权益纠纷案

——妇女不因离异丧失原有的集体经济组织成员资格

关键词

民事　侵害集体经济组织成员权益　集体经济组织　妇女权益保障　村规民约　土地征收补偿

基本案情

原告蔡某珠诉称：原告于1993年结婚嫁到九江市柴桑区某街道某村五组（以下简称某村五组），户口亦迁至该村五组。婚生的两个孩子户口也在该村。后因夫妻感情不和与被告村民肖某胜于2018年8月30日离婚。离婚后，原告和两个孩子一直共同生活在该村，户口也一直在该村。原告是被告集体经济组织成员之一，理应享受本村村民的同等待遇。2023年5月，政府征收该村的水库和鱼塘等，被告获得200多万的征收款，理应合理分配给被告各个村民。其他五组村民每人都分得了1万元的征收补偿款，而被告拒绝向原告支付征收补偿款，侵犯了原告的合法权益。故请求法院判令：1. 被告支付原告应当享有的村集体征收补偿款1万元；2. 被告承担原告因维权支付的诉讼代理费2900元；3. 本案诉讼费由被告承担。

被告某村五组辩称，本来开始是说给蔡某珠分钱，但是后面投票的时候，有四个人跟蔡某珠同样情况（离婚），举手表决的时候大家统一决定都不分，包括不分给蔡某珠。法院审理查明：原告蔡某珠因与某村五组村民结婚将户口迁至该村，后双方离婚。原告的户籍仍保留在某村五组且在该村居住。2023年该组集体所有的两个水塘27.4879亩及相关附属设施和苗木被征收，所获征收款2462668元。经某某村五组小组会商议，以每人1万元的标准分配给了村小组的243人，余款在某村五组组长处，原告蔡某珠未在分配范围内。江西省九江市柴桑区人民法院于2023年10月16日作出民事判决：一、由被告九江市柴桑区某街道某村五组于本判决生效后十日内向原告蔡某珠支付征收补偿款1万元；二、驳回原告蔡某珠的其他诉讼请求。宣判后，双方均没有提起上诉，判决已发生法律效力。

裁判理由

法院生效裁判认为，原告蔡某珠因合法婚姻落户在被告某村五组，虽然后来离婚，但户籍仍在某村五组，且在该村组居住生活，故应当认定原告蔡某珠具有某村五组集体经济组织的成员资格。《妇女权益保障法》第五十五条第一款规定："妇女在农村集体经济组织成员身份确认、土地承包经营、集体经济组织收益分配、土地征收补偿安置或者征用补偿以及宅基地使用等方面，享有与男子平等的权利"；第五十六条第一款规定："村民自治章程、村规民约，村民会议、村民代表会议的决定以及其他涉及村民利益事项的决定，不得以妇女未婚、结婚、离婚、丧偶、户无男性等为由，侵害妇女在农村集体经济组织中的各项权益”，据此，原告蔡某珠作为某村五组集体经济组织的成员，依法享有平等土地征收补偿款分配的权利。本案中，被告某村五组小组会议讨论不分配具有某村五组集体经济组织成员资格的原告蔡某珠的征收补偿款，违反法律规定，故对于原告蔡某珠要求被告某村五组支付村集体征收补偿款 1 万元的诉讼请求，依法予以支持。

裁判要旨

妇女享有同男子平等的土地承包经营权、集体经济组织收益分配权、土地征收补偿安置或者征用补偿权，不因离异而丧失原有的集体经济组织成员资格。村民会议、村民代表会议的决定及其他涉及村民利益事项的决定，不得以妇女离婚等为由侵害妇女在农村集体经济组织中的各项权益。

关联索引

《妇女权益保障法》第五十五条第一款、第五十六条

一审：江西省九江市柴桑区人民法院（2023）赣 0404 民初 2439 号民事判决（2023 年 10 月 16 日）

江苏某种业科技有限公司诉秦某某植物新品种权权属、侵权纠纷案

——当事人对是否以许可使用费作为侵权赔偿计算方式存在争议时法院如何认定

关键词

民事　植物新品种权属、侵权纠纷　侵权赔偿　许可使用费　自繁自用

基本案情

2010 年 12 月 10 日，某农科院向农业部申请“南粳 9108”水稻植物新品种权，并于 2015 年 5 月 1 日获得授权，品种权号为 CNA20×××060. ×，保护期限十五年。2015 年 5 月 1 日，某农科院以独占许可方式许可江苏某种业科技有限公司（以下简称江苏某公司）实施涉案品种，即生产、销售“南粳 9108”水稻种子，并有权对未经许可擅自生产、包装、销售“南粳 9108”水稻种子的单位和个人追究法律责任，还有权对涉案品种获得授权前生产、销售该品种种子的单位和个人进行追偿。江苏某公司主张秦某某侵犯了“南粳 9108”的植物新品种权，遂向法院起诉。

江苏省南京市中级人民法院于 2019 年 6 月 26 日作出（2018）苏 01 民初 1453 号民事判决：一、秦某某自本判决生效之日起立即停止侵害江苏某公司“南粳 9108”水稻种子独占实施许可权；二、秦某某自本判决生效之日起十五日内赔偿江苏某公司经济损失 50 万元。秦某某不服，提起上诉。最高人民法院于 2020 年 12 月 30 日作出（2019）最高法知民终 407 号民事判决：一、维持江苏省南京市中级人民法院（2018）苏 01 民初 1453 号民事判决第一项；二、变更江苏省南京市中级人民法院（2018）苏 01 民初 1453 号民事判决第二项为“秦某某自本判决生效之日起十五日内赔偿江苏某公司经济损失 10 万元”；三、驳回江苏某公司的其他诉讼请求。宣判后，江苏某公司向最高人民法院申请再审。最高人民法院于 2021 年 9 月 29 日作出（2021）最高法民申 5178 号民事裁定：驳回再审申请。

裁判理由

法院生效裁判认为，

1. 关于秦某某是否实施了销售涉案种子的侵权行为。江苏某公司主张秦某某存在“以稻换种”的变相销售行为，但该事实仅有王某某接受执法人员询问时的陈述，且其中并未说明“以稻换种”行为所涉及的具体品种，也未得到“以稻换种”行为另一方相对人秦某某的确认，更无其他证据与之相印证。故二审判决认定秦某某销售涉案种子的证据不足并无不当。

2. 于侵权损害赔偿的数额。《最高人民法院关于审理侵犯植物新品种权纠纷案件具体应用法律问题的若干规定》第六条第二款、第三款规定，人民法院可以根据被侵权人的请求，按照被侵权人因侵权所受损失或者侵权人因侵权所得利益确定赔偿数额；被侵权人请求按照植物新品种实施许可费确定赔偿数额的，人民法院可以根据植物新品种实施许可的种类、时间、范围等因素，参照该植物新品种实施许可费合理确定赔偿数额。依照前款规定难以确定赔偿数额的，人民法院可以综合考虑侵权的性质、期间、后果，植物新品种实施许可费的数额，植物新品种实施许可的种类、时间、范围及被侵权人调查、制止侵权所支付的合理费用等因素，在50万元以下确定赔偿数额。本案中，秦某某的侵权行为系未经许可、为商业目的而生产了涉案品种的繁殖材料。江苏某公司作为涉案品种的被许可使用人，在一审中未陈述并举证证明涉案品种的许可费情况、为制止侵权行为所支出的合理费用，二审法院考虑已查明秦某某未经许可生产的涉案品种繁殖材料为17600公斤，且江苏某公司主张其生产、销售涉案品种繁殖材料的利润为2.8元/斤较合理，估算秦某某在本案中的侵权行为给江苏某公司造成的经济损失为10万元，并无不妥。虽然江苏某公司申请再审阶段提交了其向品种权人支付独占实施许可费450万元的相关证据，但其被许可的地域范围、持续时间等因素与本案情况差别较大，不能直接作为确定本案赔偿数额的依据，上述证据不足以推翻二审处理结果。

裁判要旨

当事人对是否以许可使用费作为侵权赔偿计算方式存在争议时，人民法院可结合许可使用费所涉及的被许可的地域范围、持续时间等因素进行综合考量。

关联索引

《最高人民法院关于审理侵犯植物新品种权纠纷案件具体应用法律问题的若干规定》第六条（本案适用的是2007年2月1日施行的《最高人民法院关于审理侵犯植物新品种权纠纷案件具体应用法律问题的若干规定》第六条）

一审：江苏省南京市中级人民法院（2018）苏01民初1453号民事判决（2019年6月26日）

二审：最高人民法院（2019）最高法知民终407号民事判决（2020年12月30日）

再审审查：最高人民法院（2021）最高法民申5178号民事裁定（2021年9月29日）

张某非法占用农用地案

——非法占用农用地中“擅自改变土地用途”的认定

基本案情

被告人张某于2013年年底，未经审批，擅自指使他人利用推土机推土形成坑塘的方式，将其承租的位于天津市武清区崔某村南二段的土地改造为鱼塘，形成坑塘面积42.63亩。经某农业科技有限公司技术鉴定，张某改造42.63亩土地形成坑塘的行为，改变了37.82亩农用耕地（水浇地）的性质，使上述37.82亩农用耕地（水浇地）的种植条件遭到严重毁坏。

天津市武清区人民法院于2020年5月15日作出（2020）津0114刑初79号刑事判决：被告人张某犯非法占用农用地罪，判处有期徒刑一年六个月，并处罚金人民币3万元。宣判后，没有上诉、抗诉，判决已发生法律效力。

裁判理由

法院生效裁判认为，1. 被告人不能将租赁取得的耕地擅自改作他用。《土地管理法》明确规定，国家实行土地用途管制制度，使用土地的单位和个人必须严格按照土地利用总体规划确定的用途使用土地。该法第二十五条第一款规定：“经批准的土地利用总体规划的修改，须经原批准机关批准；未经批准，不得改变土地利用总体规划确定的土地作用。”因此，农用地使用权人在承包期限内可以行使一定的处分权，在经集体土地所有者同意的情况下，可以将其享有的土地权利转让、转包、抵押、作价出资或入股，但是不得擅自改变权利取得时确定的土地用途，不得擅自将农用地转变为非农用地。耕地、林地、草地、农田水利用地及养殖水面等农用地之间用途的转变，也必须在不违反国家土地利用总体规划的前提下依严格的法定程序进行，并经集体土地所有者同意。《土地管理法实施条例》第六条第二款规定：“依法改变土地用途的，必须持批准文件，向土地所在地的县级以上人民政府土地行政主管部门提出土地变更登记申请，由原土地登记机关依法进行变更登记。”被告人张某未经申请，擅自将承租取得的37.82亩农用耕地挖成鱼塘，属于非法改变耕地用途，其行为违反了土地管理法规。

2. 被告人构成非法占用农用地罪。按照《刑法》第三百四十二条的规定，非法占用农用地罪的客观方面是实行了“违反土地管理法规，非法占用耕地、林地等农用地，改变被占用土地用途，数量较大，造成耕地、林地等农用地大量毁坏”的行为。“数量较大”和“造成耕地、林地等农用地大量毁坏”是认定构成非法占用农用地罪的必要条件。对此，2000年6月22日施行的《最高人民法院关于审理破坏土地资源刑事案件具体应用法律若干问题的解释》第三条作出了明确规定，非法占用耕地“数量较大”，是指非法占用基本农田5亩以上或者非法占用基本农田以外的耕地10亩以上；非法占用耕地“造成耕地大量毁坏”，是指行为人非法占用耕地建窑、建坟、建房、挖沙、采石、采矿、取土、堆放固体废弃物或者进行其他非农业建设，造成基本农田5亩以上或者非法占用基本农田以外的耕地10亩以上种植条件严重毁坏或者严重污染。本案被告人张某非法占用并毁坏的是农用耕地，且经某农业科技有限公司技术鉴定，被告人张某改造42.63亩土地形成坑塘的行为，改变了37.82亩农用耕地（水浇地）的性质，使上述37.82亩农用耕地（水浇地）的种植条件遭到严重毁坏，具备“造成耕地大量毁坏”的条件。因此，被告人张某的行为构成非法占用农用地罪。故法院依法作出如上裁判。

裁判要旨

行为人未经审批，擅自将其租赁的耕地改造成鱼塘，属于《刑法》第三百四十二条所规定的“改变被占用土地用途”的行为，如果数量较大，造成耕地大量毁坏的，则行为人构成非法占用农用地罪。

关联索引

《刑法》第三百四十二条

一审：天津市武清区人民法院（2020）津0114刑初79号刑事判决（2020年5月15日）

梁某东等人非法占用农用地案

——村民小组组长在土地发包过程中违反土地管理法规变更土地用途、毁坏耕地的性质认定

关键词

刑事　非法占用农用地罪　村民小组组长　变更土地用途　毁坏耕地

基本案情

2016年年初，被告人梁某友、梁某斌、梁某明在分别担任或代理广东省肇庆市鼎湖区某村委会1、2、3队村民小组组长期间，为增加村集体收入，经村民会议讨论决定，将村属耕地通过公开招投标方式发包出去挖塘养鱼。被告人梁某东中标后，上述三被告人代表各村民小组作为发包方分别与梁某东签订了《鱼塘承包合同》。合同签订后，在没有办理合法用地相关手续，且缺少相应职能部门统一监管的情况下，被告人梁某东在承包的耕地上挖掘鱼塘、搭建猪舍。经勘测和鉴定，涉案的54.53亩耕地规划用途为基本农田保护区，毁坏前地类为水田；非法占用的耕地耕作层、灌溉设施被完全毁坏，难以恢复。2017年12月，被告人梁某东等四人先后主动到公安机关投案，如实交代了本案犯罪事实。

广东省肇庆市鼎湖区人民法院于2018年4月19日作出（2018）粤1203刑初8号刑事判决，以非法占用农用地罪分别判处梁某东、梁某明、梁某友、梁某斌十个月至八个月不等有期徒刑，并处罚金人民币5万元，并依法对梁某友、梁某斌适用缓刑。宣判后，梁某明、梁某东提出上诉。梁某明在二审阶段撤回上诉。广东省肇庆市中级人民法院于2018年6月27日作出（2018）粤12刑终160号刑事裁定：准许梁某明撤

回上诉，驳回上诉人梁某东的上诉，维持原判。

裁判理由

法院生效裁判认为，被告人梁某友、梁某斌、梁某明作为鼎湖区某村委会1、2、3队村民小组的组长，违反土地管理法规，代表村集体将村数量较大的耕地非法发包，致被告人梁某东违反土地管理法规，在没有办理合法用地相关手续及缺乏统一监管的情况下，在承包的耕地上挖掘鱼塘，搭建猪舍，非法占用耕地54.53亩，改变被占用土地用途，数量较大，造成农用地大量毁坏。被告人梁某东、梁某明、梁某友、梁某斌的行为均已构成非法占用农用地罪。鉴于四被告人主动投案，如实供述本案犯罪事实，系自首，且均认罪、悔罪，可依法予以从轻处罚。故法院依法作出如上裁判。

裁判要旨

村民小组随意变更土地性质、用途将土地发包，数量较大，造成耕地、林地等农用地大量毁坏的，可以依法追究作为直接负责的主管人员的村民小组组长的刑事责任。

关联索引

《刑法》第三百四十二条

一审：广东省肇庆市鼎湖区人民法院（2018）粤1203刑初8号刑事判决（2018年4月19日）

二审：广东省肇庆市中级人民法院（2018）粤12刑终160号刑事裁定（2018年6月27日）

季某辉、李某非法占用农用地案

——以修建大棚、发展农业养殖为名的非法占用农用地行为认定

关键词

刑事　非法占用农用地罪　农业养殖　取土挖砂　追缴

基本案情

2011年，被告人季某辉、李某以修建大棚、发展农业养殖为名，从村民手中承包、置换了位于辽宁省大连市普兰店区某街道某村的部分土地，购置了铲车、洗砂船等设备，组织人员挖土洗砂并对外销售。同年11月，季某辉被原辽宁省普兰店市国土资源局处以责令限期将被毁坏耕地复种及罚款900310元的行政处罚。被行政处罚后，季某辉、李某仍继续从村民手中承包、置换土地并取土对外销售，造成农用地严重破坏。经鉴定，2011年至2014年，季某辉、李某以取土形式破坏耕地63.72亩，其中永久基本农田54.25亩，挖掘深度达0.54米，原种植层已被破坏。季某辉、李某非法获利共计人民币664500元。

辽宁省大连市沙河口区人民法院于2022年11月28日作出（2021）辽0204刑初216号刑事判决：一、判处季某辉有期徒刑三年六个月，并处罚金人民币5万元；二、判处李某有期徒刑一年六个月，并处罚金人民币5万元；三、追缴季某辉、李某的违法所得，上缴国库。季某辉、李某不服，提起上诉。辽宁省大连市中级人民法院于2023年3月27日作出（2023）辽02刑终76号刑事

裁定，驳回上诉，维持原判。

裁判理由

法院生效裁判认为，被告人季某辉、李某违反土地管理法规，非法占用农用地，改变被占用土地用途，数量较大，造成农用地大量毁坏，其行为已构成非法占用农用地罪。故法院依法作出如上裁判。

裁判要旨

违反土地管理法规，以修建大棚、发展农业养殖为名，针对耕地进行非法取土，造成耕地大量毁坏，符合《刑法》第三百四十二条规定的，应以非法占用农用地罪论处。

关联索引

《刑法》第三百四十二条

一审：辽宁省大连市沙河口区人民法院（2021）辽0204刑初216号刑事判决（2022年11月28日）

二审：辽宁省大连市中级人民法院（2023）辽02刑终76号刑事裁定（2023年3月27日）

于某鹏等非法占用农用地案

——在林地上种植农作物“毁坏”林地的认定

关键词

刑事　非法占用农用地罪　种植农作物　毁坏

基本案情

2017年至2019年，被告人于某鹏、黄某凤、卢某祥、马某发租赁位于辽宁省宽甸满族自治县大西岔镇的多处林地，后违反土地管理法规，翻整涉案林地，并使用挖掘机清理林地内的树根、石块后，自己或者转租他人种植人参，造成林地原有植被严重毁坏。经鉴定，于某鹏、黄某凤、卢某祥、马某发分别非法占用林地183.8亩、51.6亩、65.1亩、24.2亩。

辽宁省丹东市元宝区人民法院于2023年3月30日作出（2022）辽0602刑初156号刑事判决，认定被告人于某鹏犯非法占用农用地罪，判处有期徒刑一年十一个月，并处罚金人民币十八万四千元；被告人黄某凤犯非法占用农用地罪，判处有期徒刑八个月，并处罚金人民币五万二千元；被告人卢某祥犯非法占用农用地罪，判处有期徒刑九个月，并处罚金人民币六万五千元；被告人马某发犯非法占用农用地罪，判处有期徒刑七个月，缓刑一年，并处罚金人民币二万四千元。宣判后，没有上诉、抗诉，判决已发生法律效力。

裁判理由

法院生效裁判认为，于某鹏、黄某凤、卢某祥、马某发违反土地管理法规，非法占用林地种植人参，数量较大，造成林地大量毁坏，构成非法占用农用地罪。

裁判要旨

林地是依法规划确定的用于发展林业的土地。保证林地专门用途，对于有效保护地上原有植被，维持森林生态系统的多样性、稳定性、持续性，确保森林资源发挥应有生态功能，至关重要。在林地上进行非林业生产、建设，造成原有植被、林业生产条件被严重破坏的，属于毁坏林地；符合《刑法》第三百四十二条规定的，应当以非法占用农用地罪论处。

关联索引

《刑法》第三百四十二条

一审：辽宁省丹东市元宝区人民法院（2022）辽0602刑初156号刑事判决（2023年3月30日）

徐某成非法占用农用地案

——破坏林地原有植被"毁坏"林地的认定

关键词

刑事　非法占用农用地罪　破坏原有植被　林地

基本案情

2018年3月至2022年5月，被告人徐某成承建陕西省商洛市商南县赵川镇文化坪村某标段道路建设工程。施工过程中，在未办理使用林地审核同意书的情况下，非法占用涉案道路所在区域内的林地，并采用爆破、挖掘等方式施工，造成林地上原有植被大量毁损。经勘验，徐某成共占用国家重点公益林、用材林林地62.66亩，毁坏程度为重度。案发后，徐某成经公安机关传唤到案，如实供述了犯罪事实。

陕西省商南县人民法院于2023年5月12日作出（2023）陕1023刑初19号刑事判决：被告人徐某成犯非法占用农用地罪，判处有期徒刑一年六个月，宣告缓刑，缓刑考验期限二年，并处罚金人民币二万元。宣判后，没有上诉、抗诉，判决已发生法律效力。

裁判理由

法院生效裁判认为，被告人徐某成违反土地管理法规，非法占用林地，改变被占用林地用途，数量达62.66亩，造成林地大量毁坏，构成非法占用农用地罪。

裁判要旨

毁坏林地的实质在于破坏林地土壤种植条件或者原有生态功能。非法占用林地并进行修建道路、厂房等非林业生产、建设，造成林地被严重污染或者原有植被、林业生产条件被严重破坏的，应当认定为"毁坏"林地；符合《刑法》第三百四十二条规定的，应当以非法占用农用地罪论处。

关联索引

《刑法》第三是二十四条

一审：陕西省商南县人民法院（2023）陕1023刑初19号刑事判决（2023年5月12日）

山东省滨州市人民检察院诉杨某义、山东省某实业有限公司生态环境保护民事公益诉讼案

——统筹协调行政、刑事、民事法律手段，惩治违法违规占用耕地违法犯罪行为

关键词

民事　生态环境保护民事公益诉讼　非法占用耕地　生态修复

基本案情

2011 年 1 月 10 日，杨某义（山东省某实业有限公司的出资人及经营管理人）与山东省滨州市沾化区古城镇某村村民委员会就村内 45.21 亩集体土地签订租赁合同，用于厂房及其他项目的建设。2017 年 8 月 7 日，山东省滨州市沾化区国土资源局（以下简称沾化区国土局）因山东省某实业有限公司、杨某楠（系杨某义之子、山东省某实业有限公司法定代表人）非法占地作出行政处罚，责令其拆除违法占地上的建筑物和其他设施、退还非法占用的土地、恢复土地原貌，并给予罚款，同时将该案件线索移送公安机关立案侦查。2018 年 2 月 7 日，沾化区国土局又向山东省某实业有限公司作出《履行行政处罚决定催告书》，山东省某实业有限公司仍未履行。在法定期限内，沾化区国土局未申请强制执行。2018 年 5 月 2 日，山东省滨州市沾化区人民法院作出刑事判决，认定杨某义、山东省某实业有限公司均构成非法占用农用地罪。之后，山东省滨州市人民检察院向济南铁路运输中级法院提起民事公益诉讼，请求判令杨某义、山东省某实业有限公司停止侵害，排除非法占用涉案耕地上的建筑物及设施，恢复土地原状。

山东省济南铁路运输中级法院于 2023 年 6 月 6 日作出（2022）鲁 71 民初 10 号民事判决：一、杨某义、山东省某实业有限公司立即停止对涉案耕地的非法占用，于本判决生效之日起六个月内自行拆除涉案耕地上的建筑物及设施并对涉案耕地进行修复，修复完成后应经当地行政主管部门验收合格；二、上述第一项义务逾期未完成的，杨某义、山东省某实业有限公司应当交纳生态环境修复费用 223633.65 元；三、杨某义、山东省某实业有限公司于本判决生效后十日内向山东省滨州市人民检察院支付鉴定费 28400 元。宣判后，杨某义、山东省某实业有限公司不服，提起上诉。山东省高级人民法院于 2023 年 9 月 25 日作出（2023）鲁民终 1020 号民事判决，驳回上诉，维持原判。

裁判理由

法院生效裁判认为，杨某义、山东省某实业有限公司未经批准，以租赁形式长期非法占用涉案耕地建造厂房、污水处理设施等用于生产经营，造成涉案耕地大量毁坏，损害国家利益和社会公共利益。本案检察机关提起民事公益诉讼符合法律规定，不受行政机关是否限期作出行政处罚、采取行政措施的制约。故法院依法作出如上裁判。

裁判要旨

行为人因非法占用农用地被行政处罚和刑事制裁，在未履行行政处罚决定情形下，应同时依法承担拆除违法建筑物、修复涉案耕地的民事责任。人民法院统筹协调行政、刑事、民事法律手段，有效衔接对同一违法行为的行政处罚、刑事制裁和民事赔偿三种责任，严厉惩治违法违规占用耕地违法犯罪行为，对实现受损耕地的有效修复，形成耕地资源保护整体合力具有重要意义。

关联索引

《民法典》第一千一百六十八条、第一千二百三十四条、第一千二百三十五条

《土地管理法》第三十七条、第七十七条

一审：济南铁路运输中级法院（2022）鲁71民初10号民事判决（2023年6月6日）

二审：山东省高级人民法院（2023）鲁民终1020号民事判决（2023年9月25日）

贵州黄平某实业有限公司等非法占用农用地刑事附带民事公益诉讼案

——采取劳务分包方式转嫁法律责任的，应当对全部非法占用的农用地面积承担刑事责任和民事修复责任

关键词

刑事　刑事附带民事公益诉讼　非法占用农地罪　毁坏林地耕地　劳务分包

基本案情

2014年5月至2021年12月，被告单位贵州黄平某实业有限公司（以下简称某实业公司）在未取得占用农用地手续的情况下，长期在贵州省黔东南苗族侗族自治州黄平县某矿区采矿，造成农用地大面积毁坏。某实业公司为规避办理林地占用手续，将矿山的采矿工作以劳务发包给自然人，由自然人租用林地，得到某实业公司允许后采矿，采矿过程由某实业公司矿山部负责监管，采挖的矿石由该公司统一收购，开采人从中获取利润。

被告人林某洪安排被告人林某雄负责某实业公司在案涉矿区的日常事务，通过林某雄汇报得知某实业公司在未办理征占农用地手续的情况下，对矿区拆分采取劳务分包方式进行开采，由自然人替某实业公司接受林业行政处罚等情况，并表示认可。林某雄安排被告人林某负责对接黄平县林业局、国土资源局等行政主管部门，并办理矿山开采所需的征占用林地、由自然人接受行政处罚等相关手续。

经鉴定，被告单位某实业公司在案涉矿区采矿毁坏林地面积63.5693公顷（953.5395亩），毁坏林木蓄积541.6立方米，造成直接经济损失8243548元；采矿毁坏耕地面积120.9亩，其中，水田33.9亩、旱地87.0亩。经评估，案涉矿区生态修复费用共计6335.69万元。

2021年12月，经中央生态环境保护督察，生态环境部将“某实业公司违法违规开采，生态破坏和环境污染严

重”作为典型案例进行通报。案发后，林某洪、林某雄、林某等经公安机关传唤后到案，如实供述了犯罪事实。公安机关冻结了某实业公司矿山地质环境恢复治理基金金额3929351.87元。某实业公司及采矿的自然人共缴纳生态修复费用1783.13万元。

贵州省镇远县人民法院于2023年4月23日作出（2022）黔2625刑初110号刑事附带民事判决：一、被告单位某实业公司犯非法占用农用地罪，判处罚金人民币200万元；二、被告人林某洪犯非法占用农用地罪，判处有期徒刑三年六个月，并处罚金人民币15万元；三、被告人林某雄犯非法占用农用地罪，判处有期徒刑三年六个月，并处罚金人民币15万元；四、林某犯非法占用农用地罪，判处有期徒刑二年六个月，并处罚金人民币10万元……六、某实业公司于判决生效后六个月内对其非法占用的农用地参照《贵州省乌蒙地质工程有限公司关于贵州省黄平县某某铝土矿生态修复工程勘查报告与施工图设计》方案进行修复，如未履行修复义务，则承担生态修复费用6335.69万元。宣判后，被告人林某洪、林某雄、林某提起上诉。贵州省黔东南苗族侗族自治州中级人民法院于2023年9月28日作出（2023）黔26刑终148号刑事附带民事裁定，驳回上诉，维持原判。

裁判理由

法院生效裁判认为，被告单位某实业公司非法占用农用地进行采矿，改变被占用土地用途，数量较大，造成耕地、林地等农用地大量毁坏，构成非法占用农用地罪。某实业公司在取得采矿许可证后，为规避违规占用农用地采矿，将占用的农用地面积化整为零，应对全部非法占用的农用地面积承担责任。被告人林某洪、林某雄是某实业公司直接负责的主管人员，被告人林某是某实业公司的直接责任人员，应承担单位犯罪的相应责任，按非法占用农用地罪处罚。某实业公司非法占用农用地的行为，对被占用的土地造成了生态破坏，应对其非法占用农用地所破坏的土地资源环境进行修复。故法院依法作出如上裁判。

裁判要旨

被告单位虽然取得采矿许可证，但未依法办理土地征用、林地占用手续，采取劳务分包方式化整为零、转嫁法律责任，造成农用地大量毁坏、严重破坏生态环境的，应当对全部非法占用的农用地面积承担刑事责任和民事责任。

关联索引

《刑法》第三百四十二条

《最高人民法院、最高人民检察院关于办理环境污染刑事案件适用法律若干问题的解释》第十六条

《最高人民法院关于审理破坏森林资源刑事案件适用法律若干问题的解释》第一条

《最高人民法院关于审理破坏土地资源刑事案件具体应用法律若干问题的解释》第三条

一审：贵州省镇远县人民法院（2022）黔2625刑初110号刑事附带民事判决（2023年4月23日）

二审：贵州省黔东南苗族侗族自治州中级人民法院（2023）黔26刑终148号刑事附带民事裁定（2023年9月28日）

4. 林地与草地管理

杨某家诉贵州省安龙县某村民委员会、某村二组林业承包合同纠纷案

——依法保护林业经营者合法权益，倡导诚实守信的社会主义核心价值观

关键词

民事　林业承包合同　采伐许可证　诚实守信　谁造谁有

基本案情

原告杨某家诉称：安龙县某村二组（以下简称某村二组）在本村小地名为浪大处拥有一片山林，由于管理不善的原因，树木经常被人盗伐。2004 年，为了管理保护好林木，某村二组经过集体协商后决定有偿承包给农户。2004 年 2 月，原告经过某村二组村民大会同意，以人民币 4500 元承包到该林地。2004 年 4 月 1 日，原告与安龙县某村民委员会（以下简称某村委会）、某村二组签订《拍卖（租赁）山林合同书》。合同约定：甲方（某村二组）将集体山林约 600 亩拍卖（租赁）给乙方（原告），期限为十五年；年期限满后，直径在 10 厘米以上的树木由原告处理；十五年内如乙方（原告）办手续出售，甲方（被告）给予出证。原告与被告签订合同后，按时交纳了 4500 元承包费。2009 年 12 月 15 日，林业站经过勘测办理了林权证给原告，林地面积经过测量为 176. 93 亩。2019 年 4 月，原告承包的林地林木到期，原告要求二被告出具办理砍伐证的手续时被拒绝。以后经原告多次请求，二被告一直没有出具手续给原告，导致原告一直无法办理砍伐手续。故请求判决：1. 被告履行合同义务，出具林木砍伐手续给原告；2. 二被告承担本案诉讼费用。

被告某村二组辩称：我方一直不知道有原告所提交的合同，我所知道的只有 1989 年签订的荒山承包合同，且原告提交的合同上只有村委会盖章，在政府和林业站均无留底，另原告提交的合同上所载在场人并无我组村民及干部，故该合同的合法性存在问题。现我个人不能表态能否办理手续，须经 80% 的村民代表同意。

被告某村委会辩称：村委会认为原告方提交的合同是具有法律效力的，要是组里面同意办理手续我们就予以支持，如若组里面不同意，我方也无法办理。

法院经审理查明：某村二组在本组小地名“浪大”处有集体所有的林地一片，1989 年时曾经发包给杨某仁等户承包管理十五年。2004 年到期后，经时任组长郎某明组织本组部分群众召开会议，议定于 2004 年 2 月 28 日（农历正月二十九日）进行公开招标会议，对浪大处林地的承包经营权进行拍卖（租

赁）。当时确定的招标底价为5000元，无人竞标，最后原告杨某家以4500元中标。同年4月1日（农历闰二月十二日），某村二组作为甲方，杨某家作为乙方，双方签订《拍卖（租赁）山林合同书》，约定甲方将浪大集体山林约六百亩拍卖（租赁）给乙方，拍卖（租赁）期限为十五年，拍卖（租赁）价款为4500元，十五年期满后乙方交回山林，幼树苗（高1.5米，直径为10厘米，包括自植树林在内）归甲方，直径10厘米以上归乙方自行处理，不另付任何报酬。不能留荒坡和种植农作物。十五年内如乙方办手续出售，甲方给予出证，一切手续由乙方自行办理。招标拍卖（租赁）价为4500元，招标时先付1000元，合同签署时全部交清。一经合同签署成交，任何单位或个人不得干预。郎某明作为甲方代表、杨某家为乙方代表分别在合同上签名捺印，在场人中有杨某兴、郎某代、郎某桐、郎某江、王某灿、郎某、郎某格、郎某灿等8人在合同上签名；某村委会作为在场参与立合同单位在合同上盖章。合同签订后，杨某家于当日交付拍卖（租赁）现金4500元给郎某明，郎某明出具收条1份给原告，随后原告即对该片林地进行管理。2009年12月15日，杨某家取得由安龙县林业局登记核准、安龙县人民政府颁发的［安府］林证字（2009）第5223280500016-1/X号《林权证》，该证上记载林地所有权人为某村二组，林地使用权人、森林或林木所有权权利人为杨某家，小地名浪大，面积176.93亩，主要树种为云南松，林种为用材林，林地使用期十五年，终止日期2019年3月31日。合同约定期限届满后，原告向某村二组要求在采伐申请上签署意见时，该组负责人不同意签署，双方为此产生争议，经某村委会多次协调未果，原告遂诉至本院。

贵州省安龙县人民法院于2019年10月14日作出（2019）黔2328民初1542号民事判决：由被告某村二组于本判决生效后三十日内为原告杨某家申请办理采伐许可证出具相关手续（合同约定的“出证”）。宣判后，当事人均未上诉，一审判决已发生法律效力。

裁判理由

法院生效裁判认为，依法成立的合同，对当事人具有法律约束力。当事人应当按照约定全面履行自己的义务。当事人一方不履行合同义务或者履行合同义务不符合约定的，应当承担继续履行、采取补救措施或赔偿损失等违约责任。

《农村土地承包法》第二条规定，本法所称农村土地，是指农民集体所有和国家所有依法由农民集体使用的耕地、林地、草地，以及其他依法用于农业的土地。第三条规定，国家实行农村土地承包经营制度。农村土地承包采取农村集体经济组织内部的家庭承包方式，不宜采取家庭承包方式的荒山、荒沟、荒丘、荒滩等农村土地，可以采取招标、拍卖、公开协商等方式承包。第五十六条规定，当事人一方不履行合同义务或者履行义务不符合约定的，应当依照《合同法》的规定承担违约责任。本案涉及的浪大处林地，即属于被告某村二组群众集体所有的农村土地，经某村二组进行公开招标，原告参与招标并中标后，双方签订了《拍卖（租赁）山林合同书》，该合同实质上属于林业承包合同，系双方真实意思表示，并经某村委会盖章确认，且不违反法律、法规的强制性规定，亦不具有合同无效的情形，同时在合同履行过程中原告已取得由林业主管部门核准、县级人民政府颁发的《林权证》，由此依法取得浪大处176.93亩林地的承包经营权，故双方所签订的合同具有法律效力，双方分别享有合同约定的权利，并应履行合同约定的义务。合同签订后，原告已依约支付4500元中标价款并进行管理，履行了其应尽义务；承包期限届满，原告要求被告履行合同第四条约定“十五年内如乙方办手续出售，甲方给予出证”的义务，而被告某村二组拒绝履行，违反了合同的约定，应承担继续履行的违约责任。被告某村二组现任负责人虽在庭审中辩称，其不知道该合同的存在，但其不知情并不影响合同的效力，《土地承包法》第二十四条规定“承包合同生效后，发包方不得因承办人或者负责人的变动而变更或者解除，也不得因集体经济组织的分立或合并而变更或者解除”，即某村二组的负责人变更，不影响上述合同的效力与履行。鉴于被告某村委会在合同上并非一方当事人，其在合同上盖章行为可视为对本村事务的一种管理和确认行为，故不宜判决其承担合同义务。且某村委会在庭审中已明确表示，只要某村二组同意办理手续其就予以支持，该表态属于对合同履行的积极配合或协助，应予以确认。

此外，在原告取得的《林权证》上，登记林种为用材林。《森林法》规定的用材林是指以生产木材为主要目的的森林和林木，包括以生产竹材为主要目的的竹林。用材林经申请采伐许可证后允许限额采伐。原告承包某村二组浪大林地，支付了招标价款并付出管理劳务，其目的亦是希望从中获取相应利益，而原告申请采伐的目的就是出售木材后实现其利益。当然，最终申请采伐许可证须由林业主管部门审核批准。

裁判要旨

根据《森林法》第二十条确立的“谁造谁有”规则，植树造林为林木所有权原始取得的方式之一。但林木附着于土地之上，林地承包、经营合同终止时，需要妥善处理地上林木，依法保护当事人合法权益，避免森林资源的损失和浪费。林业承包合同的双方对合同终止时地上林木的处理有明确约定，该约定未违反公益林保护、林木采伐等法律、行政法规的强制性规定，合法有效。合同终止后，林地所有权人仍应当按照合同约定为相对人申请办理采伐许可证出具相关手续，依法保护林业经营者的合法权益。

关联索引

《农村土地承包法》第二条、第三条、第五十六条

《森林法》第二十条

一审：贵州省安龙县人民法院（2019）黔2328民初1542号民事判决（2019年10月14日）

徐某某诉泰安市泰山风景名胜区管理委员会某管理区林业承包合同纠纷案

——严禁采伐特种用途林中的名胜古迹和革命纪念地的林木、自然保护区的森林

关键词

民事　林业承包合同　特种用途林　林业承包合同　名胜古迹　自然保护区

基本案情

徐某某与泰安市泰山风景名胜区管理委员会某管理区（以下简称某管理区）于2006年4月27日和2009年3月11日两次签订《经济林承包合同书》。徐某某依据该两份合同自2006年4月11日承包某管理区的林地，直至2011年12月31日。后合同约定的承包树种、承包地片范围、承包费的付款时间等条款，均与2006年4月27日徐某某、某管理区签订的《经济林承包合同书》一致，但未对补栽的果树补偿问题作出约定。承包期内，徐某某栽种了95株华山松。合同到期后，双方未再续签承包合同，某管理区将涉案经济林地收回并承包给他人。徐某某与某管理区均同意徐某某将这些华山松自行移走，但此后关于华山松的移植的具体问题，双方一直未能协商解决。2018年12月，徐某某诉求某管理区支付上述华山松的补偿款，后又变更诉讼请求为要求某管理区协助其移植95株华山松。

山东省泰安市泰山区人民法院于2019年4月15日作出（2018）鲁0902民初5833号民事判决：被告某管理区于本判决生效之日起六十日内，协助原告移植95株华山松。某管理区不服，提起上诉。山东省泰安市中级人民法院于2019年9月29日作出（2019）鲁09民终2214号民事判决：一、撤销山东省泰安市泰山区人民法院（2018）鲁0902民初5833号民事判决；二、驳回被上诉人徐某某的诉讼请求。

裁判理由

法院生效裁判认为，2006年，经山东省人民政府批准，泰山由市级自然保护区晋升为省级自然保护区。《森林法》[①]第四条明确规定，“森林分为以下五类：……（五）特种用途林：以国防、环境保护、科学实验等为主要目的的森林，包括国防林、实验林、母树林、环境保护林、风景林，名胜古迹和革命纪念地的林木，自然保护区的森林”，涉案华山松种植在泰山自然保护区内，应当属于特种用途林，根据《森林法》第三十一条第一款第三项“特种用途林中的名胜古迹和革命纪念地的林木、自然保护区的森林，严禁采伐”的规定，涉案华山松不得移植，被上诉人请求上诉人协助移植涉案华山松，违反了上述法律的强制性规定，对其诉讼请求，本院予以驳回。因双方当事人对涉案华山松系被上诉人种植均无异议，如被上诉人认为上诉人应当对其进行经济补偿，可另行向上诉人主张权利。

---

① 《森林法》已于2019年12月28日修订。

裁判要旨

特种用途林中的名胜古迹和革命纪念地的林木、自然保护区的森林，严禁采伐。涉案华山松种植在泰山自然保护区内，应当属于特种用途林，不得移植。

关联索引

《森林法》第五十五条

（本案适用的是1998年7月1日施行的《森林法》第四条、第三十一条）

一审：山东省泰安市泰山区人民法院（2018）鲁0902民初5833号民事判决（2019年4月15日）

二审：山东省泰安市中级人民法院（2019）鲁09民终2214号民事判决（2019年9月29日）

曲某诉某林木业开发公司林业承包合同纠纷案

——当事人未提供证据材料证明实际住所地与登记注册地不一致的，以登记注册地确定案件管辖法院

关键词

民事诉讼　林业承包合同　住所地管辖

基本案情

曲某诉称：2007年12月12日，曲某与某林木业开发公司签订林木所有权及林地使用权转让合同，同时双方又签订一份林木管护合同。曲某按合同约定向某林木业开发公司交纳管护费15000元，但某林木业开发公司一直未按合同约定将合同项下的林木转让给曲某，曲某遂向内蒙古自治区扎赉特旗人民法院提起诉讼。某林木业开发公司提出管辖权异议，认为虽然其工商注册地址为扎赉特旗，但其主要人员及办公住所地均位于辽宁省新民市高台子乡腰某村，故本案应由辽宁省新民市人民法院管辖。

内蒙古自治区扎赉特旗人民法院作出（2020）内2223民初2543号民事裁定，将案件移送辽宁省新民市人民法院处理。曲某不服该裁定，向内蒙古自治区兴安盟中级人民法院提起上诉。内蒙古自治区兴安盟中级人民法院作出（2020）内22民辖终26号民事裁定：驳回上诉，维持原裁定。

辽宁省新民市人民法院审查后认为移送不当，遂层报辽宁省高级人民法院。辽宁省高级人民法院经与内蒙古自治区高级人民法院协商未果，报请最高人民法院指定管辖。最高人民法院于2022年3月30日作出（2022）最高法民辖52号民事裁定：本案由内蒙古自治区扎赉特旗人民法院审理。

裁判理由

法院生效裁判认为，《最高人民法院关于适用〈中华人民共和国民事诉讼法〉的解释》第三条规定，法人或者其他组织的住所地是指法人或者其他组织的主要办事机构所在地。根据本案起诉时有效的《公司登记管理条例》规定，公司的登记事项包括住所，经公司登记机关登记的公司住所只能有一个，公司变更住所的，应当申请变更登记。本案中，曲某与某林木业开发公司签订的《林木管护合同》约定，发生争议由某林木业开发公司所在地人民法院管辖。

某林木业开发公司登记的住所地在内蒙古自治区兴安盟扎赉特旗，但主张其主要办事机构在辽宁省新民市。由于某林木业开发公司未提供证据证明，故不能认定其住所地发生变更。内蒙古自治区扎赉特旗人民法院作为某林木业开发公司住所地法院，对本案具有管辖权。

裁判要旨

法人或者其他组织的住所地是指法人或者其他组织的主要办事机构所在地。公司登记机关登记的公司住所地发生变更的，应当在迁入新住所地前申请变更登记。在无证据证明公司主要办事机构所在地与其登记的住所地不同的情况下，应当根据登记的住所地确定案件管辖法院。

关联索引

《民事诉讼法》第二十二条（本案适用的是2021年12月24日修正的《民事诉讼法》第二十二条）

《最高人民法院关于适用〈中华人民共和国民事诉讼法〉的解释》第三条

指定管辖：最高人民法院（2022）最高法民辖52号民事裁定（2022年3月30日）

贵州省清镇市某乡人民政府诉黄某发等确认合同效力纠纷案

——将防护林变更为商品林的民事合同无效

关键词

民事　确认合同效力　防护林　商品林　变更用途　合同无效

基本案情

法院经审理查明：2009年2月15日，贵州省清镇市人民政府颁发林权证，确定清镇市某乡对冒井村木叶高坡115.4亩防护林林地、森林或林木享有所有权和使用权。2013年12月6日，某乡政府与黄某发签订《贵州省清镇市某乡木叶高坡林场经营权转包合同》，约定“某乡政府将前述林地、林木发包给黄某发从事农业项目（特色经果林）种植生产经营，转包经营权期限为65年，转包价格20万元”。黄某发与王某共同经营，将转包林地中约14亩用于栽种折耳根，其余大部分用于栽种天麻。2016年2月5日，王某将部分林木卖与周某，周某砍伐林木78株，被林业部门处以罚款并被责令补种林木。2017年1月9日，某乡人民政府向法院提起诉讼，请求确认其与黄某发签订的林场经营权转包合同无效，黄某发、王某返还林场。黄某发、王某提起反诉，请求判令某乡人民政府返还转包费20万元及资金占用损失138493.13元，补偿损失753644元。

贵州省清镇市人民法院于2017年6月21日作出（2017）黔0181民初110号民事判决：一、确认清镇市某乡人民政府与黄某发于2013年12月6日签订的《贵州省清镇市某乡木叶高坡林场经营权转包合同》无效；二、限黄某发、王某于本判决生效后十日内将清镇市某乡木叶高坡林场115.4亩防护林（东抵犁倭镇界、南抵兴隆村土、西抵马郎村土、北抵冒井村土）林地、森林或林木返还给清镇市某乡人民政府（若判决生效后履行期限早于2017年12月31日则顺延至2017年12月31日）；三、限清镇市某乡人民政府于本判决生效之日起十日内返还黄某发、王某转包款187693元，并赔偿70%的资金占用损失（资金占用损失按照中国人民银行同期同类贷款利息标准计算，其中140770元自2013年12月10日起算，46923元自2014年7月9日起算，均计算至本判决确定的履行期限届满之日止）；四、限清镇市某乡人民政府于本判决生效之日起十日内一次性赔偿黄某发、王某经济损失126996元；五、驳回黄某发、王某的其他诉讼请求。宣判后，各方当事人均未上诉，一审判决已发生法律效力。

裁判理由

法院生效裁判认为，某乡人民政府与黄某发签订合同，约定将作为防护林的木叶高坡林场转包给黄某发从事农业项目种植生产经营，将防护林的用途更改为商品林，违反了《森林法》第十五条第三款的强制性规定，依法应认定为无效合同。某乡人民政府主张该合同无效的诉讼请求依法应予支持。某乡人民政府与黄某发签订合同后，从黄某发处取得的转包款扣除已经履行的部分后应当返还。黄某发因该合同取得案涉林地使用权应当返还某乡人民政府。鉴于黄某发、王某在该地上栽种的经济作物尚未收获，综合考虑生态保护与当事人损失之间的关系，以及黄某发、王某栽种的经济作物收获问题，酌定返还期限为2017年12月31日前。黄某发、王某在返还之前应当对林地内的植被妥善保护，在收获天麻和折耳根作物时应当采取最有利于生态保护的收获方法，某乡人民政府应当对此进行监督。某乡人民政府与黄某发所签合同无效，某乡人民政府作为国家机关，对相关法律规定的掌握程度明显高于黄某发，确定某乡人民政府对合同无效承担70%的过错责任，黄某发承担30%的过错责任。

裁判要旨

合同当事人约定转包防护林林木、林地，将防护林地用于从事农业项目种植生产经营，更改了防护林的用途和性质，违反法律的强制性规定，应为无效。人民法院在判决认定合同无效的同时，考虑案涉林地已栽种经济作物的实际情况，判令承包人收获后返还，在返还林地前对林地内的植被妥善保护，在收获时应当采取最有利于生态保护的收获方法，兼顾了保护当事人利益与保护生态环境的关系。

关联索引

《民法典》第一百五十三条、第一百五十七条（本案适用的是1999年10日1日施行的《合同法》第五十二条、第五十八条）

2009年《森林法》第十五条

一审：贵州省清镇市人民法院(2017)黔0181民初110号民事判决(2017年6月21日)

过某某诉辽宁某农业综合开发有限公司种植、养殖回收合同纠纷案

——不涉及林木、林地权属确认、分割问题的林木、林地权属转让合同纠纷不适用不动产纠纷专属管辖规定

关键词

民事诉讼　种植、养殖回收合同　不动产　林木、林地专属管辖

基本案情

过某某起诉称，2007 年 4 月 9 日，过某某与辽宁某农业综合开发有限公司签订《林木所有权及林地使用权转让合同》《林木看护合同》等，约定转让内蒙古兴安盟林地的林木所有权及林地使用权等事宜。现过某某已按照约定履行合同，但辽宁某农业综合开发有限公司未将林木交付过某某，故诉请判令解除案涉合同、辽宁某农业综合开发有限公司退还林木转让费等。

辽宁省新民市人民法院以案涉标的涉及不动产、应当由不动产所在地法院专属管辖为由，于 2018 年 2 月 6 日作出（2016）辽 0108 民初 5463 号民事裁定，将本案移送至内蒙古自治区扎赉特旗人民法院处理。内蒙古自治区扎赉特旗人民法院认为辽宁省新民市人民法院裁定移送不当，逐级报请内蒙古自治区高级人民法院。内蒙古自治区高级人民法院经与辽宁省高级人民法院协商未果，报请最高人民法院指定管辖。

最高人民法院于 2022 年 4 月 20 日作出（2022）最高法民辖 69 号民事裁定：本案由辽宁省新民市人民法院审理。

裁判理由

法院生效裁判认为，本案系种植、养殖回收合同纠纷。《最高人民法院关于适用〈中华人民共和国民事诉讼法〉的解释》第二十八条第一款、第二款规定，《民事诉讼法》第三十四条第一项规定的不动产纠纷是指因不动产的权利确认、分割、相邻关系等引起的物权纠纷。农村土地承包经营合同纠纷、房屋租赁合同纠纷、建设工程施工合同纠纷、政策性房屋买卖合同纠纷，按照不动产纠纷确定管辖。本案中，当事人因履行案涉林木所有权及林地使用权转让合同等发生争议，虽然诉争标的物涉及林木、林地，但结合过某某诉请来看，主要为解除合同、返还林木转让费等，当事人争议焦点不涉及案涉林木、林地权属的确认、分割问题，本案不属于不动产纠纷，也不符合应当按照不动产纠纷确定管辖的情形，不适用不动产纠纷专属管辖规定。《民事诉讼法》第三十五条规定，合同或者其他财产权益纠纷的当事人可以书面协议选择被告住所地、合同履行地、合同签订地、原告住所地、标的物所在地等与争议有实际联系的地点的人民法院管辖，但不得违反本法对级别管辖和专属管辖的规定。案涉《林木所有权及林地使用权转让合同》《林木管护合同》约定，发生争议，由辽宁某农业综合开发有限公司所在地法院管辖。前述协议管辖条款，系当事人真实意思表示，不违反级别管辖和专

属管辖的规定，应当认定合法有效。辽宁某农业综合开发有限公司住所地位于辽宁省新民市，辽宁省新民市人民法院是本案的管辖法院。辽宁省新民市人民法院将有管辖权的案件移送内蒙古自治区扎赉特旗人民法院处理不当，应当予以纠正。

裁判要旨

当事人起诉要求解除林木所有权及林地使用权转让合同的，因诉讼标的不涉及林木、林地权属的确认、分割问题，故不属于不动产纠纷，也不符合应当按照不动产纠纷确定管辖的情形，不适用不动产纠纷专属管辖规定。

关联索引

《民事诉讼法》第三十四条、第三十五条（本案适用的是2021年12月24日修正的《中华人民共和国民事诉讼法》第三十四条、第三十五条）

移送管辖：辽宁省新民市人民法院（2016）辽0108民初5463号民事裁定（2018年2月6日）

指定管辖：最高人民法院（2022）最高法民辖69号民事裁定（2022年4月20日）

5. 其　他

青岛市城阳区河套街道某社区居民委员会诉赵某某等合同纠纷案

——集体建设用地租赁最长年限不得超过二十年

关键词

民事　合同　土地租赁合同　集体建设用地　出租　二十年

基本案情

青岛市城阳区河套街道某社区居民委员会诉称：2001年8月31日，原告作为出租方与被告赵某某签订《土地租赁协议书》，土地位置为小东进村路村志向东180米，由此向北50米垂直于正阳路，作为该加油站西边界线，然后顺正阳路向东67米，面积3350平方米，用途为加油站经营，租赁期限为五十年。2003年3月31日，被告将涉案土地转租给第三人某石化某分公司，其后两第三人在涉案土地继续经营加油站至今。《合同法》[①] 第二百一十四条规定，"租赁期限不得超过二十年。超过二十年的，超过部分无效"，原告、被告签订的协议书约定的租赁期限明显超过二十年的最长租赁期限，超过部分应无效。故请求判令：1. 依法判决原告与被

① 原《合同法》于1999年3月15日第九届全国人民代表大会第二次会议通过。根据《民法典》第一千二百六十条的规定，《民法典》自2021年1月1日起施行，原《合同法》同时废止。

告之间的《土地租赁协议书》自2021年8月31日起至2051年8月31日部分无效；2. 本案诉讼费用由被告承担。

赵某某辩称：1. 原告、被告双方系土地承包关系，并非租赁关系，案涉土地系林地，根据《农村土地承包法》第二十一条规定，林地的承包期为三十年至七十年，双方之间对案涉土地的承包期限为三十年，并未违反法律规定；2. 即便双方之间被认定为租赁关系，双方的租赁期限也不适用《合同法》第二百一十四条规定，（1）《合同法》第二百一十四条并不适用于农村集体用地使用权的租赁；（2）集体经营性建设用地的出租，集体建设用地使用权的出让及其最高年限、转让、互换、出资、赠与、抵押等，参照同类用途的国有建设用地执行，另根据城镇国有土地使用权出让和转让暂行条例规定，综合或者其他用地五十年，案涉土地属于集体建设用地性质系其他用地类型，案涉合同约定的土地租赁期限为五十年并非超出其他用地出让的最高年限五十年，不应被认定为无效；3. 原告主张合同部分无效的诉讼请求违反了诚信原则。

第三人某石化某分公司述称：当前加油站资产、经营权属于第三人，原告在未解决资产处置问题、违背土地转让及保障使用期限约定的情况下，主张解除转让合同，将导致加油站资产处置陷入僵局，不应得到支持。本案中的法律关系根本上并非租赁关系，而是土地使用权转让关系，没有理由任意解释为租赁协议，不具备提前解除的条件，原告无权以确认无效之名行提前解除之实。并且协议书已经履行近二十年，原告主张自身的行为无效，从而希望从中获利，不符合民商事审判工作会议纪要关于保护合同稳定性、防止因合同无效而获利的精神，不应当得到支持。

法院经审理查明：一审法院于2020年6月1日作出（2019）鲁0214民初6271号民事判决书，载明：“2001年4月4日，由青岛市某石油供销总公司与某石油某股份有限公司山东石油分公司共同出资组建成立某油品公司，2002年4月26日，某油品公司获批成品油零售经营批准证书。2006年12月15日，该公司股东会决议，对某油品公司进行清算，该公司名下新建的五座加油站资产归属大股东某石油某股份有限公司山东石油分公司所有（含本案城阳区正阳路某村南加油站）。2006年12月29日，某油品公司注销。2014年5月9日，某石油某股份有限公司山东石油分公司更名为某石化销售山东分公司，7月1日，案涉加油站由某石油股份有限公司山东省青岛市第九十一加油站更名为某化销售有限公司山东青岛第九十一加油站。2001年5月31日，某油品公司（甲方）、青岛某加油站（乙方）、某社区居委会（丙方）签订《补充协议书》，协议书载明，丙方同意乙方将加油站的经营权及土地使用权转给甲方，并继续协助乙方为甲方办理《国有土地使用证》，有关费用均由乙方承担；由于政府对土地出让政策的调整，乙方至今未按原转让协议为甲方办理《国有土地使用证》，对此甲方给予理解，并同意乙方继续为甲方办理，所发生费用由乙方负责；在甲方的《国有土地使用证》未办好之前，丙方继续履行与乙方签订土地租赁协议，承认甲方的经营和土地使用资格和权利，并承诺不再收取任何费用；如乙方不能为甲方办好《国有土地使用证》应确保甲方按乙方与丙方签订土地租赁协议将加油站经营至2051年，其间发生的土地租赁费用均由乙方承担，与甲方无关，本协议签完五日内，甲方将所欠转让加油站的剩余款付清，同时，由甲方出具合法票据……2001年12月19日，案涉用地取得建设用地规划许可证，用地单位：某村，用地项目：加油站，用地面积3000㎡。2002年2月8日，案涉加油站取得建设工程规划许可证。建设规模：928平方米，建设单位：某村，建设项目名称：加油站管理房、加油棚。2002年12月10日，青岛某勃加油站由赵某某投资成立，2002年11月25日，获批成品油零售经营许可、化学危险物品经营许可，2004年5月24日注销。2003年3月31日，青岛某勃加油站（甲方）与某油品公司（乙方）签订加油站转让协议，协议书载明，甲方将位于城阳区正阳路某村南的加油站全部财产及土地使用权、加油站经营权一并转让给乙方；加油站的全部财产包括房屋、加油设备、办公家具和院墙及6亩土地的使用权、加油站经营权的转让费为240万元，各种税费由甲方承担；具体付款方式：协议签订后三日内，乙方付给甲方人民币100万元，甲方将加油站全部财产交付给乙方后（附：财产清单），乙方付给甲方人民币50万元，甲方将全部经营手续和土地使用权全部变更给乙方后，并出具全额加油站转让发票，乙方将剩余款的70%付给甲方，其余30%作为甲方全部资产的风险金，一年后无安全使用问题，乙方应全部付清余款；甲方在加油站转让期间，应保证全部资产、土地使用权、加油站经营权手续的齐全、合法、有效，并负责协调水电供应和综合站治理工作，如因上述原因造成乙方无法正常经营时，甲方除全部退还乙方已付款项外，应赔付乙方违约金人民币20万元；甲方在本协议签订后的三个月内应将加油站全部经营手续和土地使用权变更为乙方，逾期则视为甲方违约；乙方应按协议约定及时将款付给甲方，并积极协助甲方办理有关经营手续和土地使用权的变更，如乙方违约或不按协议支付转让款时，甲方有权将加油站另行转让，并由乙方支付甲方违约金20万元；本协议自签订之日起生效，乙方付清甲方的第一笔款100万元后，三日内甲方将加油站全部财产和罐存油与乙方交接清楚，并列出清单，交接前该站的全部债权债务由甲方承担，交接后该站的债权债务由乙方承担；加油站交接完毕后，三日内乙方应付给甲方第二笔款人民币50万元，并协助甲方变更站的全部经营手续和土地使用权，甲方应在全部经营手续和土地使用权变更后的半年之内，为乙方办妥国有土地使用证。2003年4月1日，某油品公司（甲方）与赵某某签订加油站承包协议书，协议书载明，赵某某承包某村南加油站，承包期限2003年4月1日至2006年3月30日。2009年2月5日，某社区居委会出具证明：位于城阳区河套街道某村的加油站，房屋产权归城阳区河套街道某社区所有，现同意蓬勃加油站转让给某石化山东青岛石油分公司有偿使用”，该判决书送达后，赵某某不服提起上诉，青岛市中级人民法院于2020年12月18日出具（2020）鲁02民终14488号民事判决书，判决：驳回上诉，维持原判，上述判决均已生效。

2001年8月31日，原告（甲方）与被告赵某某（乙方）签订《土地租赁协议书》，约定乙方租用甲方土地建设加油站，位置：小东进村路村志向东180米，由此向北50米垂直于正阳路，作为该加油站西边界线，然后顺正阳路向东67米，面积3350平方米，租赁年限五十年，自2001年8月31日至2051年8月31日止，租赁费用共计77500元，签订协议时，乙方向甲方交付3万元，其余47500元待建设开工前一次性付清。乙方负责向上级有关部门办理土地审批手续及加油站相关的批准手续，其费用由乙方承担，乙方的基建设计必须符合土管部门、城建部门的标准规定和设计要求，建设布局要与小东进村路、正阳路协调一致并保证质量，搞好环境绿化。

山东省青岛市城阳区人民法院于2021年5月20日作出（2020）鲁0214民初17058号民事判决：确认原告青岛市城阳区河套街道某社区居民委员会要求确认与被告赵某某于2001年8月31日签订的《土地租赁协议书》自2021年8月31日起至2051年8月31日的部分无效。案件受理费1738元，由被告赵某某负担，应于本判决生效后十日内直接支付给原告青岛市城阳区河套街道某社区居民委员会。宣判后，赵某某提出上诉。山东省青岛市中级人民法院于2021年11月25日作出（2021）鲁02民终11288号民事判决：一、撤销山东省青岛市城阳区人民法院（2020）鲁0214民初17058号民事判决；二、驳回被上诉人青岛市城阳区河套街道某社区居民委员会的诉讼请求。某村委会以涉案土地租赁期限最高不能超过二十年申请再审。山东省高级人民法院于2023年6月25日作出（2023）年鲁民再104号民事判决：一、撤销青岛市中级人民法院（2021）鲁02民终11288号民事判决；二、维持青岛市城阳区人民法院（2020）鲁0214民初17058号民事判决。

裁判理由

法院生效裁判认为，2020年1月1日施行的《土地管理法》第六十三条第四款规定："集体经营性建设用地的出租，集体建设用地使用权的出让及其最高年限、转让、互换、出资、赠与、抵押等，参照同类用途的国有建设用地执行。具体办法由国务院制定。"该条款系土地管理法修订新增加内容，此前并无相关规定。从该条款规定内容看，"具体办法由国务院制定"，目前国务院尚未出台相关规定，认定涉案土地租赁期限可以超过二十年，法律法规依据不足。集体经营性建设用地入市，有严格的条件和程序。涉案《土地租赁协议书》于2001年签订，不属于法律修订后新增的集体经营性建设用地入市情形。

即使集体建设用地租赁期限参照国有建设用地执行，亦应参照国有建设用地租赁、出租年限，不是参照国有建设用地出让年限。关于国有土地租赁期限，原国土资源部[①]于1999年8月1日颁布的《规范国有土地租赁若干意见》第四条规定，国有土地租赁可以根据具体情况实行短期租赁和长期租赁。对短期使用或用于修建临时建筑物的土地，应实行短期租赁，短期租赁一般不超过五年；对需要进行地上建筑物、构筑物建设后长期使用的土地，应实行长期租赁，具体租赁期限由租赁合同约定，但最长租赁期限不得超过法律规定同类用途土地出让最高年限。自然资源部《产业用地政策实施工作指引（2019年版）》第十六条规定，以长期租赁方式使用土地的，应按照《规范国有土地租赁若干意见》（国土资发〔1999〕222号）的规定执行，租赁期限不得超过二址年。《山东省建设用地使用权转让、出租、抵押交易实施细则（试行）》规定，出租期限不得超过建设用地使用权剩余年限，最高不得超过二十年；其中以租赁方式取得的建设用地使用权出租，出租年限不得超过国有土地租赁合同约定的剩余年限。因此，即使参照国有建设用地租赁、出租年限，涉案土地租赁年限亦不应超过二十年。

---

① 现为自然资源部。

裁判要旨

2020年1月1日施行的《土地管理法》第六十三条第四款规定："集体经营性建设用地的出租，集体建设用地使用权的出让及其最高年限、转让、互换、出资、赠与、抵押等，参照同类用途的国有建设用地执行。具体办法由国务院制定。"目前国务院尚未出台相关规定，认定集体建设用地租赁期限可以超过二十年，法律法规依据不足。即使集体建设用地租赁期限参照国有建设用地执行，亦应参照国有建设用地租赁、出租年限，租赁年限不应超过二十年。

关联索引

《民法典》第七百零五条（本案适用的是1999年10月1日施行的《合同法》第二百一十四条）

《土地管理法》第六十三条第四款

一审：山东省青岛市城阳区人民法院（2020）鲁0214民初17058号民事判决（2021年5月20日）

二审：山东省青岛市中级人民法院（2021）鲁02民终11288号民事判决（2021年11月25日）

再审：山东省高级人民法院（2023）鲁民再104号民事判决（2023年6月25日）

徐某某诉邬某某租赁合同纠纷案

——出租耕地作非农用途的合同无效

关键词

民事　租赁合同　土地租赁　涉农耕地　非农用途

基本案情

原告徐某某诉称：因被告邬某某单方解除租赁合同给原告造成损失，请求判令：1. 被告退还原告2021年7月16日至2022年4月30日的租金82345.21元；2. 被告赔偿原告搬迁损失36800元；3. 被告赔偿原告律师费5000元；4. 本案诉讼费、保全费由被告承担。

被告邬某某未作答辩。

法院经审理查明：2020年4月27日，原告徐某某与被告邬某某签订了一份《场地租赁合同》。合同约定：原告承租被告位于浙江省宁波市奉化区某厂西边的空场地，面积8亩，用途为堆放工程所用相关设备等；租赁期限为2020年5月1日起至2025年4月30日止，共计五年（甲方回填场地时间不包含在内）；合同租金为租赁期前三年每亩13000元，第四、第五年每亩14300元，租金按每年支付，后四年租金需在租费到期前一个月支付；双方不得无故违约，如违约则另一方的一切经济损失由违约方承担。合同还对原告、被告双方的权利义务等其他事项作了约定。原告、被告双方在该合同上签字捺印予以确认。合同签订后，原告按约支付了第一年（2020年5月1日至2021年4月30日）的租金104000元，并于2021年4月7日以银行转账形式支付了第二年（2021年5月1日至2022年4月30日）的租金104000元，被告于同日出具收条一份，确认已收到该年度租金。2021年5月8日，被告在微信上向原告发送由浙江省宁波市奉化区某自然资源和规划所出具的《责令改正自然资源违法行为通知书》一份，该通知书载明："经查，你单位未经依法批准擅自在西坞街道山下地村东岸××号西侧堆放杂物，非法占地面积约4亩，其中，耕地4亩。涉嫌违反了《土地管理法》第二条第三款的规定，根据《行政处罚法》和《国土资源行政处罚办法》相关规定，现责令你自收到本通知书之日立即予以改正，恢复土地原状。"自此，被告开始要求原告搬离案涉场地。原告最终于2021年7月15日从案涉场地完全腾退。原告在腾退后曾向被告寄送律师函，要求被告退还自2021年7月16日起至2022年4月30日期间的租金，但被告至今未予退还，故原告诉至法院。

另查明，原告为搬运堆放在案涉场地的设备而向案外人朱某某支付了搬运费36800元。同时，原告为实现本案债权支出保全申请费1141元。

浙江省宁波市奉化区人民法院于2021年12月25日作出（2021）浙0213民初5160号民事判决：一、原告徐某某与被告邬某某签订的《场地租赁合同》无效；二、被告邬某某于本判决生效后七日内退还原告徐某某已支付的费用82345.21元；三、被告邬某某于本判决生效后7日内赔偿给原告徐某某搬迁损失22080元以及原告徐某某为实现本案债权而支出的保全申请费1141元；四、驳回原告徐某某的其余诉讼请求。宣判后，原被告均未上诉。一审判决已生效。

裁判理由

法院生效裁判认为，违反法律、行政法规强制性规定的民事法律行为无效。虽然原告、被告之间签订的《场地租赁合同》系当事人的真实意思表示，但其内容违反了《土地管理法》中关于农用地保护的相关规定，且行政部门作出了责令整改的通知书，故双方签订该合同的民事法律行为应属无效。民事法律行为无效，行为人因该行为取得的财产，应当予以返还，不能返还或者没有必要返还的，应当折价补偿。经法院释明后，原告亦同意按照民事法律行为无效主张相关权利。所以，被告应返还原告已经支付的2021年7月16日至2022年4月30日的相应"租金"。案涉搬迁损失确系腾退场地的必要开支且在案件判决前已实际支付，故依据原告、被告的过错程度，酌情确定由被告按60%的比例赔偿原告。

裁判要旨

《土地管理法》第二条第三款中明确规定："任何单位和个人不得侵占、买卖或者以其他形式非法转让土地。"该规定属于《民法典》第一百五十三条第一项中的法律强制性规定。明知拟租赁土地是耕地，当事人在签订合同时却擅自改变土地的用途，将用于农业生产的土地另作他用，违反了《土地管理法》中不得侵占土地的相关规定，《场地租赁合同》应当被确认无效。

关联索引

《民法典》第一百五十三条

《土地管理法》第二条

一审： 浙江省宁波市奉化区人民法院（2021）浙0213民初5160号民事判决（2021年12月25日）

潘某诉陈某租赁合同纠纷案

——农作物种植季划分与租赁期限不一致，农地租赁合同到期可暂缓腾退

关键词

民事　租赁合同　绿色原则　暂缓腾退土地　农作物成长期

基本案情

2014年10月，原告潘某将自己约6亩的农田租赁给被告陈某进行蔬菜种植，每年租金为6000元。第一次签订租赁协议租期为五年，其后租赁协议一年一签。2021年10月6日，双方签订了2022年度的《租地协议书》，租赁期自2022年1月1日至2022年12月31日。租赁期满前，原告潘某以自己需要种植作物为由通知被告陈某不再续租，租赁到期后要求被告立即腾退土地，但遭到被告陈某拒绝。陈某认为，以往每年临近租期届满，双方都会顺利签订下一年的续租协议，在接到原告不再续租的通知时已经购买了下季蔬菜种植的种子，还有部分蔬菜已经播种育苗，并且准备了生产物资，为作物越冬给大棚重新进行了覆膜，退租将导致自己损失很大。目前蔬菜正处于成长期，成熟和采摘以及拆除大棚、整理土地都需要时间，如果现在腾退原告要弥补自己的损失。浙江省宁波市镇海区人民法院在庭前组织了原告、被告双方到现场调查，对案涉土地上的蔬菜目前种植状况和收成时间予以共同确认，对被告的投入和收入情况进行了了解，向原告释明了现在要求腾退有违《民法典》规定的“绿色原则”。法院还征询了双方对腾退时间的接受意愿。浙江省宁波市镇海区人民法院于2023年3月29日作出（2023）浙0211民初981号民事判决：被告陈某和将原租赁的土地于2023年8月31日前腾退返还给原告潘某，并支付原告潘某自2023年1月1日起至实际履行日止按照每月500元计算的土地占有使用费。一审判决已经生效。

裁判理由

法院生效裁判认为，双方当事人之间签订的土地租赁合同已经到期，法院对此予以确认，原告有权要求被告返还土地。但原被告双方签订土地租赁合同时，将租赁到期日定为自然年度结束，并没有考虑到农作物的种植季尚未结束。强行腾退土地，必然铲除尚在成长期的农作物，将会造成极大的浪费，有违《民法典》规定的“民事主体从事民事活动，应当有利于节约资源、保护生态环境”的绿色原则。此种情形下只能待当季作物成熟后再行腾退。故法院综合考虑被告在租赁土地上的作物种植现状和生长周期，作出上述判决。一审宣判后，2023年8月被告陈某和将案涉土地腾退给了原告潘某，本案顺利实现案结事了。

裁判要旨

在农作物种植季划分与租赁期限不一致的情况下，人民法院可以根据《民法典》规定的“民事主体从事民事活动，应当有利于节约资源、保护生态环

境”的绿色原则，判决租赁合同到期可暂缓腾退土地，承租人支付出租人在土地延期占用期间的租赁费。

关联索引

《民法典》第九条、第五百零九、第七百三十三条

一审：浙江省宁波市镇海区人民法院（2023）浙0211民初981号民事判决（2023年3月29日）

某公司诉某保险公司财产保险合同纠纷案

——被保险人财产损失已经由政府予以补偿的，不得要求保险公司重复赔偿以获得额外收益

关键词

民事　财产保险合同　填补损害原则　重复赔偿

基本案情

某公司向天津市第三中级人民法院起诉请求：1. 判令某保险公司支付某公司保险赔偿金38859505元；2. 判令某保险公司承担就保险标的损失程度咨询专业顾问而产生的咨询费168000元，重建造价的咨询费65000元，律师协助确认保险标的损失程度产生的5630.87元，聘请同济大学出具专家意见的服务费用9万元；3. 判令某保险公司承担律师费6256661.74元；4. 判令本案的诉讼费由某保险公司承担。

法院经审理查明：2014年12月，某保险公司向某公司及投保人某物流公司签发了《保险单》，某公司就其投保部分缴纳了保险费，约定某公司就账目原值为66167900元的房屋建筑物含装修辅助设施和11480元的办公设备、装置、家具及办公用品等向某保险公司投保一切险，保险金额合计66179380元。保险价值按照账面原值计算认定每次事故免赔额为1万元或损失金额的5%；两者以高者为准。在保险期间由于自然灾害或者意外事故造成保险标的直接物质损坏或灭失的，保险人应当按约定负担赔偿，前款原因造成的保险事故发生时，为抢救保险标的或防止灾害蔓延，采取必要的、合理的措施而造成保险标的损失，保险人按照本保险合同的约定也负责赔偿。保险事故发生后，投保人为防止或减少保险标的的损失所支付的必要的、合理的费用，某保险公司按照本保险合同的约定也负责赔偿。保险标的的保险价值可以为出险时的重置价值、出险时的账面余额、出险时的市场价值或其他价值，由投保人与保险人协商确定，并在本保险合同中载明。保险金额不得超过保险价值，超过保险价值的，超过部分无效，保险人应当退还相应的保险费。发生保险责任范围内的损失，应由有关责任方负责赔偿的，保险人自向其保险人赔偿保险金之日起，在赔偿金额范围内代为行使被保险人对有关责任方请求赔偿的权利，被保险人应当向保险人提供必要的文件和所知道的有关情况，被保险人已经从有关责任方取得赔偿的，保险人赔偿保险金时，可以相应扣减被保险人已从有关责任方取得的赔偿金额。附加专业费用条款（损失金额的10%），询人费用但不包括被保险人为了准备索赔或估损发生的任何

费用，上述赔偿费用应以财产损失的有关行业管理部门的收费规定为准，但保险人在本扩展条款项下的赔偿责任不得超过损失金额10%。该保险单还载明了其他内容。

2015年8月12日，一危险品仓库运抵区发生爆炸事故。该事故导致某公司投保的堆场仓库、办公楼等固定资产毁损，某公司向某保险公司提交了全损的保险索赔通知书。为确定损失金额，双方共同委托了某公估公司进行公估。该公估人出具《最终报告》确定某公司本次保险事故损失为23954562.13元，某保险公司向某公司分两次共计支付了2400万元。

2017年9月7日，某公司与某土地发展中心签订土地收回协议书，约定某土地发展中心收回因爆炸事故受损波及的土地，并给付某公司土地综合补偿，该宗土地综合补偿单价为每平方米1854元，补偿费总额为14809万元。某公司庭审中认可收到上述款项。

经法院向某土地发展中心调查查明，某公司获得的土地综合补偿费用主要包括四项：1. 土地使用费按每平方米1202元补偿；2. 地上物补偿35204294元（评估价格59204294元扣除保险理赔金额2400万元），某土地发展中心委托某咨询有限公司就某公司集装箱堆场项目地上建筑物构筑物费用进行评估，评估报告认定费用为59204294元，其中一期工程费用为13482283元，二期工程费用为24832012元，三期工程费用为20889999元；3. 经营损失补偿按第二项评估费用的10%；4. 企业所得税，即前三项总额的8%。

天津市第三中级人民法院于2019年11月29日作出（2019）津03民初7号一审民事判决：驳回某公司的全部诉讼请求。宣判后，某公司提起上诉，天津市高级人民法院于2020年12月25日作出（2020）津民终359号二审民事判决：驳回上诉，维持原判。宣判后，某公司申请再审，最高人民法院于2021年6月29日作出（2021）最高法民申3495号民事裁定：驳回某公司的再审申请。

裁判理由

一、二审判决均驳回某公司的诉讼请求，最高人民法院再审审查认为，案涉财产一切险保单明细表载明，被保险财产包括“房屋建筑物含装修/辅助设施”“机器设备（含辅助工具、配件）”“办公设备、装置、家具及办公用品”。根据原审查明的事实，在某保险公司向某公司赔付2400万元后，某土地发展中心收回了某公司的土地，并给予某公司土地综合补偿。某土地发展中心收回土地并对某公司予以补偿，与某公司因受爆炸事故殃及而导致损失存在直接因果关系。土地综合补偿既包括了土地使用费、经营损失、企业所得税，也包括了地上物补偿35204294元。上述地上物补偿金额系经某土地发展中心委托某咨询有限公司就某公司地上建筑物构筑物损失进行评估后，按照评估价格59204294元扣除保险理赔金额2400万元得出。因某公司未能提供证据证明某咨询有限公司的评估存在失当之处，故应当认为某公司的损失已经因某保险公司的赔付和某土地发展中心的土地综合补偿而得到弥补。某公司不能因损失而获得额外收益，故其要求某保险公司继续支付保险赔偿金的请求依法不应得到支持，原审裁判结果并无不当。

某公司提起本案一审诉讼，一审法院于2019年4月立案，当时已距保险事故发生超过三年，且案涉地块已经某公司与相关部门协商由政府收回，双方当事人亦确认案涉地块已被规划为绿地，没有进行调查取证确认双方争议内容的基础，故某公司关于原审法院应依职权调查取证的主张难以成立。原审法院依法组织当事人对相关证据进行了质证。二审法院依据相关主体业务范围、事故发生后有无进入现场勘查、是否得到当事人委托等因素，认定案涉《最终报告》的结论更为客观，并将其作为认定保险事故损失的依据，亦无不妥。

裁判要旨

在保险公司向被保险人部分赔付后，当地政府收回了被保险人的土地，并支付被保险人土地综合补偿。补偿数额包括土地使用权和地上物补偿等，其中地上物补偿是以保险标的全损为依据计算赔付的，该地上物补偿款和保险公司赔付数额已经足以弥补被保险人的损失。如准许保险公司继续支付保险赔偿金，则超出其保险标的价值，也不符合保险法的填补损害的基本原则，被保险人不能因损失而获得额外收益。

关联索引

《保险法》第五十五条

一审：天津市第三中级人民法院（2019）津03民初7号民事判决（2019年11月29日）

二审：天津市高级人民法院（2020）津民终359号民事判决（2020年12月25日）

再审：最高人民法院（2021）最高法民申3495号民事裁定（2021年6月29日）

上海市某加工场诉上海市某村民委员会土地租赁合同纠纷案

——土地租赁合同无效时应根据当事人双方过错程度、合同履行情况等确定损失分担

关键词

民事　土地租赁合同　合同无效　违法建筑物　损失分担　过错分配

基本案情

上海某加工场与上海市某村民委员会于2012年10月31日签订土地租赁合同，约定上海市某村民委员会将某区某村集体耕地2.50亩（以下简称系争土地）出租给上海某加工场用于建造生产厂房。合同约定，如上级部门要求拆违，责任由上海市某村民委员会承担。合同签订后，上海某加工场承租系争土地，于2012年年底、2013年年初在土地上完成搭建，并于2013年4月、5月左右完成搭建的内部装修。上海某加工场相关建筑未获得建设工程规划许可证等行政审批手续。另外，上海某加工场向上海市某村民委员会支付的相应租金付清至2016年年底。2016年12月23日，某区某镇人民政府向上海某加工场发出“五违”整治告知书，称上海某加工场存在违法用地、违法建筑等情形，并于2017年1月10日左右将上海某加工场建造的房屋作为违法建筑而拆除，致使上海某加工场遭受一定经济损失。

上海市某加工场起诉请求：上海市某村民委员会向其支付因建造的房屋被拆除而造成的经济损失人民币200

万元。

被告上海市某村民委员会辩称：第一，系争土地为耕地，原告用于建造生产厂房，系非农建设，故租赁合同无效。第二，原告在系争土地上的搭建是违法建筑，违法利益不应得到法律保护。第三，原告搭建被拆除的原因不仅仅是非法建筑，还存在违法排污、安全隐患等多种违法行为。第四，原告无法证明其实际损失的具体金额，应承担举证不能的责任。

上海市宝山区人民法院于2018年6月26日作出（2017）沪0113民初20106号民事判决：一、原告上海市某加工场与被告上海市某村民委员会就上海市某区某村集体耕地2.50亩签订的土地租赁合同无效；二、被告上海市某村民委员会于本判决生效之日起10日内，向原告上海市某加工场支付25万元；三、驳回原告上海市某加工场的其余诉讼请求。上海市某加工场不服提起上诉。二审期间，上海市某加工场提出撤回上诉的请求。上海市第二中级人民法院于2018年10月17日作出（2018）沪02民终8441号民事裁定：准许其撤回上诉。

裁判理由

法院生效裁判认为，系争土地系集体所有的耕地，上海市某村民委员会将系争土地出租给上海某加工场用于建设生产厂房，是将耕地用于非农建设，故系争土地租赁合同当属无效。合同无效或者被撤销后，因该合同取得的财产，应当予以返还；不能返还或者没有必要返还的，应当折价补偿。有过错的一方应当赔偿对方因此所受到的损失，双方都有过错的，应当各自承担相应的责任。上海某加工场承租系争土地后建设生产厂房，因相关厂房违法用地、违法建筑、违法排污及存在安全隐患等客观事实，致使系争房屋被拆除，故上海某加工场基于双方间的租赁合同关系起诉上海市某村民委员会赔偿。需要说明的是，上海某加工场作为系争耕地的承租人、违章建筑的建造方、实际使用人及相关收益方，理应对相关损失承担主要的过错责任；上海市某村民委员会作为系争耕地的出租人，对合同无效及由此导致的相关后果也应承担相应的过错责任。

现上海某加工场的相关搭建已在本案诉讼前被拆除，目前已经缺乏评估其造价的可能性，上海某加工场亦无法提供建造系争房屋时的合同、发票、付款凭证、图纸等材料证明其建造成本，上海某加工场所提供的照片、视频等也无法明确查清工程量，且上海某加工场在多次庭审中关于搭建投入的主张及书面陈述的相关内容差距较大，可信度较低，故上海某加工场主张的造价缺乏证据予以证明。但上海某加工场进行了建造系客观事实。同时，根据上海某加工场自述，上海某加工场建造厂房后用于生产，年利润约20万元，部分面积用于出租，收益约20万元，这些利益均系上海某加工场在无效合同履行期间所得，在计算上海某加工场损失时应予以考量。再结合双方的陈述，由上海某加工场提供的、上海市某村民委员会盖章确认的《暂无房产证楼宇企业办理工商登记核定表》上载明的建筑物面积等情况，并充分注意到双方对导致合同无效均存在的过错程度、合同的履行情况、合同双方的收益情况等主客观因素，酌情确定由上海市某村民委员会向上海某加工场支付补偿款25万元。对于上海某加工场的其余诉讼请求，不予支持。

裁判要旨

承租人经出租人同意在土地上进行违法搭建的，因土地租赁合同无效，违法搭建被拆除致使承租人产生损失，对建筑物的造价费用应在土地租赁合同双方之间进行合理分摊，具体应当考虑双方对导致租赁合同无效及搭建违法建筑的过错程度、合同履行情况、租赁双方收益情况等主客观因素。

关联索引

《民法典》第一百五十三条、第一百五十七条（本案适用的是1999年10月1日施行的《合同法》第五十二条、第五十八条）

一审：上海市宝山区人民法院（2017）沪0113民初20106号民事判决（2018年6月26日）

二审：上海市第二中级人民法院（2018）沪02民终8441号民事裁定（2018年10月17日）

某运输公司诉某村委会土地租赁合同纠纷

——农村土地流转合同无效后损失的分担问题

关键词

民事　土地租赁合同　缔约过失责任　合同无效　损失

基本案情

原告某运输公司诉称：原告与被告于2014年8月30日签订土地使用协议，双方约定被告将村中废弃池塘交由原告填平后使用，填平土地上的建筑、垒院墙、水、电等一切费用由原告承担，被告以无偿使用方式向原告提供上述土地使用权十五年（自2014年8月30日至2029年8月30日），原告、被告在该协议上加盖公章，被告当时负责人吕某签字予以确认。协议签订后，原告遂开始填平工作，并向工程承揽人吕某支付费用11万元。其后因与案外人吕某发生排除妨害纠纷，山东省高青县人民法院作出（2021）鲁0322民初2384号民事判决：确认原告、被告签订的《土地使用协议》无效，驳回原告的诉讼请求。原告提起上诉，山东省淄博市中级人民法院作出（2022）鲁03民终1096号民事判决：驳回上诉，维持原判。因原告、被告之间的土地使用协议无效，原告依据协议填平池塘后并未得到土地使用权，被告应向原告返还池塘填平费用11万元，为了维护原告的合法权益，故诉至人民法院，请求法院判令：1. 被告向原告返还池塘填平费用11万元；2. 本案诉讼费用由被告承担。

某村委会未到庭，亦未提交书面答辩意见。

法院经审理查明：2014年8月30日，原告某运输公司与被告某村委会签订土地使用协议，协议中约定原告为长期从事运输事业发展，租用被告位于村南头潍高路北侧的废弃鱼塘，由原告负责填平整理后使用，土地使用期限为十五年（2014年8月30日至2029年8月30日）。协议签订后，原告将池塘填平工程交由案外人吕某承揽，并实际支付工程费用11万元，后因涉案池塘排除妨害纠纷，经由山东省高青县人民法院（2021）鲁0322民初2384号判决及山东省淄博市中级人民法院作出的（2022）鲁03民终1096号民事判决，确认原告、被告签订的土地使用协议无效。

山东省高青县人民法院于2022年12月3日作出（2022）鲁0322民初2387号民事判决：一、被告某村委会赔偿原告某运输公司经济损失77000元，于本判决生效之日起10日内付清；二、驳回原告某运输公司其他诉讼请求。宣判后，某村委会提出上诉。山东省淄博市中级人民法院于2023年3月28日作出（2023）鲁03民终880号民事判决：驳回上诉，维持原判。

裁判理由

法院生效裁判认为，本案争议焦点是合同无效后，损失由谁承担及承担比例问题。

1. 原告某运输公司存在缔约过错。《土地管理法》第四十三条规定："任何单位和个人进行建设，需要使用土地的，必须依法申请使用国有土地；但是，兴办乡镇企业和村民建设住宅经依法批准使用本集体经济组织农民集体所有的土地的，或者乡（镇）村公共设施和公益事业建设经依法批准使用农民集体所有的土地的除外。前款所称依法申请使用的国有土地包括国家所有的土地和国家征收的原属于农民集体所有的土地。"从上述法律规定可以看出，任何单位（公司）或个人进行建设，如果不符合规定的集体土地的使用权主体资格，则必须依法申请使用国有土地。某运输公司与某村委会签订的协议系土地租赁合同，原告租赁被告的集体土地用于非农建设，该集体土地应当依法申请并经土地行政主管部门审批变更为国有土地后，方可按照规定程序办理租用手续，原告在签订协议时未进行国有土地申请亦未取得用地批准手续，故在缔约过程中存在一定过错。

2. 被告某村委会亦存在缔约过错。《合同法》第四十二条规定："当事人在订立合同过程中有下列情形之一，给对方造成损失的，应当承担损害赔偿责任：（一）假借订立合同，恶意进行磋商；（二）故意隐瞒与订立合同有关的重要事实或者提供虚假情况；（三）有其他违背诚实信用原则的行为。"《土地管理法》第六十三条规定："农民集体所有的土地的使用权不得出让、转让或者出租用于非农业建设；但是，符合土地利用总体规划并依法取得建设用地的企业，因破产、兼并等情形致使土地使用权依法发生转移的除外。"《村民委员会组织法》第二十四条规定："涉及村民利益的下列事项，经村民会议讨论决定方可办理：（一）本村享受误工补贴的人员及补贴标准；（二）从村集体经济所得收益的使用；（三）本村公益事业的兴办和筹资筹劳方案及建设承包方案；（四）土地承包经营方案；（五）村集体经济项目的立项、承包方案；（六）宅基地的使用方案；（七）征地补偿费的使用、分配方案；（八）以借贷、租赁或者其他方式处分村集体财产；（九）村民会议认为应当由村民会议讨论决定的涉及村民利益的其他事项。"本案中，第一，涉案土地为村集体土地，被告某村委会作为土地出让方，应当知晓涉案土地性质为农业用地，明知原告租赁土地用于非农建设（发展运输事业），却未及时就土地性质问题向原告履行告知义务；第二，涉及农村集体土地的租赁应当召开村民会议，并经村民会议决议同意，某村委会在签订涉案土地使用协议时未提交村民会议表决，致使协议签订程序不合法。另外，土地使用协议签订后，某运输公司依照合同约定对池塘进行填平，池塘现状与交付时确有变化，在庭审中某运输公司提交案外人吕某出具的收条以及中国农业银行转账记录一份，证实某运输公司已实际支付池塘填平费用11万元，后土地使用协议经人民法院作出生效判决确认合同无效，涉案土地整理后某运输公司一直未能使用，某村委会的上述行为对无效合同的签订存在过错，某村委会现作为涉案土地使用权的所有人和管理的实际受益人，理应在合同确认无效后对某运输公司的损失承担一定的赔偿责任。

3. 双方按照过错程度承担责任。《合同法》第五十八条规定："合同无效或者被撤销后，因该合同取得的财产，应当予以返还；不能返还或者没有必要返还的，应当折价补偿。有过错的一方应当赔偿对方因此所受到的损失，双方都有过错的，应当各自承担相应的责任。"本案中，对于缔约过程中双方过失程度及赔偿数额的认定，结合原告某运输公司和被告某村委会在签订协议时的过错程度，池塘填平实际支出费用、池塘现状及管理等基本状况，酌定被告某村委会承担70%责任，某运输公司承担30%责任，即某村委会赔偿某运输公司经济损失77000元。

裁判要旨

合同确认无效后，对于因无效合同产生的损失，其赔偿责任分担应当适用缔约过失责任的原则和方法确定。法院在审理时要充分考虑合同双方在缔约过程中的过错程度：一是要遵循诚信原则确定损害赔偿的范围，财产损害范围应以实际损失为限，该实际损失不包括受偿方可得利益的损失；二是要遵循公平公正原则合理分配双方的责任，承担赔偿责任的当事人须有过错，即无效合同所发生的损害赔偿，适用过错责任原则，并以当事人过错的轻重程度，作为划分责任的标准。若当事人无过错，则不承担赔偿责任。若双方当事人都有过错，则不论发生一方受有损失或者双方都受有损失的结果，均应由双方根据自身过错的程度和性质，各自承担相应的责任。

关联索引

《民法典》第一百五十七条、第五百条（本案适用的是1999年10月1日施行的《合同法》第四十二条、第五十八条）

《土地管理法》第六十三条、第四十三条

《村民委员会组织法》第二十四条

一审：山东省高青县人民法院（2022）鲁0322民初2387号民事判决（2022年12月3日）

二审：山东省淄博市中级人民法院（2023）鲁03民终880号民事判决（2023年3月28日）

刘某诉中山市某农产品有限公司、虎逊村某合作经济社土地租赁合同纠纷案

——双方对涉案租赁物的缺陷均系明知仍签订租赁合同，在租赁物缺陷导致合同目的不能实现的情形下，合同应予解除，但双方均不存在故意违约

关键词

民事　土地租赁合同　租赁物缺陷　双方明知　合同目的不能实现　合同解除　违约责任

基本案情

原告刘某诉称：2021 年 9 月 6 日，被告中山市某农产品有限公司（以下简称某农产品公司）出租其承包 32 亩的涉案土地给原告，由原告经营蔬菜种植之用。原告向被告某农产品公司支付了保证金 5 万元以及第一年土地转让款 76416 元，但原告受让土地后得知该土壤 pH 值偏酸性，超出一般农作物的酸碱值范围，且土地低洼，不适宜种植农作物。被告未能提供符合约定可种植的农田土地，客观上无法改良土壤，错过种植期限，导致原告无法实现种植农作物的合同目的，被告该行为属于违约行为。原告在多次告知被告解除合同的事由，被告亦默认解除该合同返还原告部分保证金 20094.01 元，但被告一直未支付相关款项，被告虎逊村某合作经济社（以下简称某合作经济社）某合作经济社是该涉案土地的管理人，亦应承担连带责任，故刘某诉至法院，请求判令：1. 解除原告与被告某农产品公司签订的《农村土地承包转让合同》；2. 被告某农产品公司向原告返还拖欠保证金 29905.99 元、第一年土地转让款 76416 元（合计 106321.99 元）及支付资金占用费（以 106321.99 元为本金，按全国银行间同业拆借中心公布的贷款市场报价利率从起诉之日起计算至实际付清之日止）；3. 被告某农产品公司赔偿损失 80642.5 元；4. 被告某合作经济社在被告某农产品公司对原告的上述债务范围内承担连带责任；5. 由两被告承担本案全部诉讼费用。

被告某农产品公司辩称：1. 原告在租赁土地时已清楚知晓土地的酸性情况，双方达成合意后租赁了上述土地，被告不存在违约；2. 原告提出解除合同的原因是原告实施的土壤改良行为不符合要求，属于原告责任；3. 土地的实际管理人是某合作经济社，某农产品公司只是转达某合作经济社的意思；4. 同意合同解除，但保留追究原告责任的权利。原告违反了《农村土地承包转让合同》第五条第二项、第四条第二款第二项，改变了土地的农业用途，存在违约行为。

被告某合作经济社辩称：原告主张解除合同的理由不能成立，属于提前单方面解除合同，原告构成违约。因原告通过转包受让涉案土地时已清楚土壤酸碱性、土地低洼的状况，原告在明知的情况下还与被告某农产品公司签订《农村土地承包转让合同》，且出具计划书

对涉案土地进行改良。只是因原告改良的方法错误，用工业垃圾去进行所谓改良，未达到改良效果，并且会损害涉案土地，因此原告以此为理由解除合同明显违反诚信原则。

法院经审理查明，2021 年 9 月 6 日，刘某与某农产品公司签订《农村土地承包转让合同》（以下简称转包合同），约定某农产品公司将其承包的 32 亩涉案土地使用经营权有偿转让给刘某经营蔬菜种植之用（双方均当庭确认实际上种植兰花），刘某应于每年的 8 月 1 日前将当年的转让款一次性支付给某农产品公司，刘某不得改变该土地的农业用途。刘某当日向某农产品公司支付了保证金 5 万元，9 月 11 日刘某拿到涉案土地土壤检测报告得知土壤偏酸性，9 月 20 日刘某向某农产品公司支付转让款 76416 元，9 月 26 日刘某出具《耕地种植计划书》载明“该租地长期处于荒废，且地势低洼水淹状态，我公司计划对于该地块进行综合开发治理，改变现有生态环境，需填高该地块，更换现有酸性过重土壤，以达到科学种植的效果”。12 月 17 日某农产品公司向刘某退还涉案土地押金 20094.01 元。后刘某称其受让土地后得知涉案土地的土壤 pH 值偏酸性，超出一般农作物的酸碱值范围，且土地低洼，不适宜种植农作物，某农产品公司未能提供符合约定种植用途的农田土地，导致刘某无法实现种植农作物的合同目的，某农产品公司构成根本违约，故刘某提起本案诉讼，主张前述实体权利。2022 年 5 月 18 日刘某当庭增加诉讼请求，请求判令解除刘某与某农产品公司签订的《农村土地承包转让合同》，某农产品公司当庭表示同意解除上述合同。

广东省中山市第一人民法院于 2022 年 5 月 24 日作出（2022）粤 2071 民初 11660 号民事判决：解除刘某与某农产品公司于 2021 年 9 月 6 日签订的《农村土地承包转让合同》；某农产品公司于向刘某返还保证金 29905.99 元以及土地转让款 15283.2 元；驳回刘某的其他诉讼请求。刘某、某农产品公司均不服，提出上诉。广东省中山市中级人民法院于 2022 年 11 月 7 日作出（2022）粤 20 民终 6140 号民事判决：驳回上诉，维持原判。

裁判理由

法院生效裁判认为，刘某于 2021 年 9 月 6 日与某农产品公司签订《农村土地承包转让合同》，当日支付保证金 5 万元，9 月 11 日拿到涉案土地土壤检测报告得知土壤偏酸性，9 月 20 日向某农产品公司支付土地转让款 76416 元，9 月 26 日出具《耕地种植计划书》载明“该租地长期处于荒废，且地势低洼水淹状态，我公司计划对于该地块进行综合开发治理，改变现有生态环境，需填高该地块，更换现有酸性过重土壤，以达到科学种植的效果”。从上述合同签订、支付保证金、土地转让款、拿到检测报告、作计划书的整个过程可以看出，刘某在签订涉案土地转包合同时对该地块的土壤现状已明确知悉，在此情形下，刘某不仅没有向某农产品公司提出解除合同，反而于 2021 年 9 月 26 日出具《耕地种植计划书》，积极、主动、自费对涉案土地实施改良，且在土壤改良未果的情况下，才提起诉讼提出解除合同，表明其自愿承担土壤偏酸性造成的风险。由此可见，某农产品公司在签订涉案合同时并不存在故意隐瞒与订立合同有关的重要事实，刘某也是在改良土壤未果的情况下才提出解除合同，并不存在故意违约的情形。因此，在涉案《农村土地承包转让合同》因土壤偏酸性，不能继续履行而被解除的情况下，法院认定某农产品公司应向刘某返还剩余保证金。根据双方签订的土地转包合同约定的转让期限及双方协商一致解除合同的情况，法院认定刘某使用涉案土地的期限为9个月加18天，即自2021年8月1日至2022年5月18日，刘某应向某农产品公司支付土地转让款61132.8元（76416元/年÷12个月/年×9个月+76416元/年÷360天/年×18天），某农产品公司应向刘某退还剩余转让款15283.2元（76416元-61132.8元）。对刘某主张的某农产品公司向其支付资金占用费、赔偿其损失等诉讼请求，因法院认为某农产品公司不构成根本违约，刘某上述主张理据不足，法院均不予支持。对刘某主张某合作经济社对涉案债务承担连带责任的意见，因依法成立的合同仅对当事人具有法律拘束力，本案转包合同的双方当事人未包括某合作经济社，根据合同相对性原理，法院亦不予支持。

裁判要旨

双方在签订涉案租赁合同时对租赁物的缺陷均系明知，故出租方并不存在故意隐瞒与订立合同有关的重要事实的情形，后承租方改良租赁物未果，合同目的不能实现，承租方也不存在故意违约的情形。承租方主张提前解除合同应予支持，但应认定双方均不存在故意违约的情形。

关联索引

《民法典》第五百八十条、第五百六十六条

《最高人民法院关于适用〈中华人民共和国民事诉讼法〉的解释》第九十条

一审：广东省中山市第一人民法院(2022)粤2071民初11660号民事判决(2022年5月24日)

二审：广东省中山市中级人民法院(2022)粤20民终6140号民事判决(2022年11月7日)